新时代大学生劳动教育

史钟锋 董爱芹 张艳霞 主编

清华大学出版社

北 京

内容简介

本书根据中共中央、国务院发布的《关于全面加强新时代大中小学劳动教育的意见》和教育部发布的《大中小学劳动教育指导纲要(试行)》编写。全书以习近平新时代中国特色社会主义思想和党的二十大精神为指导，涵盖劳动理论、劳动实践、劳动知识、劳动能力、劳动精神、劳动法规、劳动保护、劳动心理等内容。每章设计了学习目标、思考与实践、拓展学习等模块，配备了丰富的立体化学习资源、生动的微视频，让学生深刻感受劳动、劳动者、劳动精神的魅力，增强劳动教育课程的吸引力、感染力，使教学和学习方式更加多元化。

本书适合作为高等学校大学生劳动教育必修课程的教材。

本书封面贴有清华大学出版社防伪标签，无标签者不得销售。
版权所有，侵权必究。举报：010-62782989，beiqinquan@tup.tsinghua.edu.cn。

图书在版编目(CIP)数据

新时代大学生劳动教育 / 史钟锋，董爱芹，张艳霞主编. —北京：清华大学出版社，2022.1(2024.8重印)
　ISBN 978-7-302-59918-0

　Ⅰ. ①新… Ⅱ. ①史… ②董… ③张… Ⅲ. ①大学生－劳动教育－高等学校－教材　Ⅳ. ①G40-015

中国版本图书馆 CIP 数据核字(2022)第 007535 号

责任编辑：王　定
封面设计：周晓亮
版式设计：思创景点
责任校对：马遥遥
责任印制：刘　菲

出版发行：清华大学出版社
　　　　　网　　址：https://www.tup.com.cn，https://www.wqxuetang.com
　　　　　地　　址：北京清华大学学研大厦 A 座　　邮　　编：100084
　　　　　社 总 机：010-83470000　　邮　　购：010-62786544
　　　　　投稿与读者服务：010-62776969，c-service@tup.tsinghua.edu.cn
　　　　　质 量 反 馈：010-62772015，zhiliang@tup.tsinghua.edu.cn
印 装 者：大厂回族自治县彩虹印刷有限公司
经　　销：全国新华书店
开　　本：185mm×260mm　　印　张：17.5　　字　数：415 千字
版　　次：2022 年 1 月第 1 版　　印　次：2024 年 8 月第 8 次印刷
定　　价：58.00 元

产品编号：095699-01

本书编委会

主　审：朱学军

主　编：史钟锋　董爱芹　张艳霞

副主编：郭秀荣　郭笃凌　张　静　亓慧坤　周海明

编　委：（以姓氏笔画为序）

王艺橙　王龙飞　王全阳　牛进社　孔艳侠

李　宏　李　娜　李琛琛　宋大力　张静媛

陈　东　陈绘兵　赵兴燕　谢清勇

前言

2022年10月，习近平总书记在党的二十大报告中指出："全面贯彻党的教育方针，落实立德树人根本任务，培养德智体美劳全面发展的社会主义建设者和接班人。"早在2018年全国教育大会上，习近平总书记就明确指出，要努力构建德智体美劳全面培养的教育体系。2020年3月，中共中央、国务院发布《关于全面加强新时代大中小学劳动教育的意见》(以下简称《意见》)，《意见》指出，劳动教育是中国特色社会主义教育制度的重要内容，是学生成长的必要途径，具有树德、增智、强体、育美的综合育人价值，直接决定了社会主义建设者和接班人的劳动价值取向、劳动精神面貌和劳动技能水平。《意见》要求设置劳动教育课程，将劳动教育纳入中小学国家课程方案和职业院校、普通高等学校人才培养方案，形成具有综合性、实践性、开放性、针对性的劳动教育课程体系。《意见》对新时代劳动教育做了顶层设计和全面部署，意义重大，影响深远。

新时代劳动教育，必须坚持以习近平新时代中国特色社会主义思想为指导，全面贯彻党的教育方针，落实全国教育大会精神，坚持立德树人，坚持培育和践行社会主义核心价值观，紧密结合经济社会发展变化和学生生活实际，探索具有中国特色的劳动教育体系，培养学生正确劳动价值观和良好劳动品质，促进学生形成正确的世界观、人生观、价值观。

新时代劳动教育，要使学生理解和形成马克思主义劳动观，牢固树立劳动最光荣、劳动最崇高、劳动最伟大、劳动最美丽的观念；体会劳动创造美好生活，体认劳动不分贵贱，热爱劳动，尊重普通劳动者，培养勤俭、奋斗、创新、奉献的劳动精神；具备满足生存发展需要的基本劳动能力，形成良好劳动习惯。

作为教育工作者，我们必须全面贯彻党的教育方针，增强新时代劳动教育的紧迫感、责任感、使命感。本书作者认真研究、深入领会《意见》和教育部《大中小学劳动教育指导纲要(试行)》文件精神，遵循教育规律，立足新时代大背景，以学生成长、成才、幸福为己任，以为党为国育才为使命，大胆探索、反复论证，精心编写了本书。

本书作为高等学校大学生劳动教育必修课程的教材，力求体现如下特色。

(1) 新时代、大视野。以习近平新时代中国特色社会主义思想和党的二十大精神为指导，以新时代为大背景，以习近平关于劳动的重要论述为纲领，准确把握育人导向、育人规律和学生特点，突出时代性、方向性、针对性。

(2) 体系严谨，设计规范。本书介绍了劳动理论、劳动实践、劳动知识、劳动能力、劳动精神、劳动法规、劳动保护、劳动心理等内容，各章包括学习目标、思考与实践、拓展学习等内容。

(3) 突出劳动文化育人特色。发掘优秀传统劳动文化和新时代劳动精神内涵，以劳动创造辉煌成就，增强文化自信；强化榜样的激励作用，既有大国工匠、劳动模范，也有身边优秀的普通劳动者和同学。力求以文化心，以心促行，激发劳动热情。

(4) 容量大、素材新、涉面广。本书有丰富的信息量，强大的正能量；严谨的理论，鲜活的素材；不仅有历史渊源的深度，亦具新时代的高度；突出时代视角，着眼未来趋势，力求契合大学生期望。

(5) "专业+"实践为课程赋能。设计了开放式、强链接的"专业+"实践，适合各专业学生开展劳动实践；新颖的"套娃式"实践形式有利于激发学生的积极性、创造性，有利于锻炼学生的综合能力，有利于学生体验实践的成就感。

(6) 丰富的立体化学习资源和微视频。配备了丰富的立体化学习资源、生动的微视频，让学生深刻感受劳动、劳动者和劳动精神的魅力，增强劳动教育课程的吸引力、感染力，教学和学习方式更加多元化。

本书免费提供教学课件、教学大纲、电子教案等教学资源，读者可扫描二维码获取。

教学课件　　　　　　　　教学大纲　　　　　　　　电子教案

鉴于本书内容丰富、信息量大，教师在教学过程中可根据实际情况选择部分章节内容重点讲解，部分内容可由学生自学完成。

为了给大学生——社会主义建设者和接班人，提供最好的精神食粮，在编写教材时，我们参阅、借鉴和吸纳了一些新的著作、研究成果，在此向原作者致以诚挚的感谢！在编写过程中，清华大学出版社李万红、王定老师给予了精心指导，相关领导和专家也给予了很多关心和支持，在此表示衷心的感谢！

在本书编写、修订过程中，尽管我们怀有高度的责任心、严谨的治学态度，但仍可能存在一些不足或疏漏，敬请有关专家学者和广大师生提出宝贵意见！

编　者

2023 年 6 月

目录

第一章 劳动与劳动教育……1
第一节 劳动……2
一、劳动的概念……2
二、劳动的本质特征……3
三、劳动的分类……5
第二节 劳动教育……8
一、劳动教育的内涵……8
二、中国共产党对高校劳动教育的探索历程……9
三、新时代大学生劳动教育的内容……11
四、新时代劳动教育体系……15
五、新时代大学生劳动教育的意义……18
思考与实践……20
拓展学习……21

第二章 劳动与人的全面发展……26
第一节 劳动与人的进化……27
一、劳动与人的直立行走和双手解放……27
二、劳动与人的语言的诞生及感官的进化……27
三、劳动与人的饮食结构的转化及对环境变化的适应……28
四、劳动与人的思维活动……28
第二节 劳动与"人的自由全面发展"……29
一、马克思的异化劳动理论……29
二、劳动解放的观念与"人的自由全面发展"……31
三、理想劳动的观念与"人的自由全面发展"……31
四、新时代对"人的自由全面发展"的继承和发展……32
五、劳动是美好生活的源泉……33
第三节 创造性劳动是人类社会发展的根本力量……35
一、创造性劳动是理解未来社会发展的关键……36
二、做创造性劳动的践行者……37
思考与实践……38
拓展学习……39

第三章 中国传统劳动文化……43
第一节 诸子百家的劳动观……44
一、墨家的劳动思想……44
二、农家的劳动思想……47
三、儒、道等家的劳动观点……49
第二节 文学中的劳动……51
一、劳动创造了文学……51
二、中国传统文学中的劳动……52
第三节 优秀家风家训中的劳动思想……54
一、家风家训……54
二、家风家训中的劳动思想……55
三、树立新时代家风……56

思考与实践……………………… 57
　　拓展学习………………………… 57

第四章　劳动铸就辉煌历史……… 60
第一节　古代劳动成就…………… 61
　　一、古代手工业成就……………… 61
　　二、古代科技文明成就…………… 63
第二节　古代劳动文明的结晶——长城与大运河………………… 65
　　一、长城——劳动人民创造的伟大建筑奇迹…………………… 65
　　二、大运河——劳动人民创造的伟大工程……………………… 68
第三节　新中国劳动成就………… 70
　　一、经济成就……………………… 70
　　二、科技成就……………………… 74
第四节　新中国劳动精神………… 76
　　一、社会主义革命和建设时期…… 76
　　二、改革开放和社会主义现代化建设新时期…………………… 81
　　三、中国特色社会主义新时期…… 83
　　思考与实践……………………… 88
　　拓展学习………………………… 88

第五章　新时代劳动论述…………… 91
第一节　劳动主体观……………… 92
　　一、工人阶级是劳动的主力军…… 92
　　二、农民和农民工是劳动的坚实力量…………………………… 93
　　三、知识分子是劳动的重要力量… 94
　　四、青年是劳动的有生力量……… 95
第二节　劳动价值观……………… 97
　　一、个人价值：劳动是幸福之源… 97
　　二、政党价值：劳动是共产党人保持政治本色的途径…………… 99
　　三、时代价值：劳动破解现实难题…………………………… 100
　　四、未来价值：劳动开创未来…… 101

第三节　劳动教育观……………… 102
　　一、重视青少年儿童的劳动教育… 102
　　二、重视职业技能教育…………… 103
　　三、注重农民工的再教育………… 104
第四节　劳动形态观……………… 105
　　一、构建和谐的劳动关系形态…… 106
　　二、倡导多样的创新劳动形态…… 107
　　三、追求合理的科学劳动形态…… 109
第五节　劳动精神观……………… 110
　　一、提倡劳模精神………………… 110
　　二、培育工匠精神………………… 111
　　三、弘扬企业家精神……………… 112
　　思考与实践……………………… 113
　　拓展学习………………………… 113

第六章　新时代劳动价值观………… 120
第一节　劳动价值观概述………… 121
　　一、价值及价值观概述…………… 121
　　二、劳动价值观…………………… 122
　　三、大学生劳动价值观存在的问题…………………………… 122
第二节　新时代劳动价值观概述……………………… 124
　　一、当代中国劳动价值观的发展… 124
　　二、新时代劳动价值观的内涵…… 127
第三节　树立新时代劳动价值观… 133
　　一、坚定信念，树立崇高理想…… 133
　　二、手脑并重，知行合一………… 134
　　三、践行终身学习………………… 135
　　思考与实践……………………… 135
　　拓展学习………………………… 136

第七章　新时代劳动精神…………… 141
第一节　劳模精神………………… 142
　　一、中国劳模的发展历史………… 142
　　二、新时代劳模精神的内涵……… 146
第二节　劳动精神………………… 149
　　一、崇尚劳动……………………… 150

二、热爱劳动……………… 150
三、辛勤劳动……………… 151
四、诚实劳动……………… 152
第三节 工匠精神………………… 152
一、工匠精神的内涵……… 153
二、新时代呼唤工匠精神… 156
第四节 劳动精神的时代价值…… 157
一、劳模精神、劳动精神、工匠精神的关系……………… 157
二、劳动精神在新时代的价值… 158
思考与实践…………………………… 162
拓展学习……………………………… 163

第八章 大学生劳动实践……………… 168
第一节 大学生劳动实践的意义和基本原则……………… 169
一、大学生劳动实践的意义… 169
二、大学生劳动实践的基本原则………………………… 171
第二节 大学生劳动实践的形式…………………………… 172
一、"青马工程"…………… 173
二、志愿服务……………… 174
三、科技竞赛……………… 175
四、社团活动……………… 178
五、创业实践……………… 178
六、毕业设计……………… 180
七、勤工助学……………… 180
八、生活劳动实践………… 180
思考与实践…………………………… 181
拓展学习……………………………… 182

第九章 职业劳动能力………………… 187
第一节 职业劳动素质…………… 188
一、知识素质……………… 188
二、能力素质……………… 189
三、身心素质……………… 189
四、科学观念……………… 190
五、职业道德……………… 190

第二节 职业能力概述…………… 191
一、职业能力体系………… 191
二、职业核心能力………… 191
三、培养职业劳动能力的意义… 192
第三节 大学生应具备的职业能力…………………………… 193
一、专业能力……………… 193
二、创新创业能力………… 194
三、人际交往能力………… 196
四、数字应用能力………… 196
五、自我学习能力………… 197
六、与人合作能力………… 198
七、问题解决能力………… 199
八、信息处理能力………… 201
思考与实践…………………………… 204
拓展学习……………………………… 204

第十章 劳动心理卫生………………… 209
第一节 劳动心理卫生概述……… 210
一、劳动心理卫生的相关概念… 210
二、劳动引起职业紧张的相关理论分析……………………… 210
三、劳动场所中引起职业紧张的因素……………………… 211
四、紧张反应的表现……… 212
五、过度心理紧张有关疾病… 212
六、过度心理紧张的预防对策… 213
七、劳动心理卫生的测量… 214
第二节 劳动心理卫生调适……… 216
一、常见的工作压力感…… 216
二、心理摆脱的概念……… 216
三、心理摆脱的影响因素… 217
四、心理摆脱的实施策略… 218
第三节 劳动与大学生心理健康…………………………… 219
一、大学生主要心理问题… 219
二、劳动对大学生心理健康的积极意义……………………… 220

思考与实践……………………222
　　拓展学习………………………223

第十一章　劳动安全与保护…………225
第一节　劳动安全概述…………226
　　一、劳动安全的内涵……………226
　　二、劳动安全的重要性…………226
第二节　劳动安全事故…………227
　　一、劳动安全事故的概念………227
　　二、劳动安全事故的类型与等级……227
　　三、劳动安全事故产生的原因…228
　　四、大学生安全防范知识………230
第三节　劳动保护………………233
　　一、劳动保护的概念……………233
　　二、劳动安全常识………………233
　　三、个人防护用品相关知识……236
　　四、工伤事故的处理……………237
　　五、急救处理措施………………237
　　思考与实践……………………239
　　拓展学习………………………240

第十二章　劳动法规………………243
第一节　劳动法的适用范围……244
　　一、企业、个体经济组织、民办非企业单位等组织……………244
　　二、国家机关、事业单位和社会团体……………………………244
　　三、非全日制用工和劳务派遣工……245
第二节　劳动法律关系…………245
　　一、劳动法律关系的种类………246

　　二、劳动法律关系的要素………246
　　三、劳动法律关系的产生、变更和消灭……………………………248
　　四、附随劳动法律关系…………249
第三节　劳动法规简介…………249
　　一、《宪法》………………………250
　　二、《劳动法》……………………250
　　三、《劳动合同法》………………250
　　四、《劳动争议调解仲裁法》……251
　　五、《劳动合同法实施条例》……251
　　六、《职工带薪年休假条例》和《企业职工带薪年休假实施办法》………………………251
　　七、《民法典》与劳动权益保护…252
　　八、《就业促进法》………………253
　　九、《普通高等学校毕业生就业工作暂行规定》…………………253
　　十、劳动标准制度………………253
　　十一、社会保险制度……………254
第四节　劳动法规对大学生就业的保护…………………………254
　　一、劳动法规规定的大学生就业基本权利……………………254
　　二、大学生就业中如何维权……256
　　思考与实践……………………259
　　拓展学习………………………260

参考文献……………………………266

后记…………………………………270

第一章

劳动与劳动教育

> 全面贯彻党的教育方针,落实立德树人根本任务,培养德智体美劳全面发展的社会主义建设者和接班人。
>
> ——2022年10月16日,习近平在中国共产党第二十次全国代表大会上的报告
>
> 劳动教育是中国特色社会主义教育制度的重要内容,直接决定社会主义建设者和接班人的劳动精神面貌、劳动价值取向和劳动技能水平。
>
> ——《关于全面加强新时代大中小学劳动教育的意见》

劳动创造人本身、劳动创造历史、劳动创造世界,人世间的一切幸福都要靠辛勤劳动来创造。劳动具有综合育人的价值,苏霍姆林斯基曾说,"离开劳动,不可能有真正的教育"[1]。劳动教育是中国特色社会主义教育制度的重要内容,是党的教育方针的重要组成部分,劳动教育决定着社会主义建设者和接班人的劳动精神面貌、劳动价值取向和劳动技能水平。2018年9月10日召开的全国教育大会上,习近平总书记强调把劳动教育纳入德智体美劳全面培养的教育体系中,这是党中央对新时代中国特色社会主义劳动教育的新要求。为了全面贯彻落实新要求,构建德智体美劳全面育人、全面培养的教育体系,2020年3月,中共中央、国务院出台了《关于全面加强新时代大中小学劳动教育的意见》,强调把劳动教育纳入人才培养的全过程,广泛开展劳动教育实践活动,着力提升劳动教育支撑保障能力,切实加强劳动教育的组织实施,全面构建体现时代特征的德智体美劳全面培养的劳动教育体系。

【学习目标】

1. 了解劳动的概念、分类,以及我国劳动教育的发展历程。
2. 理解劳动的本质特征,认识和掌握新时代劳动教育的途径。
3. 增强劳动意识,培育劳动情感。
4. 领会新时代劳动教育的内涵和意义,树立做好社会主义建设者和接班人的远大理想。

---

[1] 苏霍姆林斯基. 少年的教育与自我教育[M]. 姜丽群,吴福生,张渭城,等译. 北京:北京出版社,1984:26.

第一节　劳　动

马克思认为，整个人类和社会的发展，都是人类在共同劳动过程中发挥主观能动性改造客观世界而形成的。首先，劳动创造了人，是劳动把人从自然界中分化和提升出来；其次，人们在劳动中推动社会历史的发展，有了人类的劳动，才有了满足人类生存必需的前提，才产生了生活和历史，并推动社会历史的发展；最后，劳动是实现人的自由全面发展的前提，人在改变外部自然的同时，也使人自身得以改变和完善。可以说，人类历史的产生与劳动的产生是同一个过程，人类的发展史就是一部劳动史。

一、劳动的概念

在人类文明发展史上，对劳动这一概念形成了多样的阐释和界定。首先，从辞源上看，金文的"劳"字是由上边两个"火"字和下面一个"心"字构成，可见，最初的"劳"表示劳心，是一种内心的状态，主要是指人的心力或脑力的劳动。后来，"劳"字的下半部由"心"换成"力"字，演变成今天的字形。"动"字在金文中通"童"字，上边是刻刀的形状，下边是眼睛，意思是在人的额头上刻字，在当时是对罪人或奴隶的惩罚，反映奴隶的劳作情况，以及他们辛酸的身世和卑下的地位。将"劳"和"动"组成一个词，可以看出，在中国古人的眼中，劳动是劳心与劳力的结合，即脑力劳动与体力劳动的结合。劳动在拉丁语中代表"艰辛"之意，在古英语里则有"痛苦"和"悲伤"之意，现代英语 labor，具有劳动、劳力、劳工、努力、分娩、苦干和费力等意思。其次，从古人思想论著上看，在中国古代思想中，劳动最初是指"操作、活动"的意思。《庄子·让王》中"春耕种，形足以劳动"，《三国志·华佗传》中"人体欲得劳动，但不当使极尔"等都提到"劳动"一词，劳动在这些著作中均指操作或活动。在西方，关于劳动的认识最早可以追溯到亚里士多德，他将人类的活动划分为三类：理论、实践、创制。理论是把握事物的本质与规律，是闲暇的人自由从事的工作，是以自我本身为目的的活动，也是最高贵的活动；实践在古希腊时期主要指免于从事生产活动的人处理人与人之间关系的行为，最主要的是政治实践和伦理实践；创制是指人类出于本性，为了生存必须从事的生活资料生产行动，是生产性的，也是最为低贱的。这里所说的创制，就是劳动。可见，在中西方最初的认识中，劳动与奴隶紧密相关，与人类的艰辛和痛苦相联。由此可以看出，受经济发展水平的限制，劳动在工业革命之前多指的是体力活动。

随着生产力的发展，劳动的概念不再仅仅局限于体力活动，特别是18世纪中叶，以英国为代表的资本主义生产方式大致确立，"劳动"开始被赋予新的概念：劳动是产生交换价值的社会总体形式(亚当·斯密所著《国民财富的性质和原因的研究》)。而后，李嘉图、洛克站在资产阶级的立场去思考"劳动"这个概念，使其有了新的发展。这些思想是马克思早期劳动概念的重要来源。马克思将劳动置于现实社会生活之中，并将其所涵盖的复杂社会关系具体地呈现了出来:"劳动首先是人和自然之间的过程,是以自身的活动来引起的、调整和控制人和自然之间的物质变换的过程。人自身作为一种自然力与自然物质相对立。为了在对自身生活有用的形式上占有自然物质,人就使他身上的自然力——臂和腿、头和手运动起来。当他通过这种运动作用于他身外的自然并改变自然时,也就同时改变他自身的自然。他使自身的自然中沉睡着的潜力发挥出来,并且使这种力的活动受他自己的控制。"[1]

我国研究者所提出的劳动概念多脱胎于马克思的陈述,有代表性的概念有以下几种。

(1)《中国大百科全书》:"劳动是通过有目的的活动改造自然对象并在这一活动中改造自身的过程。""劳动是以劳动资料为凭借、作用劳动对象的人有目的的活动。"[2]

(2)《辞海》:"劳动是人们改变劳动对象使之适合自己需要的有目的的活动,即劳动力的支出和使用。"[3]

(3) 中国社科院经济研究所课题组提出:"劳动就是劳动力的使用,劳动包括有目的的为生产物品和提供劳务而付出的一切脑力和体力的耗费。"[4]

(4) 张鹏侠认为:"劳动是劳动者智力、体力和知识三要素的统一使用。"[5]

(5) 任洲鸿认为:"纯粹的人类生理学意义上的体力与脑力耗费形成了生理学意义上的抽象劳动。"[6]

可以看出,人们所处的时代、立场、视角不同,学科背景不同,所得出的定义也各不相同。作为人类最基本的社会实践活动,劳动在哲学上具有认识论和存在论的意义;在经济学中,劳动是推动生产力发展和建构社会关系的根本性力量;在文化中,劳动则是创造文化、传承文化精神的主要载体。

本书结合社会发展历史,站在新时代习近平劳动观的视角上,将"劳动"做如下定义:劳动是人类所特有的创造物质财富和精神财富的实践活动,是推动人类社会进步的根本动力,是个人、民族、国家、人类等一切发展的必要途径。这个定义契合了新时代劳动教育新要求,强调了人的劳动性不仅有维持个体繁衍生存需要的特性,还承载着作为共同体的一分子对于民族、社会及国家发展的责任与义务。

二、劳动的本质特征

通过对劳动概念的分析和阐述,可以看出劳动的本质特征。

(一) 人类特有性

劳动,使得人类得以和动物区别开来,使得人类从自然性转向社会性,并且通过劳动

---

[1] 马克思恩格斯选集(第2卷)[M]. 北京:人民出版社,1995:177.
[2] 中国大百科全书编辑委员会. 中国大百科全书·哲学[K]. 北京:中国大百科全书出版社,1988:447-448.
[3] 辞海编辑委员会. 辞海[K]. 上海:上海辞书出版社,2009:1306.
[4] 中国社会科学院经济研究所课题组. 关于深入研究社会主义劳动和劳动价值论的几个问题[J]. 经济研究,2001(12).
[5] 张鹏侠. 劳动概念创新与价值量理论的新发展[J]. 社会科学辑刊,2007(4).
[6] 任洲鸿. 马克思"抽象劳动"概念探析[J]. 当代经济研究,2009(8).

实现自我价值。劳动是人类的本质活动，也是"人类所特有的创造物质财富的实践活动"，从表面上看是人类对自身生活有用的自然物质的占有，这与自然界的动物的活动没有什么区别。但是，诸如蜘蛛通过织网捕食猎物，蜜蜂通过建筑蜂房储存蜂蜜，燕子通过衔草筑巢繁殖后代只是一种动物生存的本能，并不能称之为劳动。只有利用劳动工具或其他手段征服自然、改造自然的有目的的活动才能称之为劳动，这也是人和动物的根本性区别。

（二）自觉意识和能动性

人类的劳动不仅知道为什么去做、怎样去做，而且知道将会做成怎样。人类的劳动不是盲目的，而是有目的和明确的目标，这就是人类劳动与动物本能活动之间的本质区别。马克思指出："蜘蛛的活动与织工的活动相似，蜜蜂建筑蜂房的本领使人间的许多建筑师感到惭愧。但是，最蹩脚的建筑师从一开始就比最灵巧的蜜蜂高明的地方，是他在用蜂蜡建筑蜂房以前，已经在自己的头脑中把它建成了。"[1]动物只会本能地从自然界攫取现存的生存资料，而不会创造社会财富，人类却能通过自身的劳动对自然界进行改造并从中获取自身生存或发展的物质资料。人类还可以按照自己设计的蓝图进行伟大创造，对自然界进行改造。比如，1956年毛泽东同志在《水调歌头•游泳》一词中写到："风樯动，龟蛇静，起宏图。一桥飞架南北，天堑变通途。更立西江石壁，截断巫山云雨，高峡出平湖。神女应无恙，当惊世界殊。"表现了中国人民建设祖国、改变山河的豪迈气概和大胆展望。如今，毛泽东同志描绘的画卷经过几代人的劳动实践早已成为现实。

（三）创造性

劳动是人类所特有的实践活动，然而有自觉能动意识、有目的性的活动，并不都是劳动。劳动必须具备两个特征才能成立：一是一定脑力或体力的付出，二是社会财富的创造或增加。只有同时符合这两个要求的人类活动才是劳动，缺一便不能称之为劳动。例如，一些娱乐和休闲活动，虽然也具有目的性，只能是消费性活动，而不能称之为劳动，只有那些能够创造出物质财富和精神财富的创造性活动，才能称之为劳动。劳动创造物质财富和精神财富，是对人的劳动价值的承认，这也为中国特色社会主义发展观坚持以人民为中心的发展理念提供了思想源泉。

（四）推动社会进步

劳动是人类社会发展的根本动力，正是由于劳动，我们创造了物化世界，不断地适应和改造自然界，通过加工物质生活资料来满足生活的需要，不断地发展生产力，从而推动社会的进步。习近平总书记继承和发展了马克思主义的劳动价值观念，进一步强调了劳动的价值："人民创造历史，劳动开创未来。劳动是推动人类社会进步的根本力量。"[2] "劳动创造了中华民族，造就了中华民族的辉煌历史，也必将创造出中华民族的光明未来。"[3]

---

[1] 马克思恩格斯全集(第23卷)[M]. 北京：人民出版社，2008：202.
[2] 习近平. 习近平在同全国劳动模范代表座谈时的讲话[N]. 人民日报，2013-4-29.
[3] 习近平. 习近平在同全国劳动模范代表座谈时的讲话[N]. 人民日报，2013-4-29.

"人世间的一切幸福都需要靠辛勤的劳动来创造。"[1]

在此基础上,习近平总书记进一步强调劳动是通过劳动者实现的,提出"全面建成小康社会,进而建成富强民主文明和谐的社会主义现代化国家,根本上靠劳动、靠劳动者创造"[2]。所以,劳动是推进社会观念变革的重要载体,推动新时代经济社会发展、创造美好幸福生活必须依靠劳动者来实现。青少年作为担当民族复兴大任的时代新人,必须树立正确的劳动观,崇尚劳动、尊重劳动,着力提升自己的综合素质,促进自身全面发展、健康成长,增强对劳动人民的感情,报效国家,奉献社会。

三、劳动的分类

马克思认为:"劳动首先是人和自然之间的过程,是人以自身的活动为中介,调整和控制人与自然之间的物质变换的过程。"[3]人类通过自己的智力和体力活动去改造自然、创造财富和社会的各类实践活动都是劳动,无论社会发展到什么程度,人类始终离不开劳动。劳动是人类生存和发展的基础。在不同的历史阶段,因为生产力水平的不同,劳动会呈现不同的类型。按照不同的标准,劳动可以分为不同的种类。

(一)具体劳动和抽象劳动

马克思在剖析商品的价值和使用价值的时候指出,生产商品的劳动有两个方面,即生产使用价值的具体劳动和生产价值的抽象劳动。具体劳动也称作有用劳动,是指在一定的具体形式下进行的劳动。具体劳动包括人们的劳动目的、劳动工具、劳动对象、操作方法和劳动结果等5个要素。由于劳动的目的、使用的工具、加工的物质对象和采用的操作方法不同,便可生产出具有不同使用价值的物品。例如,木匠制造家具的具体劳动,是用斧子、锯、刨、凿等劳动工具对木材等劳动对象进行加工,结果生产出桌、椅、立柜、床等产品。而农民种地的具体劳动则是用拖拉机、收割机、犁、耙等劳动工具,进行翻地、播种、收割等活动,从而收获了农产品。可以看到,由于生产的使用价值众多,因此,相应的具体劳动方式也很多。具体劳动体现着人和自然的关系。

撇开生产各种商品劳动的具体形式会发现,无论是木匠的劳动,还是铁匠的劳动,都是人类劳动力(脑力和体力)一般生理学意义上的消耗,即人类的脑、肌肉、神经、手等的生产性耗费,这是一切劳动共有的东西,即人类一般的、没有差别的劳动,也就是抽象劳动。生产各种商品的具体劳动,尽管在特殊性质和具体形式上千差万别,但是,它们所创造的各种各样的商品都可以互相比较和交换,这表明在各种不同的具体劳动背后隐藏着某种共同的东西,即抽象劳动形成商品价值,凝结在商品中的抽象劳动是价值实体。抽象劳动是价值的源泉,但抽象劳动不等于价值,抽象劳动只有凝结到商品中才能形成价值。抽象劳动没有质的差别,只有量的差别。抽象劳动是一个经济范畴,反映的是商品生产者通

---

[1] 习近平. 始终与人民心相印共甘苦——中共中央总书记习近平在十八届中央政治局常委与中外记者见面时讲话[J]. 人民论坛,2012(33):6-7.
[2] 习近平. 在庆祝"五一"国际劳动节暨表彰全国劳动模范和先进工作者大会上的讲话[N]. 光明日报,2015-4-29.
[3] 马克思恩格斯全集(第44卷)[M]. 北京:人民出版社,2001:207-208.

过物相互交换劳动的关系。只有在商品生产的条件下，当人们的经济联系通过劳动产品的相互交换来实现的时候，耗费在这些劳动产品上的人类的脑力和体力，才能当作形成价值的一般人类劳动而被社会"抽象"出来。作为价值实体的抽象劳动是劳动的社会属性，它体现着人与人之间的一定社会关系，是商品经济所特有的。可见，形成价值的抽象劳动是一个历史范畴。

具体劳动和抽象劳动是生产商品的同一劳动的两个方面，而不是两种或两次劳动。抽象劳动和具体劳动在时间上、空间上都是不可分割的。性质不同的具体劳动，生产性质不同的使用价值，它表明怎样劳动，什么劳动的问题；性质相同的抽象劳动，形成性质相同的价值，它表明劳动多少，劳动时间多长的问题。

(二) 技术性劳动与非技术性劳动

技术的含义，众说不一，在社会经济发展的不同时期，所下的定义也不相同。从广义上说，技术是人类在利用和改造自然的劳动过程中积累与体现出来的知识、经验及技能，也包含人类在劳动中所创造的工具、机器和设备等。

然而，在实际社会活动中，人们运用"技术"标准对劳动进行分类，往往更多的是出于社会对技术的"公认"的理解，没有过多的理由可以解释。例如，我国将车工、钳工、木工等工种列为技术工种，而将清洁工、门卫等工种列为非技术工种。这里，人们常将需要使用复杂工具来完成的工作以及需要较高的文化知识来进行的劳动，视为技术性劳动；而将以体力劳动为主的工作，视为非技术性劳动。

人们在运用技术标准时，还习惯上将技术分为硬技术和软技术。人们通常将物质技术手段，即劳动资料，称为硬技术；而将与物质技术手段相适应的操作、控制和运用的方法、技巧与技术管理组合形式称为软技术。从硬技术角度来看，物质技术手段大体可以分为手工工具、机器(包括劳动力装置、传动装置和工作装置)、自动机等，与此对应的劳动为手工劳动、机械化劳动和自动化劳动。从软技术角度来看，手工劳动只是一种朴素意义上的技术，还谈不上真正意义上的技术，只有近现代的复杂的劳动才能称得上软技术。由以上分析不难看出，硬技术和软技术是不能绝对分开的，其发展越来越相互依赖。因此，硬技术和软技术的标准也是相对的。

在执行技术标准时，应该注意到有关技术水平的评价是随国家、地域的不同以及某一时期的科学、经济、社会的发展变化而变化的。例如半导体技术在 20 世纪 60 年代属于高新技术，到了今天，这种技术就已成为普通技术了。

(三) 简单劳动和复杂劳动

人类需要的各种劳动在技术复杂程度上是不同的。简单劳动是指不必经过特别训练、每个正常的劳动者都能从事的劳动。复杂劳动是指需要经过专门训练、具有一定技术专长的劳动者才能从事的劳动，它包含比较多的技巧和知识的运用，是倍加的简单劳动。马克思指出："比社会平均劳动较高级较复杂的劳动，是这样一种劳动力表现，这种劳动力比普通劳动力需要较高的教育费用，它的生产要花费较多的劳动时间，因此它具有较高的价值。"[1]

简单劳动和复杂劳动的划分标准取决于一国的科学技术和教育水平,在经济发展的不同时期和在经济发展程度不同的国家里有不同的划分标准,因而这种区分是相对的。但是在同一国家的同一时期内,简单劳动和复杂劳动的区别是客观存在的。

(四) 脑力劳动和体力劳动

人类在劳动中,不仅有体能消耗,而且有脑力支出。也就是说,在劳动中脑力劳动和体力劳动是共有的。但是,对于某项或某类具体劳动来说,从计划到完成的过程中,其脑力的复杂程度以及体力消耗的强度常常是不均衡的。习惯上,人们将脑力活动占优势的活动称为脑力劳动,而将体力活动占优势的活动称为体力劳动。古人所讲的"劳心"与"劳力"分别指脑力劳动与体力劳动。

一直以来,社会上都存在脑力劳动高于体力劳动的观念,或者把劳动等同于体力劳动,把脑力劳动同体力劳动割裂乃至对立起来,这些观念和做法显然不客观,也不可能让人认同。从"人生在勤,不索何获"到"业精于勤而荒于嬉",从"成由勤俭败由奢"到"一勤天下无难事",说明中华民族不仅热爱劳动,更将勤劳、勤奋、勤俭作为一种融入血液般的信仰。所谓的勤与劳,包含丰富的含义,既有动手层面的劳动,也有动脑层面的劳动,比如古人所称的"宵旰忧勤"中的勤、"宵旰忧劳"中的劳,就不可能只是干体力活。今天,被誉为"匠心筑梦"的大国工匠,他们让人震撼的是对职业的热忱,对劳动的热爱,以及掌握得炉火纯青的技艺。"技可进乎道,艺可通乎神。"如果只是简单重复"低级"劳动,而没有创新精神,没有日复一日的钻研,就不可能成为大国工匠。所以,职业无高低贵贱,无论从事什么工作,都是一种劳动付出,只是形式不同。

(五) 数字劳动与传统劳动

与数字劳动相对应的概念应该是传统劳动的概念,不同于农业经济、工业经济在生产流通过程中对物质(土地、能源等)的高度依赖的传统劳动,数字劳动以非物质为劳动生产要素,以科学技术的实时更新为内核,以互联网为生产领域,将大数据与实体经济相结合,不断加深数字劳动对传统行业的渗透,对传统劳动进行重新分工,促进传统产业结构转型升级,重构全球经济形态的发展。

首次明确提出了"数字劳动"(digital labor)这一概念的是意大利学者特拉诺瓦,他在21世纪初发表的《免费劳动:为数字经济生产文化》一文中把这一概念视为"现代血汗工厂的延续",并使用了"免费劳动""网奴"等概念来描述"数字劳动"的本质。英国威斯敏斯特大学信息沟通交流与传播媒介事务研究所(CAMRI)主任克里斯蒂安·福克斯(Christian Fuchs)教授关于数字劳动的思想理论体系的系统研究,对于推进马克思主义劳动价值理论的当代化发挥了积极作用。福克斯对数字劳动的概念做出了政治经济学范式的具体阐释和解构。在他看来,数字劳动是指知识文化的消费被转化为额外的生产性活动,这些活动被劳动者欣然接纳的同时,劳动者却受到了一定程度的剥削。数字劳动是生产性劳

---

[1] 马克思:资本论(第1卷)[M]. 北京:人民出版社,1975:223.

动，包括硬件生产者(如制造者)、内容和软件生产者(如作曲者)、生产性使用者(如生产消费者、演奏者)的劳动。通过对数字信息技术产业的全球生产案例分析，福克斯指出，数字劳动不仅包括数字内容生产的形式，还包括农业、工业、信息等劳动形式，正是这些劳动形式使数字媒介得以存在和发展。

在全球化和大数据技术迅速发展的时代背景下，数字化已经成为不可逆转的大趋势。随着信息通信技术和数字媒体技术的飞速发展，数字劳动同样成为当今世界和中国经济发展中不可小视的劳动形式。2020年2月25日，人力资源和社会保障部与国家市场监督管理总局、国家统计局联合向社会发布了16个新职业，其中网约配送员、人工智能训练师、全媒体运营师等都可归属于上述数字劳动群体范畴。这也意味着全新的劳动形式不但在学术研究中进行了概念的抽象和理论的推演，同时也得到国家层面的建制化和社会再确认。

依据其他分类标准，还可以将劳动分为必要劳动和剩余劳动、生产性劳动和劳务性劳动、物质生产劳动和精神生产劳动、私人劳动和社会劳动等。时代在变，劳动精神永远不变，热爱劳动的人是幸福的，也是有充实感和成就感的，无论什么类型的劳动，只要能创造财富，能推动社会进步就值得赞赏。

第二节 劳动教育

2018年9月10日，习近平总书记在全国教育大会上明确提出："培养德智体美劳全面发展的社会主义建设者和接班人"，"要在学生中弘扬劳动精神，教育引导学生崇尚劳动、尊重劳动，懂得劳动最光荣、劳动最崇高、劳动最伟大、劳动最美丽的道理，长大后能够辛勤劳动、诚实劳动、创造性劳动"，从教育方针的高度突出并强调劳动教育的重要地位，也正式确立了党的"五育并举"的教育方针。2022年10月，党的二十大报告再次强调："全面贯彻党的教育方针，落实立德树人根本任务，培养德智体美劳全面发展的社会主义建设者和接班人。"加强劳动教育是习近平新时代中国特色社会主义思想的重要组成部分，是对马克思主义"人的全面发展"理论的创新和发展。

一、劳动教育的内涵

19世纪的空想社会主义者罗伯特·欧文在英国纽克兰纳开展了生产劳动与教育相结合的实验。马克思充分肯定了欧文的实验，在此基础上提出了教育与生产劳动相结合，"未来教育对所有已满一定年龄的儿童来说，就是生产劳动同智育和体育相结合，它不仅是提高社会生产的一种方法，而且是造就全面发展的人的唯一方法"(《资本论》)。这一全面发展思想被视为共产主义教育的萌芽，为解决工人阶级的片面发展，进而为整个人类的全面发展提供了理论基础。

《辞海》将"劳动教育"归为德育内容之一。《教育大辞典》侧重从实践出发，强调劳动教育即劳动、生产、技术和劳动素养方面的教育，旨在培养学生正确的劳动观点、劳动态度、劳动习惯，使学生获得工农业生产基本知识和技能。《中国百科大辞典》将劳动技术教育解释为全面发展教育的重要组成部分之一，指出其由劳动教育和技术教育两部分组成。2015年《教育部 共青团中央 全国少工委关于加强中小学劳动教育的意见》从政策层面对劳动教育的内涵进行阐释：①一门学习生产技术、培养动手操作和劳动技能、职业技能的课程；②以兴趣小组、社团等方式进行的实践活动；③公益劳动、志愿服务等；④家务劳动。本书认为，劳动教育是指通过学校课程、实践活动、生活劳动等使学生充分体验劳动过程，培养学生未来生活和工作中必备的劳动意识、技能、精神和习惯，培养学生成为尊重热爱劳动、自立自强的社会公民的一种教育形态。

2020年3月20日，中共中央、国务院发布《关于全面加强新时代大中小学劳动教育的意见》明确了新时代劳动教育的基本内涵："劳动教育是国民教育体系的重要内容，是学生成长的必要途径，具有树德、增智、强体、育美的综合育人价值。实施劳动教育重点是在系统的文化知识学习之外，有目的、有计划地组织学生参加日常生活劳动、生产劳动和服务性劳动，让学生动手实践、出力流汗、接受锻炼、磨炼意志，培养学生正确劳动价值观和良好劳动品质。"

二、中国共产党对高校劳动教育的探索历程

劳动与教育是自人类社会诞生起就存在的、人类所特有的活动，从混沌到分离、从分离到遁隐、从遁隐到重现，劳动始终伴随教育而发展并与之保持密切联系。建党以来，中国共产党兼容并包、博采众长，将"教育与生产劳动相结合"这一马克思主义教育根本原则同中国社会的实际情况相结合，并对高校劳动教育的价值要义、实施路径展开探索。

（一）劳动教育的初步尝试(1921—1949年)

中国共产党对高校劳动教育的探索可追溯至1921年。在《湖南自修大学组织大纲》中，毛泽东等人首次对高校中的劳动进行说明，将劳动目的和形式概括论述为："为破除文弱之习惯，图脑力与体力之平均发展，并求知识与劳力两阶级之接近，应注意劳动。本大学为达劳动之目的，应有相当之设备，如艺园、印刷、铁工等。"工农革命时期，中华苏维埃政府将马克思主义教育思想与中国共产党革命斗争以来所取得的有益经验进行整合，"教育与生产劳动相结合"这一基本原理被贯彻到苏区的生产建设与文化建设中。1934年，在中华苏维埃共和国第二次全国代表大会上，"教育与劳动联系起来"被纳入苏维埃文化教育的总方针，"教劳结合"的思想得到广泛接受与普遍认可。随着全面抗日战争、国共内战的接连爆发，教育事业表现出"适应战争需要"的倾向，高校劳动教育的革命意蕴更加明显。在此期间，无论是党的领导、将领，还是根据地大学的教师、学生，共同学习革命理论以提高革命斗争的科学水平，共同参加生产劳动以提供革命斗争所必需的物质产品，劳动教育的思想不仅在理论上得到普遍认可，而且在实践中也得到了广泛应用。此外，需要说明的是，受社会背景的影响，当时中国共产党所创办的部分大学仍为干部学校，并不属于严格意义上的专门承担高等教育的办学组织与教育机构，但其对劳动教育理念、模式与方法的探索却同样可为后来及当下高校劳动教育的制度设计和工作部署

提供重要的借鉴意义。

(二) 劳动教育的确立与演变(1950—1977年)

自中华人民共和国成立至十一届三中全会召开前,受物质条件的限制及认知误区的影响,中国共产党所持的高校劳动教育理念几经更迭,探索过程颇显曲折。前期,在新民主主义社会向社会主义社会过渡阶段,国民经济与社会秩序由战时紧张状态转向和平建设状态,中国共产党结合新国情、新环境对高校劳动教育的形式与内容做出调整。1950年6月,周恩来在全国高等教育会议上,围绕高等教育方针、方向和内容与教育专家共同商讨,强调"教育为国家建设服务,学校向工农开门""在团结改造原有知识分子的同时,增加新的血液""全国高等学校都要重视实践,都要提高理论水平"。1957年,毛泽东在《关于正确处理人民内部矛盾的问题》一文中又对新中国的教育方针进行再次澄清,提出"应该使受教育者在德育、智育、体育几个方面都得到发展,成为有社会主义觉悟的有文化的劳动者"。受"劳动者"教育目标的引领,国家倡导将劳动融入高等教育中,以理论与实际相结合的教育方法,培养具有高级文化水平、可掌握现代科学技术且能够全心全意为人民服务的高级建设人才。后期,国内掀起了"文化大革命"运动,大学成为此次运动的重要阵地,劳动教育理念与原则发生变化。1971年,全国教育工作会议在北京召开,会议决定让大多数知识分子到工农兵中接受再教育;选拔工农兵上大学、管大学、改造大学;高等教育缩短学制、减少文化课程,增加劳动实践环节。

(三) 劳动教育的重塑(1978—1998年)

1978年,党的十一届三中全会确定了改革开放的战略方针,将党与国家的工作重心由阶级斗争转移至经济建设上来,教育事业由"为阶级斗争服务"转变为"与社会主义现代化建设相适应"。在同年的全国教育工作会议中,邓小平提出了新时期的教育方针政策,全面落实教育与生产劳动相结合的原则。同时,本次会议还修改了原《中华人民共和国教育部直属高等学校暂行工作条例(草案)》,要求高校均衡生产劳动、科学研究、社会活动的时间比重,安排学生参加生产劳动时需要考虑专业特点,以对口劳动为主。伴随经济领域的市场化与全球化,高等教育与社会发展的联系更为紧密,劳动教育围绕专业展开的趋势更为明显。高校劳动教育逐渐与专业实习、实践相融合,劳动技术教育与社会实践成为新的历史条件下贯彻教育与生产劳动相结合原则的有效途径。与此同时,党与政府也开始注重劳动思想教育与劳动技术教育的并行发展,促进学生健康成长与全面提升,避免出现重视技术、轻视思想的取向。1994年,在教育部召开的全国学校思想政治教育工作会议上,江泽民指出需要通过加强劳动教育来强化学生的思想政治教育,从而实现劳动教育的多维价值与多重作用。

(四) 劳动教育体系的构建(1999—2011年)

1999年,为提高教育质量、改善劳动者素质,中共中央、国务院出台《关于深化教育改革全面推进素质教育的决定》,指出教育与生产劳动相结合是培养全面发展人才的重要途径,高等学校要加强社会实践,组织学生参加科学研究、技术开发和推广活动以及社会服务活动。高校劳动教育的内涵得到不断拓展，脑力劳动与体力劳动的区别被社会大众广为熟知、接受。进入21世纪，劳动教育的地位与作用再次得到强调。《国家教育事业发展"十一五"规划纲要》指出，"全面推进职业教育与高等教育的教育教学改革，倡导和组织学生积极参加各种有益的生产劳动和公益活动，增强学生热爱劳动和尊重劳动的观念"；《国家中长期教育改革和发展规划纲要(2010—2020年)》提出要加强劳动教育，培养学生热爱劳动、热爱劳动人民的情感。

(五) 劳动教育科学体系的确立(2012年至今)

2012年以来，中国特色社会主义进入新时代，习近平总书记站在实现民族伟大复兴梦想的高度，发表了一系列关于劳动的重要论述。2018年，习近平总书记在全国教育大会上提出"要努力构建德智体美劳全面培养的教育体系"，将劳动教育的地位提升至与德育、智育、体育、美育同等的高度。2019年，为落实总书记关于劳动教育的重要论述，教育部修订教育法，且把"劳"纳入教育方针作为当年的工作重点。2020年，中共中央、国务院、教育部相继印发了《关于全面加强新时代大中小学劳动教育的意见》《大中小学劳动教育指导纲要(试行)》，围绕高校劳动教育的性质与理念、目的与内容、形式与内涵、课时与评价等方面进行说明，指出高等学校应依托实习实训、专业服务、社会实践等形式创新劳动教育，使大学生增强诚实劳动、合法劳动的意识。2022年10月，党的二十大报告指出："全面贯彻党的教育方针，落实立德树人根本任务，培养德智体美劳全面发展的社会主义建设者和接班人。"

三、新时代大学生劳动教育的内容

习近平总书记在全国教育大会上首次将劳动教育明确为全面发展教育的重要组成部分，提出了建构德智体美劳全面培养的教育体系的总要求。这一要求把劳动教育从传统意义上促进青少年全面发展的有效途径提升为重要教育内容，也要求新时代劳动教育需要有不同于以往的新体系、新设计。《关于全面加强新时代大中小学劳动教育的意见》明确指出，劳动教育的总体目标是："通过劳动教育，使学生能够理解和形成马克思主义劳动观，牢固树立劳动最光荣、劳动最崇高、劳动最伟大、劳动最美丽的观念；体会劳动创造美好生活，体认劳动不分贵贱，热爱劳动，尊重普通劳动者，培养勤俭、奋斗、创新、奉献的劳动精神；具备满足生存发展需要的基本劳动能力，形成良好劳动习惯。"在教育内容上，"高等学校要注重围绕创新创业，结合学科和专业积极开展实习实训、专业服务、社会实践、勤工助学等，重视新知识、新技术、新工艺、新方法应用，创造性地解决实际问题，使学生增强诚实劳动意识，积累职业经验，提升就业创业能力，树立正确择业观，具有到艰苦地区和行业工作的奋斗精神，懂得空谈误国、实干兴邦的深刻道理；注重培育公共服务意识，使学生具有面对重大疫情、灾害等危机主动作为的奉献精神。"

因此，新时代劳动教育应该包含以下几个方面内容。

(一) 劳动价值观教育

劳动价值观是劳动者对劳动的思想认识、根本看法，它直接决定劳动者的价值判断、情感取向与行为选择,是劳动素养的核心内容。习近平总书记多次强调,"劳动最光荣、劳动最崇高、劳动最伟大、劳动最美丽"[1],这是对新时代劳动价值观的明确定位。落实这一定位,需结合唯物史观教育和劳动科学知识的学习,引导大学生充分认识"人民创造历史,劳动开创未来。劳动是推动人类社会进步的根本力量"[2]的真理性意义;真正明白"劳动是财富的源泉,也是幸福的源泉"[3]的道理,真切体验在劳动创造中"把自己的理想同祖国的前途、把自己的人生同民族的命运紧密联系在一起,扎根人民,奉献国家"[4]的幸福感;深刻理解按劳分配是实现社会正义的基本原则,"全社会都要以辛勤劳动为荣、以好逸恶劳为耻"[5],鄙视不劳而获、少劳多获的投机思想;正确认识新时代劳动的复杂性与多样性,由衷认同"劳动没有高低贵贱之分,任何一份职业都很光荣"[6]"一切劳动,无论是体力劳动还是脑力劳动,都值得尊重和鼓励"[7]的道理,切实改变轻视体力劳动和体力劳动者的错误心态;深入理解为什么"尊重劳动"为"四个尊重"之首,不能离开"尊重劳动"去谈时代精神。

新时代大学生劳动价值观教育更加强调劳动幸福观教育和劳动使命观教育。新时代我国社会主要矛盾已经转化为人民日益增长的美好生活需要和不平衡不充分的发展之间的矛盾。在新时代,相较于物质文化需求,人们对美好生活的需求更加广泛、更加迫切,尤其是即将步入职场的青年大学生,他们对美好生活更是充满了期待。但是现实表明,当下大部分大学生并未找到创造美好生活、获得幸福的途径和方法,没有认识到"劳动创造幸福,奋斗成就美好生活"。因此,在主要矛盾发生变化的新时代,对大学生进行劳动创造幸福的劳动价值观教育,有利于大学生在劳动中创造美好生活,提升感受幸福的能力。除此之外,新时代大学生劳动教育也格外强调劳动使命观教育。新时代大学生劳动教育不仅仅要让大学生懂得劳动的意义,更要让他们明白为什么要劳动。马克思曾经说过:"作为确定的人,现实的人,你就有规定,就有使命,就有任务。"[8]因而在面对重大疫情、灾害的危急时刻,在实现"两个一百年"奋斗目标和中华民族伟大复兴中国梦的紧要关头,青年人理应担负起民族复兴的使命和任务,报效国家、奉献社会,即使面对种种困难和考验,也不放弃、不退缩。

(二)劳动情感态度教育

劳动情感态度是劳动者的个性心理特征的反应,是个体在一定劳动价值观支配下、在长期劳动情感体验基础上形成的一种相对稳定的对待劳动的心理倾向。"爱劳动"一直是我国劳动教育特别重视培养的基本劳动情感态度。新时代劳动情感态度教育既要强调热爱劳动、勤于劳动,又要强调热爱创造、善于劳动。热爱劳动、热爱创造是立业为人的根本,是实干兴邦的基石,更是富民强国的动力。习近平总书记更是多次强调"要通

---

[1] 习近平. 在庆祝"五一"国际劳动节暨表彰全国劳动模范和先进工作者大会上的讲话[N]. 光明日报, 2015-4-29.
[2] 习近平. 习近平在同全国劳动模范代表座谈时的讲话[N]. 人民日报, 2013-4-29.
[3] 习近平. 习近平在同全国劳动模范代表座谈时的讲话[N]. 人民日报, 2013-4-29.
[4] 习近平. 在北京大学师生座谈会上的讲话[N]. 人民日报, 2018-5-3.
[5] 习近平. 在同全国劳动模范代表座谈时的讲话[N]. 人民日报, 2019-4-29.
[6] 习近平. 在知识分子、劳动模范、青年代表座谈会上的讲话[N]. 人民日报, 2016-4-30.
[7] 习近平. 在庆祝"五一"国际劳动节暨表彰全国劳动模范和先进工作者大会上的讲话[N]. 光明日报, 2015-4-29.
[8] 马克思, 恩格斯. 马克思恩格斯全集:第3卷[M]. 北京:人民出版社, 1960:329.

过各种措施和方式,教育引导广大青少年牢固树立热爱劳动的思想、牢固养成热爱劳动的习惯,为祖国发展培养一代又一代勤于劳动、善于劳动的高素质劳动者"[1],"要教育孩子们从小热爱劳动、热爱创造,通过劳动和创造播种希望、收获果实,也通过劳动和创造磨炼意志、提高自己"[2]。

培育大学生热爱劳动、热爱创造的情感态度,首先,要在培养热爱劳动者的真挚情感上下功夫,教育引导大学生真正做到"任何时候任何人都不能看不起普通劳动者,都不能贪图不劳而获的生活"[3],认识到尊重普通劳动者、珍惜他们的劳动成果是人的基本修养;其次,要在科学构建劳动实践训练体系上下功夫,着力优化大学生专业实习实训、精心组织社会实践与志愿服务、全面推进创新创业教育、不断深化产教融合,引导大学生在广阔的生产劳动与实践中加强磨炼、增长本领,教育大学生"要敢于做先锋,而不做过客、当看客,让创新成为青春远航的动力,让创业成为青春搏击的能量"[4];最后,要在培养大学生勤奋学习、刻苦钻研上下功夫,狠抓学风建设,教育大学生由衷认识到认真学习、刻苦钻研不仅是增进知识的过程,更是磨炼意志、锤炼品行、提高自己的辛勤劳动过程,让勤奋学习成为青春飞扬的动力。

新时代大学生劳动教育除了一以贯之地进行热爱劳动的教育以外,更加强调在教育过程中弘扬劳模精神和工匠精神,以此培养大学生精益求精的劳动态度。迈入新时代,经济发展由量到质的转变,制造业的转型升级,民族品牌的打造越来越需要这种精益求精的劳动态度。然而,现实是一部分人早已在快节奏的发展模式和生活方式中变得浮躁、患得患失,这在伴随着互联网长大的新时代大学生身上体现得尤为明显。通过劳模精神和工匠精神的弘扬,有利于把大学生培养成为在工作和学习中尚巧求精、执着耐心、专注品质的匠心青年。

(三) 劳动品德教育

劳动品德体现了劳动的伦理要求,是指人们在劳动过程中所表现出来的对他人和社会的稳定的心理特征或倾向。辛勤劳动、诚实劳动、创造性劳动,是习近平总书记对新时代劳动的基本要求。辛勤劳动、诚实劳动和创造性劳动是统一的。辛勤劳动是诚实劳动、创造性劳动的前提和基础。"一勤天下无难事","民生在勤,勤则不匮",这些中国人自古秉承的劳动信念在新时代依然熠熠生辉,"坚持艰苦奋斗,不贪图安逸,不惧怕困难,不怨天尤人,依靠勤劳和汗水开辟人生和事业前程"[5]依然是新时代大学生需要发扬的美德。诚实劳动是辛勤劳动的表现,也是创造性劳动的前提。习近平总书记高度讴歌诚实劳动的价值,将其视为实现人世间的美好梦想、破解发展中的各种难题、创造生命里的一切辉煌的必由之路。创造性劳动是辛勤劳动、诚实劳动的发展,也是劳动的核心和本质要求。

新时代是创新发展的时代,大学生是新时代创新发展的重要新生力量,因此,新时代

---

[1] 习近平. 在乌鲁木齐接见劳动模范和先进工作者、先进代表人物[N]. 人民日报, 2014-5-1.
[2] 习近平. 在庆祝"五一"国际劳动节暨表彰全国劳动模范和先进工作者大会上的讲话[N]. 人民日报, 2015-4-29.
[3] 习近平. 在庆祝"五一"国际劳动节暨表彰全国劳动模范和先进工作者大会上的讲话[N]. 人民日报, 2015-4-29.
[4] 习近平. 在知识分子、劳动模范、青年代表座谈会上的讲话[N]. 人民日报, 2016-4-30.
[5] 习近平. 在知识分子、劳动模范、青年代表座谈会上的讲话[N]. 人民日报, 2016-4-30.

高校劳动教育要在辛勤劳动、诚实劳动的基础上强调创造性劳动。要让大学生深刻理解新时代的劳动者"不仅要有力量，还要有智慧、有技术，能发明、会创新"[1]的道理，教育引导大学生以科学家、大国工匠和劳动模范为榜样，胸怀理想、脚踏实地、勤奋学习、锐意进取、敢为先锋、勇于创造，不断谱写新时代的劳动创造之歌。

（四）劳动习惯教育

劳动习惯是个体在长期劳动实践训练中形成的稳定的行为模式。新时代互联网的飞速发展、数字经济的到来、人工智能的崛起，在给人类生活带来极大便利的同时，也使一些年轻人在无形中滋长了企图不劳而获、渴望一夜暴富、追求一夜成名的不良心理。习近平总书记一直强调"空谈误国，实干兴邦"[2]，倡导"在全社会大力弘扬真抓实干、埋头苦干的良好风尚"[3]，强调"幸福不会从天而降，梦想不会自动成真"[4]，"人世间的美好梦想，只有通过诚实劳动才能实现；发展中的各种难题，只有通过诚实劳动才能破解；生命里的一切辉煌，只有通过诚实劳动才能铸就"[5]，实现我们的奋斗目标，开创我们的美好未来，"必须依靠辛勤劳动、诚实劳动、创造性劳动"，正是对前述种种不良现象的有力纠偏。

2018年5月2日在北京大学师生座谈会的讲话中，习近平总书记更是谆谆教诲广大青年"要力行，知行合一，做实干家"，"不论学习还是工作，都要面向实际、深入实践，实践出真知；都要严谨务实，一分耕耘一分收获，苦干实干"[6]。新时代高校劳动教育要回到全面的、本原的劳动观上，把劳动看成人类创造世界、改造世界的一切实践活动，是劳动、工作、做事、干事、奋斗的统称，让"真抓实干、埋头苦干"成为新时代大学生学习、工作、做人、做事的基本行为方式。

新时代大学生劳动教育更加强调劳动习惯教育的持续性。一方面，强调劳动习惯教育的持续性是由养成良好劳动习惯的长期性决定的。一个良好劳动习惯的养成是一个长期的过程，它不是一朝一夕的事情，需要长时间的教育和引导。因此，教育主体在教育的过程中不能断断续续，而应该持久进行。另一方面，强调劳动习惯教育的持续性是由新时代大学生劳动习惯的现状所决定的。与以往的大学生相比，新时代的大学生大多是"90后""00后"，他们是伴随着互联网长大的一代，智能化、数字化的发展给他们的生活带来便利的同时，也导致他们劳动机会的减少，再加上生活条件的优越、父母的宠爱，致使这一代人中不想劳动、不会劳动、不爱劳动的现象更为突出一些。因此，针对上述问题，更应该持续地加强新时代大学生劳动习惯方面的教育，让自觉劳动成为新时代大学生生命的底色。

（五）劳动知识与技能教育

劳动知识技能是个体从事一定劳动所必须具备的知识、技术、技巧及综合运用这些知

---

[1] 习近平. 习近平在同全国劳动模范代表座谈时的讲话[N]. 人民日报，2013-4-29.
[2] 习近平. 习近平在同全国劳动模范代表座谈时的讲话[N]. 人民日报，2013-4-29.
[3] 习近平. 习近平在同全国劳动模范代表座谈时的讲话[N]. 人民日报，2013-4-29.
[4] 习近平. 习近平在同全国劳动模范代表座谈时的讲话[N]. 人民日报，2013-4-29.
[5] 习近平. 习近平在同全国劳动模范代表座谈时的讲话[N]. 人民日报，2013-4-29.
[6] 习近平. 习近平在北京大学师生座谈会上的讲话. http://politics.people.com.cn/n1/2018/0503/c1024-29961468.html.

识、技术、技巧的能力，是大学生劳动素养全面提升的必备基础。正如习近平总书记所强调的，"素质是立身之基，技能是立业之本。广大劳动群众要勤于学习，学文化、学科学、学技能、学各方面知识，不断提高综合素质，练就过硬本领"[1]。

(1) 大学各专业知识的学习本身就是一种劳动知识学习，大学生的专业实习、毕业实习也都是被明确地列入教学计划的劳动技能训练，这正是大学劳动教育区别于中小学的重要一维，必须抓紧抓好，为建设宏大的知识型、技术型、创新型劳动者大军奠定基础。

(2) 除各门专业课程中的劳动知识与技能教育，新时代高校劳动教育还应加强劳动科学的教学。人类在总结规律、创新知识的过程中形成了劳动哲学、劳动伦理学、劳动文化学、劳动社会学、劳动教育学等一系列"劳动+"学科。这些学科深化了人们对劳动问题的研究，提升了高等教育水平和劳动人才培养质量，同时，也提高了学生对劳动多学科、多维度的认识，使学生学到分析、解决劳动问题的本领，增强劳动观念、提升劳动技能。

(3) 结合大学生未来的劳动、工作、职业发展需要，通过开设专门的劳动教育课程、完善大学生职业生涯规划和就业指导教育，加强劳动人权、劳动伦理、劳动关系、劳动条件、社会保障、职工福利、职业安全与卫生、劳动法与社会保障法等相关知识与技能的学习。

(4) 通过实习实训、产教融合、社会实践、志愿服务劳动实践形式，引导学生在广阔的生产劳动与社会实践中增进知识、磨炼意志、增长才干、提高素质、培养社会责任感。

(5) 新时代大学生劳动知识与技能教育更加强调创造性劳动教育。所有的劳动都孕育着创新的元素，所有创新都从劳动中脱胎而来。在新时代建设中国特色社会主义现代化强国，实施创新驱动发展战略，都离不开创造性劳动。而创新之道，唯在得人。因此，这对我国的劳动教育事业也提出了更高的要求。它要求教育主体在劳动技能教育过程中，不仅要进行科学知识和技能的教学，还要创造更多的条件培养大学生的创新能力，进而把大学生培养成为专业技能过硬、自主创新能力高超的新型劳动者，以满足时代发展的需要。

四、新时代劳动教育体系

2018 年 9 月 10 日，习近平在全国教育大会上讲话指出，培养什么人，是教育的首要问题，要培养德智体美劳全面发展的社会主义建设者和接班人，培养一代又一代拥护中国共产党领导和社会主义制度、立志为中国特色社会主义奋斗终身的有用人才。"要在学生中弘扬劳动精神，教育引导学生崇尚劳动、尊重劳动，懂得劳动最光荣、劳动最崇高、劳动最伟大、劳动最美丽的道理，长大后能够辛勤劳动、诚实劳动、创造性劳动。"[2]新时代"有用人才"的一个重要特征就是具备劳动的素质，具有正确的劳动价值观。习近平把劳动教育纳入社会主义建设者和接班人的培养要求之中，提出"德智体美劳"的总体要求，丰富和发展了党的教育方针。

为深入贯彻习近平关于教育的重要论述，全面贯彻党的教育方针，2020 年 3 月中共中

---

[1] 习近平. 在知识分子、劳动模范、青年代表座谈会上的讲话[N]. 人民日报，2016-4-30.
[2] 习近平. 坚持中国特色社会主义教育发展道路培养德智体美劳全面发展的社会主义建设者和接班人[N]. 人民日报，2018-9-11.

央、国务院印发《关于全面加强新时代大中小学劳动教育的意见》，对新时代劳动教育做出顶层设计和全面部署。2020年7月，教育部印发《大中小学劳动教育指导纲要(试行)》，重点针对劳动教育是什么、教什么、怎么教等问题进行说明。这是新时代大学生劳动教育的行动指南。

(一) 构建系统化的劳动教育课程

构建系统化的劳动教育课程包括以下几个方面。

(1) 把劳动教育纳入大学生的必修课程。《关于全面加强新时代大中小学劳动教育的意见》中明确提出"普通高校要明确劳动教育主要依托课程，本科阶段不少于32学时"，把劳动教育课程纳入高校人才培养方案，是实现劳动教育目的的基本保障。

(2) 开设必要的劳动教育选修课程。选修课可以是劳动法律、劳动安全、劳动文化、创新创业等课程，也可以邀请行业领域内的专业人士到学校开设技能化、专业化的选修课程，让学生亲身实践。

(3) 把劳动教育融入思政课程、专业课程。一方面，要把劳动教育融入思想政治理论课教学中，发挥思政课的主渠道作用。思政课理论教程中包括了大量的马克思主义经典劳动学阐释和马克思主义中国化劳动学说的最新发展成果，这些理论成果是树立大学生社会主义劳动价值观的根本，遵循劳育与德育结合的协同效应，能增强马克思主义劳动理论的信服力，更能增强马克思主义劳动价值观的认同感，使新时代劳动价值观在大学生中生根发芽，结出美丽的硕果。另一方面，要选准专业课程的融入点，专业课程主要与服务学习、实习实训、科学实验、社会实践、毕业设计等相结合开展各类劳动实践，注重分析相关劳动形态发展趋势，强化劳动品质培养，把劳动价值观、劳动精神特别是劳模精神、工匠精神等积极融会其中，增强大学生学习的动力和学习的导向性。

(二) 共建学校、家庭、社会的教育联动机制

高校劳动教育不是学校单方面的事情，需要家庭、社会、政府的联合，形成教育共同体，全方位积极开展劳动教育，推行热爱劳动的风尚。

(1) 高校要发挥在大学生劳动教育中的主导作用。高校应明确劳动教育的要求，着重引导学生形成马克思主义劳动观，使其系统学习并掌握必要的劳动技能。

(2) 家庭要发挥在劳动教育中的基础作用。注重抓住衣食住行等日常生活中的劳动实践机会，鼓励孩子自觉参与、自己动手，随时随地、坚持不懈地劳动。家庭要树立崇尚劳动的良好家风，家长要通过日常生活的言传身教、潜移默化，让孩子养成从小爱劳动的好习惯。

(3) 社会要发挥在劳动教育中的支持作用。充分利用社会各方面资源，为劳动教育提供必要保障。学校组织学生参加力所能及的生产劳动、参与新型服务性劳动，使学生与普通劳动者一起经历劳动过程。工会、共青团、妇联等群团组织以及各类公益基金会、社会福利组织要组织动员相关力量、搭建活动平台，共同支持学生深入城乡社区、福利院和公共场所等参加志愿服务，开展公益劳动，参与社区治理。

普通高等学校要将劳动教育有机纳入专业教育、创新创业教育，不断深化产教融合，强化劳动锻炼要求，加强高等学校与行业骨干企业、高新企业、中小微企业紧密协同，推

动人才培养模式改革。专业课程主要与服务学习、实习实训、科学实验、社会实践、毕业设计等相结合开展各类劳动实践，注重分析相关劳动形态发展趋势，强化劳动品质培养。

(三) 推进创新创业

大学生作为社会向前发展的源动力，必须与知识经济时代发展要求相适应，具有较强的创新创业能力。未来社会迫切需要的是具有创新创业能力的人才。高素质人才应具有独立生存的自信心、不断创新的进取心、广泛关怀的责任心；具有对环境的适应能力、对文化的整合能力、为理想而奋斗的实践能力。大学生应该通过坚持知识能力素质的辩证统一，突出创新能力的培养，努力提高实践能力，加强心理素质的锻炼，促进独立创业思想的培养。

高等学校要注重围绕创新创业，结合学科和专业积极开展实习实训、专业服务、社会实践、勤工助学等，重视新知识、新技术、新工艺、新方法应用，创造性地解决实际问题，使学生增强诚实劳动意识，积累职业经验，提升就业创业能力，树立正确择业观，具有到艰苦地区和行业工作的奋斗精神，懂得空谈误国、实干兴邦的深刻道理；注重培育公共服务意识，使学生具有面对重大疫情、灾害等危机主动作为的奉献精神。

(四) 在校园文化建设中强化劳动文化

高校应将劳动教育与学生的个人生活、校园生活和社会生活有机结合起来，丰富劳动体验，提高劳动能力，深化对劳动价值的理解。

学校要将劳动习惯、劳动品质的养成教育融入校园文化建设之中。通过制定劳动公约、每日劳动常规、学期劳动任务单，采取与劳动教育有关的兴趣小组、社团等组织形式，结合植树节、学雷锋纪念日、五一劳动节、农民丰收节、志愿者日等，开展丰富的劳动主题教育活动，营造劳动光荣、创造伟大的校园文化。

学校要举办"劳模大讲堂""大国工匠进校园"、优秀毕业生报告会等劳动榜样人物进校园活动，组织劳动技能和劳动成果展示，综合运用讲座、宣传栏、新媒体等，广泛宣传劳动榜样人物事迹，特别是身边的普通劳动者事迹，让师生在校园里近距离接触劳动模范，聆听劳模故事，观摩精湛技艺，感受并领悟勤勉敬业的劳动精神，争做新时代的奋斗者。

(五) 激发大学生自我劳动教育

内因是事物发展的根据，外因是事物发展的条件，外因通过内因起作用。没有自我教育就没有真正的教育，社会教育、学校教育、家庭教育等都要通过自我教育才能起作用，自我教育是教育的最高点，它对大学生的成长成才起着至关重要的作用。自我教育涉及很多方面，其中一个重要的方面就是自我劳动教育，让自我劳动教育自觉化，有助于大学生劳动综合素质的提高，是新时代大学生劳动教育的关键之举。

(六) 健全劳动素养评价制度

《关于全面加强新时代大中小学劳动教育的意见》要求将劳动素养纳入学生综合素质评价体系，制定评价标准，建立激励机制，组织开展劳动技能和劳动成果展示、劳动竞赛等活动，全面、客观地记录课内外劳动过程和结果，加强实际劳动技能和价值体认情况的考核；建立公示、审核制度，确保记录真实可靠；把劳动素养评价结果作为衡量学生全面发展情况的重要内容，作为评优评先的重要参考和毕业依据。这样的量化举措，可以起到很好的激励作用和督促作用，让大学生积极投身到劳动的洪流中，在劳动锻炼中磨炼意志、涵养精神，树立积极的劳动价值观，进而涵养社会主义核心价值观。

五、新时代大学生劳动教育的意义

2018年9月10日，习近平在全国教育大会上强调，"要努力构建德智体美劳全面培养的教育体系，要在学生中弘扬劳动精神，教育引导学生崇尚劳动、尊重劳动，懂得劳动最光荣、劳动最崇高、劳动最伟大、劳动最美丽的道理，长大后能够辛勤劳动、诚实劳动、创造性劳动"。《关于全面加强新时代大中小学劳动教育的意见》指出劳动教育的重大意义：劳动教育是中国特色社会主义教育制度的重要内容，直接决定社会主义建设者和接班人的劳动精神面貌、劳动价值取向和劳动技能水平。长期以来，各地区和学校坚持教育与生产劳动相结合，在实践育人方面取得了一定成效。同时也要看到，近年来大学生群体中出现了不珍惜劳动成果、不想劳动、不会劳动的现象，劳动的独特育人价值在一定程度上被忽视，劳动教育正被淡化、弱化。对此，全党全社会必须高度重视，采取有效措施切实加强劳动教育。通过劳动教育让学生认识到劳动具有本源性价值，即劳动是创造物质世界和人类历史的根本动力；通过劳动教育让学生认识到劳动是一切社会财富的源泉，不劳而获、少劳多得是可耻的；通过劳动教育让学生认识到劳动是实现个人成长进步的阶梯，不愿劳动、不爱劳动则会阻碍个人的全面发展。劳动教育不但包含丰富的德智体美等教育资源，而且劳动还是学生生活教育和生命教育最佳的汇合点，通过劳动教育要让学生认识到劳动是生命价值和生命意义实现的唯一途径。

（一）新时代培养社会主义建设者和接班人的要求

建成社会主义现代化强国，实现中华民族伟大复兴，是一场接力跑，需要由一代又一代能够堪当民族复兴大任的时代新人来完成。劳动教育与德育、智育、体育、美育一样，是人才培养不可或缺的内容。习近平总书记在2018年的全国教育大会上提出，要培养德智体美劳全面发展的社会主义建设者和接班人。这不仅为新时代培养堪当民族复兴大任的时代新人指明了方向，也为在新形势下促进大学生全面发展和健康成长提供了基本遵循。

高校是大学生劳动精神培育、劳动素养提升的重要场所，劳动教育是大学生成人成才的基础，事关高校立德树人根本任务的实现。大学生的劳动素养左右着他们对未来职业、岗位和人生道路的选择，影响他们人生价值的实现，进而在一定程度上影响国家和社会的未来。当代大学生在劳动观念、劳动态度、劳动习惯和劳动技能等方面与社会的需要还存在较大差距。培育时代新人需要高校全面贯彻党的教育方针，加强教育教学改革，把劳动素养教育纳入人才培养方案，加强劳动教育和实践环节培养。同时，坚持专业教育与生产劳动相结合，学校与社会、家庭相结合，为大学生提供崇尚劳动、尊重劳动者的思想文化氛围，获得外部环境和条件支持。家庭要重视勤劳家风的培育，培养孩子热爱劳动的思想意识和良好习惯，使大学生在努力获取知识的同时，积极参加劳动实践，在实践中获得劳动体验、提升劳动素养，成为知识型、技能型、创新型社会主义事业的合格建设者和接班人。

(二) 实现中华民族伟大复兴中国梦的必然选择

中国梦是国家的、民族的，也是每一个中国人的。中国梦的实现不仅需要国家的意志，更需要每一个中国人的努力。中华民族从站起来、富起来到强起来，靠的就是一代又一代中国人踏石有印、抓铁有痕的实干。实现中华民族伟大复兴的中国梦，需要新一代中国人的接力奋斗。作为时代新人主体的青年大学生更应该接过奋斗的接力棒，用劳动托起中国梦。

新时代是创新发展的时代，中国速度向中国质量的转变、制造大国向制造强国的转变、中国制造向中国创造的转变离不开创新，在激烈的国际竞争中赢得主动离不开创新，人民生活的智能化、便捷化离不开创新。而创新离不开创造性劳动，创造性劳动是创新的源泉。所以，国家富强、民族振兴、人民幸福中国梦的实现也需要青年一代的创造性劳动。而无论是辛勤劳动、诚实劳动还是创造性劳动，都离不开对大学生的劳动教育。

习近平总书记指出："人民创造历史，劳动开创未来，劳动是推动人类社会进步的根本力量。"[1]这充分体现了劳动人民至上的社会主义价值观，深刻把握了劳动、劳动人民和历史发展之间的内在逻辑。新时代劳动教育是以人民为中心的教育，是为人民谋幸福的教育。"今天我们强调的劳动教育，就是坚持和发展中国特色社会主义教育制度，就是营造尊重劳动、热爱劳动、崇尚劳动的社会主义先进文化，让所有人的劳动和劳动成果得到尊重，特别是尊敬普通劳动者，增进与劳动人民的感情。"[2]积极营造"用劳动托起中国梦"的劳动文化，引导学生在身体力行的劳动中形成劳动的理性自觉，树立正确的劳动价值观。

(三) 完善当前立德树人教育体系的需要

党的十八大以来，习近平总书记多次强调立德树人的重要性。在全国教育大会上，总书记又提出德智体美劳五育并举的论断，不但丰富了新时代党的教育方针的内涵，而且为贯彻和落实立德树人指明了方向及路径。新时代强化大学生劳动教育，有利于培养大学生吃苦耐劳、服务社会的时代精神，形成尊崇劳动和劳动者的思想品质。

当今时代，由于新技术的不断应用，不少传统的体力劳动被取代，科技在经济发展中所发挥的作用也越来越大，社会上出现了一些轻视体力劳动的思想，劳动教育普遍存在弱化、异化和淡化等现象，劳动的社会意义和教育意义正在被消解。习近平总书记在全国教育大会上指出，要努力构建德智体美劳全面培养的教育体系，形成更高水平的人才培养体系。这一重要论述体现了我们党和国家对高校人才培养目标的新要求。以往教育体系中劳动教育的缺位或忽视，不但局限了大学生对劳动价值的认知，而且加剧了大学生对劳动及其价值认识的异化。我们必须及时补齐这块短板，重塑劳动教育在整个教育体系中的基础性和全局性地位，以顺应学生成长成才的规律和社会发展对人才综合素质的需要。

---

[1] 习近平. 在同全国劳动模范代表座谈时的讲话[N]. 人民日报，2013-4-29.
[2] 柳夕浪. 全面准确地把握劳动教育内涵[J]. 教育研究与实验，2019(4).

（四）促进大学生全面发展实现人生价值

"人的全面发展"是马克思主义的基本原理之一。马克思认为，只有个人普遍得到全面、和谐、充分发展，才能真正获得驾驭自然界和人类社会的自由，成为自由发展的人。苏联著名教育学家苏霍姆林斯基认为，学校的教育目标是培养真正的人，也就是全面、和谐、发展的人。高等学校必须对新时代大学生在德、智、体、美、劳这几个方面同时开展教育和培养，才能实现教育目标，培养全面、和谐、发展的人才。劳动教育在五育中有着基础性和全局性的地位，只有加强和改进当前的劳动教育，才能把大学生培养成为德智体美劳全面发展的有思想、有觉悟的劳动者，个体生命的潜能才能得到自由、充分、全面、和谐和可持续的发展。

劳动一直充当着人类谋生的手段，人们要通过劳动来创造财富获得报酬，以维持生活所需。同时，劳动又是人的社会属性需要，人们要通过劳动来显示其社会价值，实现个人价值，发展与成就自己。马克思说："历史承认那些为共同目标劳动因而变得高尚的人是伟大的人，经验赞美那些为大多数人带来幸福的人是最幸福的人。"[1] "劳动教育是国民教育体系的重要内容，是学生成长的必要途径，具有树德、增智、强体、育美的综合育人价值"[2]。大学生在劳动中，用自己的身体和心灵感知与感悟世界，拓展认知的视野，激发求知的欲望，在探究未知的过程中积累知识，提高智育；在艰苦的劳动中强健体魄，磨砺意志，提高承受挫折的能力，促进身心健康，收到健体的效果；在劳动的过程中发现自然和生活的美，体验劳动的愉悦，也感受到劳动之美，升华审美情趣，提升审美能力。由此可见，新时代加强大学生劳动教育，发挥劳动教育的育人功能，可以促进大学生德智体美劳全面发展。新时代大学生劳动教育有助于培养大学生勤俭、奋斗、创新、奉献的劳动精神；培养他们服务社会、服务他人的奉献情怀和服务意识，培养他们通过劳动实践磨炼意志、砥砺品格，进而实现人生价值的能力。

当代大学生应不畏艰难、百折不挠、敢于担当，在劳动中增阅历、长才干、坚意志、熟技能、知荣辱、懂感恩，为实现人生价值做好思想、信念、人格、品质、知识和能力上的准备。

思考与实践

一、问题思考
1. 如何理解新时代劳动的本质特征。
2. 如何把握新时代劳动教育的内涵。
3. 联系现实思考新时代大学生劳动教育的意义。

二、实践训练
1. 我国大学生劳动教育现状调研，目的与任务如下：
(1) 了解当下我国大学生劳动状况、劳动教育现状；

---

[1] 马克思恩格斯全集(第 40 卷)[M]. 北京：人民出版社，1982：7.
[2] 中共中央国务院关于全面加强新时代大中小学劳动教育的意见[N]. 人民日报，2020-3-27.

(2) 分析当下劳动教育的不足并提出科学建议。

2. 自我检查，思考在劳动态度、情感、习惯、技能等方面已具有的优秀表现以及尚存在的问题。

拓展学习

一、视频学习

1-1. 习近平时间：劳动者最幸福

1-2. 劳动者皆有光

1-3. "90后"女大学生做环卫工

1-4. "美好假期"大学生温暖公益行动

1-5. 大学生工地打暑假工

1-6. 把青春献给祖国

1-7. 大学生支教，你笑起来真好看

1-8. 大学生志愿者：和家乡一起渡难关

1-9. 李智敏：我为家乡代言

1-10. 每天工作9小时自己攒学费

1-11. 农田劳动的臧元征上了《中国教育报》

1-12. 这样掰玉米太美了

二、拓展阅读

中共中央　国务院
关于全面加强新时代大中小学劳动教育的意见
(2020年3月20日)

为构建德智体美劳全面培养的教育体系，现就加强新时代大中小学劳动教育提出如下意见。

一、充分认识新时代培养社会主义建设者和接班人对加强劳动教育的新要求

(一) 重大意义。劳动教育是中国特色社会主义教育制度的重要内容，直接决定社会主义建设者和接班人的劳动精神面貌、劳动价值取向和劳动技能水平。长期以来，各地区和学校坚持教育与生产劳动相结合，在实践育人方面取得了一定成效。同时也要看到，近年来一些青少年中出现了不珍惜劳动成果、不想劳动、不会劳动的现象，劳动的独特育人价

值在一定程度上被忽视，劳动教育正被淡化、弱化。对此，全党全社会必须高度重视，采取有效措施切实加强劳动教育。

（二）指导思想。以习近平新时代中国特色社会主义思想为指导，全面贯彻党的教育方针，落实全国教育大会精神，坚持立德树人，坚持培育和践行社会主义核心价值观，把劳动教育纳入人才培养全过程，贯通大中小学各学段，贯穿家庭、学校、社会各方面，与德育、智育、体育、美育相融合，紧密结合经济社会发展变化和学生生活实际，积极探索具有中国特色的劳动教育模式，创新体制机制，注重教育实效，实现知行合一，促进学生形成正确的世界观、人生观、价值观。

（三）基本原则

——把握育人导向。坚持党的领导，围绕培养担当民族复兴大任的时代新人，着力提升学生综合素质，促进学生全面发展、健康成长。把准劳动教育价值取向，引导学生树立正确的劳动观，崇尚劳动、尊重劳动，增强对劳动人民的感情，报效国家，奉献社会。

——遵循教育规律。符合学生年龄特点，以体力劳动为主，注意手脑并用、安全适度，强化实践体验，让学生亲历劳动过程，提升育人实效性。

——体现时代特征。适应科技发展和产业变革，针对劳动新形态，注重新兴技术支撑和社会服务新变化。深化产教融合，改进劳动教育方式。强化诚实合法劳动意识，培养科学精神，提高创造性劳动能力。

——强化综合实施。加强政府统筹，拓宽劳动教育途径，整合家庭、学校、社会各方面力量。家庭劳动教育要日常化，学校劳动教育要规范化，社会劳动教育要多样化，形成协同育人格局。

——坚持因地制宜。根据各地区和学校实际，结合当地在自然、经济、文化等方面条件，充分挖掘行业企业、职业院校等可利用资源，宜工则工、宜农则农，采取多种方式开展劳动教育，避免"一刀切"。

二、全面构建体现时代特征的劳动教育体系

（四）把握劳动教育基本内涵。劳动教育是国民教育体系的重要内容，是学生成长的必要途径，具有树德、增智、强体、育美的综合育人价值。实施劳动教育重点是在系统的文化知识学习之外，有目的、有计划地组织学生参加日常生活劳动、生产劳动和服务性劳动，让学生动手实践、出力流汗，接受锻炼、磨炼意志，培养学生正确劳动价值观和良好劳动品质。

（五）明确劳动教育总体目标。通过劳动教育，使学生能够理解和形成马克思主义劳动观，牢固树立劳动最光荣、劳动最崇高、劳动最伟大、劳动最美丽的观念；体会劳动创造美好生活，体认劳动不分贵贱，热爱劳动，尊重普通劳动者，培养勤俭、奋斗、创新、奉献的劳动精神；具备满足生存发展需要的基本劳动能力，形成良好劳动习惯。

（六）设置劳动教育课程。整体优化学校课程设置，将劳动教育纳入中小学国家课程方案和职业院校、普通高等学校人才培养方案，形成具有综合性、实践性、开放性、针对性的劳动教育课程体系。

根据各学段特点，在大中小学设立劳动教育必修课程，系统加强劳动教育。中小学劳动教育课每周不少于1课时，学校要对学生每天课外校外劳动时间作出规定。职业院校以实习实训课为主要载体开展劳动教育,其中劳动精神、劳模精神、工匠精神专题教育不少于16学时。普通高等学校要明确劳动教育主要依托课程,其中本科阶段不少于32学时。除劳动教育必修课程外,其他课程结合学科、专业特点,有机融入劳动教育内容。大中小学每学年设立劳动周,可在学年内或寒暑假自主安排,以集体劳动为主。高等学校也可安排劳动月,集中落实各学年劳动周要求。

根据需要编写劳动实践指导手册,明确教学目标、活动设计、工具使用、考核评价、安全保护等劳动教育要求。

(七)确定劳动教育内容要求。根据教育目标,针对不同学段、类型学生特点,以日常生活劳动、生产劳动和服务性劳动为主要内容开展劳动教育。结合产业新业态、劳动新形态,注重选择新型服务性劳动的内容。

小学低年级要注重围绕劳动意识的启蒙,让学生学习日常生活自理,感知劳动乐趣,知道人人都要劳动。小学中高年级要注重围绕卫生、劳动习惯养成,让学生做好个人清洁卫生,主动分担家务,适当参加校内外公益劳动,学会与他人合作劳动,体会到劳动光荣。初中要注重围绕增加劳动知识、技能,加强家政学习,开展社区服务,适当参加生产劳动,使学生初步养成认真负责、吃苦耐劳的品质和职业意识。普通高中要注重围绕丰富职业体验,开展服务性劳动、参加生产劳动,使学生熟练掌握一定劳动技能,理解劳动创造价值,具有劳动自立意识和主动服务他人、服务社会的情怀。中等职业学校重点是结合专业人才培养,增强学生职业荣誉感,提高职业技能水平,培育学生精益求精的工匠精神和爱岗敬业的劳动态度。高等学校要注重围绕创新创业,结合学科和专业积极开展实习实训、专业服务、社会实践、勤工助学等,重视新知识、新技术、新工艺、新方法应用,创造性地解决实际问题,使学生增强诚实劳动意识,积累职业经验,提升就业创业能力,树立正确择业观,具有到艰苦地区和行业工作的奋斗精神,懂得空谈误国、实干兴邦的深刻道理;注重培育公共服务意识,使学生具有面对重大疫情、灾害等危机主动作为的奉献精神。

(八)健全劳动素养评价制度。将劳动素养纳入学生综合素质评价体系,制定评价标准,建立激励机制,组织开展劳动技能和劳动成果展示、劳动竞赛等活动,全面客观记录课内外劳动过程和结果,加强实际劳动技能和价值体认情况的考核。建立公示、审核制度,确保记录真实可靠。把劳动素养评价结果作为衡量学生全面发展情况的重要内容,作为评优评先的重要参考和毕业依据,作为高一级学校录取的重要参考或依据。

三、广泛开展劳动教育实践活动

(九)家庭要发挥在劳动教育中的基础作用。注重抓住衣食住行等日常生活中的劳动实践机会,鼓励孩子自觉参与、自己动手,随时随地、坚持不懈进行劳动,掌握洗衣做饭等必要的家务劳动技能,每年有针对性地学会1至2项生活技能。鼓励学校(家委会)和社区等组织开展学生生活技能展示活动。学生参加家务劳动和掌握生活技能的情况要按年度记入学生综合素质档案。鼓励孩子利用节假日参加各种社会劳动。家庭要树立崇尚劳动的良好家风,家长要通过日常生活的言传身教、潜移默化,让孩子养成从小爱劳动的好习惯。

(十)学校要发挥在劳动教育中的主导作用。学校要切实承担劳动教育主体责任,明确实施机构和人员,开齐开足劳动教育课程,不得挤占、挪用劳动实践时间。明确学校劳动教育要求,着重引导学生形成马克思主义劳动观,系统学习掌握必要的劳动技能。根据学生身体发育情况,科学设计课内外劳动项目,采取灵活多样形式,激发学生劳动的内在需求和动力。统筹安排课内外时间,可采用集中与分散相结合的方式。组织实施好劳动周,小学低中年级以校园劳动为主,小学高年级和中学可适当走向社会、参与集中劳动,高等学校要组织学生走向社会、以校外劳动锻炼为主。

(十一) 社会要发挥在劳动教育中的支持作用。充分利用社会各方面资源,为劳动教育提供必要保障。各级政府部门要积极协调和引导企业公司、工厂农场等组织履行社会责任,开放实践场所,支持学校组织学生参加力所能及的生产劳动、参与新型服务性劳动,使学生与普通劳动者一起经历劳动过程。鼓励高新企业为学生体验现代科技条件下劳动实践新形态、新方式提供支持。工会、共青团、妇联等群团组织以及各类公益基金会、社会福利组织要组织动员相关力量、搭建活动平台,共同支持学生深入城乡社区、福利院和公共场所等参加志愿服务,开展公益劳动,参与社区治理。

四、着力提升劳动教育支撑保障能力

(十二) 多渠道拓展实践场所。大力拓展实践场所,满足各级各类学校多样化劳动实践需求。充分利用现有综合实践基地、青少年校外活动场所、职业院校和普通高等学校劳动实践场所,建立健全开放共享机制。农村地区可安排相应土地、山林、草场等作为学农实践基地,城镇地区可确认一批企事业单位和社会机构,作为学生参加生产劳动、服务性劳动的实践场所。建立以县为主、政府统筹规划配置中小学(含中等职业学校)劳动教育资源的机制。进一步完善学校建设标准,学校逐步建好配齐劳动实践教室、实训基地。高等学校要充分发挥自身专业优势和服务社会功能,建立相对稳定的实习和劳动实践基地。

(十三) 多举措加强人才队伍建设。采取多种措施,建立专兼职相结合的劳动教育师资队伍。根据学校劳动教育需要,为学校配备必要的专任教师。高等学校要加强劳动教育师资培养,有条件的师范院校开设劳动教育相关专业。设立劳模工作室、技能大师工作室、荣誉教师岗位等,聘请相关行业专业人士担任劳动实践指导教师。把劳动教育纳入教师培训内容,开展全员培训,强化每位教师的劳动意识、劳动观念,提升实施劳动教育的自觉性,对承担劳动教育课程的教师进行专项培训,提高劳动教育专业化水平。建立健全劳动教育教师工作考核体系,分类完善评价标准。

(十四) 健全经费投入机制。各地区要统筹中央补助资金和自有财力,多种形式筹措资金,加快建设校内劳动教育场所和校外劳动教育实践基地,加强学校劳动教育设施标准化建设,建立学校劳动教育器材、耗材补充机制。学校可按照规定统筹安排公用经费等资金开展劳动教育。可采取政府购买服务方式,吸引社会力量提供劳动教育服务。

(十五) 多方面强化安全保障。各地区要建立政府负责、社会协同、有关部门共同参与的安全管控机制。建立政府、学校、家庭、社会共同参与的劳动教育风险分散机制,鼓励购买劳动教育相关保险,保障劳动教育正常开展。各学校要加强对师生的劳动安全教育,强化劳动风险意识,建立健全安全教育与管理并重的劳动安全保障体系。科学评估劳动实践活动的安全风险,认真排查、清除学生劳动实践中的各种隐患特别是辐射、疾病传染等,在场所设施选择、材料选用、工具设备和防护用品使用、活动流程等方面制定安全、科学的操作规范,强化对劳动过程每个岗位的管理,明确各方责任,防患于未然。制定劳动实践活动风险防控预案,完善应急与事故处理机制。

五、切实加强劳动教育的组织实施

(十六) 加强组织领导。在党委统一领导下,各级政府要把劳动教育摆上重要议事日程,出台相关政策措施,切实解决劳动教育实施过程中的重大问题,做好督促落实。省级政府要加强劳动教育工作的统筹协调,明确市地级、县级政府及有关部门加强劳动教育的职责,推动建立全面实施劳动教育的长效机制。

(十七) 强化督导检查。把劳动教育纳入教育督导体系,完善督导办法。对地方各级政府和有关部门保障劳动教育情况以及学校组织实施劳动教育情况进行督导,督导结果向社会公开,同时作为衡量区域教育质量和水平的重要指标,作为对被督导部门和学校及其主要负责人考核奖惩的依据。开展劳动教育质量监测,强化反馈和指导。

(十八) 加强宣传引导。引导家长树立正确劳动观念,支持配合学校开展劳动教育。加强劳动教育科学研究,宣传推广劳动教育典型经验。积极宣传企事业单位和社会机构提供劳动教育服务的先进事迹。注重挖掘在抗疫救灾等重大事件中涌现出来的典型人物和事迹,大力宣传不畏艰难、百折不挠、敢于担当的高尚品格。鼓励和支持创作更多以歌颂普通劳动者为主题的优秀作品,大力宣传辛勤劳动、诚实劳动、创造性劳动的典型人物和事迹,弘扬劳动光荣、创造伟大的主旋律,旗帜鲜明地反对一切不劳而获、贪图享乐、崇尚暴富的错误观念,营造全社会关心和支持劳动教育的良好氛围。

第二章 劳动与人的全面发展

> 使人人都有通过勤奋劳动实现自身发展的机会。
> ——2022 年 10 月 16 日，习近平在中国共产党第二十次全国代表大会上的报告
>
> 人类是劳动创造的，社会是劳动创造的。劳动没有高低贵贱之分，任何一份职业都很光荣。
> ——2016 年 4 月 26 日，习近平在知识分子、劳动模范、青年代表座谈会上的讲话
>
> 人民创造历史，劳动开创未来。劳动是推动人类社会进步的根本力量。
> 实现我们的奋斗目标，开创我们的美好未来，必须紧紧依靠人民、始终为了人民，必须依靠辛勤劳动、诚实劳动、创造性劳动。
> ——2013 年 4 月 28 日，习近平在同全国劳动模范代表座谈时的讲话

恩格斯在《劳动在从猿到人转变过程中的作用》中指出，"其实劳动和自然界一起才是一切财富的源泉，自然界为劳动提供材料，劳动把材料变为财富。但是劳动还远不止如此。它是整个人类生活的第一个基本条件，而且达到这样的程度，以致我们在某种意义上不得不说：劳动创造了人本身"[1]。劳动是人类赖以生存、发展的决定力量。不仅如此，马克思还认为，劳动是人的本质，劳动是人在外化范围内或作为外化的人的自为的生成，同时，劳动创造了工业、科学、艺术等社会的整个历史，"整个所谓世界历史不外是人通过人的劳动而诞生的过程"[2]。恩格斯说过，马克思是"在劳动发展史中找到了理解全部社会史的锁钥"[3]。劳动决定着社会的产生、变化与发展，人们在劳动中推动社会历史的发展。2013 年 4 月 28 日，习近平总书记在同全国劳动模范代表座谈时指出："人民创造历史，劳动开创未来。劳动是推动人类社会进步的根本力量。"劳动是人类社会发展的根本动力，正是由于劳动，我们创造了物化世界，不断地适应和改造自然界，通过加工物质生活资料来满足生活的需要，不断地发展生产力，从而推动社会的进步。

---

[1] 马克思恩格斯全集(第 26 卷)[M]. 北京：人民出版社，2014：759.
[2] 马克思. 资本论(第 1 卷)[M]. 北京：人民出版社，2004：131.
[3] 马克思恩格斯全集(第 21 卷)[M]. 北京：人民出版社，1965：353.

【学习目标】
1. 理解劳动在人类生存和发展中的重大意义以及新时代"人的自由全面发展"思想。
2. 体悟"劳动是美好生活的源泉""创造性劳动是人类社会发展的根本力量"。
3. 树立用劳动创造幸福生活，服务国家、服务人民的劳动价值观念。
4. 树立正确择业观，培养在艰苦地区和行业工作的奋斗精神，培养公共服务意识，具有面对重大疫情、灾害等危机主动作为的奉献精神。

第一节　劳动与人的进化

在劳动的直接推动下，人类经历了从早期猿人到晚期智人的发展过程。劳动促使人类的脑量不断增大、优化，使人类的体态特征越来越区别于猿而近似于现代人，而且使劳动工具日益改进和多样化，人类智力得到进化，物质生活逐渐丰富起来。

一、劳动与人的直立行走和双手解放

猿到人的转变经历了几十万年的漫长时光，这个过程是在特定的环境和条件下进行的。人类的祖先由树上下到空旷的地面上生活后，逐渐能够使用树枝和石块等来防御猛兽，或挖掘根茎等来食用。在这个过程中，猿的身体结构发生了重大变化，其中最重要的是由四肢行走转变成两足直立行走。但是一切猿类都只是在不得已的时候才用两脚行走，后来才渐渐成为必然，而手在这个时期已经越来越多地从事其他活动了。我们的祖先在从猿转变到人的过程中逐渐学会了使自己的手适应一些动作，这些动作在开始时只能是非常简单的动作。最低级的野蛮人，甚至那种可以认为已向更加近似兽类的状态倒退而同时身体也退化了的野蛮人，灵活性也远远高于这种过渡期间的生物。在人用手把第一块石头做成刀子以前，可能已经经过很长很长的一段时间，和这段时间相比，我们所知道的历史时间就显得微不足道了。但是具有决定意义的一步完成了：手变得自由了，能够不断地掌握新的技巧，而这样获得的较大的灵活性便遗传下来，一代一代地增加着。所以，手不仅是劳动的器官，它还是劳动的产物。

二、劳动与人的语言的诞生及感官的进化

语言是从劳动中和劳动一起产生出来的，动物之间彼此要传达的东西很少，不用分音节的语言就可以表达出来。然后语言和劳动结合起来，成了两个最主要的推动力。语言的逐渐发展使得听力器官的相应完善同时进行，脑髓的发展也渐渐完善起来，最终人类社会出现。

首先是劳动，然后是语言和劳动一起，在它们的影响下，猿的脑髓逐渐变成人的脑髓，后者和前者虽然十分相似，但是就大小和完善的程度来说，后者远远超过前者。在脑髓进一步发展的同时，它的最密切的工具，即感觉器官，也进一步发展起来了。正如语言的

逐渐发展必然是和听觉器官的完善化同时进行的一样，脑髓的发展也完全是和所有感觉器官的完善化同时进行的。至于触觉(猿类刚刚有一点儿最粗糙的萌芽)，只是由于劳动才随着人手本身的形成而形成。脑髓和为它服务的感官、越来越清楚的意识，以及抽象能力和推理能力的发展，又反过来对劳动和语言起作用，为两者的进一步发展提供新的推动力。这种进一步的发展并不是在人最终同猿分离时就停止了，而是仍然大踏步地前进，虽然在不同的民族和不同的时代就程度和方向来说是不同的，有时甚至由于局部的和暂时的退步而中断。由于随着完全形成的人的出现而产生了新的因素——社会，这种发展一方面获得了有力的推动力，另一方面又获得了更确定的方向。

三、劳动与人的饮食结构的转化及对环境变化的适应

在人类进化的历史中，由于劳动能力的不断增强，早期人类饮食由单一的植物性食物结构变为植物性和动物性食物混杂结构。早期人类只有在其食物中大大提高了肉类的比例，才能形成超过古猿的脑量。因为获得肉食要比采摘野果和树叶困难得多，在追逐和格杀野兽的过程中既要斗勇又要斗智，不仅有利于人类体格变得更加强壮，而且大大有利于人类生存技能的发展。同时，肉食又使脑髓得到了更多的本身发展所必需的营养和材料，有力地促进了机体的演化、智力的开发和思维能力的提高。正如恩格斯所指出的，从只吃植物转变到同时也吃肉是转变到人的重要的一步。因此我们也可以说，如果不吃肉，人类是无法发展到今天这个地步的。

肉类食物引起了两种新的有决定意义的进步，即火的使用和动物的驯养。前者缩短了消化过程，因为它为人提供了可以说是已经半消化了的食物；后者使肉类食物更加丰富起来，因为它和打猎一起开辟了新的、更经常的食物来源。正如学会了吃一切可以吃的东西一样，人也学会了在任何气候下生活。从原来居住的总是一样炎热的地带，迁移到比较冷的、在一年中分成冬夏两季的地带后，就产生了新的需要：需要有住房和衣服来抵御寒冷和潮湿，需要有新的劳动领域以及由此而来的新的活动，这就使人离动物越来越远了。

四、劳动与人的思维活动

思维活动是人借助概念、判断、推理及其他逻辑方法反映客观现实的认识过程。思维的目的是认识现实、利用现实为人类服务，劳动是目的和手段的联系与结合。劳动与思维活动是相互作用的。首先，劳动是人类意识和思维产生的决定因素，思维是在劳动过程中形成和发展的。劳动促进人脑——思维的物质基础不断完善；劳动使得人和自然界之间产生了新的联系。人在劳动中需要制造工具，而制造工具是思维发展的动力之一。随着劳动方式和劳动工具的改善，特别是生产率的不断提高产生了劳动分工，从而推动人们进行不断的比较、交换、计算和量的思维，进而促进更高的思维形式的产生。科学研究是进行精确探究的高级思维活动：一般概念的形成变成了科学概念的形成；判断和推理的扩大、提升，形成了理论。其次，思维活动对劳动具有能动的反作用。劳动这一有目的实践活动离

不开思维活动的引领，思维活动决定着人类的劳动样式、劳动效率和劳动结果。因此，大学生要在劳动中不断提高思维的能力和品质，从而提升自己的劳动素养。

从以上几个方面可以看出：人类的进化过程中，在环境和人类进化之间发挥桥梁作用的正是劳动这一要素。

第二节 劳动与"人的自由全面发展"

马克思在批判了资本主义社会劳动的基础上提出了"异化劳动"理论，针对资本主义主导的社会中出现的越来越严重的异化现象，只有"劳动解放""自由劳动"才能消灭异化，进而实现人的自由全面发展。

一、马克思的异化劳动理论

马克思的《1844年经济学哲学手稿》这部著作突出的贡献就是提出了资本主义条件下的异化劳动理论。马克思认为，劳动是人类特有的基本实践活动，劳动创造了人类社会，也创造了人本身。人可以通过劳动改变自然物使之符合人自身的需要，还可以通过劳动创造快乐、幸福和美感。但是在资本主义生产过程中，人的劳动能力成了劳动力，劳动力成为商品进入市场，进一步成为可变资本，而劳动过程也相应转变为生产剩余价值的过程。通过这一系列转变，人成了工具，成为生产物质产品、创造剩余价值和利润的工具。因此，当劳动对资本的实际隶属使劳动者作为资本的物的表现形式而成为异己的力量时，就与人的本质相违背，异化扭曲了人的本质，成为异化劳动。

（一）劳动者与劳动产品相异化

马克思指出："劳动产品是固定在某个对象中的物化的劳动，这就是劳动的对象化。劳动的现实化就是劳动的对象化。"[1]即劳动是劳动者主体力量的对象化，劳动者在他所生产的劳动产品中使自己的价值得以实现。但是，在资本主义制度下，马克思认为，"劳动所生产的对象，即劳动产品，作为一种异己的存在物，作为不依赖于生产者的力量，同劳动相对立。"[2]马克思认为，劳动者与自己生产出来的劳动产品相异化只是一个表象，它实际上隐含着劳动者与劳动活动本身相异化的事实。如马克思所指出的，产品不过是活动、生产的结果。"因此，如果劳动的产品是外化，那么生产本身就必然是活动着的外化，活动之外化，外化之活动。"[3]即工人们无法占有自己的劳动产品，劳动产品成为不依赖于他们的东西。工人劳动的对象化并不是他们自身价值的实现过程，而是一种非现实化。这就使在资本主义制度下出现这样一种现象：工人们越是努力生产财富且生产的

---

[1] 马克思恩格斯全集(第3卷)[M]. 北京：人民出版社，2002：289.
[2] 马克思恩格斯全集(第42卷)[M]. 北京：人民出版社，1979：91.
[3] 马克思恩格斯全集(第42卷)[M]. 北京：人民出版社，1979：93.

财富越多,他自己反而越是贫穷、越一无所有;工人们以自己的双手创造出来的商品越多、价值越高,他自己反而成为越廉价的商品,毫无地位;工人们自己创造出来的产品越是完美,他自己反而显得越畸形,失去自我。所以,劳动者与自己的劳动产品的关系就变成一种异化关系了。

(二) 劳动者与劳动活动相异化

马克思认为,劳动者与自己生产出来的劳动产品相异化只是一个表象,它实际上隐含着劳动者与劳动活动本身相异化的事实。在劳动过程中,在生产行为中,工人本身的劳动已经被异化出去了,即工人的劳动不是自己的,而是别人的。因此,工人的产品也必然被异化。对此,马克思得出在资本主义制度条件下,工人的劳动并不是自己所拥有与支配的,而是属于别人的。这样一来,工人们劳动的过程就不是肯定自己的过程,而是认为这是一种自我折磨、自我否定、自我厌恶的过程,他们越来越想摆脱这种在精神上备受折磨与摧残的活动。然而,工人们又不得不继续如此生活,为了能够继续生存下去、养活家人,他们不得不出卖自己的劳动,在别人的强制下继续自我牺牲。

(三) 人与自己的类本质相异化

马克思指出,正是通过对对象世界的改造,人才实际上确证自己是类存在物。这种生产是他的能动的、类的生活。也就是说,马克思认为,人的类本质是自由自觉、有目的、有意识的创造性活动,即劳动。但在资本主义私有制下,劳动对象和劳动过程中的异化,导致了人与自己的类本质相异化。既然工人劳动所生产出来的产品自己无法占有,而只是成为一种外在的、工人无法支配的东西;既然工人的劳动不是自主的活动,也不是自由的活动,而只是为了维持自身肉体生存的单纯手段,成为一种奴役劳动,那么劳动者失去的不仅是他的劳动对象、他自己的劳动,他也失去了他的类本质,变成自身类本质的对立物。

(四) 人与人相异化

马克思指出:人从自己的劳动产品、自己的生命活动、自己的类的本质异化出去这一事实所造成的直接结果就是人同人相异化。当人与自己本身相对立的时候,那么其他人也与他相对立。既然劳动产品及劳动活动本身都成为劳动者的异己力量而对立存在,那么这背后一定存在一个敌对的、强有力的人作为他们的劳动和劳动产品的主人。在这种条件下,劳动者的劳动也只能是被他人所强迫和管束下的劳动,只能成为为他人服务的劳动。马克思指出,这样的一个主人只能是劳动者之外的人。而在资本主义制度下,资本家就是一个奴役剥削劳动者和劳动产品的人,因而人与人之间的异化就表现为工人和资本家的敌对。

针对资本主义主导的社会中出现的越来越严重的异化现象,马克思提出了他一生孜孜不倦追求的共产主义社会的理想目标,消除异化,"使劳动真正成为人的本质需要,是人生存的目的;它不是职业的自由化,而是人的自我实现、自我创造、自我升华"[1]。实现无

---

[1] 何云峰. 从体面劳动走向自由劳动——对中国"劳动"之变的再探讨[J]. 探索与争鸣,2015(12).

产阶级和全人类的解放，从而实现每个人的自由而全面的发展。

二、劳动解放的观念与"人的自由全面发展"

马克思、恩格斯认为资本主义社会是一个劳者不获、获者不劳的社会。实现共产主义社会则要求消除资本主义条件下工人的异化劳动，实现劳动者的劳动解放，从而使工人在劳动解放中实现自由全面发展。

马克思、恩格斯认为，劳动从本质上来说，是一种"自由的自觉的活动"，但这只有在未来的共产主义社会的条件下发生。恩格斯指出，共产主义社会是"由社会全体成员组成的共同联合体来共同地有计划利用生产力；把生产发展到能够满足所有人的需要的规模；结束牺牲一些人的利益来满足另一些人的需要的状况；彻底消灭阶级和阶级对立；通过消除旧的分工，进行产业教育、变换工种，所有人共同享受大家创造出来的福利"[1]。在这种社会制度下，人类劳动的本质被还原，对劳动人民来说，劳动是生活的第一需要，而不仅仅是为了生存。即人们的劳动不再是异化的劳动，只是扩大、丰富工人生活的一种手段，是恢复人的类本质、建立在兴趣基础之上的劳动。

马克思、恩格斯关于劳动解放的理论，为人类继续探索劳动的本质、历史地位和作用提供了重要理论基础。

三、理想劳动的观念与"人的自由全面发展"

马克思认为劳动的辩证发展过程与人的实现是内在一致的，人的发展是随着劳动的变革而不断完善的。马克思总结的三大社会形态就是以劳动生产力的发展程度作为内在依据的：第一个阶段，对应原始劳动阶段，此时的劳动生产力还非常薄弱，以人的依赖关系为主要特征，但生成了最初意义上的真正的人；第二个阶段，可以理解为异化劳动阶段，由以人的依赖为基础转化为以物的依赖为基础，这个阶段的人具有独立性，社会有普遍的物质交换体系，同样人的发展受制于这种物的异化力量的制约；第三个阶段，伴随着劳动生产力的高度发展，表现为"建立在个人全面发展和他们共同的社会生产能力成为他们的社会财富这一基础上的自由个性"[2]，也就是人在自由自觉的劳动基础上所实现的自由的解放与个性的发展。这种使人获得自由全面发展的劳动就是对异化劳动扬弃后的理想劳动。

(1) 理想劳动形成自由时间，为人的自由全面发展提供前提。正如马克思所说："时间实际上是人的积极存在，它不仅是人的生命的尺度，而且是人的发展的空间。"[3]时间不仅构成人本身的生命的外延，还是人扩展其生命内涵的必要空间。在理想劳动社会背景下，意味着社会物质财富足以满足每个人的生存所需，人可以根据需要自由地支配这些资源，并且不再受制于物的需求，在通过自身创造的并属于自身的自由时间里，发挥自己的潜能。因此劳动生产力整体提升所带来的自由时间，为人的发展提供必要的空间。

---

[1] 马克思恩格斯选集(第1卷)[M]. 北京：人民出版社，1995：243.
[2] 马克思恩格斯选集(第30卷)[M]. 北京：人民出版社，1995：107.
[3] 马克思恩格斯选集(第47卷)[M]. 北京：人民出版社，1979：532.

(2) 理想劳动建立了和谐的劳动生产关系，为人的自由全面发展提供保障。在理想劳动中，劳动是人自身的目的并为他所拥有，人通过自由的劳动生产出具体的产品，并在这个过程中生产了自身。人根据自身的劳动能力占有自己部分的物质生活资料，每个人完全占有自己的劳动，从而占有自己的本质。理想劳动的形成，使劳动成为人的自为的目的性活动，人通过劳动不断生成着自己，实现着自己的主体性与创造性，劳动成为人肯定其本质力量的活动，人对自身所创造出来的自由时间的享用，在和谐、共生的劳动生产关系中不断丰富着自身个性，从而使每个人获得自由全面的发展。实质上，这也就意味着劳动的解放与人的解放，表明人完成了由"必然王国"向"自由王国"的飞跃，即马克思唯物史观的最高理想——共产主义社会的形成。

四、新时代对"人的自由全面发展"的继承和发展

中国共产党始终坚持将马克思主义作为指导思想制定和实施路线、方针、政策。党的十八大以来，中国共产党相继提出了培育和践行社会主义核心价值观、实现中华民族伟大复兴的中国梦、"四个全面"战略布局和"五大发展"理念，这不仅是对马克思、恩格斯"人的自由全面发展"思想的继承与发展，而且是对这一思想的伟大创新。

（一）社会主义核心价值观与"人的自由全面发展"

在中共十八大提出的社会主义核心价值观中，"自由、平等、公正、法治"是对美好社会的描述，也是从社会层面对价值取向的凝练。"自由"被纳入社会主义核心价值观的基本内容中，并位列"三个倡导"中社会层面的核心价值观建设的首要位置，统领着平等、公正与法治，意味着党对"自由"的价值从整体认识上升到了一个新的阶段。显而易见，社会主义核心价值观中"自由"的提出就其本质内涵而言，与马克思"人的自由全面发展"思想的本质内涵是一脉相承的。在马克思主义中国化发展进程中，它的提出是一次重大的创新，反映了社会主义在追求人的发展，继承了马克思"人的自由全面发展"思想。不同之处在于，党提出的社会主义核心价值观中"自由"这一价值观更多地依据我国社会主义发展的现实状况，具有更强的针对性和明显的实效性。在国家层面倡导富强、民主、文明、和谐，以社会主义国家的力量来确保社会的经济富强、政治民主、社会文明和生态和谐，为实现"人的自由全面发展"目标创造条件。在社会层面倡导自由、平等、公正、法治，使人与人构建自由平等的关系、摆脱物的束缚，为实现"人的自由全面发展"创造社会条件。在个人层面倡导爱国、敬业、诚信、友善，有利于提高人在道德方面的素质和修养，为实现"人的自由全面发展"奠定坚实的基础。实现"人的自由全面发展"，正是我们培育和践行社会主义核心价值观的核心所在和目标指向。

（二）中国梦与"人的自由全面发展"

中国梦即"实现中华民族的伟大复兴，是中华民族近代以来最伟大的梦想"[1]，"国家富强、民族振兴、人民幸福"是对其内涵的高度概括，也是中国梦的实践目标。这十二字，

---

[1] 习近平. 论中国共产党历史[M]. 北京：中央文献出版社，2021.

从国家、社会以及个人理想三个层面，彰显出全国人民在建设社会主义现代化进程中的集中的美好愿望。习近平在深刻阐述中国梦时，指出国家、民族、个人这三者之间相互依存、辩证统一。没有人民的幸福，强国就失去了根本，国家只有拥有强大的综合国力，物质财富极大丰富，经济发达，社会生产力发展，民族团结，人民生活才会幸福。没有国家富强、民族振兴，也就没有实现"人的自由全面发展"的基础和保障。中国梦的实现归根溯源就是在社会不断发展的基础上，更好地满足人们的物质需求，使人们生活幸福，并且能够共享发展的成果，让发展成果更多、更公平地惠及所有人，同时满足人们在精神层面的需要，保障和丰富人们精神文化方面的内容，使人们享受更美好生活，拥有更多人生出彩的机会，同祖国人民共同劳动创造，实现"人的自由全面发展"这一宏伟目标。因此，中国梦是对"人的自由全面发展"思想的中国化诠释。

（三）"四个全面"战略布局与"人的自由全面发展"

为带领中国人实现中国梦、建设中国特色社会主义事业、引领中华民族伟大复兴，形成了新时代的理论成果"四个全面"[1]战略布局。人民福祉始终是其最终的价值依归，党始终坚持不懈为推动人向着特定方向前进、为实现"人的自由全面发展"这一宏伟目标而努力奋斗。

全面建成小康社会，不仅使人民多方面、多层次的需求得到满足，而且还使人民最关心的民生问题得到解决，同时还蕴含着"人的自由全面发展"和"全体人民共享"的共同的价值追求；不但能实现群众利益最大化，还能极大地提升人民群众的积极性，激发人们的主观能动性和创造性，以更大热情促进社会经济的发展，为实现"人的自由全面发展"提供坚实的物质基础和精神支撑。全面深化改革从多个角度、多个方面制定多项改革方针内容，为实现"人的自由全面发展"创造各种有利条件。依法治国是通过建立完善社会制度、构思设计法律法规等制度，为实现社会的全面发展、公民的利益最大化、人的自由全面发展提供制度支持和法律保障。只有通过坚持不懈地全面从严治党，全面加强党在思想、组织、作风等方面的建设，努力提高党的执政能力和领导水平，才能确保党的领导核心地位不动摇，更好地领导中国人民实现中华民族的伟大复兴的中国梦，为实现"人的自由全面发展"提供坚实的领导保证。

五、劳动是美好生活的源泉

2017年10月18日，习近平总书记代表第十八届中央委员会向党的十九大做的报告指出，中国特色社会主义进入新时代，我国社会主要矛盾已经转化为人民日益增长的美好生活需要和不平衡不充分的发展之间的矛盾。在马克思恩格斯看来，"'劳动的绝对自由'是劳动居民幸福的最好条件"[2]。所以，人的全面发展"以其深刻的内涵为美好生活的实现提供了理论支撑和价值来源；而美好生活的具体内容，不仅体现着人的全面发展的科学内涵，更进一步丰富完善了这一理论，并且在实现美好生活的过程中把人的全面发

---

[1] 四个全面是指全面建设社会主义现代化国家、全面深化改革、全面依法治国、全面从严治党。
[2] 马克思恩格斯全集(第16卷)[M]. 北京：人民出版社，1964：491.

展演绎为生动的现实"[1]。新中国的劳动者也正是用自己的劳动实现了站起来、富起来，为实现美好生活而不懈努力。新中国成立后，我们从一穷二白到初步建立起比较完整的现代工业体系，靠的是战天斗地的劳动激情；改革开放以来，我们由经济崩溃的边缘到成为世界经济的重要引擎，靠的是开拓进取的劳动精神；近年来，面对严峻复杂的国际政治经济环境，我们从步履蹒跚走出危机到实现经济平稳较快发展，靠的仍然是共克时艰的劳动信念。[2]党的十八大以来，习近平总书记对美好生活与劳动的关系也有丰富的阐述，例如，"人世间的美好梦想""幸福的源泉""只有通过诚实劳动才能实现"[3]，"幸福不会从天降，美好生活靠劳动创造"[4]，"必须牢固树立劳动最光荣、劳动最崇高、劳动最伟大、劳动最美丽的观念，让全体人民进一步焕发劳动热情、释放创造潜能，通过劳动创造更加美好的生活"[5]等。

（一）劳动能创造满足人生活需要的物质基础

早在7年知青岁月时期，过了"劳动关"的习近平在不断的劳动生产实践中，深感劳动对于创造生活物质资料的重要性。那个年代只有靠劳动才能吃上饭，农民不分昼夜辛勤劳动就是为了填饱肚子。在这期间，习近平不仅踏实劳动，而且带头积极劳动，例如打坝、修井、建沼气池等，目的就是希望通过劳动解决农民的温饱问题，满足农民大口吃肉的愿望。在福建从政期间，习近平劳动致富的观念得到了发展，指出贫困地区的人民只有付出更加艰辛的劳动，才能摆脱贫困，过上好日子。党的十八大以后，习近平劳动致富观逐渐成熟，要引导和支持所有有劳动能力的人，依靠自己的双手开创美好的明天。习近平同志的这些论述表明，人只有踏踏实实地劳动、辛勤地劳动才能创造出满足自己生活的基本物质资料，从而逐渐摆脱贫困，为幸福生活奠定物质基础。

（二）劳动能满足人的精神生活需要

物质生活财富是人幸福生活的基础，而精神生活需要也是人幸福生活追求的另一个重要方面。满足人精神生活需要的东西不会凭空产生，而是从劳动中来。一方面，劳动能创造出满足人精神需要的劳动产品。党的十八大以来，习近平同志高度重视文化创造劳动，在全国文艺工作座谈会上，习近平同志对广大文艺工作者的劳动成果给予了肯定。指出文艺创要以广大劳动人民群众为根基，"文艺创作是艰苦的创造性劳动，来不得半点虚假。"[6]只有"像牛一样劳动，像土地一样奉献"的文艺劳动精神，才能创造出满足人民需要的精神产品，为幸福生活增添色彩。另一方面，劳动本身就能让人获得精神上的满足感。2015年，习近平同志在"五一"国际劳动节讲话中指出："一切劳动者，都能在劳动中发展广阔的天地，在劳动中体现价值，展现风采，感受快乐。"[7]习近平同志的这一

---

[1] 刘新新，闫程程. 新时代人的全面发展与美好生活的内在联系[J]. 现代交际，2020(18)：215-217.
[2] 陶志勇. 新时代劳动观理论探析[J]. 工会理论研究，2020(4)：4-15.
[3] 习近平. 在同全国劳动模范代表座谈时的讲话[N]. 人民日报，2013-4-29.
[4] 习近平. 在知识分子、劳动模范、青年代表座谈会上的讲话[N]. 人民日报，2016-4-30.
[5] 习近平. 习近平谈治国理政[M]. 北京：外文出版社，2014.
[6] 习近平. 在中国文联十大、中国作协九大开幕式上的讲话[M]. 北京：人民出版社，2016：18-19.
[7] 习近平. 在庆祝"五一"国际劳动节暨表彰全国劳动模范和先进工作者大会上的讲话[N]. 光明日报，2015-4-29.

论述说明了劳动作为人本质的一种体现，是人的一种精神活动，能够满足人的精神需要，从而体现人的价值，是人幸福生活不可缺少的一部分。

（三）劳动是实现个人梦想的唯一途径

社会主义社会，劳动者与生产资料的结合并未受到资本家的干预，劳动者完全拥有生产资料，劳动者所进行的劳动不再依附于资产阶级，而是个人、社会、国家三者统一的劳动。习近平总书记在对社会主义劳动特征深刻把握的基础上，提出了"劳动是一切成功的必经之路"[1]，把劳动价值和个人幸福、社会发展、民族振兴紧密联系起来，明确了新时代的劳动价值取向。

幸福不会从天而降，梦想不会自动成真。2013年，习近平同志在全国劳动模范座谈会上指出："人世间的美好梦想，只有通过诚实劳动才能实现。"[2]2016年在宁夏调研时，习近平同志指出："好日子是通过辛勤劳动得到的。"[3]习近平同志的这些论述阐明了只有通过劳动，才能提高人民的生活水平，满足人民的美好生活需要，提升人民的幸福感。只有通过劳动，才能实现个人梦想。新时代的劳动者既是国家建设、民族复兴的重要支柱，也是一个简单平凡的追梦人。在充满机遇的新时代，每一个劳动者只要能够全身心地勤奋工作，就有机会在平凡的岗位上创造非凡的表现，并实现卓越的个人价值。习近平总书记强调指出："党和国家事业空间很大，只要有志气有闯劲，普通劳动者也可以在宽广舞台上展示自己的人生价值。"[4]

第三节　创造性劳动是人类社会发展的根本力量

社会发展的根本力量取决于劳动。历史是人民创造的，未来是劳动开创的。在劳动对于社会发展的重要作用方面，习近平总书记有着深刻而全面的理解，他认为"人类是劳动创造的，社会是劳动创造的"[5]。博大精深的中华文明通过人民的劳动得以创造，在漫长的历史发展进程中，劳动的重要作用也得到充分证明。中华人民共和国成立以来，特别是改革开放四十多年来，通过辛勤劳动，我们在许多方面都取得了举世瞩目的成就。未来，个人的幸福、国家的发展、民族的振兴也将取决于劳动。

人类劳动向高级形态发展，最主要的标志是创造性劳动的数量和水平的增长。正是创造性劳动的不断增长，构成了社会生产力进步的核心内容，并驱使经济和社会关系不断演变。

---

[1] 习近平. 在乌鲁木齐接见劳动模范和先进工作者、先进人物代表[N]. 人民日报，2014-5-1.

[2] 习近平. 习近平在同全国劳动模范代表座谈时的讲话[N]. 人民日报，2013-4-29.

[3] 好日子是通过辛勤劳动得到的——八论深入学习贯彻习近平总书记来宁视察重要讲话精神[N]. 宁夏日报，2016-8-2.

[4] 习近平. 2016年4月26日，在知识分子、劳动模范、青年代表座谈会上的讲话，http://www.xinhuanet.com/politics/2016-04/30/c_1118776008.htm.

[5] 习近平. 2016年4月26日，在知识分子、劳动模范、青年代表座谈会上的讲话，http://www.xinhuanet.com/politics/2016-04/30/c_1118776008.htm.

一、创造性劳动是理解未来社会发展的关键

马克思认为,未来理想社会的建立,取决于人们奴隶般地服从分工的消失,脑力劳动与体力劳动对立的消失,以及劳动不再仅仅是谋生的手段,而成为生活的第一需要等条件的实现。马克思关于未来社会的这三个判断,曾困扰过我们许多同志,对此也形成了许多不同解释。而在科学技术快速发展的今天,我们从创造性劳动的角度出发,就能比较容易地理解马克思对未来社会的科学预想。

(一)关于奴隶般地服从分工的消失

创造性劳动越发展,新的生产领域就会越多,生产分工就会越细致。因此,从生产力角度看,分工永远不会消失,消失的是人们奴隶般地服从分工的现象。马克思把未来社会看作人的全面自由发展的社会,而分工则与此相对立。他认为,从一定意义上说,"分工和私有制是两个同义语,讲的是同一件事情,一个是就活动而言,另一个是就活动的产品而言"[1]。这是因为,"随着分工的发展也产生了个人利益或单个家庭的利益与所有互相交往的人们的共同利益之间的矛盾"[2],只要人还受利益驱使去服从分工,"只要私人利益和公共利益之间还有分裂,也就是说,只要分工还不是出于自愿,而是自发的,那么人本身的活动对人说来就成为一种异己的、与他对立的力量,这种力量驱使着人,而不是人驾驭着这种力量"[3]。

那么,怎样才能消除个人服从分工的现象呢?这取决于以创造性劳动为核心的生产力的发展。社会工作日中用于物质生产的部分越小,个人从事自由活动、脑力活动和社会活动的时间就越大。只有当这种趋势在未来社会发展到高级阶段时,个人服从分工的现象才会消失。例如,"社会在 6 小时内将生产出必要的丰富产品,这 6 小时生产的将比现在 12 小时生产的还多",因此,"所有的人都会有 6 小时'可以自由支配的时间'",这种时间"为自由活动和发展开辟广阔天地"。当人们的劳动时间还没有大大缩短时,人们的业余时间主要用来娱乐和休息。然而,当劳动时间大大缩短之后,业余时间就成了人们支配的主要时间,相反,工作时间则变成了"业余时间"。现代社会发展已经显示了这种趋势,劳动时间已从每个工作日十几小时降低到 8 小时,一些国家的周工作日也减少到 5 天。但是,我们不要把这种缩短理解为人们必须服从的劳动分工可以取消,分工缩小是一种趋势,它日益接近于取消,却永远不会完全取消,到一定阶段后,即分工差别微乎其微时,我们在总体上可以把它视为取消。在那样的社会条件下,人们不可能把这么多业余时间用于休息和娱乐,而会从事一种自己喜爱的劳动,这种劳动必然与社会的物质生产和精神生产相联系,因而也处于社会分工之下。

(二)关于脑力劳动与体力劳动对立的消失

脑力劳动属于创造性劳动,体力劳动则属于重复性劳动。现代生产中很多看似属于脑

---

[1] 马克思恩格斯全集(第 3 卷)[M]. 北京:人民出版社,1960:37.
[2] 马克思恩格斯全集(第 1 卷)[M]. 北京:人民出版社,2009:536.
[3] 马克思恩格斯全集(第 1 卷)[M]. 北京:人民出版社,1995:85.

力劳动，比如观看仪表操作等，由于只是按设计好的程序工作，没有多少创造性，因而也属于体力劳动。

脑力劳动与体力劳动的对立，实际上是创造性劳动与重复性劳动的对立。创造性劳动不仅是推动人类社会进步的根本力量，而且还体现了人的本质特征。人只有在创造性劳动中，才能使自身得到发展。最能振奋科学家、工程师、艺术家的事情，就是他们在事业上的成功。重复性劳动则不同，它更接近机器性的运动，它不对人产生吸引力，人只是为了生存而从事这种劳动。与重复性劳动相比，人从事创造性劳动本身就是一种享受。脑力劳动与体力劳动的对立，反映出人在进化过程中的深刻矛盾，人脱离动物越远，这种矛盾就越弱。脑力劳动与体力劳动对立的消失，取决于总体劳动中创造性劳动与重复性劳动比重的变化。虽然重复性劳动永远不会消失，但在总体劳动中的比重会下降。现代生产已经表明，重复性劳动越来越被机器所代替，而越来越多的人则去从事创造性劳动。从个人角度来看，生产要求有更高技术和知识水平的劳动者，工人的劳动强度不断下降，而技术水平和独立解决问题的能力却不断提高。从社会角度来看，全社会中从事脑力或创造性劳动的人越来越多。因此，创造性劳动不断增多、重复性劳动不断减少，就是不断为脑力劳动与体力劳动对立的消失创造条件。

（三）关于劳动不仅仅是谋生的手段，而成为生活的第一需要

在客观上，劳动始终是人类生存的手段，因为人类的生活资料只能通过劳动获得。但在主观上，人们有可能不把劳动看作谋生的手段，而是把它当作自己生活不可缺少的一种活动。在这种活动中，人们直接享受创造所带来的乐趣，而不是像过去那样，只有在劳动过程结束后的娱乐和休息中才能享受乐趣。而这种劳动的实现，又取决于奴隶般地服从分工和脑力劳动与体力劳动对立的消失。

由于工作日时间的缩短和创造性劳动成为主要方式，人们就有了选择自己喜爱的劳动种类的可能。这是因为脑力劳动和体力劳动对立消失后，劳动的差别只是表现为不同种类的脑力劳动的差别，不论是从事化学的还是物理的工作，都在进行着创造性劳动。社会分工已由带经济性的强制，变成了人的自愿行为。在各类社会劳动中，属于重复性的劳动可以尽可能交给机器去做，那些繁重、肮脏的工作越来越少。哪个部门所投入的劳动减少，就表明这个部门容易获得创造性劳动的成功，从而吸引人们的劳动投入。另外，由于劳动的社会差别已经消失，社会也容易通过指导来调节人们业余时间的劳动。在这种情况下，劳动就不仅仅是人的谋生手段，也成为生活的第一需要。

二、做创造性劳动的践行者

党的十八大以来，习近平总书记运用马克思主义基本观点，通过对21世纪中国发展的历史实践的深入思考，对马克思主义劳动观进行了深刻阐释，他指出："一切劳动，无论是体力劳动还是脑力劳动，都值得尊重和鼓励；一切创造，无论是个人创造还是集体创造，也都值得尊重和鼓励。"[1]这表明，首先劳动者是劳动诸要素中的能动性要素，他的创造性

---

[1] 习近平. 在庆祝"五一"国际劳动节暨表彰全国劳动模范和先进工作者大会上的讲话[N]. 人民日报, 2015-4-29.

活动应当被充分肯定；其次，劳动的内涵是丰富的，而且会在具体的个人和集体的历史实践中更加丰富；最后，作为劳动本身的要求在当今时代的体现应格外注重创造，创造性劳动是劳动自身的要求，也是时代的要求。因此，需要"引导广大人民群众树立辛勤劳动、诚实劳动、创造性劳动的理念，让劳动光荣、创造伟大成为铿锵的时代强音，让劳动最光荣、劳动最崇高、劳动最伟大、劳动最美丽蔚然成风"[1]。这是对马克思劳动观的继承和发展，也是21世纪新的马克思主义劳动观。

习近平在2018年全国教育大会上指出，"培养德智体美劳全面发展的社会主义建设者和接班人"[2]，"要在学生中弘扬劳动精神，教育引导学生崇尚劳动、尊重劳动，懂得劳动最光荣、劳动最崇高、劳动最伟大、劳动最美丽的道理，长大后能够辛勤劳动、诚实劳动、创造性劳动"[3]。"辛勤劳动、诚实劳动、创造性劳动"[4]集中体现了习近平的劳动实践观。作为一位新时代青年，要以扎实的学识和技能做支撑，创新思维方式、劳动方式，更高效、更科学地劳动，成为知识型、技能型、创新型人才，为实现我国高质量发展提供智力支持和人才保证。

 思考与实践

一、问题思考

1. 如何理解劳动与人的自由全面发展的关系。
2. 谈谈你对"劳动是美好生活的源泉"的理解。
3. 结合实际思考"创造性劳动是人类社会发展的根本力量"。

二、实践训练：与学长面对面

1. 活动目的与任务

(1) 通过与学长的对话，加深对所学专业相关职业的认识和了解。

(2) 通过深入了解学长的成长成才经历，树立正确的择业观，增强职业荣誉感，积累职业经验，提升就业创业能力，懂得空谈误国、实干兴邦的深刻道理。

2. 活动形式及流程

与在事业或专业领域中已经取得一定成就的本专业毕业生对话交流(可选择现场对话或线上活动的形式)。

(1) 确定邀请对象。

(2) 设计交流话题。

---

[1] 习近平. 在庆祝"五一"国际劳动节暨表彰全国劳动模范和先进工作者大会上的讲话[N]. 人民日报，2015-4-29.

[2] 习近平. 坚持中国特色社会主义教育发展道路培养德智体美劳全面发展的社会主义建设者和接班人[N]. 人民日报，2018-9-11.

[3] 习近平. 坚持中国特色社会主义教育发展道路培养德智体美劳全面发展的社会主义建设者和接班人[N]. 人民日报，2018-9-11.

[4] 习近平. 习近平在同全国劳动模范代表座谈时的讲话[N]. 人民日报，2013-4-29.

(3) 开展交流对话活动。
(4) 交流心得体会。
3. 活动要求
(1) 按专业分组。
(2) 提前准备活动方案。

一、视频学习

2-1. 劳动创造幸福
实干成就伟业

2-2. 劳动的二重性

2-3. 劳动对象

2-4. 贺星龙：能为乡亲们服务 我感觉活得有价值有意义

2-5. 李子柒用葡萄皮给自己做件衣服

2-6. 杜甜宇：疫情防控志愿服务好自豪

2-7. 大学生志愿者服务暖人心

2-8. 大学生暑期公益课堂受欢迎

2-9. 大学生"三下乡"义务支教 让乡村孩子收获满满

2-10. 社会实践：大学生助力让乡村更美丽

2-11. 赛场上的少年工匠

2-12. 吕聪 秦梦琪：逐梦青春实践队"防溺水"宣讲活动

二、拓展阅读

【拓展阅读 2-1】

劳动在从猿到人的转变中的作用[1]（节选）

政治经济学家说：劳动是一切财富的源泉。其实，劳动和自然界在一起才是一切财富的源泉，自然界为劳动提供材料，劳动把材料转变为财富。但是劳动的作用还远不止于此。劳动是整个人类生活的第一个基本条件，而且达到这样的程度，以致我们在某种意义上不得不说：劳动创造了人本身。

在好几十万年以前，在地质学家叫做第三纪的那个地质时代的某个还不能确切肯定的

---

[1] 马克思恩格斯文集(第9卷)[M]. 北京：人民出版社，2009：550-554.

时期,大概是在这个时代的末期,在热带的某个地方——可能是现在已经沉入印度洋底的一大片陆地上,生活着一个异常高度发达的类人猿的种属。达尔文曾经向我们大致地描述了我们的这些祖先:它们浑身长毛,有胡须和尖耸的耳朵,成群地生活在树上。

这种猿类,大概首先由于它们在攀援时手干着和脚不同的活这样一种生活方式的影响,在平地上行走时也开始摆脱用手来帮忙的习惯,越来越以直立姿势行走。由此就迈出了从猿过渡到人的具有决定意义的一步。

现在还活着的一切类人猿,都能直立起来并且单凭两脚向前运动。但是只有在迫不得已时才会如此,并且非常笨拙。它们的自然的步态是采取半直立的姿势,而且用手来帮忙。大多数的类人猿是以握成拳头的手指骨支撑地面,两腿收起,身体在长臂之间摆动前进,就像跛子撑着双拐行走一样。一般说来,我们现在还可以在猿类中间观察到从用四肢行走到用两条腿行走的一切过渡阶段。但是一切猿类都只是在迫不得已时才用两条腿行走。

如果说我们的遍体长毛的祖先的直立行走一定是先成为习惯,并且随着时间的推移才成为必然,那么这就必须有这样的前提手在此期间已经越来越多地从事其他活动了。在猿类中,手和脚的使用也已经有某种分工了。正如我们已经说过的,在攀援时手和脚的使用方式是不同的。手主要是用来摘取和抓住食物,就像低级哺乳动物用前爪所做的那样。有些猿类用手在树上筑巢,或者如黑猩猩甚至在树枝间搭棚以避风雨。它们用手拿着木棒抵御敌人,或者以果实和石块掷向敌人。它们在被圈养的情况下用手做出一些简单的模仿人的动作。但是,正是在这里我们看到,甚至和人最相似的猿类的不发达的手,同经过几十万年的劳动而高度完善化的人手相比,竟存在着多么大的差距。骨节和筋肉的数目和一般排列,两者是相同的,然而即使最低级的野蛮人的手,也能做任何猿手都模仿不了的数百种动作。任何一只猿手都不曾制造哪怕是一把最粗笨的石刀。

因此,我们的祖先在从猿过渡到人的好几十万年的过程中逐渐学会的使自己的手能做出的一些动作,在开始时只能是非常简单的。最低级的野蛮人,甚至那种可以认为已向更近乎兽类的状态倒退而同时躯体也退化了的野蛮人,也远远高于这种过渡性的生物。在人用手把第二块石头做成石刀以前,可能已经过了一段漫长的时间,和这段时间相比,我们所知道的历史时间就显得微不足道了。但是具有决定意义的一步迈出了:手变得自由了,并能不断掌握新的技能,而由此获得的更大的灵活性便遗传下来,并且一代一代地增加着。

所以,手不仅是劳动的器官,它还是劳动的产物。只是由于劳动,由于总是要去适应新的动作,由于这样所引起的肌肉、韧带以及经过更长的时间引起的骨髓的特殊发育遗传下来,而且由于这些遗传下来的灵巧性不断以新的方式应用于新的越来越复杂的动作,人的手才达到这样高度的完善,以致像施魔法一样产生了拉斐尔的绘画、托瓦森的雕刻和帕格尼尼的音乐。

但是手并不是单独存在的。它只是整个具有极其复杂的结构的机体的一个肢体。凡是有益于手的,也有益于手所服务的整个身体,而且这是以二重的方式发生的。

首先这是由于达尔文所称的生长相关律。依据这一规律,一个有机生物的个别部分的特定形态,总是和其他部分的某些形态息息相关,哪怕在表面上和这些形态似乎没有任何联系。例如,一切具有无细胞核的红血球并以一对关节(髁状突)来联结后脑骨和第一节脊椎骨的动物,无例外地也都长有乳腺来哺养幼仔。又如,在哺乳动物中,偶蹄通常是和进行反刍的多囊的胃相联系的。身体的某些特定形态的改变，会引起其他部分的形态的改变，虽然我们还不能解释这种联系。蓝眼睛的纯白猫总是或差不多总是聋的。人手的逐渐灵巧以及与之相应的脚适应直立行走的发育，由于上述相关联的作用，无疑会反过来影响机体的其他部分。但是这种影响现在研究得还太少，所以我们在这里只能作一般的叙述。

更加重要得多的是手的发展对机体其余部分的直接的、可证明的反作用。我们已经说过，我们的猿类祖先是一种群居的动物，人，一切动物中最爱群居的动物，显然不可能来源于某种非群居的最近的祖先。随着手的发展、随着劳动而开始的人对自然的支配，在每一新的进展中扩大了人的眼界。他们在自然对象中不断地发现新的、以往所不知道的属性。另一方面，劳动的发展必然促使社会成员更紧密地互相结合起来，因为劳动的发展使互相支持和共同协作的场合增多了，并且使每个人都清楚地意识到这种共同协作的好处。一句话，这些正在生成中的人，已经达到彼此间不得不说些什么的地步了。需要也就造成了自己的器官：猿类的不发达的喉头，由于音调的抑扬顿挫的不断加多，缓慢地然而肯定无疑地得到改造，而口部的器官也逐渐学会发出一个接一个的清晰的音节。

语言是从劳动中并和劳动一起产生出来的，这个解释是唯一正确的，拿动物来比较，就可以证明。动物，甚至高度发达的动物，彼此要传递的信息很少，不用分音节的语言就可以互通信息。在自然状态下，没有一种动物会感到不能说话或不能听懂人的语言是一种缺陷。它们经过人的驯养，情形就完全不同了。狗和马在和人的接触中所养成的对于分音节的语言的听觉十分敏锐，以致它们在它们的想象力所及的范围内，能够很容易地学会听懂任何一种语言。此外，它们还获得了如对人表示惊恐、感激等等的表达感受的能力，而这种能力是它们以前所没有的。和这些动物经常接触的人几乎不能不相信有足够的情况表明，这些动物现在感到没有说话能力是一个缺陷。不过，它们的发音器官可惜过分地专门朝特定方向发展了，再也无法补救这种缺陷。但是，只要有发音器官，这种不能说话的情形在某种限度内是可以克服的。鸟的口部器官和人的口部器官肯定是根本不同的，然而鸟是唯一能学会说话的动物，而且在鸟里面叫声最令人讨厌的鹦鹉说得最好。人们别再说鹦鹉不懂得它自己所说的是什么了。它一连几个小时唠唠叨叨重复它那几句话，的确纯粹是出于喜欢说话和喜欢跟人交往。但是在它的想象力所及的范围内，它也能学会懂得它所说的是什么。如果我们把骂人话教给鹦鹉，使它能够想象到这些话的意思(这是从热带回来的水手们的一种主要娱乐)，然后惹它发怒，那么我们马上会看到，它会像柏林卖菜的女贩一样正确地使用它的骂人话。它在乞求美味食品时也有这样的情形。

【拓展阅读 2-2】

袁隆平：让更多人吃上大米饭[1]

袁隆平，1930年9月7日生于北京，中国工程院院士，杂交水稻育种专家，被称为中国的"杂交水稻之父"，曾被评为劳动模范，两度获国家科技进步奖。

如今，不论是在农村还是城市，家家户户的饭桌上，一碗油亮喷香的米饭，已经不是啥稀奇事儿了。然而，在几十年前的中国，这样一碗米饭可是稀罕物，只有逢年过节才能吃得上。这样的巨变，一名劳动模范功不可没，他就是有着"杂交水稻之父"美名的袁隆平院士。

---

[1] http://acftu.workercn.cn/29767/201503/31/150331165633233.shtml.

20世纪，美国经济学家布朗曾提出过一个疑问："21世纪谁来养活中国？"他的意思是说，凭着当时的粮食产量，完全无法养活基数庞大并且还在继续增多的中国人口。

1960年，袁隆平成为湖南安江农校的一名普通教师，为种水稻的老乡们培育出高产量的好种子是他的梦想。20世纪60年代初的中国，即使是高产田，水稻的亩产也不到400公斤。在广大农村，农民辛勤劳作一年，稻田的亩产量也只是在200公斤上下徘徊。而当时的中国，吃不饱饭也是一个常态，粮食产量跟不上人口增长数，采用限量供应凭证凭票购买粮食，是中国社会的一大特色。中国的农民，太需要好种子了。

面对这样的局面，对水稻情有独钟的袁隆平打起了杂交水稻的主意，他想通过杂交优势提高水稻的单产，从而解决中国人的温饱问题。然而，杂交水稻在当时的学术界是"异端邪说"，不少人都嘲笑袁隆平异想天开。

倔强的袁隆平并没有因此而惧怕，1964年的一个偶然发现让他真正开始了杂交水稻的研究之路，他的论文一刊发，就震动整个农业界和科技界。随着杂交水稻"优势关""制种关"的相继攻克，袁隆平培育杂交水稻的梦想距离现实越来越近。1976年，三系杂交稻开始在全国大面积推广，比常规稻平均每亩增产20%左右。

面对成功，袁隆平却没有止步。1995年，两系法杂交水稻大面积生产应用，到2000年全国累计推广面积达5000万亩，平均产量比三系增长5%~10%。接着，袁隆平主持研发的超级杂交稻在新世纪登上了舞台，不断刷新着纪录：亩产700公斤、亩产800公斤、亩产900公斤、亩产超过1000公斤……

"如果杂交水稻种植面积占到水稻总种植面积的一半，那么世界上的总水稻产量可以增加1.5亿吨，每年可以多养活4亿人。"袁隆平和他的杂交水稻不断震惊着世界。1982年，国际水稻研究所所长斯瓦米纳森就由衷地说："我们把袁隆平先生称为'杂交水稻之父'，他是当之无愧的。他的成就不仅是中国的骄傲，也是世界的骄傲。"

袁隆平的发现与创新，帮助世界上人口最多的国家中国解决了温饱问题，中国每年种植杂交水稻所增产的粮食可多养活7000万人口。1989年，基于袁隆平在粮食生产中的卓越贡献，他被授予"全国先进工作者"称号。今天，在粮食生产连年实现新高的中国，"饥馑"早已远离中国人的记忆。中国人民，早已不再为"吃饱饭"这个问题而发愁，这巨大的变化，离不开袁隆平和他带领的科技工作者们的辛勤劳动和努力付出。

依靠勤奋劳动、诚实劳动和创新劳动，袁隆平彻底改变了这个时代。他无私忘我地进取创新、追求卓越、做先进生产力的推动者，是对劳模精神的最好诠释。在今天实现"中国梦"的征程上，我们期待着更多像袁隆平一样的普通劳动者，依靠辛勤劳动、诚实劳动、创造性劳动来开创美好的未来。

第三章

中国传统劳动文化

> 中华优秀传统文化源远流长、博大精深,是中华文明的智慧结晶,其中蕴含的天下为公、民为邦本、为政以德、革故鼎新、任人唯贤、天人合一、自强不息、厚德载物、讲信修睦、亲仁善邻等,是中国人民在长期生产生活中积累的宇宙观、天下观、社会观、道德观的重要体现,同科学社会主义价值观主张具有高度契合性。
> ——2022年10月16日,习近平在中国共产党第二十次全国代表大会上的报告

优秀的传统文化是国家发展、民族进步的无尽精神源泉,滋润并鼓舞着中华民族的优秀儿女。民族文化是一个民族区别于其他民族的独特标识,也是一个国家核心价值观孕育形成的深厚土壤。源远流长、博大精深的中华优秀传统文化,积淀着中华民族最深层的精神追求,包含着中华民族最根本的精神基因,为中华民族生生不息、发展壮大提供了强大精神支撑。社会主义核心价值观的源泉,来自中华优秀传统文化;社会主义核心价值观的根脉,深植于中华优秀传统文化。培育和弘扬社会主义核心价值观,必须坚守我们既有的传统、固有的根本,在此基础上深耕厚培、延伸发展。只有这样,才能更好地延续我们的精神命脉、保持我们的精神独立性,才能使社会主义核心价值观在全社会牢固而持久地确立起来,成为感召和凝聚全体中华儿女的强大精神纽带。从这个意义上说,中华优秀传统文化传承发展工程,就是为国家立心、为民族立魂的工程。

自力更生、艰苦奋斗是中华民族的优秀传统文化,从大禹治水、愚公移山,到"铁人王进喜""时代楷模黄大年"……正是这些精神文化撑起了中华民族发展的脊梁。孟子曰:"天将降大任于斯人也,必先苦其心志,劳其筋骨,……"《淮南子·说林训》有云:"临河而羡鱼,不如归家织网。"明末清初思想家、教育家颜元道:"君子处事也,甘恶衣粗食,甘艰苦劳动,斯可以无失矣。"当前,我们实现了第一个百年奋斗目标,在中华大地上全面建成小康社会,历史性地解决了绝对贫困问题,正在意气风发向着全面建成社会主义现代化强国的第二个百年奋斗目标迈进。面对人民日益增长的美好生活需要和不平衡不充分的发展之间的矛盾,崇尚劳动、艰苦奋斗的优良传统绝不能丢。

中华文明博大精深、灿若星河,本章选取几个有代表性的方面进行简单阐述,阐明中华优秀传统文化与劳动的紧密联系,进而激发大学生的劳动激情,树立正确的新时代劳动

价值观,成为新时代合格的劳动者。

【学习目标】
1. 了解诸子百家的劳动思想,深入体会其在中国社会发展历史进程中的意义。
2. 把握劳动与文学的关系,科学认识劳动在人类文化发展中的作用。
3. 了解优秀家训家风中的劳动思想,理解传承优秀家训家风的意义。
4. 深刻体会中国传统劳动文化与新时代劳动思想的联系。

第一节 诸子百家的劳动观

诸子百家是后世对先秦至汉初学术思想人物和派别的总称。春秋后期已出现颇有社会影响的法家、道家、儒家、墨家、阴阳家等不同学派,而至战国中期,许多学派纷呈,众多学说丰富多彩,为中国文化发展奠定了宽广的基础,是中华古文明的第一个历史阶段。在这个历史阶段,由于社会生产力的发展和社会制度的变迁,出现了中国历史上第一次文化高潮的巅峰——诸子百家争鸣。这一时期,以孔子、孟子、荀子为代表的儒家,以老子、庄子为代表的道家,以墨翟为代表的墨家,以商鞅、韩非子为代表的法家,以及兵家、农家、阴阳家、纵横家、杂家等纷纷登场,演绎了诸子百家争鸣的文化盛宴。这种文化大繁荣成为第一次文化高潮的巅峰,也成为人类文明轴心期与西方文明交相辉映的东方文明杰出代表。应该说,春秋战国时期的诸子百家成为中华文明的思想摇篮,举凡政治文明、人生智慧等,在诸子的思想中都有体现。诸子百家的智慧为中华民族精神的养成提供了充分的养分和基础,中华文明的基本价值观念许多都是出自诸子百家的学说中。关于劳动的认知,我们亦能从中窥见一斑。

一、墨家的劳动思想

墨子名翟,春秋末期战国初期宋国人,一说鲁阳人,一说滕国人。宋国贵族后裔,曾担任宋国大夫。墨子是墨家学说的创立者,提出了兼爱、非攻、尚贤、尚同、天志、明鬼、非命、非乐、节葬、节用等观点,以兼爱为核心,以节用、尚贤为支点,创立了以几何学、物理学、光学为突出成就的一整套科学理论。墨家在先秦时期影响很大,与儒家并称"显学"。战国时期的百家争鸣有"非儒即墨"之称。

据考证,墨子出身于木工世家,少年时做过牧童、学过木工。墨子精通手工技艺,擅长防守城池,在止楚攻宋时与公输般进行的攻防演练中,已充分地体现了他在这方面的才能和造诣。他又是一个制造车辆的能手,可以在不到一日的时间内造出载重 30 石的车子。他所造的车子运行迅速又省力,经久耐用,为时人所赞赏。可见墨学生根于社会劳动底层,反映了广大劳动人民的利益及需求。毛泽东曾把墨子比为中国的"赫拉克利特",他在 1939 年 4 月的抗大生产运动初步总结大会上指出:"历史上的禹王,他是做官的,但也耕田。墨子是一个劳动者,他不做官,但他是一个比孔子高明的圣人。孔子不耕地,墨子自己动手做桌子、椅子。"习近平在《摆脱贫困》一书中借《墨子》中的"慧者心辩而不繁说,多力而不伐功,此以名誉扬天下"[1]来肯定踏实做事的作风。

墨家是劳动者的学派,其劳动思想主要体现为以下几点。

(一) 尊重劳动,人尽其才

墨子高度重视劳动,他认为劳动无论是对普通民众还是对国家都极为重要。墨子主张每个人必须参加劳动,极力反对不劳而获。他把是否从事劳动看作人和动物的一个重要区别,在《墨子·非乐》中说:"今人固与禽兽、麋鹿、蜚鸟、贞虫异者也。今之禽兽、麋鹿、蜚鸟、贞虫,因其羽毛,以为衣裘;因其蹄蚤,以为绔屦;因其水草,以为饮食。故唯使雄不耕稼树艺,雌亦不纺绩织纴,衣食之财,固已具矣。今人与此异者也,赖其力者生,不赖其力者不生。"在墨子看来,人之所以不同于动物,就是人能从事生产劳动,凭借双手和智慧获取生活的物质所需,人必须"赖其力"而生。墨子对物质生产的重视可谓空前,与同是当时"显学"的儒家轻视稼穑,提倡以"仁"治天下、"劳心者治人"的理论相比,更能把握住历史发展的必然规律。

墨子不仅重视劳动,而且提倡人人都要从事劳作。《墨子·非命》中可以看到墨子所倡导的劳动场景:农夫"蚤出暮入,强乎耕稼树艺,多聚菽粟",妇人"夙兴夜寐,强乎纺绩织纴,多治麻丝葛绪捆布縿",王公大人"蚤朝晏退,听狱治政,终朝均分",卿大夫"竭股肱之力,殚其思虑之知,内治官府,外敛关市、山林、泽梁之利,以实官府"。百姓也好,王公贵族也罢,不分高低贵贱,人尽其才,能者为之,这才是富民强国之道。

人尽其才,能者为之,同时也体现了劳动分工的思想。墨子曾言"譬若筑墙然,能筑者筑,能实壤者实壤,能欣者欣,然后墙成也"(《墨子·耕柱》),他用比喻说理的方式说明要干成一项事情,需要大家各司其职,各尽所能,团结协作。劳动能力之于每个人,并不完全相同,人可以根据自身特点和能力从事劳作,如农夫可"耕稼树艺,多聚菽粟",妇人"纺绩织纴,多治麻丝葛绪捆布縿,捆布縿",卿大夫"内治官府,外敛关市、山林、泽梁之利,以实官府",大家各安其分、分工合作、团结一致,必能民富国强。墨子不仅提出了应该根据技能进行分工,还认为应根据性别、体脑、行业等进行分工。这一思想是与当时的生产劳动情况相符合的。

(二) 倡导节约,珍惜劳动成果

墨子一方面主张通过劳动生产来增加社会财富,另一方面又积极倡导通过节俭来减少社会财富的消耗,反对奢靡。《墨子·节用》中指出:"其倍之,非外取地也,因其国家去其无用之费,足以倍之。"[2]墨子通过宫室、衣服、饮食、舟车、蓄私的种种古今对照,来批判当时统治者的奢侈糜烂的生活,主张"俭节则昌,淫佚则亡"(《墨子·辞过》)。墨子认为,只要根据实际用途来合理使用钱财,必然会"用财不费,民德不劳,其兴利多矣"(《墨子·节用》)。

---

[1] 石剑峰. 22 年后《摆脱贫困》首次再版,读读习总 37 岁时的"从政杂谈"[N]. 澎湃新闻,2014-08-18.
[2] 《墨子》[M]. 北京:中华书局,2011.

墨子的节用思想主要体现在两个方面，一是节葬。墨子反对儒家"厚葬久丧"的制度，反对丧葬的繁文缛节，提倡薄葬短丧，要"生者必无久哭，而疾而从事，人为其所能"(《墨子·节葬》)。二是非乐。在墨子看来，"仁之事者，必务求兴天下之利，除天下之害"(《墨子·非乐》)，于天下于百姓利害攸关的才是真正的大事，这也是做事的重要的标准。而音乐器材的制作既聚敛百姓财富，也会导致生产荒废。音乐本身还会使人沉溺于享乐，对生产不利，故提出"为乐，非也"的主张。

与儒家的义利观不同，墨子以利作为社会伦理规范的基础，以行为是否利于人作为判断义与不义的标准，利于人则义，不利于人则不义："所为贵良宝者，可以利民也。而义可以利人。故曰：义，天下之良宝也。"(《墨子·耕柱》)《墨子·鲁问》中记载："公输子削竹木以为鹊，成而飞之，三日不下，公输子自以为至巧。子墨子谓公输子曰：'子之为鹊也，不如翟之为车辖，须臾刘(通"镂"，削)三寸之木而任五十石之重。'故所为巧，利于人谓之巧，不利于人谓之拙。"[1]

(三)"强力从事"，积极作为

墨家是以劳动为本位的积极性劳动伦理范式。墨子是强者的崇尚者，其"非命"思想，在先秦诸子之中可谓独树一帜。墨子反对儒家所说的"生死有命，富贵在天"，认为这种说法"繁饰有命，以教众愚朴人久矣"。世人"贪于饮食，惰于从事，是以衣食之财不足，而饥寒冻馁之忧至，不知曰'我罢不肖，从事不疾'，必曰'我命固且贫'"(《墨子·非命》)。墨子看到这种思想对人的创造力的消磨与损伤，所以提出非命。他认为寿夭、贫富和天下的安危、治乱都不是由"命"决定的，只要通过人的积极努力，就可以达到富贵安治的目标。他反对"有命论"，提倡人的主观能动性，倡导积极作为，不听命不认命。他认为"志不强者智不达"(《墨子·修身》)，所以要志存高远，勇敢作为。因此墨子主张从事一切活动必须"强力从事"。"强力从事"指在立大志的基础上通过辛勤劳动来实现人生抱负或国家治理，这是个人或国家实现从低贱到高贵、由乱到治、由弱小到强大、从贫困到富裕的根本途径。

(四) 劳动保障思想的萌芽

墨子认为"民有三患，饥者不得食，寒者不得衣，劳者不得息。三者，民之巨患也"(《墨子·非乐》)，《墨子·非命》中说"必使饥者得食，寒者得衣，劳者得息"。统治阶层要真正解决百姓的这三大问题方可国泰民安，这是中国社会福利、劳动保障思想的萌芽。

墨子崇尚劳动、尊重劳动，用一系列主张为保障劳动人权提供了强有力的依据，劳动人权至上的思想贯穿了墨家的所有篇章。

(1) 保障劳动者的生命权和生存权。在他看来，战争对人民来说是"天下之大害也"(《墨子·非攻》)，战争导致"农夫不得耕，妇人不得织，以守为事"(《墨子·耕柱》)。在《墨子·非攻》中，墨子连用了7个"不可胜数"，揭露了战争给民众带来的"不可胜数"的灾难："今师徒唯毋兴起，冬行恐寒，夏行恐暑，此不可以冬夏为者也。春则废民耕稼树艺，

---

[1]《墨子》[M]. 上海：上海古籍出版社，1997: 202.

秋则废民获敛。今唯毋废一时，则百姓饥寒冻馁而死者，不可胜数。今尝计军上：竹箭、羽旄、幄幕、甲盾、拨劫，往而靡弊腑冷不反者，不可胜数。又与矛、戟、戈、剑、乘车，其列住碎折靡弊而不反者，不可胜数。与其牛马，肥而往，瘠而反，往死亡而不反者，不可胜数。与其涂道之修远，粮食辍绝而不继，百姓死者，不可胜数也。与其居处之不安，食饭之不时，饥饱之不节，百姓之道疾病而死者，不可胜数。丧师多不可胜数，丧师尽不可胜计，则是鬼神之丧其主后，亦不可胜数。"

因此，作为统治阶级就必须做到"万民饥即食之，寒即衣之，疾病侍养之，死丧葬埋之"，"老而无妻子者，有所侍养以终其寿；幼弱孤童之无父母者，有所放依，以长其身"（《墨子·兼爱》）。由此不难看出，墨子思想中蕴含着尊重和保护劳动者生命权与生存权的价值诉求。

(2) 保障了劳动者之间平等的劳动权利。"兼爱"思想的宣扬有利于保障劳动者的平等权利。在墨子看来，人世间的一切灾祸皆源于人与人之间的矛盾、不相爱，"凡天下祸篡怨恨，其所以起者，以不相爱生也，是以仁者非之。""天下之人皆不相爱，强必执弱，富必侮贫，贵必敖贱，诈必欺愚"（《墨子·兼爱》）。如果具备兼爱精神，那么底层人民就不会被凌辱，一个小的贫弱的国家也能与强大的国家和平共处，这样才能保障劳动者之间拥有平等的劳动权。

(3) 保障劳动者的劳动报酬。墨子主张"赖其力者生，不赖其力者不生"，其目的主要是调动人民群众劳动的积极性和热情，反对不劳而获的异化现象。在他看来，一个人不参加劳动却占有他人的劳动成果为不道德之举。"入人之场园，取人之桃李瓜姜者，上得且罚之，众闻则非之。是何也？曰：不与其劳，获其实，已非其有所取之故。"（《墨子·天志》）由此可见，其思想中蕴含着保障劳动者权益的人本理念。

"交相利"是墨子从其兼爱说推演出来的人己两利，各不相害的思想。交相利的基本内容是"利人者，人必从而利之"，"害人者，人必从而害之"（《墨子·兼爱》），交相利必须做到人己两利，决不能亏人以利己。墨子将个人利益与社会利益糅合在一起，认为利人即是利己，损人即是损己，只有人们各不相害，彼此有利，才可以避免天下的祸篡怨恨，兴天下之利，除天下之害。墨子的"兼相爱交相利"思想之实质是一种柔性管理，它通过人们之间互动的相爱来改善人际关系，消除破坏性冲突，创造良好的社会环境，使人们既能自爱又能爱人，从而每个人的利益都能得到满足，这符合人自然性的需要，又符合社会道德规范。

二、农家的劳动思想

农家是先秦时期反映农业生产和农民思想的学术流派，奉神农为祖师，主张劝耕桑，以足衣食，奖励发展农业生产，研究农业生产问题，其主张颇有影响力。《汉书·艺文志·诸子略》将农家列为九流之一，并称："农家者流，盖出于农稷之官。播百谷，劝耕桑，以足衣食，故八政一曰食，二曰货。孔子曰'所重民食'，此其所长也。及鄙者为之，以为无所事圣王，欲使君臣并耕，悖上下之序。""所重民食"也正是农家的特点。中国近代历史学家吕思勉在《先秦学术概论》中把农家分为两派，一是言种树之事，二是关涉政治。

农家的出现不是偶然的。春秋战国时期的社会大变革使阶级关系发生了很大的变化，使反映劳动者利益的思想学说有了存在的条件，墨子、杨朱和许行正是劳动者的思想代表。

墨家是小手工业者的思想代表，杨朱学派代表小土地私有者的利益，而以许行为代表的农家，则是下层农民的代言人。

战国时代农家的代表人物是许行，他依托远古神农氏之言来宣传其主张。许行(约公元前390—前315)，与孟子是同时代的人，其事迹和主张见于《孟子·滕文公》。许行有弟子几十人，他们生活极为简朴，穿着普通的粗布衣服，靠打草鞋、编席子为生。他们没有土地，过着流浪的生活。他们从楚国来到滕国，不是追求高官厚禄，而是希望得到一块土地、一间房子，以便定居下来从事耕种。

《汉书·艺文志》著录《神农》二十篇，当是许行的著作，可惜早已失传。关于农家的记载，见于《吕氏春秋》的《上农》《任地》《辩土》《审时》和《爱类》等篇，以及《淮南子·齐俗训》。由稷下学者们集体编撰的《管子》一书包含各家的思想学说，一般认为，其中《地员》一篇就是农家的著作，而《牧民》《权修》《五辅》《八观》等篇重点记述了农家思想。

农家对于劳动的认知主要体现在以下三个方面。

(一) 重视农业，农本商末

先秦农家力主"农本商末"，并推动统治者确立这项基本国策，促进社会认同这一价值观念。农家认定，农业是一切财富的基础和来源，一个国家要想安定富足，就必须大力发展农业。而商业则是破坏和损耗社会财富的根源。商人不会创造财富，只不过是拿别人的产品，买贱卖贵，从中渔利，同时，商人还要吃饭和穿衣，要大量消费农民生产的粮食和布帛。不仅如此，农民劳动多而收获少，商人却付出少而收获多，这种反差和对比会造成农业劳动力的流失。

(1) 农家认为，农业是保障百姓生存的基本手段。国家以百姓为根，百姓以谷为命。如果百姓无谷，国家就会失去根基，因此，必须将发展农业生产摆在重要的位置。而珠、玉、金、银之类既不能当饭吃，也不能当衣穿，对于处于饥寒之中的百姓来说毫无价值。

(2) 农家认为，强大的军队是国家稳定的根本保障。在先秦时期，对军队来说最重要的就是充足的军粮和稳定的兵源，而这两项都需要通过发展农业来提供。

(3) 农家认为，农业是道德教化的前提和保证。劝民务农，会使百姓民风淳朴，也就容易供统治者利用和役使；劝民务农还会使百姓举止持重，减少结党营私、图谋造反的机会，将老百姓束缚在土地上，防止他们随意迁徙，从而保证政令的推行，减少社会不安定因素。

"市贾不二"的价格论是许行提出的一个重要主张。这是在他主张社会分工互助的基础上，提出从事农业劳动的人可以用农产品直接去交换手工业品，如帽子、锅甑和铁制农具等。这是一种以物易物的交换办法，同种商品数量相同，则价格相等。这样，市场上的同种商品只有一种价格，没有第二种价格。这就是"市贾不二"。许行认为，这样就不会再有弄虚作假的现象，即使小孩子到市场上去买东西，也不会受欺骗。

农家主张重农抑商，并不是否定工商活动存在的价值，而是要求从国家意志的高度来缩小和控制工商活动的范围，使其不会成为农事活动的障碍。

(二) 劳动平等，人人自食其力

许行提倡"贤者与民并耕而食"。《孟子·滕文公》载："陈相见孟子，道许行之言曰：

'……贤者与民并耕而食，饔飧而治。'"贤德的国君应该和百姓一同耕种获得自己的粮食，自己做早晚餐并处理国事。许行君民并耕之说的提出，是由于战国时代战争频繁，严重影响农业生产，因此他主张国君必须重视农业并亲自耕作，以救时弊。无论是贤者还是普通百姓，无论是君还是臣，都应从事生产劳动，成为自食其力的劳动者，而不是统治阶层"厉民而以自养"。这在一定程度上反映了劳动平等的思想。

这种主张受到了孟子的强烈抨击，"然则治天下独可耕且为与？有大人之事，有小人之事。且一人之身，而百工之所为备，如必自为而后用之，是率天下而路也"。孟子还进一步提出著名的"劳心劳力"说："故曰，或劳心，或劳力。劳心者治人，劳力者治于人；治于人者食人，治人者食于人，此天下之通义也。"（《孟子·滕文公》）由此可见，这种反映贫苦农民的平均主义和共同劳动的思想，在当时也只是一种理想，根本没有实现的可能性。

（三）以民为本

由于当时的平民绝大多数都从事农耕，所以"重农"就是"重民"，重农倾向必然会发展为民本思想。《管子》中有关农家的内容着重体现了农家的民本思想。

在《管子》一书中，农家非常关注农业灾害问题，提出"修饥谨，救灾荒"。农家将水灾、旱灾、风雾雪霜、疾病、虫灾合称为"五害"，认为"五害"是危害百姓生活和生产的重大灾害，因此，一个贤明的统治者要想巩固自己的统治，当务之急在于扫除"五害"，只有解决了这些灾害问题，解除百姓的痛苦，百姓才会服从统治。这样，灾害意识就成为农家民本主义的重要构成部分。

农家看到，民心是不可违背的，"顺民心"是一切统治的基础，贤明的统治者能够顺应民心，以民心向背作为自己行为的指针。《管子·权修篇》提出"取于民有度，用之有止"，要求统治者约束自己的行为，不可巧取豪夺，不能对百姓剥削太重，也就是要减轻赋税，轻徭薄役；同时要注意节约，不能穷奢极欲。这里虽然已经改变了许行的人人平等劳动的主张，但这样的改变无疑是统治者更易接受的。

三、儒、道等家的劳动观点

相对于站在广大劳动人民立场的农家和墨家来说，儒家、法家、道家等其他诸子学说对于劳动的态度没有集中而鲜明的主张，但从中仍然可以看到劳动思想的闪现。

（一）劳动在儒家思想中的表现

"民贵君轻""以民为本"是儒家思想的一个重点，"民"就是普通民众，主要是从事农耕的对象，这反映了儒家对劳动者的重视，当然其最终目的还是统治阶层的利益，即"王道"。重视繁衍人口，认为劳动力是发展生产的根本保证，是儒家和法家的主要观点，在《论语》《孟子》等文章中，可以多次看到统治者向孔子、孟子等请教如何使国家百姓增加的方法。《孟子·梁惠王》中说道："不违农时，谷不可胜食也……五亩之宅，树之以桑，五十者可以衣帛矣；鸡豚狗彘之畜，无失其时，七十者可以食肉矣；百亩之田，勿夺其时，数口之家可以无饥矣；谨庠序之教，申之以孝悌之义，颁白者不负戴于道路矣。七十者衣帛食肉,黎民不饥不寒,然而不王者,未之有也。"实行王道,就必须给予人民一定数量的土地,让他们可以耕种、畜养,并且要保障他们的劳动时间,遵循农时规律,徭役、兵役等不妨碍农民的生产,百姓才可以衣食无忧,国家才能强大。

但儒家对待劳动的态度不同于墨家。儒家关注的是一种"礼制",而非使用价值层面的劳动创造物质财富或是精神层面的劳动愉悦。如《论语·子路篇》中的"樊迟请学稼"篇,常常被用来作为儒家轻视体力劳动的证据:"樊迟请学稼,子曰:'吾不如老农。'请学为圃,曰:'吾不如老圃。'樊迟出。子曰:'小人哉,樊须也!上好礼,则民莫敢不敬;上好义,则民莫敢不服;上好信,则民莫敢不用情。夫如是,则四方之民襁负其子而至矣,焉用稼?'"在孔子看来,如果为政者把精力放在生活的具体事务上,就是舍本逐末了。儒家认为社会有分工,种庄稼、蔬菜等耕作之事是普通老百姓的分内之事,而居官为政者则需要学习如何修身立德,重视礼、义、信,百姓就会主动来归附。

体力劳动与脑力劳动的分工,经由儒家伦理化的处理,发展出了孟子的"劳心者治人"与"劳力者治于人"的观念模型。这一方面可以看作对于社会劳动分工的最初理念,另一方面这一理念的提出之初就让劳动有了异化的色彩。当然,异化的不是劳动本身,而是社会个体的劳动权利。

(二)道技合一——道家工匠精神的体现

春秋战国时期是中国工匠精神和工匠文化发展史上的第一个重要阶段,大量优秀工匠的事迹和传说开始频繁出现于诸子典籍中,其中道家著作中就不乏关于精湛的劳动技能的叙述,如"庖丁解牛""轮扁斫轮""佝偻承蜩"等,塑造了很多技艺出神入化的匠人形象。

(1) 刻苦钻研、精益求精。《庄子·养生主》中庖丁的解剖技术行云流水、游刃有余,他自己解释原因是"臣之所好者道也,进乎技矣",也就是掌握事物的客观规律是最为重要的。他经过了三年的反复实践,才看得见牛的内部肌理筋骨,再也看不见整头的牛了。意谓掌握了有关牛的生理结构,做事才得心应手,运用自如,其纯熟的技术源于刻苦钻研、精益求精的态度。《庄子·天道》中的"轮扁斫轮"的故事,面对齐桓公的生死问答,轮扁做出了"不徐不疾,得之于手而应于心,口不能言,有数存焉于其间"的精彩回复,可见轮扁在制作车轮的时候并不是机械式的工作,不断地思考体会,掌握了制作车轮的精妙技巧,也充分体现了轮扁作为一个车轮工匠的钻研精神。

(2) 用志不分,乃凝于神。《庄子·达生》中的佝偻者通过大量的练习,不断提升自己的能力,让身体化作枯枝,用心去感受蝉,才会像随便捡一样地捕蝉。所以孔子评价其"用志不分,乃凝于神"。只有专注于自己从事的工作,心无旁骛,用心去感受、去创造,才能有"神技"附身。《庄子·达生》中的"津人操舟"则有了升华,一个"忘水"更是点出了精妙所在,水性好的人只有"忘水"才能更好地操控船。如果做事的时候想法太多就会有所顾忌,就会分心,分心他顾的人思维必然会受到影响。心理学上著名的瓦伦达效应就是如此:瓦伦达是美国一个著名的高空走钢索的表演者,他在一次重大的表演中不幸失足身亡。他的妻子事后说,我知道这一次一定要出事,因为他上场前总是不停地说,这次太重要了,不能失败;而以前每次成功的表演,他总想着走钢丝这件事本身,而不去管这件事可能带来的一切。心理学家把这种为了达到一种目的总是患得患失的心态命名为"瓦伦达心态"。所以只有注重事物本身的特点及规律，专心致志地做好它，这才是真正应该有的态度。

(3) 忘利、忘名、忘我——大道。《庄子·达生》里"梓庆削木为鐻"，梓庆在制作的时候，首先会静心凝神三天忘掉功名利禄，到第五天的时候就会排除外人的"非誉巧拙"，到第七天的时候已经可以进入忘我的境界。这个时候再去树林中挑选制鐻需要的木材，"以天合天"，用自己的素心去迎合木材的自然天性，看到树木的形态仿佛看到一个"鐻"就在眼前，然后把木材砍回来，稍做加工，"鐻成，见者惊犹鬼神"。梓庆的成功是他不汲汲于利、不为外界所惑，以纯粹之心方能"以天合天"，方有"惊天地"之作。

第二节 文学中的劳动

文学活动是人类具有审美意识的一种高级精神活动，是人类社会所特有的现象，对人类社会的发展进步以及人的全面自由发展具有重要意义，在人类生活中处于重要的地位。长期以来，人们对文学的认识存在着一种误区，文学也似乎是一种高冷的模样，距离普通劳动者千里之遥。但文学与劳动的关系并不遥远，没有劳动就没有文学的诞生，更没有文学的发展。

一、劳动创造了文学

劳动创造了人类文明，文学也在其中。马克思主义认为，文学艺术起源于人类的生产劳动，最早的文学艺术作品产生于人的劳动过程。从文学活动产生的目的、文学描写的主要内容、早期的文学形式等方面来看，劳动就是文学发生的起点。

(一) 劳动产生了文学活动的需要

最早出现的文学样式是上古歌谣和神话传说。上古歌谣是人类在劳动过程中集体的口头创作。原始人在从事集体劳动时，为了协调身体动作，减轻疲累，更好地彼此配合以提高效率，往往会不自觉地随着劳动生产的动作节奏，按照用力方式轻重缓急的不同，发出富于变化的呼声，就是今天还能看到的劳动号子。《淮南子·道应训》中记载："今夫举大木者，前呼'邪许'，后亦应之，此举重劝力之歌也。"

鲁迅在《且介亭杂文·门外文谈》中提到了一种"杭育杭育派"文学："我想，人类是在未有文字之前，就有了创作的，可惜没有人记下，也没有法子记下。我们的祖先的原始人，原是连话也不会说的，为了共同劳作，必需发表意见，才渐渐的练出复杂的声音来，假如那时大家抬木头，都觉得吃力了，却想不到发表，其中有一个叫道'杭育杭育'，那么，这就是创作；大家也要佩服，应用的，这就等于出版；倘若用什么记号留存了下来，这就是文学；他当然就是作家，也是文学家，是'杭育杭育派'。"

鲁迅先生通俗地阐释了诗歌与劳动的关系。最早的诗歌产生于劳动实践，并对劳动起着调节、组织、鼓动等作用,生活气息极为浓厚。

神话是人类社会幼年时期的产物,是远古时代人民的一种集体口头文学创作,以幻想的形式来反映自然界和社会生活。原始社会时期,社会生产力低下,人类的思维能力简单,不可能对纷繁复杂的自然现象有正确的理解,只能把风雨雷电等变化莫测的自然现象归于神的意志和权力。虽然上古神话多看起来荒诞不经,但究其内容的根源还是人类的劳动实践活动,来自认识自然和改造自然的过程。马克思在《政治经济学批判·导言》中阐释"任何神话都是用想象和借助想象以征服自然力,支配自然力,把自然力加以形象化",神话"就是通过人民的幻想用一种不自觉的艺术方式加工过的自然和社会形式本身"。

(二)劳动构成了早期文学的主要内容

远古时代留存下来的作品中大都描写了当时人们的劳动场景,如出自《吴越春秋》的《弹歌》:"断竹,续竹;飞土,逐宍。"此诗仅有8个字,4个动宾短语,异常短小精悍,但却是包含了原始人从工具制作到收获猎物的全过程,二言一节拍,呼声相谐,节奏短促,体现了原始诗歌的特色。再如《击壤歌》中写道:"出而作,日入而息。凿井而饮,耕田而食。帝力于我何有哉?"诗中真实记录了早期农耕生活时人们自给自足、安稳自然的历史状况。

各民族最早的文学体裁是诗歌,其早期的文学形式是诗歌、音乐、舞蹈三位一体,密切结合的。这种形式与劳动过程直接相关,原始人将劳动动作和被捕猎的动物的动作衍化为舞蹈,劳动号子与呼喊声发展为诗歌,劳动时发出的各种声音和体现的节奏又是音乐的源泉。诗、乐、舞三位一体,是劳动过程中与劳动有关的因素统一在一起的反映。

二、中国传统文学中的劳动

(一)倡导农业劳动

农耕文化向来是中国古老悠久的文明。在中国古代,农业是立国之本、百姓生存之道,发展农业的核心就是劳动生产。历代的统治者都大力提倡生产劳动,且用实际行动教化民众努力耕种。《管子·乘马》中描述:"正月,令农始作,服于公田农耕,及雪释,耕始焉。"《诗经·周颂·噫嘻》:"噫嘻成王,既昭假尔。率时农夫,播厥百谷。骏发尔私,终三十里。亦服尔耕,十千维耦。"诗中描述了周成王亲躬农田、督促农夫、告诫农官。本诗虽篇幅短小,但气势恢宏,"十千维耦"便描绘出一幅万人齐心耕种的壮观景象。

民间流传着"二月二龙抬头,天子耕地臣赶牛,正宫娘娘来送饭,当朝大臣把种丢,春耕夏耘率天下,五谷丰登太平秋"的歌谣。晋代的皇甫谧在《帝王世纪》中记载了三皇之首伏羲重农桑务耕田,每年二月初二都要御驾亲耕,百姓也在这天开始了耕作。司马迁在《史记》中记载了周武王每年的二月初二不仅举行盛大的仪式祭祀祈福,还率领文武百官亲耕。宋元时期,二月二的含义进一步扩大,既是耕事节,又是劳动节和踏青节。到了明清,皇家对二月二的劳动意义更加重视。自雍正后,清朝的皇帝每年的二月初二都率领百官、皇后、宫女等到专门开辟的"一亩园"扶犁耕田。

《诗经·豳风·七月》是"风诗"中最长的一篇,诗中围绕节令记录了西周农民一年的农事活动,从春耕、秋收、冬藏到采桑、绩织、狩猎,再到修房、建宫、宴飨等,春秋四季，毫无闲暇，生动反映了当时农民生活的各个方面，散发着浓郁的古风气息。

(二) 劳动的美好和快乐

热爱生活、热爱劳动是中华民族的美好品质，在描绘劳动生活的文学作品中多有表现，各种劳动场景构成一幅幅生动的画面，劳动与艺术相互交融，让人们深切感受到劳动带来的简单又丰盛的快乐。

《诗经》的开篇《关雎》中"君子好逑"的"窈窕淑女"在做些什么呢？"参差荇菜，左右流之""参差荇菜，左右采之""参差荇菜，左右芼之"，美丽的女子在河滨采摘荇菜，忙碌的身姿行云流水的采摘动作，美丽的大自然映衬着美丽女性的盎然生机，构成了令人流连忘返的画面，让君子"寤寐思服""辗转反侧"。闻一多在《风诗类钞》中如此评价："女子采荇于河滨，君子见而悦之。"

《诗经》中另外一首诗《周南•芣苢》中呈现的劳动画面更是被历来传颂："采采芣苢，薄言采之。采采芣苢，薄言有之。采采芣苢，薄言掇之。采采芣苢，薄言捋之。采采芣苢，薄言袺之。采采芣苢，薄言襭之。"在这首诗中，诗人用了48个字，描绘出了妇女们采集车前子的景象。采、有、掇、捋、袺、襭这几个动词，简洁明了地刻画出妇女们采集车前子的一系列动作，动作熟练流畅、一气呵成，让人们看到了劳动人民的勤劳及劳作中的愉快。我们仿佛看到：在一望无际的原野之中，女人们三五成群地唱着欢乐的歌谣，伸出手，把车前子一颗一颗地摘下来，一把一把地捋下来，收获满满的人，手执衣襟形成一个兜子，把摘到的车前子放在里面，还有一些人，把衣襟掖在腰带上扯出一个更大的兜，将一天忙碌的成果置于其中。透过这些欢笑着忙碌的妇人们，我们深刻感受到了"劳动是一切幸福的源泉"。

此外，还有采桑歌(《魏风•十亩之间》)、收割谣(《周颂•良耜》)、丰收歌(《周颂•丰年》)、牧羊曲(《小雅•无羊》)。除了农事活动，还有建设者之歌，如《大雅》中的《绵》《生民》《公刘》等，就是一首首大气磅礴的创业者颂歌，记载了周人为了生存与发展，开辟疆土，建设家园的劳动场景。

"江南可采莲，莲叶何田田，鱼戏莲叶间。鱼戏莲叶东，鱼戏莲叶西，鱼戏莲叶南，鱼戏莲叶北。"这首《汉乐府•江南》采莲歌，以简洁明快的语言，回旋反复的音调，优美隽永的意境，清新明快的格调，勾勒了一幅明丽美妙的画面。诗中没有一个字是写人的，但是我们又仿佛如闻其声，如见其人，如临其境，感受到了一股勃勃生机和青春与活力，领略到了采莲时的光景和采莲人欢乐的心情，以及青年男女之间的欢愉和甜蜜。

东晋陶渊明《归园田居•其三》："种豆南山下，草盛豆苗稀。晨兴理荒秽，带月荷锄归。道狭草木长，夕露沾我衣。衣沾不足惜，但使愿无违。"描绘了田园风情的宁静幽美和耕种劳作的惬意悠然。

漫阅诗书，中国历代文人几乎都在其诗词歌赋中描绘过劳动和劳动者。劳动创造着美好生活，人们也在劳动中感受着生活的乐趣。

(三) 尊重劳动者，批判骄奢淫逸

尊重劳动，崇尚劳动，就要尊重崇尚劳动的主体——劳动者。在文学作品中，对劳动者的尊重更多表现在，普通劳动者辛苦劳作却收获甚微与统治阶层的不劳而获却骄奢淫逸的对比中。

《诗经·豳风·七月》中，农民一年到头无一日停歇，所忙无非在"食"与"衣"，但他们还是吃不饱穿不暖，因为需要"为公子裘""献豜于公"。反观"公子"，无所事事、游手好闲，奴隶们付出劳动，他们乐享其成。不仅如此，对百姓的欺压也是常态，"采蘩祁祁，女心伤悲，殆及公子同归"，看到劳动中的美女还想着据为己有。在这鲜明的对比中，体现着对普通劳动者的同情和尊重，对不劳而获者的痛恨。

《诗经·魏风·伐檀》："坎坎伐檀兮，置之河之干兮，河水清且涟猗。不稼不穑，胡取禾三百廛兮？不狩不猎，胡瞻尔庭有县貆兮？彼君子兮，不素餐兮！坎坎伐辐兮，置之河之侧兮，河水清且直猗。不稼不穑，胡取禾三百亿兮？不狩不猎，胡瞻尔庭有县特兮？彼君子兮，不素食兮！坎坎伐轮兮，置之河之漘兮，河水清且沦猗。不稼不穑，胡取禾三百囷兮？不狩不猎，胡瞻尔庭有县鹑兮？彼君子兮，不素飧兮！"

《魏风·伐檀》是一首关于劳动的不朽诗篇，写出了奴隶们砍伐檀木、造车置具的劳动场景。伐木工与农民的工作不同，遭遇却是相似的，伐木工是辛苦劳动的工作者，老爷公子们不稼不穑却坐享其成，所谓"君子"的贪得无厌跃然纸上。在诗中一连串的反诘中，我们深深体会到了劳动者的痛苦和愤怒，暗含着对劳动平等的吁请。

后世文人的诗句，如唐代大诗人白居易的《观刈麦》《卖炭翁》，北宋梅尧臣的《陶者》"陶尽门前土，屋上无片瓦。十指不沾泥，鳞鳞居大厦"，北宋张俞的《蚕妇》"昨日入城市，归来泪满巾。遍身罗绮者，不是养蚕人"等，无不表达了对劳动人民付出艰辛劳动却生活艰难的同情，对统治阶级无情压榨、剥削劳动人民的憎恶。

第三节 优秀家风家训中的劳动思想

个人、家庭、国家三者联系紧密，是命运共同体。家庭既是社会组织的基本构成单位，也是个人与国家的连接纽带。"国"是大"家"，"家"是小"国"，家国情怀，家国一体，家国体量不同，但所蕴含的"道"是一样的。中国历史上的思想家们通过梳理家国关系，逐渐形成了"修身、齐家、治国、平天下"的由"内圣"而至"外王"的知行次序。在中华传统文化中，向来注重家庭在社会中的积极作用，由此也形成了颇具特色的家风家训文化，这在个体的"内圣"过程中承担着相当重要的角色。从古至今，家风家训作为中华民族传统文化的一部分，一直以一种润物无声的无形力量规范和制约着个体的行为。

一、家风家训

家风又称门风，是给家中后人们树立的价值准则，具体指一个家族在漫长的生产生活中代代相传、沿袭、积淀下来的体现家族成员生活方式、生活习惯、精神风貌、道德品质、审美格调和价值取向等方面的总和，是一个家族的文化品格。中国传统的优良家风总是把儒家思想的核心价值观作为指导思想，把以德立身、勤俭兴家、耕读传家等作为最核心的价值代际相传。例如古代人常把家风总结为"五常八德"：五常指仁、义、礼、智、信，八德指孝、悌、忠、信、礼、义、廉、耻，这都体现了儒家思想家国一体的家风特色。

家训是家风的具体表现形式。家训，指一个家庭对子孙后世立身处世、持家治业的教诲。家训是家庭的重要组成部分，对个人的教养、原则都有着重要的约束作用。家训或单独刊印，或附于宗谱。家训又称家诫、家诲、家约、遗命、家规等。

传统家训文化发轫于先秦，发展、成熟于汉魏六朝和隋唐之际，鼎盛于明清时期，经过时代的传承与发展，中国优秀的家风家训文化浓缩了中华传统美德，弘扬了中华传统文明。我们今天能看到很多优秀的家风文化代表，如颜之推的《颜氏家训》、袁黄的《了凡四训》(《训子文》)、朱柏庐的《朱子治家格言》、司马光的《家范》、曾国藩的《曾国藩家书》等。

二、家风家训中的劳动思想

（一）以勤为本，耕读传家

在优秀的传统家训家风中，向来重视农业劳动，强调以勤劳为本，告诫子弟身体力行、辛勤劳动，丰衣足食，方可保持殷实家道。

《颜氏家训·涉务》："古人欲知稼穑之艰难，斯盖贵谷务本之道也。夫食为民天，民非食不生矣，三日不粒，父子不能相存。耕种之，茠鉏之，刈获之，载积之，打拂之，簸扬之，凡几涉手，而入仓廪，安可轻农事而贵末业哉？江南朝士，因晋中兴，南渡江，卒为羁旅，至今八九世，未有力田，悉资俸禄而食耳。假令有者，皆信僮仆为之，未尝目观起一墢土，耘一株苗；不知几月当下，几月当收，安识世间馀务乎？故治官则不了，营家则不办，皆优闲之过也。"颜之推深知"食为民天"，知道农事之艰辛，故十分重视耕种之事。批判"江南朝士"从没见过别人挖一块泥土、插一次秧，不知何时播种、何时收获，所以不懂得其他事务。因此，他们做官就不识时务，治家就不治家产，危害极大。

《朱子治家格言》中告诫子弟"黎明即起，洒扫庭除，要内外整洁，既昏便息，关锁门户，必亲自检点"。早起是勤的表现，也是一个人恒久意志力的表现，晨起事农事或者仕事，都是抓住了重要时刻，没有荒废时间。"早"是一种习惯的养成，更是一种对自身慎独习惯的遵守。"洒扫庭除"，勤于打扫，保持内外整洁，不仅保持了卫生，也培养了良好的行为习惯，通过打扫这件小事，以小见大，立筑大志。古人所说"一屋不扫，何以扫天下"强调的就是这个道理。《礼记·大学》主张"修身齐家治国平天下"，也就是说，要想实现平天下的目标，修身齐家是必要的前提条件，而"扫一屋"是"扫天下"的必要前提。

曾国藩在其家书中给后辈留下了"治家八字诀"：考、宝、早、扫，蔬、书、鱼、猪。考指对宗庙的祭祀祈福，宝指和邻里处理好各种人际关系，早指要早起勿懒惰，扫指洒扫庭院；蔬就是种植蔬菜，书指读书，鱼就是养鱼，猪就是养猪。"家中种蔬一事，千万不可怠忽。屋门首塘中养鱼，亦有一种生机，养猪亦内政之要者。"从古至今，读书一直是许多志士仁人共同的精神追求，"书"也是治家之要。

曾国藩还有齐家箴言："家俭则兴，人勤则健；能勤能俭，永不贫贱。"曾国藩教导儿女不能养尊处优，即便是富贵子女，仍要勤奋劳作。"新妇初来，宜教之入厨作羹，勤于纺织，不因其为富贵子女，不事操作。"

(二) 厉行节俭，拒绝奢侈

在历史发展的长河中，中华民族凭借勤俭节约的精神创造了世界瞩目的文明，同时也把勤俭节约的传统美德代代发扬，形成了独有的民族文化。《论语·述而》中记载孔子云"奢则不孙，俭则固。与其不孙也，宁固"。孔子作为礼教的宣传者，向来十分重视礼节和排场，但是却对奢侈和节俭的看法做了精辟的评论。这种传统美德在优秀的家风家训文化中也是一项非常重要的内容。

周怡《勉谕儿辈》曰："由俭入奢易，由奢入俭难。饮食衣服，若思得之艰难，不敢轻易费用。酒肉一餐，可办粗饭几日；纱绢一匹，可办粗衣几件。不馋不寒足矣，何必图好吃好着？常将有日思无日，莫待无时思有时，则子子孙孙常享温饱矣。"

《朱子治家格言》曰："一粥一饭，当思来处不易；半丝半缕，恒念物力维艰。宜未雨而绸缪，毋临渴而掘井。自奉必须俭约，宴客切勿流连。器具质而洁，瓦缶胜金玉；饮食约而精，园蔬逾珍馐。"

古人提倡节俭，拒绝奢侈，但也认为节俭须有度。《颜氏家训·治家》中说："然则可俭而不可吝已。俭者，省约为礼之谓也；吝者，穷急不恤之谓也。今有施则奢，俭则吝；如能施而不奢，俭而不吝，可矣。"提倡节俭，但节俭不是吝啬，吝啬是过分爱惜自己的财物，当用不用，更从不愿把金钱、物质进而把情感、责任等奉献给他人和社会，这是缺乏自我牺牲精神、缺少社会责任感和义务感的行为。"俭而不吝"才是应有的正确的节俭。节俭是一种美德，是一种修养，是对自身欲求有节制，是对自我、家庭、民族、国家负责任。节约往往和进取、积极、奋斗、乐观向上的人生态度相关，节约体现的是一种忧患意识、一种可持续发展的深谋远虑，节约是为子孙后代着想的未雨绸缪之举。

(三) 立德修身，淡泊名利

在中国传统的"修齐治平"的理想中，历来把"修身"放于首位。在警示子孙后代的家训家风中，这一传统也是历史悠久。

《诫子书》是三国时期政治家诸葛亮临终前写给儿子诸葛瞻的一封家书。"夫君子之行，静以修身，俭以养德。非淡泊无以明志，非宁静无以致远。夫学须静也，才须学也，非学无以广才，非志无以成学。淫慢则不能励精，险躁则不能治性。年与时驰，意与日去，遂成枯落，多不接世，悲守穷庐，将复何及！"从中看出诸葛亮对儿子的殷殷教诲与无限期望，将普天下为人父者的爱子之情表达得非常深切，成为后世历代学子修身立志的名篇。

欧阳修《诲学说》："玉不琢，不成器；人不学，不知道。然玉之为物，有不变之常德，虽不琢以为器，而犹不害为玉也。人之性，因物则迁，不学，则舍君子而为小人，可不念哉？"欧阳修劝诫子孙要努力学习，提升自身修养。告诫后代，人都要经过雕琢磨砺才能有所作为，人的习性是最容易受外面物质环境影响的，若不能时刻磨炼自己，提升学识修养与品德，那就会舍君子而为小人了。

三、树立新时代家风

党的二十大报告指出："弘扬中华传统美德，加强家庭家教家风建设，加强和改进未成年人思想道德建设，推动明大德、守公德、严私德，提高人民道德水准和文明素养。""在全社会弘扬劳动精神、奋斗精神、奉献精神、创造精神、勤俭节约精神，培育时代新风新貌。""弘扬诚信文化，健全诚信建设长效机制。"

家风是一个家庭的精神内核，也是一个社会的缩影。家风影响个体的成人成才以及精神高度，这关系到一个小家的兴衰，而个体的追求则关系到国家的前途和发展。在这个意义上，我们可以看到优良的家风与社会主义核心价值观的关系之密切。家风家训是对中国优秀文化的挖掘与继承，是社会主义核心价值观的源头与基础，社会主义核心价值观对于家风家训的创新再造是不可或缺的。新时代的家风家训是社会主义精神文明的重要组成部分，对于青少年的成长教育有着不容忽视的作用。新时代家风必须以社会主义核心价值观为指导和核心，弘扬优秀传统家风文化，体现时代的新风貌和新要求。

思考与实践

一、问题思考

1. 结合劳动实践，谈谈对诸子百家相关劳动观的理解。
2. 如何认识劳动与文学的关系？
3. 结合实例，谈谈如何认识"俭"与"奢"的关系。
4. 结合学习和生活实践，试论述新时代大学生在传承优秀传统文化中应该怎么做。

二、实践训练

传统工艺如何走向现代化？中国传统工艺精彩纷呈，然而当前面临保护乏力、后继乏人的问题，也在适应现代市场经济的过程中面临诸多挑战。自己的家乡有哪种传统工艺？如何让其焕发生机？请设计一份方案，利用现代科技手段，融合现代创意和设计，促进传统工艺创造性转化、创新性发展，推动其持续发展。

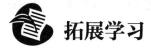

拓展学习

一、视频学习

3-1. 祖国颂：奋斗者最幸福 劳动者最光荣

3-2. 光荣属于劳动者 幸福属于劳动者

3-3. 高校强化劳动教育 学生田间体验耕作

3-4. 大学生走进建筑工地体验工人们的生活

3-5. 大学生志愿服务点亮美丽乡村　　3-6. 焦珂：我会种树了　　3-7. 青岛：劳动创造美好生活　　3-8. 劳动创造未来：追寻奋斗者的脚步

3-9. 赵忠贤：作为一个中国人为人类做贡献就是对国家的贡献　　3-10. 青年鲁班　　3-11. 档案调阅工作　　3-12. 接待安排工作

二、拓展阅读

习近平：家风是家庭的精神内核　也是社会的价值缩影[1]

天下之本在家。党的十八大以来，习近平总书记高度重视家庭建设问题，在许多场合作出一系列重要论述。

他指出，不论时代发生多大变化，不论生活格局发生多大变化，我们都要重视家庭建设，注重家庭、注重家教、注重家风。

他特别强调领导干部群体在家庭建设中的关键作用，引导广大领导干部弘扬家庭美德。

习近平总书记强调"领导干部要讲政德"，并明确要求把家风建设摆在重要位置。

进入新时代，弘扬家庭美德，既是领导干部道德建设的内在要求，又是引领社会新风尚的责任担当。各级领导干部要深刻学习领会习近平总书记关于家庭建设的重要论述，准确把握新时代弘扬家庭美德的新内涵、新要求，确保注重家庭、家教、家风成为须臾不忘的"必须课"。

深刻领会家庭建设的价值意蕴

有什么样的认识层次，就有什么样的行动作为。党的十八大以来，习近平总书记立足新时代，着眼于国家民族社会发展、党风廉政建设、核心价值引领等重大议题，提出一系列关于家庭建设的新判断、新观点、新要求，进一步明确了家庭建设的时代价值，为加强领导干部家庭美德建设提供了思想指引和实践遵循。

家庭建设是推动国家民族社会发展的重要基点。

习近平总书记指出："家庭和睦则社会安定，家庭幸福则社会祥和，家庭文明则社会文明。历史和现实告诉我们，家庭的前途命运同国家和民族的前途命运紧密相连。"

这一论述以宽广的视野，把家庭建设和国家发展、民族进步、社会和谐紧密结合起来，赋予家庭建设以更加恢宏、更为深刻的时代内涵。加强领导干部家庭建设，要深刻领会其中蕴含的以人民为中心的发展思想，领悟背后的家国情怀、群众感情、人民立场，切实增强弘扬家庭美德的责任感、使命感。

家庭建设是推进全面从严治党的重要抓手。

---

[1] https://news.12371.cn/2018/05/08/ARTI1525752121605566.shtml.

习近平总书记强调:"从近年来查处的腐败案件看,家风败坏往往是领导干部走向严重违纪违法的重要原因。"他还用"莫用三爷,废职亡家"等典故,告诫广大党员领导干部对此保持高度警惕。

推进全面从严治党,要把家庭建设作为重要切入点,以弘扬家庭美德为抓手筑起抵御贪腐的"防火墙"、树起清正廉洁的"风向标"。

家庭建设是弘扬社会主义核心价值观的重要体现。

家庭是文化的重要载体,也是价值观的传播渠道。习近平总书记多次将家庭建设和社会主义核心价值观联系在一起,强调家庭美德的文化承载和价值引领功能。

他指出,"家风是一个家庭的精神内核,也是一个社会的价值缩影。良好家风和家庭美德正是社会主义核心价值观在现实生活中的直观体现。"

推动社会主义核心价值观落地生根,客观上要求发挥好领导干部在弘扬家庭美德、传承优秀文化中的表率者、先行军作用,让这一弥足珍贵的"文化基因"绵延永续。

把握新时代家庭美德的内涵要求

每个中国人对家的感情是朴素的,中华民族家庭美德更是一脉相承。自古以来,"有德"是对官员群体的特殊要求,形成了良好的"官德"传统。进入新时代,领导干部作为"关键少数",更应明确家庭美德的新内容、新要求。

重家庭,涵养家国情怀。家是最小国,国是千万家。中华文化历来尊奉家国同构的理念,把"小家"和"大家"的前途命运联系在一起,展现出厚重的家国情怀。国家好,民族好,家庭才能好;反过来,只有家庭这个"细胞"好了,社会才能好,国家才能好,民族才能好。领导干部注重家庭,就是要继承发扬优秀的家文化,坚守这份家国情怀,认识并发挥好家庭的重要地位和作用。

重家教,突出道德品行。家庭不只是人们身体的住处,更是人们心灵的归宿。众所周知,家庭是人生的第一所学校,父母是孩子的第一任老师。在家庭成员的人生历程中,所在家庭具有根本、持续而又深刻的影响。家长特别是父母对子女的教育,在子女成长中埋下最初的种子,将影响其一生。可以说,我们每个人身上,都有着深深的家庭教育烙印。领导干部作为弘扬家庭美德的表率者,要更加注重对家庭成员的品德教育,既要有温情,更要严约束。

重家风,做到勤廉齐家。家风是一个家庭代代相传沿袭下来的文化风格,体现家庭成员精神风貌、道德品质、审美格调和整体气质,是社会风气的重要组成部分。古人云,"积善之家,必有余庆;积不善之家,必有余殃"。事实反复证明,家风好,就能家道兴盛、和顺美满;家风差,难免殃及子孙、贻害社会。领导干部培育好家风,要突出"勤""廉"二字,如习近平总书记指出的那样,"要做到廉以修身、廉以持家,培育良好家风,教育督促亲属子女和身边工作人员走正道"。只有这样,领导干部才能以好家风涵养好作风,带动社会风气的整体向好。

办好中国的事情,关键在党。领导干部在弘扬家庭美德中带好头、作表率,必须发挥各级党组织的引领规范作用,营造形成注重家庭、家教、家风的"大气候"。

领导干部家庭美德建设属于道德建设范畴,也应注意遵循道德发展规律,探索运用科学规范、行之有效的方式方法,实现循序渐进、久久为功的效果,从而推动形成"关键少数"先行示范的"头雁效应"。

劳动铸就辉煌历史

> 中华民族是勤于劳动、善于创造的民族。正是因为劳动创造，我们拥有了历史的辉煌；也正是因为劳动创造，我们拥有了今天的成就。
> ——2015年4月28日，习近平在庆祝"五一"国际劳动节暨表彰全国劳动模范和先进工作者大会上的讲话

马克思、恩格斯创立的历史唯物主义的一个基本观点就是劳动观，劳动创造了人，劳动是创造人类社会的根本力量，人类社会的文明发展史从根本上讲就是人类生产劳动的发展史，勤劳智慧的人民用劳动创造了人类的辉煌历史。中华文明的悠久与辉煌灿烂离不开勤劳智慧的中华民族，中国人民是世界上最勤劳质朴、最具实干精神、最具勇敢创新精神的群体，一代又一代中华儿女用勤奋的汗水前赴后继创造着一个又一个奇迹。从四大发明到巍巍耸立的长城、流淌不息的大运河，再到指尖上的技艺甚至是舌尖上的味道，每一项辉煌灿烂的成就背后都凝聚着中华民族辛勤的劳动和智慧。

中国共产党从成立伊始就发动劳工阶级，带领劳动人民开创伟业，从南泥湾火热的大生产运动，到小推车推出的淮海战役；从新中国成立初的手提肩扛，到改革开放时代的电气革命；从永不褪色的"铁人精神"，到赶超一流的"载人航天精神"；从都市快递员的忙碌身影，到互联网时代的创业创新……正是因为劳动创造，我们拥有了历史的辉煌；也正是因为劳动创造，我们拥有了今天的成就。一百年来，中国共产党领导中国人民不断推进革命、建设、改革、复兴事业，筚路蓝缕、披荆斩棘，艰苦创业、铸就辉煌，劳动价值得到了充分彰显，劳动精神得到极大弘扬。辉煌的历史成就让我们获得高度的文化自信，为中华民族的伟大复兴凝聚起磅礴力量。

【学习目标】

1. 了解中国古代劳动成就简史，增强民族自豪感和自信心。
2. 掌握长城精神和大运河精神内涵，深入理解其在新时代的价值。
3. 了解新中国劳动成就，树立坚定的政治信仰，增强民族自豪感。
4. 掌握红旗渠精神、铁人精神、大庆精神、"两弹一星"精神和雷锋精神的内涵，认识其在新时代的意义，激发学习和创新创业的动力。
5. 掌握改革开放精神、载人航天精神、脱贫攻坚精神和科学家精神的内涵，认识其在新时代对国家发展和个人成长的意义。

第一节 古代劳动成就

中国五千多年的历史孕育了璀璨的文明，至今依然熠熠生辉。例如中国的造纸术、指南针、火药、印刷术这四大发明是中国古代创新的智慧成果和科学技术，对中国古代的政治、经济、文化的发展产生了巨大的推动作用，并经各种途径传至西方，对世界文明发展史产生巨大的影响。四大发明是中国古代先民为世界留下的一串光耀的足迹，是为人类文明进步做出巨大贡献的象征。中国古代科技源于生活，生活中需要各种实用技术，可见一切伟大的创造和科技进步皆源于生活，源于劳动。

中国古代劳动人民用勤劳的双手和永不停息的探索精神，创造着属于中国也影响着世界的丰硕成果。

一、古代手工业成就

（一）冶铸业

原始社会晚期，中国人已掌握了冶铜技术。商周时代，青铜铸造进入繁荣时期。后母戊鼎、四羊方尊、三星堆青铜器等精美青铜器，充分展示了辉煌灿烂的青铜文明。西周晚期，中国已有铁器。我国人民创造了铸铁柔化处理技术，是世界冶铁史上的一大成就。这一领域众多的发明创造，如两汉的高炉炼铁和炒钢技术、东汉杜诗发明的水力鼓风冶铁工具、南北朝的灌钢法等，使中国的钢铁冶炼技术和产量在16世纪以前一直领先世界。铁器在农业、手工业领域的应用，极大地提高了生产力的水平。

（二）纺织业

中国是世界上最早养蚕缫丝织绸的国家。考古发掘证明，距今四五千年，我国已养蚕并有了丝织品。商朝时已有了织机，能织出多种丝织品。西周时能生产斜纹提花织物。汉朝时，包括提花在内的丝织技术已相当成熟，能织出绫、锦、罗、绢、纱等二十多个花色品种。西汉政府设在长安的东西织室有数千工人。唐朝丝织技术高，丝织品以轻盈精湛著称，还吸收了波斯的织法和图案风格。宋朝丝织品品种繁多，织锦吸收了花鸟画中的写实风格，图案生动、活泼。明清中央或地方官府设在苏杭等地的织造局生产的丝织品超过前代，特别是细密精致的缎，成为清朝丝织品的代表。唐末以前，我国的丝织品主要产地在北方。唐末以后，伴随经济重心的南移，南方丝织品的数量与质量逐渐超过北方。明清时，南方丝织业进入鼎盛时期，苏州、杭州和南京成为著名的丝织业中心。

（三）陶瓷业

中国是瓷器的故乡。中国的英文名字就源于瓷器的英文名字 china，可见中国古代瓷器在世界上的影响力。商朝时已烧制出原始瓷器。东汉烧出成熟的青瓷，北朝烧出成熟的白瓷。至唐朝，已形成南青北白两大制瓷系统，出现了唐三彩，为后代彩瓷的产生奠定了基础。青瓷中出现了著名的秘色瓷。唐朝越窑的秘色瓷极为名贵，它的烧制技术早已失传，长期以来也未见实物。1987年，陕西法门寺地宫出土了十多件精美的秘色瓷，让人们对它有了初步的了解。宋朝时，中国制瓷技术大放异彩，瓷窑遍布全国各地，并出现了五大名窑。明清时期，瓷器种类丰富，青花瓷、彩瓷争奇斗艳。明宣德年间制造的青花瓷，至今被人们奉为珍品。江西景德镇是著名的瓷都。

（四）造船业

历史上，中国的造船技术取得过一系列重大的成就，曾经在一个很长的历史时期内居于世界领先的地位，并对近现代的造船技术产生了深刻的影响。早在新石器时代，我们的祖先就广泛使用了独木舟和筏，并以非凡的勇气和智慧走向海洋。据考证，筏是舟船发明以前出现的第一种水上运载工具，是新石器时代我国东南部的百越人发明的。橹是我国的一项独特发明。摇橹可连续划水，故提高了功效，而划桨是间断性的，离开水面时做的是无用功。而且橹巧妙地利用杠杆原理，摇动省力，连妇女和儿童都能操纵。在古代世界，橹可算最先进的推进工具。18世纪末，欧洲就是在橹的启迪下，开始研制螺旋推进器的。

舵是中国古代在造船技术方面的又一项重大发明。它出现于汉代，唐宋时期有了重大的改进，出现了垂直舵和平衡舵。平衡舵在欧洲直到18世纪末、19世纪初才开始采用，至今仍是船舶设计中降低转舵力矩的一个重要措施。唐宋时期的中国船舶以结构坚固、稳定性高、抗沉性强而著称于世。唐宋时，中国就能制造当时世界上最大的海船，有"海上霸王"之称；还能制造使用推进器的各型战舰，这是世界上最早使用机械动力的轮船雏形。不但中国商人出海乘的是中国船，连阿拉伯商人也都乘坐中国船在中国、印度、阿拉伯之间进行海上贸易。明朝郑和下西洋反映出我国造船技术的高超水平。据《瀛涯胜览》记载，郑和的宝船长四十四丈，宽十八丈，换算成现代单位，长超过140米，宽度超过50米，排水量将超过万吨。

（五）桥梁

中国桥梁的历史源远流长，我们的祖先在桥梁建造上取得了很大的成就。我国幅员辽阔，山川壮丽，江河纵横，湖泊众多，数千年来，劳动人民因地制宜，就地取材，用土、木、石、砖、藤、铁等建筑材料，建造了各种材料、各种构造方式、各种功能的桥。根据史料记载和实物考察，在原始社会，我国就有了独木桥和数根圆木排拼而成的木梁桥。早在战国时期，单跨和多跨的木、石梁桥已普遍在黄河流域及其他地区建造。公元前三百多年建于陕西省蓝田县蓝峪水上的蓝桥，就是多跨木梁木柱桥的代表之一。《诗经·大雅·大明》第一次记叙周文王娶妻，在渭河上造了一座专供帝王使用的浮桥。

赫赫有名的中国四大古桥是广东的广济桥、河北的赵州桥、北京的卢沟桥和福建的洛阳桥。它们不仅为人们出行与商贸提供了便利的条件，建筑艺术更是别具匠心，巧夺天工，是世界桥梁史上的创举，充分显示了中国古代劳动人民的非凡智慧与才能。

中国古代许多桥梁技术曾走在世界桥梁建筑的前列，许多桥梁样式仍继续对世界近代桥梁建筑产生影响。同时，它们也是活的文物瑰宝，记载着许多珍贵的资料。

二、古代科技文明成就

(一) 天文历法

中国古历采用阴阳合历，即以太阳的运动周期作为年，以月亮圆缺周期作为月，以闰月来协调年和月的关系。古人根据太阳一年内的位置变化以及由此引起的地面气候的演变次序，把一年又分成 24 段，分列在 12 个月中，以反映四季、气候、物候等情况。夏代的历法是中国最早的历法，当时已经依据北斗星斗柄所指的方位来确定月份。春秋时期，留下了世界上公认的首次哈雷彗星的确切记录。《春秋》记载，公元前 613 年，"有星孛入于北斗"，即指哈雷彗星，这一记录比欧洲早六百多年。春秋时期，我国历法已经形成自己固定的系统，基本上确立 19 年 7 闰的原则，这比西方早 160 年。战国时期，出现了世界上最早的天文学著作《甘石星经》，其中有丰富的天文记载，反映了那个时期人们对天文的认识，是中国最早的天文历法著作。北宋科学家沈括把四季二十四节气和十二个月完全统一起来形成"十二气历"，该历法的使用更加简便，有利于农事安排。元朝天文学家郭守敬提出"历之本在于测验，而测验之器莫先仪表"的正确主张，创制了简仪和高表等近二十件天文观测仪器，主持了全国范围的天文测量。郭守敬主持编定《授时历》，所提出的一年的周期与现行公历基本相同，但问世比现行公历早 300 年。

(二) 数学

数学是中国古代科学中一门重要学科，其发展源远流长，成就辉煌。《九章算术》约成书于东汉，分九章介绍了许多算术命题及其解法，是当时世界上最先进的应用数学，它的出现标志着中国古代数学形成了完整的体系。魏晋时期的数学家刘徽运用极限理论，提出了计算圆周率的正确方法。南朝祖冲之精确地计算出圆周率是在 3.1415926～3.1415927 范围内，这一成果比外国早近一千年。汉、唐一千多年间出现了 10 部著名数学著作，被称为《算经十书》，这些数学著作曾经是隋唐时代国子监算学科的教科书。10 部书的名称是《周髀算经》《九章算术》《海岛算经》《张丘建算经》《夏侯阳算经》《五经算术》《缉古算经》《缀术》《五曹算经》《孙子算经》。《算经十书》标志着中国古代数学的高峰。

(三) 物理

在战国时期，物理学就取得了突出成就。《墨经》中有大量的物理学知识，其中包括杠杆原理和浮力理论的叙述，还有声学和光学的记载，对光影关系、小孔成像等都有系统介绍，被现代科学家称为"《墨经》光学八条"。

(四) 医学

扁鹊是战国时期最著名的医生，后代把他奉为"脉学之宗"，他采用望闻问切四诊法，从脉象中诊断病情。切脉是扁鹊的主要成就，四诊法成为我国中医的传统诊病法，两千多年来一直为中医所沿用。

成书于先秦至西汉间的《黄帝内经》是我国现存较早的重要医学文献。它奠定了人体生理、病理、诊断以及治疗的认识基础，是我国影响极大的一部医学著作，被称为医之始祖。《黄帝内经》是"中华优秀传统文化百部经典"之一。

东汉的《神农本草经》是中国第一部完整的药物学著作。东汉末年的名医华佗擅长外科手术，被人誉为"神医"，其发明的麻沸散比西方早1600多年。东汉末年的名医张仲景被称为"医圣"，其代表作《伤寒杂病论》是后世中医的重要经典。

唐朝杰出的医学家孙思邈的《千金方》，全面总结历代和当时的医药学成果，并有许多创见，在我国医药学历史上占有重要地位。吐蕃名医元丹贡布编著的《四部医典》在国内外都有重要影响。唐高宗时期编修的《唐本草》是世界上最早的、由国家颁行的药典。

明朝李时珍的《本草纲目》记载药物一千八百多种，方剂一万多个，全面总结了16世纪以前的中国医药学，被誉为"东方医药巨典"。李时珍重视实地考察和试验观察，注意运用比较方法，所以他对药物的认识和总结具有较高的科学价值。

（五）地理学

西晋时期，裴秀是中国古代杰出的地图学家，绘制出《禹贡地域图》，还提出了绘制地图的原则。北魏时期，地理学家郦道元的《水经注》，通过为古书《水经》作注，以《水经》为纲，全面而系统地介绍了水道流经地区的自然地理和经济地理等诸方面的内容，是一部历史、地理、文学价值都很高的综合性地理著作。

明朝徐霞客的《徐霞客游记》，对石灰岩溶蚀地貌的观察和记述，早于欧洲约两个世纪。他还记录了一些地理发现，纠正了前代地理学著作中的一些错误。

（六）建筑学

先秦时期，夏、商、西周的都城是全国政治、交通中心，都城有城门供居民出入，城内有整齐、宽广的街道。

隋唐是中国古代建筑的成熟时期，取得了辉煌成就。隋朝著名建筑师宇文恺主持修建了大兴城，唐朝在此基础上扩建为长安城。长安城整体设计合理，建筑规模宏大，体现了当时城市建筑的高超技术。宇文恺采用图纸和模型结合的设计方法，是我国建筑技术上的一大突破。隋朝工匠李春设计建造的赵州桥，是世界上最早的敞肩石拱桥，在世界桥梁史上占有重要地位。

宋元时期，北宋末年，李诫编写的《营造法式》是我国建筑史上的杰出著作。辽代河北蓟县独乐寺、山西应县木塔，是我国著名的古代木结构建筑。金代的卢沟桥闻名中外。元大都建筑宏伟，城内有完整的排水系统。

明清时期，明成祖令人在元大都的基础上营建北京城，聚集约八十万能工巧匠，最有名的木工蒯祥被誉为"蒯鲁班"。北京城有三重，宫城外有皇城，皇城外有京城，主体建筑都布置在中轴线上，中央官署集中在京城南部，钟楼、鼓楼位于城北。

（七）著作

(1) 农学专著：北朝时期，贾思勰的《齐民要术》系统地总结了6世纪以前黄河中下游地区农牧业生产经验、食品的加工与储藏、野生植物的利用等，是中国现存最早、最完整的农书。明朝时期，徐光启的《农政全书》综合介绍了我国传统农学成就，建立了一个比较完整的农学体系。

(2) 手工业专著：战国时期出现了有关手工业工艺的专著《考工记》，记述了齐国官营手工业各个工种的设计规范和制造工艺。

(3) 科技论著：北宋科学家沈括的《梦溪笔谈》总结了我国古代主要是北宋时期的许多科技成就，在我国和世界科技史上有重要地位。英国学者李约瑟称沈括是"中国科技史上最卓越的人物"，《梦溪笔谈》是中国科学史的里程碑。

(4) 生产技术综合著作：明代宋应星的《天工开物》总结了明代农业、手工业的生产技术，被称为"中国17世纪的工艺百科全书"。

第二节　古代劳动文明的结晶——长城与大运河

长城与大运河，是中国地图上的一"撇"与一"捺"，构成了"人"的字形，蕴藏着中华传统文化主体的图景。"万里长城""千年运河"是中华民族文化身份的象征，展现了我国古代劳动人民的伟大创造力。

2019年7月24日，在中央全面深化改革委员会第九次会议上，正式审议通过了《长城、大运河、长征国家文化公园建设方案》。建设长城、大运河、长征国家文化公园，深入挖掘文物和文化资源精神内涵，充分体现中华民族伟大创造精神、伟大奋斗精神、伟大团结精神、伟大梦想精神，焕发新时代风采，对坚定文化自信，彰显中华优秀传统文化的持久影响力、革命文化的强大感召力具有重要意义。

一、长城——劳动人民创造的伟大建筑奇迹

(一) 万里长城

中国的万里长城是我国劳动人民创造的伟大建筑奇迹，作为人类历史上最伟大的工程之一，早已载入《世界遗产名录》。孙中山先生在《建国方略》中指出，"长城之有功于后世，实与大禹治水等"。长城是世界古代史上最伟大的军事防御工程，它并非简单孤立的一线城墙，而是由点到线、由线到面，把长城沿线的隘口、军堡、关城和军事重镇连接成一张严密的网，形成一个完整的防御体系。长城修筑的历史可上溯到西周时期，发生在首都镐京(今陕西西安)的著名典故"烽火戏诸侯"就源于此。春秋战国时期列国争霸，互相防守，长城修筑进入第一个高潮。秦灭六国统一天下后，秦始皇连接和修缮战国长城，始有万里长城之称。明朝是最后一个大修长城的朝代，今天人们所看到的长城多是此时修筑。

长城资源主要分布在河北、北京、天津、山西、陕西、甘肃、内蒙古、黑龙江、吉林、辽宁、山东、河南、青海、宁夏、新疆等15个省区市。其中，河北省境内长度为2000多千米，陕西省境内长度为1838千米。根据文物和测绘部门的全国性长城资源调查结果，明长城总长度为8851.8千米，秦汉及早期长城超过1万千米，总长超过2.1万千米。现存长

城文物本体包括长城墙体、壕堑/界壕、单体建筑、关堡、相关设施等各类遗存，总计 4.3 万余处(座/段)。

由长城修筑的 2000 多年的历史以及长度、范围等数据可知万里长城的修筑是多么浩大的工程，需要多少人力，付出多么巨大的牺牲才能完成，无怪乎康有为站在长城之上慨叹"英雄造事令人惊"。人民群众用勤劳智慧，用顽强的毅力和拼搏的精神，创造出了令人叹为观止的伟大工程。巍巍长城，蜿蜒万里，雄居峰峦，其雄伟壮美凝聚着中华民族勤劳勇敢、吃苦耐劳、反侵略、爱和平，勇于创造的高贵品质，也反映着中华民族历代以防御为主，"人不犯我，我不犯人"，安边戍守、不威胁侵犯邻邦的战略思想和文化主题。长城是中国劳动人民勤劳、智慧和才能的结晶，是中华民族意志、勇气和力量的标志，更是中华民族团结和统一的象征。

1935 年 10 月，毛泽东以诗笔写道："天高云淡，望断南飞雁。不到长城非好汉，屈指行程二万。"这是对红军长征南来的回眸，也是对红军北上抗日、打到长城去的宣誓。

"起来，不愿做奴隶的人们！把我们的血肉，筑成我们新的长城。中华民族到了最危险的时候，每个人被迫着发出最后的吼声……"《义勇军进行曲》的长期传唱，使长城在人们心目中已升华为勤劳、智慧、百折不挠、众志成城、坚不可摧的民族精神和意志，增强了中华民族的自豪感、自信心和爱国热情。

(二) 长城精神

2019 年 8 月，习近平总书记在甘肃考察时强调："长城凝聚了中华民族自强不息的奋斗精神和众志成城、坚韧不屈的爱国情怀，已经成为中华民族的代表性符号和中华文明的重要象征。要做好长城文化价值发掘和文物遗产传承保护工作，弘扬民族精神，为实现中华民族伟大复兴的中国梦凝聚起磅礴力量。"

2019 年 1 月 24 日，中华人民共和国国务院新闻办公室举行《长城保护总体规划》相关情况发布会，这是首次以国务院批准的文件的形式对长城精神进行了阐释。在编制《长城保护总体规划》的过程中，对长城内涵及其价值进行了重新认识，对长城精神进行了梳理总结。长城最突出、最核心的价值在于它所承载的伟大精神，这种精神包括团结统一、众志成城的爱国精神，坚韧不屈、自强不息的民族精神，守望和平、开放包容的时代精神，这三大精神历经岁月锤炼，已深深融入中华民族的血脉之中，成为实现中华民族伟大复兴的强大精神力量。

作为我国古代劳动人民创造的伟大建筑奇迹，长城是构成中华民族的民族记忆、国家记忆和民族认同、国家认同的重要遗产。然而，古人对长城的理解与我们今天将长城视为中华民族的精神象征的观点还是有所不同的。长城的价值发生根本性转变，主要体现在两个历史事件中：一是抗日战争期间，1933 年我国军民在山海关至八达岭明长城一线的义院口、冷口、喜峰口、古北口、南口长城等战略要冲之地英勇抗击侵华日军。这是"九一八事变"以后，我国军队在华北地区进行的第一次大规模抗战。"长城抗战"极大地激发了全民族的爱国主义精神和民族精神，自此，长城成为中华民族的精神象征。二是红军长征期间，1935 年 9 月，党中央在榜罗镇召开中央政治局常委会议后，红军越过六盘山并于 1936 年 10 月实现三大主力会师，红军在陕甘长城沿线留下了无数战斗足迹和英勇事迹。毛主席的《清平乐·六盘山》就创作于这一时期,长城也因而成为反映共产党人坚定革命信仰的重要文物载体。

1. 团结统一、众志成城的爱国精神

爱国主义是凝聚中华民族力量的精神纽带,也是中华民族精神的核心,蕴含了中华民族最为深厚的历史情感,同时也是社会主义核心价值观的基本内容之一。

世界上尚没有一种人类建筑跨越 2000 年时光而持续修建,同时也是迄今为止发挥功用时间最长、保存最为完好的建筑之一。中国修建长城的时间轴线与中华民族历史的发展主线重合。长城的最基本功用便是御敌人于国门之外,历朝历代修筑长城的主要目的是军事防御。从秦皇汉武到明代,无不是在主动出击、军事上取得压倒优势时修建长城的。这说明,修筑长城既是一种积极防御,又是积蓄力量、继续进取的谋略。从这个角度讲,长城所蕴含的爱国主义精神自修建之日起就一直贯穿始终,并且将文化传承的意义自觉或者不自觉地融入兴建行为中,更多地给予长城之内的民众强大的心理支撑。

2. 坚韧不屈、自强不息的民族精神

从春秋战国时期一直延续到明朝的两千多年的长城修建史中,长城穿越沧桑岁月,巍然屹立在历史长河中,默默见证着中华民族曲折而顽强的发展历程。它承载着中华民族坚韧不屈、自强不息的精神价值,展现了中华民族不畏艰难、顽强不屈、吃苦耐劳、勇敢创造的精神品质。

自强不息是努力积极向上、永不懈怠,坚韧不屈是执着、坚持、永不言弃,这是中华民族赖以生存和发展的民族精神之一。无论是面对发展困境还是面对民族生死存亡,中国人民都积极应对、艰苦奋斗、自强不息,不忘初心,从来没有放弃对美好生活的向往和追求,巍巍长城正凝聚着支持中华民族生生不息的民族魂。

3. 守望和平、开放包容的时代精神

长城是世界古代史上最伟大的军事防御工程。修筑长城是针对西北边地军情所采取的积极措施,是化被动为主动的事前防御,这与战争有直接关联,但却直接反映中华民族摒弃战争、爱好和平的强烈渴求。修筑长城的根本目的是保护自己国家的领土完整和百姓安居乐业,从来不是主动进攻的军事屏障。

明朝中叶以后,长城被西方探险者发现,惊呼为世界第八大奇迹。在此之前,西方人将埃及胡夫金字塔、巴比伦空中花园、阿尔忒弥斯神庙、奥林匹亚宙斯巨像、摩索拉斯陵墓、罗德岛太阳神巨像、亚历山大灯塔并列为人类奇观,但是,除金字塔外,其他六项人类建筑已经在时间的长河中消失。长城与其他七大奇迹最为显著的区别在于修建目的不同。长城所服务的对象是整体民众,而其他七大奇迹所服务的对象大部分为集权统治的君主个人,在社会意义与公用价值上不可同日而语。

修建长城的目的是抵御外族的入侵,蜿蜒的城墙似乎隔断了中原地区与外界的联系,其实不然。我们可以看到,长城实际上促进了多民族交流。自秦汉至明清,长城沿线的许多关口成为农、牧两大经济、文化系统民族交易的场所或中心,有的逐渐发展成为长城沿线的重要城镇。

1987年，联合国教科文组织正式将万里长城定为世界文化遗产，证明长城所具备的历史文化和人文价值已被世界所承认，长城既是中国的，也是世界的。

长城精神所包含的守望和平、包容开放的时代精神，对于21世纪的世界发展格局更有现实价值和意义。长城精神在培养大学生爱国主义情怀、艰苦奋斗精神、理想信念教育等方面发挥着重要作用。长城文化可以涵养师生心灵、涵育师生品行，与新时代社会主义核心价值观有高度的契合性。长城精神是中华民族精神和时代精神的重要体现，也是中华民族伟大复兴征程中的精神动力。

二、大运河——劳动人民创造的伟大工程

（一）千年运河

如果说长城是中华民族挺立的脊梁，那么大运河就是中华民族流动的血脉，是一条承载着密集文化基因的大动脉。大运河由京杭大运河、隋唐大运河、浙东运河三部分构成，始建于春秋末期，开凿至今已有2500多年，全长3200多千米，贯穿8个省市，沟通5大水系，跨越10多个纬度，是中国古代创造的一项伟大工程。中国的大运河是人类文明史上开凿最早、里程最长、工程最大的人工河流，展现出我国劳动人民的伟大智慧和勇气，传承着中华民族的悠久历史和文明，是一部书写在华夏大地上的宏伟诗篇，是活着的、流动着的中华文化遗产。

2500多年来，大运河在维护国家统一、繁荣社会经济、促进文化交流等方面发挥了重要作用，生动记录着国脉的世代赓续，传承着民族的璀璨文明。习近平总书记指出，大运河是祖先留给我们的宝贵遗产，是流动的文化，要统筹保护好、传承好、利用好。《大运河文化保护传承利用规划纲要》指出，要强化精神内涵的挖掘，结合时代条件加以继承和发扬，赋予其新的时代含义和文化价值，让中华文化展现出永久魅力和时代风采。

大运河是农业文明技术条件之下人类非凡创造力的杰出例证，展现了中华民族特有的智慧、决心与勇气。通过对大运河开凿缘由、工程设计、开凿过程、运营管理等方面的分析，可以看出大运河蕴含的文化精髓和价值观念。

（二）大运河精神

大运河精神是大运河文化的集中体现，是对大运河文化人文精神层面的深入解析，也是做好大运河文化保护、传承、利用的宝贵精神财富。大运河精神可以从以下5个方面进行凝练和概括。

1. 生生不息的奋斗进取精神

生生不息的奋斗进取精神是大运河精神的基石。中国大运河是世界上空间跨度最大、使用时间最久的运河，是世界上少有的仍在使用并不断建设的活态文化遗产。在漫长的历史岁月中，一代代的运河人从没有停下开凿、疏浚、修缮、治理的脚步。正是这样一代接着一代的奋斗进取，才创造了2500多岁的中国大运河至今仍在使用的人间奇迹。运河流经区域自然地理状况异常复杂，中国历代运河建设者们在复杂的自然环境条件下将不同时期、

不同区域的运河连通为一条纵贯南北的人工运河,充分体现了中华民族不畏艰难、顽强拼搏、生生不息的奋斗进取精神。今天对大运河的保护、传承、利用和大运河文化带的建设无不体现着这种奋斗进取精神,大运河生态文明的建设和传承更需要进一步发扬这种生生不息的奋斗进取精神。

2. 尊重自然、利用自然的科学精神

大运河贯穿南北,流经区域地形复杂,形势严峻,在开凿、修缮、治理的过程中,大运河沿线尊重自然、利用自然、因地制宜创造出的智慧工程比比皆是,大运河扬州三湾段就是一个鲜活的案例。由于过去扬州地势北高南低,不能蓄水,三湾地带又地处下游,水流下泄湍急,致使舟船路过此地风险极大。为解决这一问题,古时的扬州工匠想到了"三湾抵一坝"的办法。明万历二十五年,扬州知府郭光复率民工自南门二里桥的河口起,往西开挖新河,再折而南,复转弯向东,从姚家沟接原来的河道,形成曲折的三湾,放水通航后,船只果然不再遇到险阻,成为尊重自然、顺应自然、保护自然、利用自然的伟大工程。

3. 无怨无悔的甘于奉献精神

在2500多年大运河治理的过程中,涌现出许多可歌可泣的为运河付出心血甚至生命的杰出人物。他们当中既有道出"南巡之事,莫大于河工"心系天下的帝王,也有陈瑄、宋礼等爱民如子、为河道治理呕心沥血的官员,还有郭守敬、白英等运河领域的能工巧匠,以及沿运河居住、生活的普通百姓。正是一代代运河人无怨无悔的奉献,才能造就大运河周边经济文化的繁荣。

4. 大胆探索、敢为人先的创新精神

中国大运河作为古代超大型交通水利工程,从规划设计到建设施工,再到维护管理,无不凝结着中国古代劳动人民的聪明和智慧,体现了中国人民伟大的创新创造精神,也涌现出许多治水名人。

5. 海纳百川的融合共生精神

大运河贯通了中国南北,促进了南北经济文化的交流,也通过陆上丝绸之路和海上丝绸之路加强了中外经济文化的交往。中国大运河从古到今绵延千百年,促进了不同地域间文化的交流、沟通和融合,推动了中华民族多元一体格局的产生,形成了兼收并蓄的恢宏气度,包容开放、多元共生的文化系统。随着世界多极化、经济全球化、文化多样化和社会信息化的发展,国际社会日益成为一个你中有我、我中有你的"命运共同体",面对世界政治经济的复杂形势和全球性问题,更需要发挥融合共生的精神。

马克思主义理论认为,精神可以变物质。漫长的历史长河中,大运河精神在形成和发展进程中,曾为国家统一、民族团结积淀统一意识,为经济发展、城市繁荣提供精神元素,为文化交流融合注入文化滋养,为科学技术进步提供精神动力。站在新的历史方位,在经济崛起和文化保护与传承的背景之下,大运河作为中华文明象征载体的整体性与延续性价值凸显,弘扬大运河精神,展示其独特魅力,具有重要的现实意义。

伟大的精神成就伟大的事业。实现中华民族的伟大复兴,是中华民族近代以来最伟大

的梦想。大运河精神蕴含的精神特质，对于激励全国各族人民为实现中国梦而奋斗具有重要意义。我们要大力弘扬大运河精神，助推伟大梦想实现。

第三节　新中国劳动成就

1949年10月1日，中华人民共和国的成立让中国发生了天翻地覆的变化，劳动人民真正成为国家的主人，在中国共产党的领导下，为建设社会主义新中国谱写着一曲曲壮丽的劳动之歌。新中国成立以来，中国共产党带领人民开启筚路蓝缕的创业征程，掀起气壮山河的建设浪潮，闯出波澜壮阔的改革之路，张开拥抱世界的开放胸怀，在政治、经济、科技、国防等方面都创造了辉煌成就，本节主要介绍经济成就和科技成就。

一、经济成就

新中国从一穷二白到世界第二大经济体，国民经济大踏步前进，经济总量不断迈上新台阶，中国经济发展取得举世瞩目的成就。

2022年1月17日，据国家统计局公布的数据显示，2021年中国经济总量达114.4万亿元，突破110万亿元，按年平均汇率折算达17.7万亿美元，稳居世界第二，占全球经济比重预计超过18%。人均国内生产总值80976元，按年平均汇率折算达12551美元。中国社会生产力进一步提高，主要工农业产品产量继续位居世界前列。2021年，中国粮食总产量1.3万亿斤以上，谷物产量居世界第一；粗钢产量10.3亿吨，发电量8.1万亿千瓦时，均居世界第一。

1. GDP突破110万亿元，人均GDP已超过世界人均水平

2021年，我国GDP突破110万亿元。2020年，世界经济负增长，中国经济正增长，对世界拉动作用十分显著。2021年,中国经济增长对世界经济增长的贡献率预计达到25%。我国不同年份GDP数据如表4-1所示。

表4-1　我国不同年份GDP数据

年份	1952	1978	2000	2010	2018	2021
GDP/亿元	679.1	3678.7	100280.1	412119.3	900309.5	1143670
世界位次	1	11	6	2	2	2

2021年，中国人均国内生产总值达到1.2551万美元，已经超过世界人均水平。初步测算，2021年世界人均GDP是1.21万美元左右。我国不同年份人均GDP数据如表4-2所示。

表4-2　我国不同年份人均GDP数据

年份	1952	1978	2000	2010	2018	2021
人均GDP/元	119	385	7942	30808	64644	80976

2. 财政收入超过 18 万亿元

70 年来，我国财政收入从 1950 年的 62 亿元增加到 2018 年的 183 352 亿元，年均增长 12.5%，增长了近 3000 倍。现在一天的财政收入，相当于新中国成立初期 8 年的规模。我国不同年份财政收入数据如表 4-3 所示。

表 4-3　我国不同年份财政收入数据

年份	1950	1978	1999	2011	2018	2021
财政收入/亿元	62	1132	11444	103874	183352	214420

3. 全国居民人均可支配收入增长 70 倍

居民收入来源明显多元化，收入分配差距持续缩小，从温饱不足到全面小康。2021 年，我国居民人均可支配收入比 1949 年实际增长 70 倍。2022 年 1 月 17 日，统计局公布 2021 年居民收入和消费支出数据显示，2021 年，全国居民人均可支配收入 35128 元，比上年名义增长 9.1%，扣除价格因素，实际增长 8.1%；2021 年，全国居民人均消费支出 24100 元，比上年名义增长 13.6%，扣除价格因素影响，实际增长 12.6%。全国居民不同年份人均可支配收入数据如表 4-4 所示。

表 4-4　全国居民不同年份人均可支配收入数据

年　份	1949	1978	2018	2021
全国居民人均可支配收入/元	50	171	28228	35128

4. 200 多种工业产品产量居世界第一

70 多年来，我国从传统农业国转为现代工业国取得显著成效，拥有联合国产业分类中全部工业门类，200 多种工业产品产量居世界第一，工业增加值、制造业增加值跃居世界第一。第一、二、三产业增加值比例从 1952 年的 50.5∶20.8∶28.7 变化为 2018 年的 7.2∶40.7∶52.2。我国不同年份主要工业产品产量数据如表 4-5 所示。

表 4-5　我国不同年份主要工业产品产量数据

工业产品	年份	产量
纱	1949	32.7 万吨
	1978	238.2 万吨
	2018	2958.9 万吨
彩色电视机	1971	约 200 台
	1978	约 3800 台
	2018	1.88 亿台
汽车	1955	约 100 辆
	1978	15 万辆
	2018	2782 万辆
钢材	1949	13 万吨

续表

工业产品	年份	产量
钢材	1978	2208 万吨
	2018	110552 万吨
乙烯	1960	约 700 吨
	1978	38 万吨
	2018	1841 万吨

5. 主要农产品产量跃居世界前列

农产品供给从短缺匮乏到丰富充裕，主要农产品产量跃居世界前列。全国粮食产量接连跨上新台阶，不仅成功解决了占世界近五分之一人口的吃饭问题，还为加快工业化进程提供了重要支持。近年来，我国谷物、花生、茶叶、肉类产量均保持世界首位。我国不同年份粮食产量数据如表 4-6 所示。

表 4-6　我国不同年份粮食产量数据

年份	1949	1978	2000	2018	2021
粮食产量/万吨	11318	30477	46218	65789	68285

6. 服务业成为国民经济第一大产业

新中国成立初期至 20 世纪 70 年代，服务业发展相对缓慢。改革开放以来，服务业随市场繁荣而日益兴旺，进入发展快车道，持续迸发出前所未有的生机和活力，已成为国民经济第一大产业。我国不同年份第三产业增加值数据如表 4-7 所示。

表 4-7　我国不同年份第三产业增加值数据

年　份	1952	1978	2018	2020
第三产业增加值/亿元	195	905	469575	553977

7. 货物贸易规模跃居世界首位

从改革开放初期货物进出口仅占国际市场份额的 0.8% 发展到当前的 12% 左右，我国贸易规模实现跨越式发展，贸易伙伴更趋多元，特别是加入世界贸易组织后，货物贸易规模相继超越英国、法国、德国、日本和美国，2013 年我国成为全球货物贸易第一大国，同时服务贸易跃居世界第二，正在从贸易大国向贸易强国迈进。我国不同年份货物贸易数据如表 4-8 所示。

表 4-8　我国不同年份货物贸易数据

年份	1950	1978	2010	2013	2018	2021
货物进出口总额/亿美元	11	206	29740	41590	46224	60514.88
世界位次	—	30	2	1	1	1

8. 高铁营业里程居世界第一

70多年来，我国固定资产投资持续快速增长，极大地促进了农业生产力水平、工业装备水平、基础设施网络的提高和健全。截至2021年年末，我国铁路营业里程15万千米，其中高速铁路4万千米，分别居世界第二和世界第一；公路里程520多万千米，其中高速公路16万千米，居世界第一。我国不同年份交通基础设施数据如表4-9所示。

表4-9　高速公路里程1988年数据

年份		里程数/万千米
公路里程	1949	8
	2018	485
	2020	519
高速公路里程	1988	0.01
	2018	14
	2020	16
铁路营业里程	1949	2
	2018	13
	2021	15
高铁营业里程	2008	0.07
	2018	3
	2021	4
定期航班航线里程	1950	1
	2018	838
	2020	942

9. 能源供给能力大幅提升

能源生产由弱到强，基本形成了煤、油、气、可再生能源多轮驱动的能源生产体系，充分发挥了坚实有力的基础性保障作用。中国发电装机容量世界第一，已成为世界能源生产第一大国，同时水电、风电、太阳能发电装机和核电在建规模也稳居世界第一，成为全球非化石能源的引领者。我国不同年份能源生产总量数据如表4-10所示。

表4-10　我国不同年份能源生产总量数据

年份	1949	1978	2000	2010	2018	2020
能源生产总量/万吨标准煤	2374	62770	138570	312125	377000	498000

10. 外汇储备多年居全球第一

目前，我国有4500多家银行业金融机构，130多家证券公司，230家保险公司。金融业总资产300多万亿元，其中银行业268万亿元，规模居全球第一。另外，债券、股票、保险市场也都成为全球第二大市场。外汇储备余额3.2万亿美元，多年来居全球第一。我国不同年份外汇储备数据如表 4-11 所示。

表 4-11　我国不同年份外汇储备数据

年份	1992	1996	2006	2018	2021
外汇储备/亿美元	194	1050	10663	30727	32502
世界位次	16	2	1	1	1

二、科技成就

科技是国家强盛之基，创新是民族进步之魂。新中国成立初期，科技发展水平十分落后。改革开放以来，随着科教兴国战略实施，大力推进创新型国家建设，科技体制改革深入推进，一系列重大科技计划出台，科技领域投入持续增加，研发队伍不断壮大，带动创新产出不断扩大。自 2013 年起，中国研发人员总量居世界第一，成为世界第二大研发经费投入国。我国不同年份研发经费投入数据如表 4-12 所示。

表 4-12　我国不同年份研发经费投入数据

年份	1995	2000	2010	2018	2020
研究与试验发展经费支出/亿元	349	896	7063	19678	24393

我国科技发展日新月异，科技实力伴随经济发展同步壮大，为我国综合国力的提升提供了重要支撑。特别是党的十八大以来，创新驱动发展战略全面实施，科技体制机制改革进一步深化，研发投入持续增加，创新活力竞相迸发，重大成果不断涌现，体系建设逐步完善。我国科技步入快速发展轨道，成为具有全球影响力的科技创新大国，科技产出量质齐升，重大成果举世瞩目。

1. 科学论文成果丰硕

科学论文的数量和质量代表了科学研究特别是基础研究的水平。改革开放以来，我国科学论文产出实现快速增长。2016 年，中文科技期刊刊登科技论文 49.4 万篇，是 1990 年的 5.5 倍；国外三大检索工具《科学论文索引》(SCI)、《工程索引》(EI) 和《科技会议录索引》(CPCI)分别收录我国科研论文 32.4 万篇、22.7 万篇和 8.6 万篇，数量分别位居世界第二、第一和第二位。论文质量得到进一步提升，根据基本科学指标数据库(ESI)论文被引用情况，2017 年中国科学论文被引用次数已超过德国、英国，上升到世界第二位。

各学科论文在 2011—2021 年被引用次数处于世界前 1%的论文称为高被引论文。近 2 年间发表的论文在最近两个月得到大量引用，且被引用次数进入本学科前 1‰的论文称为热点论文。截至 2021 年 9 月，中国高被引论文数为 42920 篇，占世界份额为 24.8%，数量比 2020 年增加了 15.5%，世界排名保持在第 2 位，占世界份额提升了近 2 个百分点。美国的高被引论文数量为 77068 篇，占世界份额 44.5%，仍居第 1 位。中国的热点论文数为 1515 篇，占世界总量的 36.3%，数量比 2020 年增加了 10.2%，世界排名保持在第 2 位。[1]

---

[1] 数据来源于中国科学技术信息研究所于 2021 年 12 月 2 日发布的《中国科技论文统计报告》。

2. 专利实现量质齐升

一个国家专利申请数代表了一个国家的实力，随着社会的不断进步，很多国家开始注重科技的发展。衡量一个国家创新活动的重要指标之一，就是通过世界知识产权组织《专利合作条约》(PCT)框架提交的国际专利申请并通过的数量。2021年3月11日，自布鲁塞尔世界知识产权组织发布的公告显示，2020年全球专利申请量增长4%，申请量达到27.59万件，创造了有史以来最高数量。中国专利申请量同比增长16.1%，以68720件稳居世界第一。紧随其后的是美国，专利申请量达59230件。日本、韩国和德国位居三、四、五位。

3. 知识产权产出、保护和运用能力取得长足进步

经过40多年快速发展，我国已成为世界知识产权产出大国。截至2017年年底，我国发明专利申请量已连续7年居世界首位；当年通过《专利合作条约》提交的国际专利申请量跃居世界第二位。中国2021年授权发明专利69.6万件核准注册商标773.9万件，注册量居世界第一。国家重视知识产权保护和运用，先后出台《中华人民共和国商标法》《中华人民共和国专利法》《中华人民共和国著作权法》《中华人民共和国促进科技成果转化法》等多项法律法规，不断完善保护机制，加强执法力度。截至2017年年底，我国已设立3个知识产权法院和一批知识产权法庭，建立了19个知识产权保护中心和76个维权援助中心，知识产权保护社会满意度得到持续提高。

2021年12月21日，全国知识产权保护工作会议在京召开，会议强调认真落实《知识产权强国建设纲要（2021—2035年）》《"十四五"国家知识产权保护和运用规划》《关于强化知识产权保护的意见》部署要求，推动知识产权保护工作取得更好成效。

4. 基础研究取得突破性进展

我国高度重视基础研究，2020年全国基础研究经费1467亿元，是1995年的81倍。在国家自然科学基金、国家重点基础研究发展计划(973计划)支持下，我国基础研究在量子科学、铁基超导、外尔费米子、暗物质粒子探测卫星、CIPS干细胞等研究领域取得重大突破；屠呦呦研究员获得诺贝尔生理学或医学奖，王贻芳研究员获得基础物理学突破奖，潘建伟团队的多自由度量子隐形传态研究位列2015年度国际物理学十大突破榜首。

5. 高技术领域成就斐然

在国家重大科技专项和国家高技术研究发展计划(863计划)等的支持下，我国高技术领域硕果频传。神舟载人飞船与天宫空间实验室实现平稳交会对接；新一代静止轨道气象卫星、合成孔径雷达卫星、北斗导航卫星等成功发射运转；蛟龙号载人潜水器、海斗号无人潜水器创造新的最大深潜纪录；自主研发超算系统"神威·太湖之光"居世界之冠；赶超国际水平的第四代隐形战斗机和大型水面舰艇相继服役。国产大飞机、高速铁路、三代核电、新能源汽车等部分战略必争领域抢占了制高点，实现从"跟跑"到"并跑""领跑"的跃升。

第四节 新中国劳动精神

70多年来，中国共产党带领人民同心同德、艰苦奋斗，用劳动和汗水、用辛勤和智慧取得伟大成就的同时，也创造了伟大的劳动精神财富，这些劳动精神也是中国精神的重要组成部分。70多年来，以爱国主义为核心的民族精神、以改革创新为核心的时代精神深入人心，中国人民的精神面貌焕然一新。人无精神则不立，国无精神则不强。只有不断弘扬中国精神，凝聚奋斗力量，才能让中国梦在新征程上更加精彩地绽放。新中国劳动者创造的劳动精神财富数不胜数，本节简要介绍新中国不同时期，由群体或个人凝练升华而成、具有代表性的劳动精神。

一、社会主义革命和建设时期

从新中国成立到改革开放前夕，党领导人民自力更生、发愤图强，创造了社会主义革命和建设的伟大成就，实现了中华民族有史以来最为广泛而深刻的社会变革，实现了一穷二白、人口众多的东方大国大步迈进社会主义社会的伟大飞跃。党提出努力把我国逐步建设成为一个具有现代农业、现代工业、现代国防和现代科学技术的社会主义强国，领导人民开展全面的、大规模的社会主义建设。经过实施几个五年计划，我国建立起比较完整的、独立的工业体系和国民经济体系，农业生产条件显著改善，教育、科学、文化、卫生、体育事业有很大发展。"两弹一星"等国防尖端科技不断取得突破，国防工业从无到有逐步发展起来。

（一）红旗渠精神

20世纪60年代，河南省林县(今林州市)人民为改善恶劣的生产生活条件，摆脱水源匮乏状况，在太行山的悬崖峭壁上修建了举世闻名的大型水利灌溉工程——红旗渠，培育形成了"自力更生、艰苦创业、团结协作、无私奉献"的红旗渠精神。2019年9月，习近平总书记在河南考察时强调"焦裕禄精神、红旗渠精神、大别山精神等都是我们党的宝贵精神财富"，指出"要让广大党员、干部在接受红色教育中守初心、担使命，把革命先烈为之奋斗、为之牺牲的伟大事业奋力推向前进"。

河南省林县位于太行山东麓，历史上属于严重干旱地区。新中国成立后，党和政府十分关心林县的缺水问题。1959年夏天，林县县委提出，从林县穿越太行山到山西，斩断浊漳河，将水引进林县，彻底改变林县的缺水状况，这个计划得到了河南省委和山西省委的支持。从1960年2月红旗渠正式开工修建，到1974年8月工程全部竣工，10万英雄儿女在党的领导下，靠着一锤、一铲、两只手，逢山凿洞、遇沟架桥，顶酷暑、战严寒，克服了难以想象的困难，削平1250个山头，凿通211个隧洞，架设152座渡槽，在万仞壁立、千峰如削的太行山上建成了全长1500千米的"人工天河"，被誉为"新中国建设史上的奇迹"。红旗渠的建成，形成了引、蓄、灌、提相结合的水利网，结束了林县"十年九旱、水贵如油"的苦难历史，从根本上改变了林县人民的生产生活条件，创造出巨大的经济和社会效益。红旗渠至今仍然发挥着不可替代的重要作用,被称为"生命渠""幸福渠"。

红旗渠是自力更生、艰苦奋斗的典范,不仅给后人留下了浇灌几十万亩田园的水利工程,更留下了宝贵的红旗渠精神。1960年,红旗渠工程开始施工时,面对困扰人民群众生产生活的紧迫问题,全县干部和群众宁愿苦干也不苦熬,宁愿眼前吃苦也要换来长久幸福,宁愿自力更生、群策群力也不等靠要、单纯依赖国家。面对资金缺乏、物资紧张和险恶施工条件等困难,修建红旗渠的石灰自己烧、水泥自己产,每一分钱、每一袋水泥、每一个钢筋头、每一根锤把子都做到了物尽其用。面对艰苦的条件,建设者们自带工具、自备口粮,干部和群众心往一处想、劲往一处使、汗往一处流,涌现出马有金、路银、任羊成、王师存、李改云、郭秋英、张买江、韩用娣等一大批红旗渠建设模范。同困难作斗争,是物质的角力,也是精神的对垒。"自力更生、艰苦创业、团结协作、无私奉献"的红旗渠精神,是中华民族伟大精神的生动体现,是我们党的宝贵精神财富,是中国共产党人精神谱系的重要组成部分,激励着中华儿女为社会主义现代化建设忘我奋斗。

从红旗渠建成通水到三峡工程的成功建成和运转,再到当今世界在建规模最大、技术难度最高的水电工程金沙江白鹤滩水电站首批机组投产发电,新中国成立70多年来,我们创造出一个又一个举世瞩目的工程建设奇迹。实践充分表明,社会主义是干出来的,新时代是奋斗出来的。在新的伟大征程上开拓奋进,大力弘扬红旗渠精神,从中国共产党人精神谱系中汲取不竭力量,保持"越是艰险越向前"的英雄气概,保持"敢教日月换新天"的昂扬斗志,埋头苦干、攻坚克难,团结一心、英勇奋斗,就一定能创造出令世界刮目相看的新奇迹,不断夺取全面建设社会主义现代化国家新胜利。

(二)大庆精神、铁人精神

1958年2月,党中央作出石油勘探战略东移的重大决策,广大石油、地质工作者满怀豪情从祖国四面八方来到广袤的松嫩平原,展开艰苦的地质勘探,终于在新中国成立10周年前夕发现了大庆油田,翻开了中国石油开发史上具有历史转折意义的一页。60多年来,几代大庆人艰苦创业、接力奋斗,在亘古荒原上建成我国最大的石油生产基地,铸就了以"爱国、创业、求实、奉献"为主要内涵的大庆精神和铁人精神。2019年9月,习近平总书记在致信祝贺大庆油田发现60周年时强调:"站在新的历史起点上,希望大庆油田全体干部职工不忘初心、牢记使命,大力弘扬大庆精神、铁人精神,不断改革创新,推动高质量发展,肩负起当好标杆旗帜、建设百年油田的重大责任,为实现'两个一百年'奋斗目标、实现中华民族伟大复兴的中国梦作出新的更大的贡献!"

新中国成立之初,我国石油工业基础十分薄弱。1949年,原油产量仅12万吨,国内消费的石油基本上依靠进口。1960年,石油大会战轰轰烈烈地展开。为了甩掉"贫油国"的帽子,以铁人王进喜为代表的大庆石油工人,在当时极其困难的条件下,以"宁肯少活20年,拼命也要拿下大油田"的冲天豪情,仅用3年多的时间就夺取了大会战的胜利。60多年来,大庆油田累计生产原油24.3亿吨,建成世界上最大的三次采油基地,自1976年攀上年产原油5000万吨高峰后,大庆连续27年保持5000万吨水平,至今仍保持稳产、高产……大庆油田的开发建设,创造了令世人瞩目的辉煌业绩,挺起了民族工业的脊梁,大长了中国人的志气!

从面对当年"青天一顶，荒原一片"的恶劣自然环境，到攻克今天世界级的勘探开发难题，同困难作斗争，是物质的角力，也是精神的对垒。60多年来，高唱"我为祖国献石油"，激发为国争光、为民族争气的爱国主义精神；誓言"有条件要上，没有条件创造条件也要上"，砥砺独立自主、自力更生的艰苦创业精神；坚持在苦干的同时注重巧干，彰显讲究科学、"三老四严"的求实精神；笃信"宁肯把心血熬干，也要让油田稳产再高产"，展现胸怀全局、为国分忧的奉献精神……大庆油田的广大职工以高度的主人翁责任感和强烈的历史使命感，战天斗地、拼搏奉献，谱写了一曲曲建设社会主义的激越赞歌，让大庆精神穿越时空、历久弥新，成为团结凝聚百万石油人的强大精神动力，集中展现了我国工人阶级的崇高品质和精神风貌。大庆油田的卓越贡献已经镌刻在伟大祖国的历史丰碑上，大庆精神、铁人精神已经成为中华民族伟大精神的重要组成部分。

奋斗新时代、奋进新征程，要结合新的实际，一如既往、与时俱进地大力弘扬大庆精神，坚持"爱国"，把自己的理想同祖国的前途、把自己的人生同民族的命运紧密联系在一起，扎根人民，奉献国家；坚持"创业"，大兴艰苦奋斗之风，加大科研攻关力度，增强干事创业敢担当的本领，保持锐气、焕发朝气、增添勇气；坚持"求实"，奋发进取、求真务实、埋头苦干，多做实实在在的事情，创造经得起实践、人民、历史检验的业绩；坚持"奉献"，激扬功成不必在我、功成必定有我的崇高精神，不计个人得失，舍小家顾大家，在平凡的工作岗位上忘我工作、无私奉献。

（三）"两弹一星"精神

1964年10月16日，大漠深处一声巨响，我国第一颗原子弹爆炸成功；1966年10月27日，我国第一颗装有核弹头的地地导弹飞行爆炸成功；1967年6月17日，我国第一颗氢弹空爆试验成功；1970年4月24日，我国第一颗人造卫星发射成功。在那火热的建设年代，钱学森、钱三强、邓稼先等一大批科研工作者把汗水和热血洒在茫茫戈壁，创造了"两弹一星"的奇迹，孕育形成了热爱祖国、无私奉献，自力更生、艰苦奋斗，大力协同、勇于登攀的"两弹一星"精神。2020年9月11日，习近平总书记在主持召开科学家座谈会时指出："希望广大科技工作者不忘初心、牢记使命，秉持国家利益和人民利益至上，继承和发扬老一辈科学家胸怀祖国、服务人民的优秀品质，弘扬'两弹一星'精神，主动肩负起历史重任，把自己的科学追求融入建设社会主义现代化国家的伟大事业中去。"

20世纪五六十年代，为了抵御帝国主义的武力威胁和打破大国的核讹诈、核垄断，尽快增强国防实力，保卫和平，党中央果断决定研制"两弹一星"。参与"两弹一星"研制的科技工作者，把个人的理想与祖国的命运紧紧联系在一起，把个人的志向与民族的振兴紧紧联系在一起，苦干惊天动地事，甘做隐姓埋名人，有的甚至献出了宝贵的生命。他们从新中国百废待兴、一穷二白的基础上起步，以超常的毅力和投入向世界宣告："别人已经做到的事，我们要做到；别人没有做到的事，我们也一定要做到"。在党的集中统一领导下，全国一盘棋，当时26个部委、20多个省区市、1000多家单位的精兵强将和优势力量大力协同、集中攻关。"两弹一星"的宏伟事业，是新中国建设成就的重要象征，是中华民族的荣耀与骄傲，是中国人民创造的非凡的人间奇迹，也是人类文明史上的一个勇攀科技高峰的空前壮举。所孕育形成的"两弹一星"精神，凝聚着科技工作者报效祖国的满腔热血和赤胆忠心，反映出他们坚定的理想信念和崇高的精神境界。

几十年来，"两弹一星"精神凝结成一种自强不息的民族品格，激发亿万中华儿女战胜一个又一个艰难险阻，在实现中华民族伟大复兴的征程上阔步前进。特别是在长期的奋斗中，我国广大科技工作者发扬"两弹一星"精神，迎难而上、敢打硬仗、接续奋斗，不仅创造了一个个非凡的业绩，而且铸就了特别能吃苦、特别能战斗、特别能攻关、特别能奉献的载人航天精神，培育了自主创新、开放融合、万众一心、追求卓越的新时代北斗精神，形成了追逐梦想、勇于探索、协同攻坚、合作共赢的探月精神……这一座座精神丰碑已经成为中华民族的宝贵精神财富，激励着无数科技工作者爱国奉献、砥砺前行，不断攀登新的科技高峰。从奋斗者号载人深潜万米，到量子计算机九章问世；从嫦娥五号携带月球样品安全返回着陆，到中国人首次进入自己的空间站……一个个辉煌成就见证"两弹一星"精神的接力传承，增强了中国人对实现高水平科技自立自强的自信。

（四）雷锋精神

2018年9月28日，习近平总书记在辽宁省抚顺市向雷锋墓敬献花篮并参观雷锋纪念馆时指出："雷锋是时代的楷模，雷锋精神是永恒的。实现中华民族伟大复兴，需要更多时代楷模。我们既要学习雷锋的精神，也要学习雷锋的做法，把崇高理想信念和道德品质追求转化为具体行动，体现在平凡的工作生活中，作出自己应有的贡献，把雷锋精神代代传承下去。"半个多世纪以来，"雷锋"已远远超出个人称谓，也远远超出他所生活的时代。雷锋精神高度凝练了中华民族的传统美德，顺应了我国社会发展进步的时代潮流，彰显了社会主义先进文化的本色，内涵丰富、意蕴深刻，是一面永不褪色、永放光芒的精神旗帜。2012年2月，中共中央办公厅印发的《关于深入开展学雷锋活动的意见》指出，要大力弘扬雷锋热爱党、热爱祖国、热爱社会主义的崇高理想和坚定信念，弘扬雷锋服务人民、助人为乐的奉献精神，弘扬雷锋干一行爱一行、专一行精一行的敬业精神，弘扬雷锋锐意进取、自强不息的创新精神，弘扬雷锋艰苦奋斗、勤俭节约的创业精神。

1. 热爱党、热爱祖国、热爱社会主义的崇高理想和坚定信念

一个人一旦拥有了崇高理想和坚定信念，便拥有了强大的精神力量，一个国家的共同信仰足以释放无穷能量。雷锋说："我就是长着一个心眼，我一心向着党，向着社会主义，向着共产主义。"这是雷锋的崇高理想和坚定信念的鲜明表达。雷锋一辈子为党和人民奋斗，没有崇高理想、坚定信念是做不到的。新时代学习雷锋热爱党、热爱祖国、热爱社会主义的崇高理想和坚定信念，就是要做真学真懂真信真用马克思主义的表率，用习近平新时代中国特色社会主义思想筑牢信仰之基、补足精神之钙、淬炼思想、涵养正气、升华境界、指导实践，不断增强道路自信、理论自信、制度自信、文化自信，把共产主义远大理想与中国特色社会主义共同理想统一起来，自觉地把个人的追求和奋斗同党的事业、国家的命运、民族的前途联系起来，为国家的繁荣发展贡献自己的智慧和力量。

2. 服务人民、助人为乐的奉献精神

雷锋一生始终坚持人民利益至上，以服务人民为最大幸福，以帮助他人为最大快乐，

这种服务人民、助人为乐的奉献精神是为人民服务人生观的重要体现。雷锋在日记中写道："人的生命是有限的，可是，为人民服务是无限的，我要把有限的生命，投入到无限的为人民服务之中去。"雷锋正是用一件件平凡的小事成就了不平凡的人生，用矢志不渝的坚守筑起了中华民族的道德坐标，至今温暖着我们的社会，感动着我们的时代。服务人民、助人为乐是一种公认的崇高品质，它涤荡人们心中的私心杂念和沉渣污垢，培养人的浩然正气，体现了崇高的价值取向和人生追求。新时代学习雷锋服务人民、助人为乐的奉献精神，就是要始终牢记人民是历史的创造者，群众是真正的英雄，任何时候都不能忘记"我是谁、为了谁、依靠谁"，真正把人民放在心中最高位置，真正与人民结合在一起。在秉持以人民为中心的发展思想方面身体力行，与人民风雨同舟、血脉相通、生死与共，服务人民、助人为乐，做一个有益于人民的人。广泛深入开展学雷锋志愿服务，是新时代把学习雷锋的奉献精神转化为具体行动的制度安排和有效途径。2013年5月4日，习近平在同各界优秀青年代表座谈时的讲话指出："要倡导社会文明新风，带头学雷锋，积极参加志愿服务，主动承担社会责任，热诚关爱他人，多做扶贫济困、扶弱助残的实事好事，以实际行动促进社会进步。"在疫情防控中，广大志愿者和志愿服务组织响应党的号召，积极行动、倾情奉献，为取得疫情防控重大战略成果作出重要贡献，充分彰显了扶危济困、共克时艰的民族品格，成为社会主义精神文明建设亮丽的时代风景。

3. 干一行爱一行、专一行精一行的敬业精神

雷锋在多个岗位上奋斗过，先后当过通讯员、拖拉机手、推土机手、汽车兵，但不论做什么工作他总是发扬"螺丝钉精神"，做到干一行热爱一行、干一行精通一行，这种工匠精神和职业品德无论在任何时代都是必要的。他说："我一定要更好地听从党的教导，党叫我干什么，我就干什么，绝不讲价钱。"这是雷锋敬业精神最形象的表达。新时代学习雷锋的敬业精神，就是要学习这种"螺丝钉精神"，把它转化为爱岗敬业的原动力，立足本职、忠于职守、兢兢业业、精益求精，努力以钉子的"挤"劲和"钻"劲，在岗位上脚踏实地为中国特色社会主义事业添砖加瓦。如果14亿中国人、9100多万党员、400多万党组织都能弘扬这种"螺丝钉精神"，都能在自己的岗位上做一颗永不生锈的螺丝钉，必将形成无比强大的凝聚力、战斗力，中国特色社会主义事业必将无往不胜。

4. 锐意进取、自强不息的创新精神

无论是在工作中还是在生活中，雷锋总有一种无穷的动力，就是要钻进去、吃透它，通过学习钻研，不断地丰富和提升自己。他说："我愿做高山岩石之松，不做湖岸河旁之柳。我愿在暴风雨中——艰苦的斗争中锻炼自己，不愿在平平静静的日子里度过自己的一生。"雷锋只有小学文化程度，但是在22年的短暂生命中却做出了那么大的成绩，成为全国人民学习的楷模，靠的就是锐意进取、自强不息的创新精神，积极向上的人生态度和百折不挠、勇往直前的奋进意志。新时代学习雷锋锐意进取、自强不息的创新精神，就是要紧跟时代步伐，自觉致力于经济社会发展各领域创新，就是要坦然面对困难，欣然接受挑战，以顽强的意志、不懈的努力，敢于压倒一切困难而绝不被任何困难所压倒的气概，攻坚克难、施展才华，为中国特色社会主义事业作出力所能及的贡献。

5. 艰苦奋斗、勤俭节约的创业精神

在雷锋的身上,鲜明地体现了艰苦奋斗和勤俭节约的中华传统美德和中国共产党的优良传统。他说:"我们是国家的主人,应该处处为国家着想,事事要精打细算,不能今朝有酒今朝醉,明日愁来明日忧。我们要发愤图强,自力更生,克服当前存在的暂时困难。""发扬艰苦奋斗,勤俭节约的优良传统,不乱花一分钱,不乱买一寸布,不掉一粒粮,做到省吃俭用,点滴积累,支援国家建设。"艰苦奋斗、勤俭节约作为一种传统美德、时代精神、文明行为,应该成为人们推崇、追求的思想境界和行为方式。新时代学习雷锋艰苦奋斗、勤俭节约的创业精神,就是要本着这种精神来从事新时代中国特色社会主义建设。艰苦奋斗、勤俭节约的创业精神,是中国特色社会主义事业不断发展壮大的重要法宝,也是实现中华民族伟大复兴征程中不断攻坚克难、勇往直前的锐利武器。

二、改革开放和社会主义现代化建设新时期

党面临的主要任务是,继续探索中国建设社会主义的正确道路,解放和发展社会生产力,使人民摆脱贫困、尽快富裕起来,为实现中华民族伟大复兴提供充满活力的体制保证和快速发展的物质条件。改革开放和社会主义现代化建设的伟大成就举世瞩目,我国实现了从生产力相对落后的状况到经济总量跃居世界第二的历史性突破,实现了人民生活从温饱不足到总体小康、全面小康的历史性跨越,推进了中华民族从站起来到富起来的伟大飞跃。

(一) 改革开放精神

1978年12月,在党和国家面临何去何从的重大历史关头,我们党召开十一届三中全会。当时,世界经济快速发展,科技进步日新月异。在邓小平同志领导下,党的十一届三中全会冲破长期"左"的错误的严重束缚,批评"两个凡是"的错误方针,充分肯定必须完整、准确地掌握毛泽东思想的科学体系,高度评价关于真理标准问题的讨论,果断结束"以阶级斗争为纲",重新确立马克思主义的思想路线、政治路线、组织路线。从此,我国改革开放拉开大幕,实现新中国成立以来党的历史上具有深远意义的伟大转折,开启了改革开放和社会主义现代化建设的伟大征程。

"改革开放铸就的伟大改革开放精神,极大丰富了民族精神内涵,成为当代中国人民最鲜明的精神标识!"在庆祝改革开放40周年大会上,习近平总书记深刻阐明精神力量对于改革开放的重要意义,强调信仰、信念、信心"任何时候都至关重要"。在新时代推进改革开放,必须大力弘扬改革开放精神,始终焕发改革者、奋斗者的精气神。

40年风雨同舟,40年披荆斩棘,始终有一种强大的精神力量激励着亿万中国人民砥砺奋进。从包产到户的"星星之火"到全面深化改革的风生水起,从兴办经济特区"杀出一条血路来"到建立社会主义市场经济体制、闯出一条发展新路……正是凭借改革开放精神,我们党带领人民冲破层层阻碍,攻克重重难关,谱写了一曲感天动地、气壮山河的奋斗赞歌。在庆祝改革开放40周年大会上,100名来自不同领域的改革先锋受到隆重表彰。他们是千千万万改革者的模范代表,他们的奋斗历程是改革开放精神的生动诠释。

这种源于改革开放实践的强大精神力量,是解放思想、实事求是的力量,是敢闯敢试、

勇于创新的力量,是互利合作、命运与共的力量。改革开放精神,既与中华民族的变革和开放精神一脉相承,更在40年的伟大奋斗中淬炼升华、辉映时代、深入人心,是党和人民弥足珍贵的精神财富。在新时代改革开放的新征程上,我们要大力传承和弘扬改革开放精神,激发奋进动力,汇聚起更加磅礴的力量。

新时代的改革开放,既有着光明的前景,也面临各种艰难险阻。改革进入深水区、攻坚期,我们现在所处的,是一个船到中流浪更急、人到半山路更陡的时候,是一个愈进愈难、愈进愈险而又不进则退、非进不可的时候。改革关头勇者胜,这正是考验我们意志和能力的时候。唯有大胆试、大胆闯、全力拼、踏实干,迸发出改革开放精神的无穷力量,才能闯关夺隘、劈波斩浪,推动改革开放事业浩荡前行。

(二) 载人航天精神

建造空间站、建成国家太空实验室,是实现我国载人航天工程"三步走"战略的重要目标,是建设科技强国、航天强国的重要引领性工程。2021年4月29日,习近平总书记在致载人航天工程空间站阶段飞行任务总指挥部并参加天和核心舱发射任务的各参研参试单位和全体同志的贺电中指出:"希望你们大力弘扬'两弹一星'精神和载人航天精神,自立自强、创新超越,夺取空间站建造任务全面胜利,为全面建设社会主义现代化国家作出新的更大的贡献!"

载人航天是当今世界高新技术发展水平的集中展示,是衡量一个国家综合国力的重要标志。20世纪90年代初,面对世界科技进步突飞猛进、综合国力竞争日趋激烈的新形势,党中央高瞻远瞩、审时度势,对我国尖端科技事业的发展进行了全面部署,做出实施载人航天工程的重大战略决策。几十年来,航天人艰苦创业、奋力攻关,取得了连战连捷的辉煌战绩,使我国空间技术发展跨入了国际先进行列。从2003年10月中国第一艘载人飞船神舟五号成功发射,到实现我国太空出舱、交会对接、在轨补加等多项核心技术"零"的突破,再到天和核心舱发射成功、标志我国空间站建造进入全面实施阶段……载人航天事业的巨大成就,极大激发了全社会创新创造活力,充分展示了伟大的中国道路、中国精神、中国力量,坚定了全国各族人民实现中华民族伟大复兴中国梦的决心和信心。

实施载人航天工程以来,广大航天人牢记使命、不负重托,培育铸就了特别能吃苦、特别能战斗、特别能攻关、特别能奉献的载人航天精神,主要表现为:热爱祖国、为国争光的坚定信念,广大航天人始终以发展航天事业为崇高使命,以报效祖国为神圣职责,表现出了强烈的爱国情怀和对党对人民的无限忠诚;勇于登攀、敢于超越的进取意识,广大航天人知难而进、勇于创新,攻克了一系列国际宇航界公认的尖端课题,形成了一套符合我国载人航天工程要求的科学管理理论和方法,创造了对大型工程建设进行现代化管理的宝贵经验;科学求实、严肃认真的工作作风,广大航天人始终坚持把确保成功作为最高原则,坚持把质量建设作为生命工程,以提高工程安全性和可靠性为中心,依靠科学、尊重规律,精心组织、精心指挥、精心实施,创造了一流的工作业绩;同舟共济、团结协作的大局观念,全国数千个单位、十几万科技大军自觉服从大局、保证大局,有困难共同克服,有难题共同解决,有风险共同承担,凝聚成一股气势磅礴的强大合力;淡泊名利、默默奉献的崇高品质,广大航天人不计个人得失,不求名利地位,以苦为乐,无怨无悔,用自己的青春、智慧、热血和生命铺就了通往太空的成功之路。习近平总书记在会见神舟十号载人飞行任务航天员和参研参试人员代表时指出:"我们培养造就了一支特别能吃苦、特别能战斗、特别能攻关、特别能奉献的高素质人才队伍,培育铸就了伟大的载人航天精神。广大航天人展现出了坚定的理想信念、高昂的爱国热情、强烈的责任担当、良好的精神风貌,你们不愧是思想过硬、技术过硬、作风过硬的英雄团队。"[1]载人航天精神,是"两弹一星"精神在新时期的发扬光大,是我们伟大民族精神的生动体现,彰显了坚定的中国特色社会主义道路自信、理论自信、制度自信、文化自信,为坚持和发展中国特色社会主义增添了强大精神力量。

党的十九大确立了到 2035 年跻身创新型国家前列的战略目标。大力弘扬载人航天精神,我国广大科技工作者要以与时俱进的精神、革故鼎新的勇气、坚韧不拔的定力,面向世界科技前沿、面向经济主战场、面向国家重大需求、面向人民生命健康,把握大势、抢占先机,直面问题、迎难而上,肩负起时代赋予的重任;广大航天人要以坚定的理想信念、高昂的爱国热情、强烈的责任担当、良好的精神风貌,在航天事业发展的征程上勇攀高峰、不断前行,为建设航天强国和科技强国建功立业。

星空浩瀚无比,探索永无止境。2021 年 6 月 17 日,神舟十二号载人飞船在酒泉卫星发射中心发射升空,三名航天员聂海胜、刘伯明、汤洪波顺利进驻天和核心舱,标志着中国人首次进入自己的空间站。9 月 17 日,神舟十二号载人飞船返回舱在东风着陆场成功着陆,三名航天员安全顺利出舱,空间站阶段首次载人飞行任务取得圆满成功。

三、中国特色社会主义新时代

党的十八大以来,中国特色社会主义进入新时代。党面临的主要任务是,实现第一个百年奋斗目标,开启实现第二个百年奋斗目标新征程,朝着实现中华民族伟大复兴的宏伟目标继续前进。以习近平同志为核心的党中央领导全党全军全国各族人民砥砺前行,全面建成小康社会目标如期实现,党和国家事业取得历史性成就、发生历史性变革,彰显了中国特色社会主义的强大生机活力,党心军心民心空前凝聚振奋,为实现中华民族伟大复兴提供了更为完善的制度保证、更为坚实的物质基础、更为主动的精神力量。中国共产党和中国人民以英勇顽强的奋斗向世界庄严宣告,中华民族迎来了从站起来、富起来到强起来的伟大飞跃。

(一)脱贫攻坚精神

2021 年 2 月 25 日,习近平在全国脱贫攻坚总结表彰大会上庄严宣告:"经过全党全国各族人民共同努力,在迎来中国共产党成立一百周年的重要时刻,我国脱贫攻坚战取得了全面胜利,现行标准下 9899 万农村贫困人口全部脱贫,832 个贫困县全部摘帽,12.8 万个贫困村全部出列,区域性整体贫困得到解决,完成了消除绝对贫困的艰巨任务,创造了又一个彪炳史册的人间奇迹!这是中国人民的伟大光荣,是中国共产党的伟大光荣,是中华

---

[1] 习近平 2013 年 7 月 26 日在会见神舟十号载人飞行任务航天员和参研参试人员代表时的讲话。

民族的伟大光荣！"[1]

伟大事业孕育伟大精神，伟大精神引领伟大事业。"脱贫攻坚伟大斗争，锻造形成了'上下同心、尽锐出战、精准务实、开拓创新、攻坚克难、不负人民'的脱贫攻坚精神。"[2]习近平总书记强调："全党全国全社会都要大力弘扬脱贫攻坚精神，团结一心，英勇奋斗，坚决战胜前进道路上的一切困难和风险，不断夺取坚持和发展中国特色社会主义新的更大的胜利！"

贫困是人类社会的顽疾。反贫困始终是古今中外治国安邦的一件大事。一部中国史，就是一部中华民族同贫困作斗争的历史。从诞生之日起，中国共产党就把为中国人民谋幸福、为中华民族谋复兴作为初心使命，团结带领中国人民为创造自己的美好生活进行了长期艰辛奋斗。党的十八大以后，以习近平同志为核心的党中央把脱贫攻坚摆在治国理政的突出位置，把脱贫攻坚作为全面建成小康社会的底线任务，组织实施了人类历史上规模空前、力度最大、惠及人口最多的脱贫攻坚战，党和人民披荆斩棘、栉风沐雨，发扬钉钉子精神，敢于啃硬骨头，攻克了一个又一个贫中之贫、坚中之坚。

脱贫攻坚取得举世瞩目的伟大成就，靠的是党的坚强领导，靠的是中华民族自力更生、艰苦奋斗的精神品质，靠的是新中国成立以来特别是改革开放以来积累的坚实物质基础，靠的是一任接着一任干的坚守执着，靠的是全党全国各族人民的团结奋斗。在脱贫攻坚斗争中，我们立足我国国情，把握减贫规律，走出了一条中国特色减贫道路，形成了中国特色反贫困理论：坚持党的领导，为脱贫攻坚提供坚强政治和组织保证；坚持以人民为中心的发展思想，坚定不移走共同富裕道路；坚持发挥我国社会主义制度能够集中力量办大事的政治优势，形成脱贫攻坚的共同意志、共同行动；坚持精准扶贫方略，用发展的办法消除贫困根源；坚持调动广大贫困群众积极性、主动性、创造性，激发脱贫内生动力；坚持弘扬和衷共济、团结互助美德，营造全社会扶危济困的浓厚氛围；坚持求真务实、较真碰硬，做到真扶贫、扶真贫、脱真贫。在脱贫攻坚斗争中，从党的领袖到广大党员干部，情系贫困群众、心怀减贫大业，各地区、各部门、各行各业、各条战线全面参与，大家心往一处想、劲往一处使，充分彰显了"上下同心、尽锐出战"的团结伟力；从精准识别、建档立卡，到加强领导、建强队伍，从区分类别、靶向施策，到严格标准、有序退出，再到跟踪监测、防止返贫，围绕扶持谁、谁来扶、怎么扶、如何退、如何稳等问题，打出了一套政策组合拳，集中展现了"精准务实、开拓创新"的治理智慧；广大党员、干部以热血赴使命、以行动践诺言，驻村第一书记和工作队员扎根一线、任劳任怨，基层党员干部呕心沥血、苦干实干，广大志愿者真情投入、倾力奉献，1800多名党员、干部为减贫事业献出了宝贵生命，深刻诠释了"攻坚克难、不负人民"的价值追求。脱贫攻坚精神，是中国共产党性质宗旨、中国人民意志品质、中华民族精神的生动写照，是爱国主义、集体主义、社会主义思想的集中体现，是中国精神、中国价值、中国力量的充分彰显，赓续传承了伟大民族精神和时代精神，成为中国共产党人精神谱系的重要组成部分。

社会主义是干出来的，新时代是奋斗出来的。回首过去，我们在解决困扰中华民族几

---

[1] 习近平在全国脱贫攻坚总结表彰大会上的讲话，https://www.12371.cn.
[2] 习近平在全国脱贫攻坚总结表彰大会上的讲话，https://www.12371.cn.

千年的绝对贫困问题上取得了伟大历史性成就，创造了人类减贫史上的奇迹。在新的起点上，我们正在为全面建设社会主义现代化国家的历史宏愿而奋斗。征途漫漫，惟有奋斗。我们要更加紧密地团结在以习近平同志为核心的党中央周围，坚定信心决心，以永不懈怠的精神状态、一往无前的奋斗姿态，真抓实干、埋头苦干，向着实现第二个百年奋斗目标奋勇前进！

（二）科学家精神

习近平总书记指出，一代又一代科学家心系祖国和人民，不畏艰难，无私奉献，为科学技术进步、人民生活改善、中华民族发展作出了重大贡献[1]。科学家胸怀祖国、服务人民的爱国精神，勇攀高峰、敢为人先的创新精神，追求真理、严谨治学的求实精神，淡泊名利、潜心研究的奉献精神，集智攻关、团结协作的协同精神，甘为人梯、奖掖后学的育人精神，是伟大建党精神的时代观照，是大德、公德、品德在科技界的生动写照，正在全社会汇聚正能量、振奋精气神，激励更多人报国为民，赓续创新奋斗的精神血脉。

1. 胸怀祖国、服务人民的爱国精神

在中国共产党历史展览馆，一艘迎面驶来的轮船船舷上有两段金色文字："祖国在向我们召唤，四万万五千万的父老兄弟在向我们召唤，五千年的光辉在向我们召唤，我们的人民政府在向我们召唤！回去吧！让我们回去把我们的血汗洒在祖国的土地上灌溉出灿烂的花朵。"这段话摘自"两弹一星"元勋朱光亚在1949年牵头组织起草的《给留美同学的一封公开信》。这艘轮船就是"克利夫兰总统号"，钱学森等24位留美学者就搭乘它回到祖国。"我的事业在中国，我的成就在中国，我的归宿在中国。"钱学森的这句话说出了老一辈科学家的共同心声。作为中国科学家的杰出代表，钱学森、李四光、邓稼先等科学家用满腔热血"为国分忧、为国解难、为国尽责"，为中国科技事业发展提供不竭动力。

2. 勇攀高峰、敢为人先的创新精神

"别人都有自己的大设备，我们没有，我挺想试一试。"1993年，曾有科学家提出建造新一代射电"大望远镜"，中国"天眼之父"南仁东在听到这个消息后这样想。做一项大的科学工程，大部分是没有先例的，需要一个核心人物，南仁东就扮演了这样的角色。他是技术的核心推动者，是团队中掌握新技术最快的人，从宏观把握到技术细节，都免不了他来操心。这一试，从壮年到暮年，22年光阴如梭，口径达500米，其面积相当于30个足球场、8个"鸟巢"体育场的中国"天眼"终于建成。

从钱学森、李四光、郭永怀等老一辈科学家，到屠呦呦、南仁东、黄大年等新中国培养起来的杰出科学家，面对科研，他们身上都凝聚着同样的精神内核，这就是创新、严谨、求实。半导体物理学家黄昆曾记述："回顾半个多世纪的科研经历，我深深体会到：科学研究贵在创新，要做到'三个善于'，即善于发现和提出问题，善于提出模型或方法去解决问题，善于作出最重要、最有意义的结论。其中最关键的是善于抓住机遇，发现和提出问题。"这是对科学家创新之道的高度凝练。

---

[1] 习近平. 在中国科学院第二十次院士大会、中国工程院第十五次院士大会、中国科协第十次全国代表大会上的讲话，https://www.12371.cn.

从"第一生产力"到"第一动力",中国的科学家正在续写新的历史篇章。"天宫""蛟龙""天眼""悟空""墨子""北斗"等重大科技成果相继问世,高铁、人工智能、移动支付、第五代移动通信网络、金融科技等处于世界领先地位。更深刻的变革在于科学文化,从强调"缩小与发达国家科技水平差距"到重视"推进原始创新",是科学家精神的升华。

正如习近平总书记所说,科学研究特别是基础研究的出发点往往是科学家探究自然奥秘的好奇心。从实践看,凡是取得突出成就的科学家都是凭借执着的好奇心、事业心,终身探索成就事业的。他们"只问是非,不计利害",全身心地对未知的、不确定的科学问题进行不懈探索。实施创新驱动发展战略,建设创新型国家,是新时代赋予中国科学家的历史使命。创新精神是新时代科学家精神的主旋律。

3. 追求真理、严谨治学的求实精神

在重约两千克、厚达 523 页的《钱学森手稿》中,英文清秀流畅,数学公式工整严密。他关于"薄壁圆柱壳失稳问题的研究",论文只有 10 页,但现在收集到有关这一问题的手稿就有 800 多页。在完成这项研究时,钱学森在存放手稿的信袋上用红笔写下"Final",即"最后的定稿",但他又写下了"Nothing is final",即"没有什么认识是最后的"。"作为严谨的科学家,钱学森意识到'科学探索永无止境'。"两院院士、美国工程院外籍院士郑哲敏曾说,"(这些手稿)是钱学森严谨治学的真实写照,反映了钱学森创造性探索的动态过程。"

追求真理、严谨治学,这是一大批中国科学家对科学的追求。由始至终,他们都在科研中下"真"功夫、"细"功夫。正是他们这种敢于突破、敢闯新路的追求和志向,才开拓了新领域、攀登新高峰。

"两弹一星"元勋程开甲曾穿着简单的防护服,冒着地下核爆炸的强辐射危险,拿着手电筒,爬进最危险的爆心,实地考察取得了第一手重要资料。我国现代气象学的主要奠基人之一叶笃正曾"板起面孔"提醒习惯用"发现"这个字眼的学生们:"你发现了什么?你就指出来不就行了吗?"屠呦呦为了加速研发进度并保证患者的用药安全,不顾安危、亲自试服青蒿提取物。

在国家最高科学技术奖获得者、中国工程院院士、中国岩石力学与工程学会监事长钱七虎看来,严谨治学就是要循序渐进、实事求是,反对夸夸其谈。"实事求是难,最难的不是对人,而是对己,找到自己的缺点和问题,不断进步是非常重要的。"

4. 淡泊名利、潜心研究的奉献精神

"调哪儿去?不能说。做什么工作?也不能说。"多年前,结婚才 5 年的邓稼先就曾告别妻子和两个幼子,开始隐姓埋名、与家人聚少离多的生活。直到 1964 年,罗布泊升起的蘑菇云替他回答了家人的问题。1986 年 7 月 17 日下午,邓稼先接过了全国劳模证书和奖章。12 天后,他在北京去世,享年 62 岁。"许身国威壮河山",邓稼先作为中国核武器研制工作的开拓者和奠基者,以淡泊名利、潜心研究的奉献精神,为中国核武器、原子武器的研发献出了宝贵生命。

同样不在乎个人得失的,还有中国锅炉专业、热能工程学科的创始人之一,多相流热物理学科的先行者和奠基人陈学俊。当党和国家吹响"向科学进军、建设大西北"的号角时,他卖掉上海的房产,带头举家迁往西安,成为交通大学西迁时最年轻的教授。

钱七虎院士为武汉捐款 650 万元、捐出国家最高科学技术奖奖金 800 万元。对此，钱七虎表示，真正的科学家都把名利看得很淡，"我们搞科学是要当成事业，不是获得名利的手段。不为私心所扰、不为名利所累、不为物欲所惑，不计个人得失。这就是追求真理，献身科学，也是科学家精神的精髓"。

正因为一代又一代科学家的埋头耕耘，才有了我们现今引以为傲的大国重器。

5. 集智攻关、团结协作的协同精神

2020 年 12 月 10 日，"嫦娥五号"完成取壤任务，为中国带回了宝贵的 1731 克月壤。壮举的背后，是无数航天人的拼搏与坚守。"嫦娥五号"任务历时 10 年，会聚了全国数千家单位的数万名科技工作者。他们中有白发苍苍的院士专家，有新一代科技领军人物，也有初出茅庐的"95 后"。

港珠澳大桥通车，举国欢庆，在设计和建造的 14 年当中，共有 21 家企事业单位，以及清华大学、华南理工大学、同济大学、西南交通大学、东南大学、南京大学、长安大学、中山大学 8 所高校，在包括水文、气象、地质、地震、测绘、环境等各方面展开了 51 项专题研究。在清华大学土木工程系教授李克非眼里，港珠澳大桥作为"世纪工程的完工，超级难题的解决"，是千千万万人努力的结果。

"蛟龙"号载人潜水器海试工作涉及潜水器布放与回收、水声通信、母船配合、气象保障等十几个部门、众多岗位。团结协作，是海试成功的关键因素。

当前，我国科技实力正在从量的积累迈向质的飞跃、从点的突破迈向系统能力的提升，基础研究和原始创新取得重要进展，基础研究整体实力显著加强，化学、材料、物理、工程等学科整体水平明显提升；战略高技术领域取得新跨越，在深海、深空、深地、深蓝等领域积极抢占科技制高点；高端产业取得新突破；科技在新冠肺炎疫情防控中发挥了重要作用，科技界为党和政府科学应对疫情提供了科技和决策支撑；民生科技领域、国防科技创新取得重大成就。

多年来，我国重大科技成果实现了从零星到井喷，从量变到质变的过程。目前，我国共授予 10 多万人(次)国家自然科学奖、国家技术发明奖、国家科学技术进步奖三大奖。正是中国科技工作者集智攻关、团结协作，才创造了举世瞩目的科技成就。

6. 甘为人梯、奖掖后学的育人精神

"在中国培养一支科技人才队伍的重要性远远超过个人在学术上的成就。"中国固体和半导体物理学奠基人之一黄昆如是说。从"黄散射"到"黄方程"，从"黄—里斯因子"到"玻恩和黄"，再到"黄—朱模型"，他在世界固体物理学发展史上建树了一块又一块丰碑。然而，当发现国家需要大批科研人才的时候，他毅然放下自己心爱的科研事业，全身心地投入到教学中去。

在科技界，一代又一代科学家之间传递的不仅有知识、方法，更有支持青年科技人才在重大科研任务中"挑大梁"的精神和"门风"。

数学家华罗庚曾说，自己要让双肩都发挥作用。"一肩挑起'送货上门'的担子，把科学知识和科学方法送到工农群众中去；一肩当作'人梯'，让年轻一代搭着我的肩膀攀登科学的更高一层山峰，然后让青年们放下绳子，拉我上去再做人梯。"数学家苏步青倡导并

实现了"培养学生超过自己"的目标,被称为"苏步青效应"。

清华大学校长邱勇回忆"两弹一星"元勋周光召院士时说:"周光召院士总是用殷切的眼光关注着年轻人,用赤诚之心感染着年轻人。"这也是甘为人梯、奖掖后学的科学家身上共同的特点,他们传递给学生的,不仅仅是系统的科学知识、严谨的科学态度,更有一种精神和风骨。

党的二十大报告指出:"新时代的伟大成就是党和人民一道拼出来、干出来、奋斗出来的!""教育、科技、人才是全面建设社会主义现代化国家的基础性、战略性支撑。"我们要"培育创新文化,弘扬科学家精神,涵养优良学风,营造创新氛围。"

 思考与实践

一、问题思考

1. 长城精神、大运河精神的内涵是什么?对新时代大学生有哪些启发?
2. 试从人与自然的关系角度,分析红旗渠精神。
3. 结合实例,简述新时代大力弘扬铁人精神、大庆精神、雷锋精神、改革开放精神、载人航天精神、脱贫攻坚精神和科学家精神的时代价值。
4. 你认为回顾中华辉煌的劳动文明史,对新时代大学生的劳动教育有何意义?
5. 结合改革开放以来我国取得的伟大成就,试分析科技创新和大学生创新创业的前景。

二、实践训练

1. 漫读诗书,我们发现古今中外许多名著中,有关劳动和劳动者生存状况的相关主题和具体描写并不少见。试根据个人的阅读经验,结合具体作品,密切联系新时代劳动思想,对相关劳动和劳动者的主题进行简要分析。
2. 新中国建设者创造了伟大的劳动精神,请搜集劳动者的感人事迹,分析其体现的劳动精神,做一场宣传劳动精神的演讲。

 **拓展学习**

一、视频学习

4-1. 习声回响:光荣属于劳动者

4-2. 五月:将最美的称号献给劳动者

4-3. 阳光很强劳动很美

4-4. 奋斗底色

4-5. 工作无卑贱 行业无尊卑　　4-6. 国测一大队：既然选择了 就无怨无悔地走下去　　4-7. 国际人士：中国人民辛勤劳动创造美好生活　　4-8. 快乐五一 美好生活

4-9. 深夜中的微光　　4-10. "两弹一星"先进集体　　4-11. 刘锐现场回忆"网红"照片如何出炉　　4-12. 全国劳动模范龙桂发：小钳工成就大梦想

二、拓展阅读

在新征程上铸就新的历史伟业——写在"五一"国际劳动节[1]

劳动是一切幸福的源泉，奋斗成就伟大梦想。在"五一"这个礼赞劳动、致敬劳动者的日子里，我们向全国工人阶级和广大劳动群众致以诚挚的祝福，向各条战线上的劳动模范和先进工作者表示崇高的敬意！

人民创造历史，劳动开创未来。今年是中国共产党百年华诞。回望波澜壮阔的百年征程，一代又一代共产党人团结带领中国人民接力奋斗，创造了一个又一个彪炳史册的人间奇迹，谱写了气吞山河的壮丽史诗。党的十八大以来，我国工人阶级和广大劳动群众在以习近平同志为核心的党中央坚强领导下，撸起袖子干、挥洒汗水拼，在实现中国梦伟大进程中拼搏奋斗、争创一流、勇攀高峰，为决胜全面建成小康社会、决战脱贫攻坚发挥了主力军作用，用智慧和汗水营造了劳动光荣、知识崇高、人才宝贵、创造伟大的社会风尚，谱写了"中国梦·劳动美"的新篇章。实践充分证明，劳动是创造价值的唯一源泉，是推动人类社会进步的根本力量。正是因为劳动创造，我们拥有了历史的辉煌；也正是因为劳动创造，我们拥有了今天的成就。

踏平坎坷成大道，斗罢艰险又出发。"十四五"时期是乘势而上开启全面建设社会主义现代化国家新征程、向第二个百年奋斗目标进军的第一个五年。立足新发展阶段，贯彻新发展理念，构建新发展格局，推动高质量发展，在危机中育先机、于变局中开新局，必须紧紧依靠工人阶级和广大劳动群众，奋进新征程，扬帆再出发。只有充分发挥工人阶级和广大劳动群众主力军作用，崇尚劳动、尊重劳动者，进一步焕发劳动热情、释放创造潜能，才能为夺取全面建设社会主义现代化国家新胜利汇聚磅礴力量。全面建设社会主义现代化国家，符合全国各族人民根本利益和共同愿望，我国工人阶级和广大劳动群众要坚定不移听党话、矢志不渝跟党走，自觉做中国特色社会主义的坚定信仰者、忠实实践者，当好主人翁，建功新时代，在新征程上铸就新的历史伟业。

在新征程上铸就新的历史伟业，我们要大力弘扬劳模精神、劳动精神、工匠精神。在

---

[1] 在新征程上铸就新的历史伟业——写在"五一"国际劳动节[N]. 人民日报，2021-5-1.

抗疫斗争中挺身而出，在复工复产中坚定前行，在科技自立自强中勇攀高峰，在决胜全面小康中攻坚克难，在决战脱贫攻坚中担当作为……新时代的劳动模范和先进工作者，在平凡的岗位上创造了不平凡的业绩，以实际行动践行劳模精神、劳动精神、工匠精神，不愧为新时代最美奋斗者。新征程上，大力弘扬爱岗敬业、争创一流、艰苦奋斗、勇于创新、淡泊名利、甘于奉献的劳模精神，崇尚劳动、热爱劳动、辛勤劳动、诚实劳动的劳动精神，执着专注、精益求精、一丝不苟、追求卓越的工匠精神，充分发挥劳动模范的示范带动作用，必将激励广大人民群众用汗水浇灌收获，以实干笃定前行，不断谱写新时代的劳动者之歌。

在新征程上铸就新的历史伟业，我们要努力建设高素质劳动大军。劳动者素质对一个国家、一个民族发展至关重要。党的十八大以来，从加快产业工人队伍建设改革到创新技能导向的激励机制，从开展大规模职业技能培训到完善现代职业教育制度，激励了更多劳动者特别是青年人走技能成才、技能报国之路，培养了更多高技能人才和大国工匠，有力推动建设宏大的知识型、技术型、创新型劳动者大军。新征程上，深入实施科教兴国战略、人才强国战略、创新驱动发展战略，把提高职工队伍整体素质作为一项战略任务抓紧抓好，为劳动者学习新知识、掌握新技能、增长新本领创造条件，我们一定能建设好高素质劳动大军，为创造新的时代辉煌提供坚实支撑。

在新征程上铸就新的历史伟业，我们要切实实现好、维护好、发展好劳动者合法权益。让劳动者得实惠、享荣光，是激发劳动创造力的必由之路。从着力深化收入分配制度改革、提高劳动报酬在初次分配中的比重，到健全劳动关系协调机制、构建和发展和谐劳动关系，一系列政策举措有力维护和发展了劳动者各方面利益，捍卫了劳动者尊严。新征程上，坚持以人民为中心的发展思想，解决好职工群众最关心、最直接、最现实的利益问题，为维护工人阶级和广大劳动群众合法权益提供法律和制度保障，努力让劳动者实现体面劳动、全面发展，必定能让勤奋做事、勤勉为人、勤劳致富在全社会蔚然成风，更好激发全社会创新创造活力。

光荣属于劳动者，幸福属于劳动者。我们所处的时代是催人奋进的伟大时代，我们进行的事业是前无古人的伟大事业，我们正在从事的中国特色社会主义事业是全体人民的共同事业。我们要更加紧密地团结在以习近平同志为核心的党中央周围，立足两个大局，心怀"国之大者"，勤于创造、勇于奋斗、乘风破浪、开拓进取，在新的伟大征程上书写新的奋斗史诗，创造新的人间奇迹！

第五章

新时代劳动论述

> 必须牢固树立劳动最光荣、劳动最崇高、劳动最伟大、劳动最美丽的观念,让全体人民进一步焕发劳动热情、释放创造潜能,通过劳动创造更加美好的生活。
> ——2013年4月28日,习近平同全国劳动模范代表座谈时的讲话
>
> 劳动是一切成功的必经之路。当前,全国各族人民正满怀信心为实现"两个一百年"奋斗目标而努力。实现我们确立的奋斗目标,归根到底要靠辛勤劳动、诚实劳动、科学劳动。
> ——2014年4月30日,习近平接见劳动模范和先进工作者、先进人物代表时的讲话

劳动是马克思主义理论的核心范畴,劳动观是马克思主义唯物史观首要的、基本的观点。一代又一代中国共产党人,在革命、建设和改革的实践中,将马克思主义劳动观与新中国的实践相结合,不断丰富和发展马克思主义劳动学说,形成一系列马克思主义劳动观中国化的成果。毛泽东同志主张体力劳动者与脑力劳动者相结合,并将教育与劳动结合列为一个基本原则。邓小平同志提出鼓励劳动致富,实现共同富裕劳动思想。江泽民同志提出尊重劳动、尊重知识、尊重人才、尊重创造力,生产劳动和社会实践相结合。胡锦涛同志十分重视辛勤劳动,提出了以辛勤劳动为荣,实现体面劳动、和谐劳动观点。

进入新时代,习近平同志继承和发展了马克思主义劳动历史观,做出了"劳动是人类的本质活动,劳动光荣、创造伟大是对人类文明进步规律的重要诠释"[1]"劳动是推动人类社会进步的根本力量"[2]"劳动是一切成功的必经之路"[3]"人类是劳动创造的,社会是劳动创造的"[4]等一系列重要论述,深刻阐释了劳动的历史价值、历史地位、历史意义,

---

[1] 习近平. 在庆祝"五一"国际劳动节暨表彰全国劳动模范和先进工作者大会上的讲话[N]. 光明日报,2015-4-29.
[2] 习近平. 习近平在同全国劳动模范代表座谈时的讲话[N]. 人民日报,2013-4-29.
[3] 新华社. 习近平在乌鲁木齐接见劳动模范和先进工作者、先进人物代表[N]. 人民日报,2014-5-1.
[4] 习近平. 2016年4月26日,在知识分子、劳动模范、青年代表座谈会上的讲话,http://www.xinhuanet.com/politics/2016-04/30/c_1118776008.htm.

为科学揭示"历史之谜"提供了理论进路，为"全心全意依靠工人阶级"提供了理论支撑，为践行"以人民为中心的发展理念"提供了理论指导。

> 【学习目标】
> 1. 学习并领会新时代习近平总书记关于劳动的重要论述。
> 2. 树立"劳动光荣，创造伟大"的劳动价值观，增强对劳动人民的感情，树立报效国家、奉献社会的志向。
> 3. 激发劳动创造的热情与兴趣，崇尚劳动、尊重劳动，养成热爱劳动的习惯和良好劳动品质，在劳动创造中获得幸福感。
> 4. 树立科学劳动、辛勤劳动、诚实劳动、创造性劳动的就业观、择业观，培育奋斗精神、奉献精神。

第一节 劳动主体观

2015年4月28日，习近平在庆祝"五一"国际劳动节大会上的讲话指出："我们要始终坚持人民主体地位，充分调动工人阶级和广大劳动群众的积极性、主动性、创造性。人民是历史的创造者，是推动我国经济社会发展的基本力量和基本依靠。"[1]习近平劳动观立足于中国特色社会主义的全体劳动者，形成了工人阶级和广大劳动群众是主体的劳动主体观。

一、工人阶级是劳动的主力军

工人阶级作为中国特色社会主义的领导阶级，是先进生产力的代表，是中国共产党最坚实的阶级基础，在中国特色社会主义革命、建设和改革中发挥了重要的作用。改革开放以后，在市场经济的影响下，我国工人阶级的构成出现了新的变化，工人阶级已经不再局限于传统意义上的产业工人、企事业单位的职员。知识分子的出现和壮大，丰富了我国工人阶级的构成。2013年，习近平同志在同全国劳动模范座谈时指出："改革开放以来，我国工人阶级队伍不断壮大，素质全面提高，结构更加优化，面貌焕然一新，先进性不断增强。"[2]指明了新时代工人阶级的新变化，回应了社会上部分人对工人阶级的质疑。在讲话中，习近平同志还指出，工人阶级是全面建成小康社会的主力军，全心全意依靠工人阶级不能只是喊口号、贴标签，而要贯彻落实到生产生活的各个方面。只有在各行各业具体的劳动实践中发挥出工人阶级主力军的作用，才能有力地回应对工人阶级主力军的质疑，才能在新的历史条件下继续发挥工人阶级的作用，彰显工人阶级的先进性特征。

此后，习近平同志在有关劳动的讲话中，不仅多次谈到了工人阶级的重要地位和伟大作用，而且在每次讲话中都首先谈论工人阶级的问题，强调工人阶级是中国特色社会主义

---

[1] 习近平. 在庆祝"五一"国际劳动节暨表彰全国劳动模范和先进工作者大会上的讲话[N]. 光明日报, 2015-4-29.
[2] 习近平. 习近平在同全国劳动模范代表座谈时的讲话[N]. 人民日报, 2013-4-29.

建设的主力军。2018年10月29日，在同中华全国总工会新一届领导班子谈话时，习近平指出，完成党的十九大提出的目标任务，必须充分发挥工人阶级主力军作用。我国广大职工要牢牢把握为实现中国梦而奋斗的时代主题，把自身前途命运同国家和民族前途命运紧紧联系在一起，把个人梦同中国梦紧密联系在一起，把实现党和国家确立的发展目标变成自己的自觉行动，爱岗敬业、争创一流，以不懈奋斗书写新时代华章，共同创造幸福生活和美好未来。要围绕树立新发展理念、推动高质量发展、建设现代化经济体系，引导职工以"当好主人翁、建功新时代"为主题，深入开展各类竞赛活动。要加强产业工人队伍建设，加快建设一支宏大的知识型、技能型、创新型产业工人大军。[1]

为了更好地在新时代发挥工人阶级主力军的作用，习近平同志在2015年的"五一"国际劳动节讲话中指出："各级党委和政府要把全心全意依靠工人阶级的根本方针贯彻到经济、政治、文化、社会、生态文明建设以及党的建设各方面。"[2]为广大职工参与国家治理和社会治理搭建平台、畅通渠道、营造环境。除此之外，习近平同志高度重视工会组织的作用。2015年，中华全国总工会成立90周年，习近平同志发表了重要讲话，指出工会组织要牢牢把握好我国工人运动的时代主题，发挥好党与职工群众之间的纽带作用，工会要成为工人的"职工之家"，工会干部要成为工人的"娘家人"，以促进工人阶级主力军作用的发挥。

二、农民和农民工是劳动的坚实力量

我国是传统的农业大国，工农联盟是我国重要的阶级基础，新中国成立后，广大农民为国家建设和发展做出了重要的贡献，从某种意义上说，没有广大农民的辛勤劳动，新中国就摆脱不了一穷二白的局面，实现不了工业的快速发展，更没有今天城市建设的成就。

习近平同志特别重视农村劳动问题。早在浙江从政期间，习近平同志为调动农民劳动积极性提出要努力构建"以工促农、以城带乡"的体制机制，切实保障农民的各项权益。除此之外，习近平同志从劳动过程中"人"的因素出发，实施提高农民劳动素质的"千万工程"，即千万农民素质提升工程，以提高农民的劳动能力，提高劳动生产率。针对农村出现的剩余劳动力现象，2017年，习近平同志在中央农村工作会议上提出要促进农村劳动力就业转移；针对农民专业劳动能力较弱的问题，习近平同志在中央财经领导小组第十四次会议上的讲话中提到了"新型职业农民"一词；针对农民劳动收入低的问题，习近平同志指出要让广大农民共享改革发展的成果，想方设法提高农民收入。此外，习近平同志还特别关心农业劳动模范，习近平同志在2017年中央农村工作会议前会见了全国农业劳动模范和先进工作者代表，肯定了他们的劳动成果，赞扬了他们的劳动精神。

农民工是改革开放以来在社会主义现代化建设中逐渐形成的一支新兴劳动队伍，这支劳动队伍具有农民和工人的双重身份。他们为中国城市的建设付出了艰辛的劳动，现已成为城市发展中一支重要的劳动队伍。习近平同志在《之江新语》中谈到了农民工问题，称农民工是经济建设的主要力量，应该得到重视和尊重，指出当时社会对农民工先进典型推出的缺失。2013年2月，习近平同志在看望慰问坚守岗位的一线劳动者时强调：农民工是

---

[1] 习近平在同中华全国总工会新一届领导班子成员集体谈话并发表重要讲话. 光明日报[N]，2018-10-30.
[2] 习近平. 在庆祝"五一"国际劳动节暨表彰全国劳动模范和先进工作者大会上的讲话[N]. 光明日报，2015-4-29.

改革开放以来涌现出的一支新型劳动大军,是建设国家的重要力量,全社会一定要关心农民工、关爱农民工。党的十八大以来,以习近平同志为核心的党中央制定了一系列方针和政策,在推动农民工就业、维护合法权益、加强社会保障等多方面工作上取得新进展。2014年国务院出台《关于进一步做好为农民工服务工作的意见》,2016年公布《国务院关于实施支持农业转移人口市民化若干财政政策的通知》,实行农民工子女在随迁地参加高考的政策等。这些方针、政策保障了农民工的利益,调动了农民工劳动的积极性。党的十八大以来,我国农民工就业规模和质量稳步提升,劳动权益得到有效保障,农民工市民化取得积极进展。我国还多次召开全国优秀农民工和农民工工作先进集体表彰大会,授予"全国优秀农民工""全国农民工工作先进集体"荣誉称号。

三、知识分子是劳动的重要力量

习近平同志重视知识分子的劳动。他在讲话中多次强调知识分子是我国工人阶级的一部分,对社会主义知识分子给予了明确的社会定位,肯定了知识分子的社会主人翁地位,为进一步调动知识分子的劳动热情奠定了基础。

1. 关于贡献与评价

2016年4月26日,习近平总书记在知识分子、劳动模范、青年代表座谈会上的讲话中强调:"在我们党领导革命、建设、改革90多年的历程中,广大知识分子为党和人民建立了彪炳史册的功勋。"[1]2017年3月4日,习近平在看望参加政协会议的民进、农工党、九三学社委员时强调:"我国广大知识分子是社会的精英、国家的栋梁、人民的骄傲,也是国家的宝贵财富。我国知识分子历来有浓厚的家国情怀,有强烈的社会责任感,重道义、勇担当。一代又一代知识分子为我国革命、建设、改革事业贡献智慧和力量,有的甚至献出宝贵生命,留下了可歌可泣的事迹。"[2]

2. 关于爱国与担当

2016年4月26日,习近平在知识分子、劳动模范、青年代表座谈会上的讲话中强调:"广大知识分子要坚持国家至上、民族至上、人民至上,始终胸怀大局、心有大我。要坚守正道、追求真理,立足我国国情,放眼观察世界,不妄自菲薄,不人云亦云。要实事求是、客观公允,重实情、看本质、建真言,多为推进党和人民事业发展献计出力。任何时候任何情况下,都不能做有损国家民族尊严、有损知识分子良知的事。"[3]

3. 关于奋斗与创新

2016年4月26日,习近平在知识分子、劳动模范、青年代表座谈会上的讲话强调:

---

[1] 习近平. 2016年4月26日,在知识分子、劳动模范、青年代表座谈会上的讲话,http://www.xinhuanet.com/politics/2016-04/30/c_1118776008.htm.

[2] 习近平. 我国广大知识分子要主动担当积极作为为国家富强民族振兴人民幸福多作贡献,http://cpc.people.com.cn/n1/2017/0305/c64094-29123746.html.

[3] 习近平. 2016年4月26日,在知识分子、劳动模范、青年代表座谈会上的讲话,http://www.xinhuanet.com/politics/2016-04/30/c_1118776008.htm.

"一个知识分子,不论在哪个行业、从事什么职业,也不论学历、职称、地位有多高,唯有秉持求真务实精神,才能探究更多未知,才能获得更多真理,也才能为社会作出更大贡献。"[1]"广大知识分子要增强创新意识,敢于走前人没有走过的路,敢于抢占国内国际创新制高点。要把握创新特点,遵循创新规律,既奇思妙想、'无中生有',努力追求原始创新,又兼收并蓄、博采众长,善于进行集成创新和引进消化吸收再创新;既甘于'十年磨一剑',开展战略性创新攻关,又对接现实需求,及时开展应急性创新攻关;既尊重个人创造,发挥尖兵作用,又注重集体攻关,发挥合作优势。要坚持面向经济社会发展主战场、面向人民群众新需求,让创新成果更多更快造福社会、造福人民。"[2]

4. 关于未来与期望

2017年3月4日,习近平在看望参加政协会议的民进、农工党、九三学社委员时强调:"伟大的事业,决定了我们更加需要知识和知识分子,更加需要知识分子为国家富强、民族振兴、人民幸福多作贡献。我国广大知识分子要以时不我待的紧迫感、舍我其谁的责任感,主动担当,积极作为,刻苦钻研,勤奋工作,为全面建成小康社会、建设世界科技强国作出更大贡献。"[3]"希望我国广大知识分子积极投身创新发展实践,想国家之所想、急国家之所急,紧紧围绕经济竞争力的核心关键、社会发展的瓶颈制约、国家安全的重大挑战,不断增加知识积累,不断强化创新意识,不断提升创新能力,不断攀登创新高峰。"[4]

四、青年是劳动的有生力量

青年是一个人一生最有活力、创造力和劳动力的阶段。因此,从某种程度上来说,一个国家劳动能力的强弱与青年劳动力的强弱有着直接的关系。党的十八大以来,习近平同志在不同场合的讲话中都对青年寄予厚望,发表了一系列重要论述,指出"全面建成小康社会,广大青年是生力军和突击队"[5]。强调青年在中国特色社会主义劳动中的重要地位。在党的十九大报告中,习近平同志更是明确指出:"青年一代有理想、有本领、有担当,国家就有前途,民族就有希望。"实现中华民族的伟大复兴,"广大青年生逢其时,也重任在肩"。国家的发展离不开青年的劳动,同时,青年只有在踏实的劳动中才能彰显青春魅力,实现人生价值。

谈理想信念,习近平勉励青年"树立对马克思主义的信仰、对中国特色社会主义的信

---

[1] 习近平. 2016年4月26日,在知识分子、劳动模范、青年代表座谈会上的讲话,http://www.xinhuanet.com/politics/2016-04/30/c_1118776008.htm.

[2] 习近平. 2016年4月26日,在知识分子、劳动模范、青年代表座谈会上的讲话,http://www.xinhuanet.com/politics/2016-04/30/c_1118776008.htm.

[3] 习近平. 我国广大知识分子要主动担当积极作为为国家富强民族振兴人民幸福多作贡献,http://cpc.people.com.cn/n1/2017/0305/c64094-29123746.html.

[4] 习近平. 我国广大知识分子要主动担当积极作为为国家富强民族振兴人民幸福多作贡献,http://cpc.people.com.cn/n1/2017/0305/c64094-29123746.html.

[5] 习近平. 在知识分子、劳动模范、青年代表座谈会上的讲话[N]. 人民日报,2016-4-30.

念、对中华民族伟大复兴中国梦的信心,到人民群众中去,到新时代新天地中去"[1]。

谈道德修养,习近平要求青年"自觉树立和践行社会主义核心价值观,自觉用中华优秀传统文化、革命文化、社会主义先进文化培根铸魂、启智润心,加强道德修养,明辨是非曲直,增强自我定力,矢志追求更有高度、更有境界、更有品位的人生"[2]。

谈干事创业,习近平启发青年"历练宠辱不惊的心理素质,坚定百折不挠的进取意志,保持乐观向上的精神状态,变挫折为动力,用从挫折中吸取的教训启迪人生,使人生获得升华和超越"[3]。

谈自身进步,习近平鼓励青年"增强学习紧迫感,如饥似渴、孜孜不倦学习,努力学习马克思主义立场观点方法,努力掌握科学文化知识和专业技能,努力提高人文素养,在学习中增长知识、锤炼品格,在工作中增长才干、练就本领"[4]。

2021年4月19日,习近平在清华大学考察时指出,广大青年要爱国爱民,不断增强做中国人的志气骨气底气,树立为祖国为人民永久奋斗、赤诚奉献的坚定理想。要锤炼品德,矢志追求更有高度、更有境界、更有品位的人生。要勇于创新,以聪明才智贡献国家,以开拓进取服务社会。要实学实干,脚踏实地、埋头苦干,孜孜不倦、如饥似渴,在攀登知识高峰中追求卓越,在肩负时代重任时行胜于言,在真刀真枪的实干中成就一番事业。

2021年7月1日,庆祝中国共产党成立100周年大会在北京天安门广场隆重举行,习近平总书记发表重要讲话。在"七一"重要讲话中,习近平总书记强调指出:"未来属于青年,希望寄予青年。"他语重心长地说:"新时代的中国青年要以实现中华民族伟大复兴为己任,增强做中国人的志气、骨气、底气,不负时代,不负韶华,不负党和人民的殷切期望!"[5]这三个"不负",是总书记对新时代中国青年提出的要求。

"不负时代,不负韶华,不负党和人民的殷切期望"是中国青年运动的主题。回望建党百年风云,青春是我们党与生俱来的优秀基因,青年是我们党干事创业的重要力量。习近平曾说,我们党取得的所有成就都凝聚着青年的热情和奉献。一百年前,一群新青年高举马克思主义思想火炬,在风雨如晦的旧中国苦苦探寻民族复兴的前途。"以青春之我,创建青春之家庭,青春之国家,青春之民族,青春之人类,青春之地球,青春之宇宙,资以乐其无涯之生。"[6]上海一栋石库门建筑里,一群平均年龄只有28岁的青年人踏上了建党求索之路,将民族复兴的责任担在自己肩上。

百年来,一批又一批中国青年为了实现国家富强、民族复兴、人民幸福接续奋斗,为了建设他们理想中的美好中国甚至不惜献上年轻的生命。陈树湘、赵一曼、刘胡兰、江竹筠、邱少云、黄继光、雷锋……他们的青春和故事不断激励着后人;钱学森、邓稼先等一大批青年英才突破重重封锁从海外回国,成为建设新中国的栋梁。进入新时代,一批又一

---

[1] 习近平. 在纪念五四运动100周年大会上的讲话, http://www.xinhuanet.com/politics/leaders/2019-04/30/c_1124436427.htm

[2] 习近平. 坚持中国特色世界一流大学建设目标方向为服务国家富强民族复兴人民幸福贡献力量, http://www.xinhuanet.com/politics/leaders/2021-04/19/c_1127348921.htm.

[3] 习近平. 在同各界优秀青年代表座谈时的讲话, https://news.12371.cn/2013/05/04/ARTI1367680199350223.shtml.

[4] 习近平. 在纪念五四运动100周年大会上的讲话, http://cpc.people.com.cn/n1/2019/0430/c64094-31059998.html.

[5] 习近平. 在庆祝中国共产党成立100周年大会上的讲话, http://www.xinhuanet.com//politics/leaders/2021-07/15/c_1127658385.htm.

[6] 李大钊. 李大钊文集(上册)[M]. 北京:人民出版社,1984:205.

批中国青年与时代同行，在实现中华民族伟大复兴中国梦的生动实践中放飞青春梦想。无论是脱贫攻坚还是抗疫斗争，青年党员始终冲在一线，用青春的蓬勃力量证明新时代的中国青年是好样的。

正如习近平热情赞颂："在中国共产党的旗帜下，一代代中国青年把青春奋斗融入党和人民事业，成为实现中华民族伟大复兴的先锋力量。"[1]

"不负时代，不负韶华，不负党和人民的殷切期望"是中国青年的奋斗动力。国家的希望在青年，民族的未来在青年。青春理想，青春活力，青春奋斗，是中国精神和中国力量的生命力所在。青年一代的理想信念、精神状态、综合素质，是一个国家发展活力的重要体现，也是一个国家核心竞争力的重要因素。

"不负时代，不负韶华，不负党和人民的殷切期望"是中国青年的使命担当。一代人有一代人的长征，一代人有一代人的担当。习近平说过，我国青年一代必将大有可为，也必将大有作为。这是"长江后浪推前浪"的历史规律，也是"一代更比一代强"的青春责任。在"七一"讲话中，习近平对青年强调要"以实现中华民族伟大复兴为己任"，增强做中国人的"志气、骨气、底气"。站在新的历史起点，向着第二个百年奋斗目标迈进，习近平对新时代青年发出的号召、寄予的厚望，正是新时代青年们的担当所在、使命所系。

习近平劳动主体观涵盖了各行各业的劳动者，每一个辛勤工作的人都是劳动主体，于是构成了"亿万劳动群众是主体力量"的劳动主体观。这也为习近平劳动者平等观和劳动关系和谐观的产生奠定了基础，因为只有亿万劳动群众共同劳动，才能汇聚磅礴之力，实现中华民族伟大复兴的中国梦。

第二节　劳动价值观

习近平同志在七年知青岁月时期就看到了劳动对实现美好生活的价值，在往后的从政实践中，习近平劳动价值观进一步丰富和发展，形成了"劳动光荣，创造伟大"的劳动价值观。本节所探讨的劳动价值观是从劳动所具有或实现的作用、意义、价值的角度进行分析的。

一、个人价值：劳动是幸福之源

这里所指的个人价值是指劳动对于个人的价值。

（一）劳动能创造满足人生活需要的物质基础

早在七年知青岁月时期，过了"劳动关"的习近平在不断的劳动生产实践中，深感劳动对于创造生活物质资料的重要性。那个年代农民不分昼夜辛勤劳动就是为了填饱肚子。在这期间，习近平不仅踏实劳动，而且带头积极劳动，打坝、修井、建沼气池等，目的就

---

[1] 习近平. 在庆祝中国共产党成立 100 周年大会上的讲话，http://www.xinhuanet.com//politics/leaders/2021-07/15/c_1127658385.htm.

是希望通过劳动解决农民的温饱问题，满足农民大口吃肉的愿望。在福建从政期间，习近平劳动致富的观念得到了发展，指出贫困地区的人民只有付出更加艰辛的劳动，才能摆脱贫困，过上好日子。党的十八大以后，习近平劳动致富观不断丰富，他在中央扶贫开发工作会议上指出，要引导和支持所有有劳动能力的人，依靠自己的双手开创美好的明天。习近平同志的这些论述表明，人只有踏踏实实的劳动，辛勤的劳动才能创造出满足自己生活的基本物质资料，从而逐渐摆脱贫困，为幸福生活奠定物质基础。

（二）劳动能满足人的精神生活需要

物质生活财富是人幸福生活的基础，而精神生活需要也是人幸福生活追求的一个重要方面。满足人精神生活需要的东西不会凭空产生，而是从劳动中来。

(1) 劳动能创造出满足人精神需要的劳动产品。党的十八大以来，习近平同志高度重视文化创造劳动，在全国文艺工作座谈会上，习近平同志对广大文艺工作者的劳动成果给予了肯定，指出文艺创造要以广大劳动人民为根基，"文艺创作是艰苦的创造性劳动，来不得半点虚假。"[1] 只有"像牛一样劳动，像土地一样奉献"的文艺劳动精神，才能创造出满足人民需要的精神产品，为幸福生活增添色彩。

(2) 劳动本身就能让人获得精神上的满足感。2015年，习近平同志在"五一"国际劳动节讲话中指出："一切劳动者，都能在劳动中发展广阔的天地，在劳动中体现价值，展现风采，感受快乐。"[2] 习近平同志的这一论述说明了劳动作为人本质的一种体现，是人的一种精神活动，能够满足人的精神需要，从而体现人的价值，是人幸福生活不可缺少的一部分。2016年4月26日，习近平同志在知识分子、劳动模范、青年代表座谈会上指出："梦想属于每一个人，广大劳动群众要敢想敢干、敢于追梦。说到底，实现中华民族伟大复兴的中国梦，要靠各行各业人们的辛勤劳动。现在，党和国家事业空间很大，只要有志气有闯劲，普通劳动者也可以在宽广舞台上展示自己的人生价值。"[3]

（三）劳动能提高人的生活水平

在贫苦年代，幸福就是吃饱饭；在精神文化产品匮乏的年代，幸福就是看一场电影。步入新时代，人民的物质文化生活得到了极大的丰富，拥有更高的生活水平成为人民新的幸福追求点。2013年，习近平同志在全国劳动模范座谈会上指出："劳动是财富的源泉，也是幸福的源泉。人世间的美好梦想，只有通过诚实劳动才能实现。"2016年，习近平同志在宁夏调研时指出："好日子是通过辛勤劳动得到的。"习近平同志的这些论述阐明了只有通过劳动，才能提高人民的生活水平，满足人民的美好生活需要，提升人民的幸福感。2017年6月23日，习近平同志在深度贫困地区脱贫攻坚座谈会上指出："一个健康向上的民族，就应该鼓励劳动、鼓励就业、鼓励靠自己的努力养活家庭，服务社会，贡献国家。……

---

[1] 习近平. 在中国文联十大、中国作协九大开幕式上的讲话[M]. 北京：人民出版社，2016：18-19.

[2] 习近平. 在庆祝"五一"国际劳动节暨表彰全国劳动模范和先进工作者大会上的讲话[N]. 光明日报，2015-4-29.

[3] 习近平. 2016年4月26日，在知识分子、劳动模范、青年代表座谈会上的讲话. http://www.xinhuanet.com/politics/2016-04/30/c_1118776008.htm.

教育和引导广大群众用自己的辛勤劳动实现脱贫致富。"[1]

二、政党价值：劳动是共产党人保持政治本色的途径

这里所指的政党价值是劳动对于中国共产党的价值。中国共产党是中国工人阶级的先锋队，辛勤劳动是中国共产党的优良传统，是中国共产党的本色。正是长期以来中国共产党扎根于劳动生产一线，才形成了与广大劳动人民鱼水般的感情，成为人民群众心中最信赖的政党。

（一）要成为一名合格的中国共产党党员，必须投身到具体的劳动实践活动中

中国共产党党章规定："中国共产党党员永远是劳动人民的普通一员。"所以作为一名共产党党员不能脱离劳动实践，习近平同志在七年知青岁月时期就以身作则，在劳动中获得百姓的支持，担任村干部。在福建宁德工作期间，他带领机关干部参加义务劳动，提出党员干部要做"勤官"，努力做到"廉不言贫，勤不道苦"。在十八届中央纪委二次会议上，习近平强调共产党党员永远是劳动人民的普通一员，表明了共产党党员首先是普通劳动群众，离开了劳动，共产党党员就失去了代表先进生产力的前提，因此，劳动是成为一名合格的中国共产党党员的必备素质。

（二）共产党党员只有参与基层实践劳动，才能想群众之所想，急群众之所急

习近平同志在七年知青岁月时期就认识到劳动是与人民群众进行沟通最有效的语言。只有投身到与人民群众一起劳动的过程中，才能获得与百姓的实质性交流，才能体察民情，知晓百姓疾苦，才能为百姓造福。习近平同志在福建宁德工作期间提出党员干部要"四下基层"，即领导干部信访接待下基层、现场办公下基层、调查研究下基层、宣传党的方针政策下基层。只有参与基层劳动，才能了解民意，制定出切实可行的政策，彰显中国共产党执政为民、求真务实的政党品格。党的十八大以后，习近平同志多次走访基层干部，对他们付出的劳动和业绩给予肯定。2013年，习近平在海南考察时指出："各级干部要带领群众一起干，通过辛勤劳动创造幸福生活，而不能领导热群众不热，也不能群众热而领导不热。"[2]党的十八大以来，习近平总书记每年都深入基层一线考察调研。从30多摄氏度高温、烈日似火的安徽，到零下30多摄氏度、寒风如刃的内蒙古阿尔山；从海拔2400多米的甘肃西海固到山陡沟深的四川大凉山……习近平不顾酷暑严寒、山高路远，一次次深入基层调查研究，求真求实的精神始终如一。中国共产党要干实事就要深入基层，只有在具体的劳动实践中才能了解民意，知晓社会发展的问题，制定出真正造福人民的方针和政策。

（三）参与实践劳动锻炼对于党风廉政建设具有重要的作用

"空谈误国，实干兴邦。"2014年4月30日，习近平同志在乌鲁木齐接见劳动模范和

---

[1] 习近平. 2017年6月23日，在深度贫困地区脱贫攻坚座谈会上的讲话，http://www.ccpph.com.cn/sxllrdyd/qggbxxpxjc/qggbxxpxjb/201901/t20190110_256788.htm.
[2] 中共中央文献研究室.习近平关于全面深化改革论述摘编(2013年4月10日,在海南考察工作结束时的讲话)[M]. 北京：中央文献出版社，2014.

先进工作者、先进人物代表的讲话中指出："劳动，是共产党人保持政治本色的重要途径，是共产党人保持政治肌体健康的重要手段，也是共产党人发扬优良作风、自觉抵御'四风'的重要保障。"[1]论述表明劳动对于党风廉政建设的重要性。党的十八大以来，以习近平同志为核心的党中央严惩了一批党内贪污腐败的官员，这些腐败分子的一个共同特征就是脱离了劳动，在享乐中迷失了自我，荒废了人生。因此，广大党员只有在劳动中才能保持中国共产党勤恳工作、踏实奋进的优良传统，才能保持清正廉洁的政治本色。

三、时代价值：劳动破解现实难题

2018年4月30日，习近平给中国劳动关系学院劳模本科班学员的回信中说："社会主义是干出来的，新时代也是干出来的。"2013年，习近平同志在全国劳动模范座谈会上指出："发展中的各种难题，只有通过诚实劳动才能破解。"改革开放进行了40多年，中国取得了丰硕的发展成果，同时，改革也进入了深水区，发展进入了攻坚期，面临着一些前所未有的现实难题，例如，经济发展进入新常态，贫富差距拉大，社会就业压力增大等。党的十八大以来，以习近平同志为核心的党中央发扬实干精神，提出"社会主义是干出来的"，以劳动破解现实难题。

建成小康社会靠的是劳动。2021年7月1日，中共中央总书记、国家主席、中央军委主席习近平在天安门广场举行的庆祝中国共产党成立100周年大会上宣告："经过全党全国各族人民持续奋斗，我们实现了第一个百年奋斗目标，在中华大地上全面建成了小康社会，历史性地解决了绝对贫困问题。"

"十四五"时期是我国全面建成小康社会、实现第一个百年奋斗目标之后，乘势而上开启全面建设社会主义现代化国家新征程、向第二个百年奋斗目标进军的第一个五年，我国将进入新发展阶段。当今世界正经历百年未有之大变局，新冠肺炎疫情全球大流行使这个大变局加速变化，国际经济、科技、文化、安全、政治等格局都在发生深刻调整，国内发展环境也经历着深刻变化。要统筹中华民族伟大复兴战略全局和世界百年未有之大变局，增强机遇意识和风险意识，准确识变、科学应变、主动求变，勇于开顶风船，善于转危为机。

经济发展进入新常态，需要依赖劳动来支撑。中国经济在经历飞速发展后，进入了新常态，经济发展的目标不仅仅是满足人民丰富的物质文化需要，生产出满足人民高品质生活需要的高质量产品成为经济发展的新定位。生产高质量的产品离不开人的劳动，尤其是高质量的劳动。新常态下要大力发展实体经济以减轻经济的虚拟增长，而实体经济的发展离不开人现实的劳动，习近平同志在中央财经领导小组第十三次会议上指出，在全社会大力弘扬勤劳致富、艰苦奋斗精神，激励人们通过劳动创造美好生活，这一论述指出了劳动是经济发展的可靠力量，是促进经济增长的有效动力。

解决就业问题就是要解决劳动问题。就业问题是最大的民生问题，就业关系着个人发展、家庭幸福和社会安定。然而，由于目前我国出现农村劳动力过剩现象，产业结构升级造成大量的结构性失业现象出现，大学毕业生人数增多造成大学生就业困难现象，这些现象叠加致使我国目前就业形势严峻。2016年4月26日，习近平在知识分子、劳动模范、

---

[1] 习近平. 在乌鲁木齐接见劳动模范和先进工作者、先进人物代表[N]. 人民日报，2014-5-1.

青年代表座谈会上指出:"劳动没有高低贵贱之分,任何一份职业都很光荣。广大劳动群众要立足本职岗位诚实劳动。无论从事什么劳动,都要干一行、爱一行、钻一行。在工厂车间,就要弘扬'工匠精神',精心打磨每一个零部件,生产优质的产品。在田间地头,就要精心耕作,努力赢得丰收。在商场店铺,就要笑迎天下客,童叟无欺,提供优质的服务。只要踏实劳动、勤勉劳动,在平凡岗位上也能干出不平凡的业绩。"[1]习近平肯定了每一份职业劳动创造的价值和平等性,以教育人民要树立正确的就业观。除此之外,习近平同志还再三强调要提高劳动力素质以提高就业质量,充分发挥各个方面的因素使人民劳有所岗。

四、未来价值:劳动开创未来

过去的历史是在劳动中创造出来的,今天的成就是在劳动中取得的,未来的梦想只有依靠劳动才能实现。2013年,习近平同志在全国劳动模范座谈会上指出:"人民创造历史,劳动开创未来。劳动是推动人类社会发展的根本力量。开创美好未来,必须依靠辛勤劳动、诚实劳动、创造性劳动。"习近平同志高瞻远瞩,指出劳动对于未来的价值。

(1) 美好生活的实现离不开劳动。社会发展永无止境,人民对美好生活的需要也永无止境。习近平同志在十九大报告中指出:"中国特色社会主义进入新时代,我国社会主要矛盾已经转化为人民日益增长的美好生活需要和不平衡不充分的发展之间的矛盾。"这一重要论断反映了我国社会发展的巨大进步,反映了发展的阶段性特征,对党和国家工作提出了新要求。如何解决这一现实矛盾,满足人民对美好生活的向往,习近平同志指出,"要引导和支持所有有劳动能力的人依靠自己的双手开创美好的明天"[2],"好日子是通过辛勤劳动得到的","人世间的美好梦想,只有通过诚实劳动才能实现"[3]。只有依靠劳动,美好生活才能从彼岸世界走向此岸世界;只有依靠劳动,未来才会有期待,未来才会有盼头,未来才会有惊喜;只有依靠劳动,人民把握的不仅仅是当下的幸福,更是未来的幸福。脚踏实地、心怀未来,通过努力劳动让一个个期望之花盛开,继而奋进向前,向未来更加美好的生活出发,创造下一个未来奇迹。

(2) 中国梦的实现离不开劳动。中国梦是历史的,现实的,也是未来的,需要一代又一代人民的不懈奋斗和艰苦创造。在实现中国梦的道路上,习近平同志特别强调劳动的作用,他在讲话中多次指出,实现中国梦,需要我们每一个人继续付出辛勤劳动和艰苦努力,实现中国梦,最终要靠全体人民辛勤劳动。梦想如果不付出劳动,那就永远都是梦想,最后成为"乌托邦"式的幻想。中国梦凝聚着千百年来无数中国人民的心血,因此,必须通过劳动将其实现,体现中国特色社会主义制度的优越性,展现中国是通过人民辛勤的劳动实现和平崛起的。在全民辛勤的劳动中,中国梦的实现离我们越来越近,一幅美好的中国画卷向我们徐徐展开。

---

[1] 习近平. 2016年4月26日,在知识分子、劳动模范、青年代表座谈会上的讲话,http://www.xinhuanet.com/politics/2016-04/30/c_1118776008.htm.

[2] 好日子是通过辛勤劳动得到的——八论深入学习贯彻习近平总书记来宁视察重要讲话精神[N]. 宁夏日报,2016-8-2.

[3] 习近平. 习近平在同全国劳动模范代表座谈时的讲话[N]. 人民日报,2013-4-29.

第三节　劳动教育观

　　劳动是人的劳动，是社会财富创造的源泉。要想让人正确认识劳动的价值，提高劳动效率，创造出更多的社会财富，这就需要依靠教育。通过教育让人民重视劳动，提高劳动者素质，使劳动者掌握更高水平的劳动技能。习近平同志历来重视教育对劳动的重要作用，早在他上山下乡的时候，就亲身教育当地好吃懒做的人要通过自己的劳动填饱自己的肚子，通过劳动体现自己的价值，让自己快乐起来。在往后的从政实践中，习近平同志进一步强调劳动教育的重要性，针对不同的劳动主体，提出了不同的劳动教育要求。对青少年儿童要教育他们热爱劳动，对一线职工要教育他们掌握先进生产技术，对农民工要加强教育，使他们掌握更多的劳动技能，提高文化知识水平。

一、重视青少年儿童的劳动教育

　　青少年儿童是祖国的未来，是社会主义现代化建设的生力军，因此，未来美好生活的创造离不开广大青少年儿童。2018年9月10日，在全国教育大会上，习近平强调"要在学生中弘扬劳动精神，教育引导学生崇尚劳动、尊重劳动"。现阶段的青少年儿童生活在一个物质资源较为丰富的时代，优渥的生活环境，再加上大多数都是独生子女，父母的娇惯使得他们没有吃过多少苦，因此，他们很少体会到劳动的辛苦。甚至部分青少年没有形成一个正确的劳动观，例如歧视体力劳动，逃避劳动，就连最基本的洗衣服这类劳动也要依靠父母。青年不勤，国则不富。习近平同志深知这一问题的重要性，因此，他在讲话中多次提到青少年，要教育他们热爱劳动，在劳动中成长，在劳动中彰显青春风采。

　　(1) 对少年儿童加强劳动教育，树立劳动光荣的观念。2013年5月29日，习近平同志在同全国各族少年儿童代表共庆"六一"国际儿童节时对少年儿童提出从小就要树立劳动光荣的观念，自己的事自己做，他人的事帮着做，公益的事争着做，通过劳动播种希望、收获果实，也通过劳动磨炼意志、锻炼自己的要求。此后，习近平同志在2014年的六一儿童节、2015年的"五一"国际劳动节、2015年的中国少年先锋队第七次全国代表大会和北京市八一学校教师学生代表座谈会、2017年的首都义务植树活动等场合都多次强调广大少年儿童要经常参加劳动和体育锻炼，从小树立劳动光荣的观念，要爱劳动，自觉劳动。广大少年儿童教师要积极培育学生的劳动意识和劳动能力，促进学生的全面发展。劳动要从娃娃抓起，才能保证劳动的持续性，才能保证社会在劳动中实现发展，才能保证中国特色社会主义建设后继有人。

　　(2) 对青年加强劳动教育，鼓励他们在劳动中实现人生价值。青年是社会中最富有朝气、活力和创造力的群体。全面建成小康社会，广大青年是生力军和突击队。习近平同志高度重视青年对国家发展的重要作用，青年工作思想也是习近平新时代中国特色社会主义思想中的重要组成部分和特色。在2014年的"五一"国际劳动节讲话中，习近平同志指出："要通过各种措施和方式，教育引导广大青少年牢固树立热爱劳动的思想，养成热爱劳动的习惯，为祖国发展培养一代又一代勤于劳动、善于劳动的高素质劳动者。"[1]2015 年 6 月 1 日，习近平同志在会见中国少年先锋队第七次全国代表大会代表时指出："幸福不是毛毛雨，幸福不是免费午餐，幸福不会从天而降。人世间的一切成就、一切幸福都源于劳动和创造。时代总是不断发展的，等你们长大了，生活将发生巨大变化，科技也会取得巨大进步，需要你们用新理念、新知识、新本领去适应和创造新生活，这样一个民族、人类进步才能生生不息。"[2]

在 2016 年"五一"国际劳动节的讲话中，习近平同志特别指出了青年劳动对社会发展的重要作用。同时，习近平同志还特别重视农村青年的劳动教育，指出："要健全学生资助制度，使绝大多数城乡新增劳动力接受高中阶段教育、接受更多的高等教育。"[3]现实证明，只有让广大青年劳动起来，社会才会有活力；只有让广大青年劳动起来，发展才有潜力；只有提高广大青年的劳动技能，发展才有创造力。

二、重视职业技能教育

当前，国内外环境都对我们提高劳动者素质提出了新要求。我国虽然是世界唯一拥有联合国产业分类中全部工业门类的国家，但产业链、供应链还存在诸多"断点""堵点"，自主创新能力不强，关键核心技术受制于人的局面没有得到根本改变，多个领域存在"卡脖子"问题。解决这些问题，不仅需要攻克"卡脖子"技术难题，也需要有劳动者素质特别是技术技能素质的提升做支撑，而传统产业转型升级更需要劳动者掌握更多新技术、新技能。

2013 年 8 月，习近平同志在中国一重大连加氢反应器制造有限公司考察时强调，技术人员和工人是企业最宝贵的财富。

2015 年 4 月 28 日，习近平同志在庆祝"五一"国际劳动节暨表彰全国劳动模范和先进工作者大会上指出，劳动者的知识和才能积累越多，创造能力就越大。

2016 年 4 月 26 日，习近平同志在知识分子、劳动模范、青年代表座谈会上指出，素质是立身之基，技能是立业之本。广大劳动群众要勤于学习，学文化、学科学、学技能、学各方面知识，不断提高综合素质，练就过硬本领。

2019 年 9 月，习近平同志对我国选手在世界技能大赛取得佳绩作出重要指示，指出技术工人队伍是支撑中国制造、中国创造的重要基础，对推动经济高质量发展具有重要作用。

2020 年 11 月 24 日，习近平同志在全国劳动模范和先进工作者表彰大会上发表重要讲话，强调要努力建设高素质劳动大军，造就一支有理想守信念、懂技术会创新、敢担当讲奉献的宏大产业工人队伍。

2020 年 12 月 10 日，中华人民共和国第一届职业技能大赛在广东省广州市开幕，习近平总书记给大赛发去贺信。贺信指出，技术工人队伍是支撑中国制造、中国创造的重要力

---

[1] 习近平. 在乌鲁木齐接见劳动模范和先进工作者、先进人物代表[N]. 人民日报，2014-5-1.
[2] 习近平. 习近平在会见中国少年先锋队第七次全国代表大会代表时寄语[N]. 人民日报，2015-6-2.
[3] 习近平. 决胜全面建成小康社会夺取新时代中国特色社会主义伟大胜利——在中国共产党第十九次全国代表大会上的报告[M]. 北京：人民出版社，2017:46.

量。贺信强调，要大力弘扬劳模精神、劳动精神、工匠精神，激励更多劳动者特别是青年一代走技能成才、技能报国之路，培养更多高技能人才和大国工匠，为全面建设社会主义现代化国家提供有力人才保障。

2021年4月，习近平对职业教育工作做出重要指示，强调在全面建设社会主义现代化国家新征程中，职业教育前途广阔、大有可为。要坚持党的领导，坚持正确的办学方向，坚持立德树人，优化职业教育类型定位，深化产教融合、校企合作，深入推进育人方式、办学模式、管理体制、保障机制改革，稳步发展职业本科教育，建设一批高水平职业院校和专业，推动职普融通，增强职业教育适应性，加快构建现代职业教育体系，培养更多高素质技术技能人才、能工巧匠、大国工匠。各级党委和政府要加大制度创新、政策供给、投入力度，弘扬工匠精神，提高技术技能人才社会地位，为全面建设社会主义现代化国家、实现中华民族伟大复兴的中国梦提供有力的人才和技能支撑。

习近平同志这些重要论述，为在新征程上激励更多劳动者特别是青年人走技能成才、技能报国之路，提供了科学指导。当今世界，综合国力的竞争归根到底是人才的竞争、劳动者素质的竞争。我们要认真贯彻落实总书记重要讲话精神，落实尊重劳动、尊重知识、尊重人才、尊重创造方针，推动构建产业工人技能形成体系，推进产业工人队伍建设改革，造就一支有理想守信念、懂技术会创新、敢担当讲奉献的宏大产业工人队伍，为社会主义现代化国家建设汇聚源源不断的技术技能人才力量。

三、注重农民工的再教育

党的十八大以来，习近平同志在多次讲话中都提到了农民工的劳动对城市建设和全面小康的重要作用。2016年，为深入贯彻党的十八大和中共十八届三中、四中、五中全会精神，认真落实《国家中长期教育改革和发展规划纲要(2010—2020年)》《国务院关于加快发展现代职业教育的决定》《国务院关于进一步做好为农民工服务工作的意见》，提升农民工学历层次、技术技能及文化素质，畅通其发展上升通道，更好地服务"中国制造2025""脱贫攻坚""大众创业、万众创新"等重大发展战略，教育部、中华全国总工会联合实施农民工学历与能力提升行动计划——"求学圆梦行动"。计划每年在全国范围资助30万农民工接受高等学历继续教育；到2020年，在有学历提升需求且符合入学条件的农民工中，资助150万名农民工接受学历继续教育。该计划不仅要对农民工进行职业教育，提高他们的劳动技能，还要提高农民工的学历，让他们全面发展。这对于社会发展和实现产业结构转型升级，促进农民工的就业，提高他们的生活幸福指数具有重要的意义。

2017年4月，习近平总书记在参加"两会"四川代表团审议时指出，要就地培养更多爱农业、懂技术、善经营的新型职业农民。这是习近平"农民观"的新表述，与习近平先前相关表述是一脉相承的："农村经济社会发展，说到底，关键在人。要通过富裕农民、提高农民、扶持农民，让农业经营有效益，让农业成为有奔头的产业，让农民成为体面的职业。"[1]新型农民与传统农民的差别在于，前者是一种主动选择的"职业"，后者

---

[1] 中共中央文献研究室. 十八大以来重要文献选编(上)[M]. 北京：中央文献出版社，2014：678.

是一种被动的"身份"。"职业农民"概念的提出,意味着"农民"是一种自由选择的职业,而不再是一种被赋予的身份。从经济角度来说,它有利于劳动力资源在更大范围内的优化配置,有利于农业、农村的可持续发展和城乡融合发展,尤其是在当前人口红利萎缩、劳动力资源供给持续下降的情况下,更是意义重大;从政治和社会角度来说,它更加尊重人的个性和选择,更能激发群众的积极性和创造性,更符合"创新、协调、绿色、开放、共享"的发展理念。

新生代农民工是指 1980 年以后出生的农民工,他们的常住地在城市,户籍地仍在乡村。北京市外来新生代农民工监测报告显示,2020 年北京新生代农民工占比达到 50.1%,从事 IT 行业的人数占比大幅提高,在所有行业中增幅最大。继 2017 年新生代农民工比例在全国范围首次过半后,该群体比例在北京也实现过半。这意味着,我国农民工结构已发生深刻变化,新生代农民工成为该群体的主力军。随着农民工群体代际更替出现的质变,"农民工"三个字不再是体力劳动者的代名词。

2019 年,人力资源社会保障部印发《新生代农民工职业技能提升计划(2019—2022 年)》要求加强新生代农民工的职业技能培训工作,促进农民工队伍技能素质全面提升。到 2022 年年末,努力实现新生代农民工职业技能培训"普遍、普及、普惠",即普遍组织新生代农民工参加职业技能培训,提高培训覆盖率;普及职业技能培训课程资源,提高培训可及性;普惠性补贴政策全面落实,提高各方主动参与培训积极性。

至此,习近平同志针对不同的社会主体,提出了不同的劳动教育思想,概括起来主要有两个方面的内容:第一,教育人民热爱劳动,正确看待劳动的价值;第二,要提高以劳动技能为核心的劳动者素质。这两个方面相辅相成,共同促进,共同构成了习近平的劳动教育观。

第四节 劳动形态观

劳动是人类固有的活动,在劳动中人类看到了自己与动物的区别,在劳动中人类的价值得以彰显,在劳动中人类创造了大量的社会财富,推动了社会历史的发展。从劳动的本质意义上讲,劳动形态应该是一种人主动选择并乐于劳动的形态。但是,随着机器大工业的发展和市场经济的出现,尤其是在资本主义社会,人们为了追求片面的经济效益,扭曲了劳动应然的形态,劳动成了异己的力量,劳动带给人的不再是快乐和满足而是被动与劳累。我国是社会主义国家,人民是国家的主人,因此我们的劳动形态是体现人民价值、人民满意的劳动形态。步入新时代,习近平同志提出要构建和谐的劳动关系,提倡创新劳动,讲求科学劳动,体现了中国特色社会主义的劳动形态是让劳动者实现体面劳动、全面发展的劳动形态。

一、构建和谐的劳动关系形态

从狭义上来讲,劳动关系是指用人单位与劳动者之间,依法所确立的劳动过程中的权利义务关系。从广义上来讲,劳动关系不仅包括劳动力所有者与劳动力使用者之间的关系,还包括劳动者之间的关系,劳动者与周围环境要素的关系。人类的生存和发展离不开劳动,因此,劳动关系是人类社会中最基本和最重要的社会关系之一。劳动关系是否和谐关系着一个社会能否健康发展,是维护社会稳定、促进社会发展的重要方面。习近平同志继承和发展了马克思社会主义劳动关系观,指出要构建和谐的劳动关系。

早在七年知青岁月时期,习近平劳动关系和谐思想就已经萌芽。那个时候,习近平与当地的村民和谐相处,一起劳动,并以自己的实际行动促进生产队劳动者之间和谐相处,形成团结友好的劳动关系。习近平同志指出:"社会主义的劳动者是生产资料的主人,这种主人翁地位决定了劳动者之间的平等互助的同志式关系。"[1]该论述从社会主义的性质出发,提出了构建和谐劳动关系的必然性。随着市场经济的深入发展,劳动关系不仅仅局限在劳动者之间,劳动者和用人单位之间的关系日益成为最主要的劳动关系。拖欠农民工工资、富士康员工猝死等现象的出现,引起了社会各界广泛热议,如何在市场经济条件下构建和谐的社会劳动关系成为一个重要且迫切的时代问题。

2011年8月15日,习近平同志主持召开了全国构建和谐劳动关系先进表彰暨经验交流会。习近平同志在这次会议上全面而集中地讲述了他的和谐劳动关系观。

(1) 提出"三是":"构建和谐劳动关系,是建设社会主义和谐社会的重要基础,是增强党的执政基础、巩固党的执政地位的必然要求,是坚持中国特色社会主义道路、贯彻中国特色社会主义理论体系、完善中国特色社会主义制度的重要组成部分,其经济、政治、社会意义十分重大而深远。"[2] "三是"明确了构建和谐劳动关系的必然性和重要性。

(2) 指明了构建和谐劳动关系的目标与原则。习近平指出,构建和谐劳动关系,要坚持以人为本,把解决广大职工最关心、最直接、最现实的利益问题,切实维护他们的经济权益、政治权益、文化权益、社会权益,作为根本出发点和落脚点;要坚持促进企业发展和维护职工权益相统一,同时调动劳动关系主体双方的积极性、主动性,推动企业与职工群众协商共事、机制共建、效益共创、利益共享;要从不同类型企业的实际出发,把构建和谐劳动关系必须遵循的总的共同要求与具体的具有差异性的措施结合起来,统筹兼顾、分类指导,既整体推进,又突出重点、突破难点。要着重抓好进一步完善劳动法律法规并保障其实施、合理调节企业工资收入分配、加强企业民主管理建设、努力化解劳动关系矛盾、加强企业党组织建设、支持和促进企业健康发展等工作,以构建和谐劳动关系的新进步,更好地推动科学发展、促进社会和谐。

(3) 提出了构建和谐劳动关系的主体。"要形成党委领导、政府负责、社会协同、企业和职工参与的工作格局"[3],习近平同志的这一论述说明了构建和谐劳动关系需要社会各类主体力量协同推进,体现了多元共同参与治理的现代化治理理念。

---

[1] 习近平. 摆脱贫困[M]. 福州:福建人民出版社,1992.
[2] 习近平. 全国构建和谐劳动关系先进表彰暨经验交流会讲话[N]. 人民日报,2011-8-17.
[3] 习近平. 全国构建和谐劳动关系先进表彰暨经验交流会讲话[N]. 人民日报,2011-8-17.

2015年4月28日,习近平在庆祝"五一"国际劳动节大会上指出:"劳动关系是最基本的社会关系之一。要最大限度增加和谐因素、最大限度减少不和谐因素,构建和发展和谐劳动关系,促进社会和谐。""要建立健全党和政府主导的维护群众权益机制,抓住劳动就业、技能培训、收入分配、社会保障、安全卫生等问题,关注一线职工、农民工、困难职工等群体,完善制度,排除阻碍劳动者参与发展、分享发展成果的障碍,努力让劳动者实现体面劳动、全面发展。"

党的十九大报告提出要"完善政府、工会、企业共同参与的协商协调机制,构建和谐劳动关系",这是基于我国劳动关系的性质和特点,对新时代更好地构建和谐劳动关系提出的新要求。一系列论述表明习近平同志对社会主义和谐劳动关系形态的坚持和发展,只有形成和谐的劳动关系,才能在此基础上实现进一步的发展,充分展现社会主义劳动形态的优越性。

二、倡导多样的创新劳动形态

社会主义人民的劳动不是被动的、单向度的、重复的劳动,而是体现人创造性的劳动,无论从事何种职业,人们都可以通过创新在劳动中展现自己的聪明才智,创造社会财富,实现人生价值。习近平同志非常重视创新,在劳动中人们实现生产技术和产品的创新,也只有通过劳动,创新思维的火花才能转化为现实。创新劳动是社会主义劳动发展的必然趋势,是社会主义劳动的应然形态。

(一)创新劳动是社会主义劳动的应然形态

从社会主义经济发展的趋势来看,创新劳动是推进社会经济转型发展的重要力量,因此,创新劳动是社会主义劳动的应然形态。我国经济发展进入新常态,意味着我们要以更少的资源消耗生产出更多满足人民需要的高质量产品。在中共十八届五中全会和中央经济工作会议中,习近平同志都特别强调了要增加创新劳动力供给,创新劳动是实现经济转型升级的重要动力。创新劳动不同于一般的重复性劳动。首先,创新劳动会提高劳动生产率,创造更大的社会财富,这主要体现在对生产工具、生产管理方面的创新上;其次,创新劳动会节约生产成本,主要体现在通过创新提高资源的利用率,有利于经济的持续发展;最后,创新让人类的劳动解放逐渐成为可能。

(二)创新是民族进步的灵魂,是国家兴旺发达的动力

在长期的治国理政实践中,习近平深刻认识到创新的巨大作用。2013年5月4日,习近平在同各界优秀青年代表座谈时指出:"广大青年一定要勇于创新创造。创新是民族进步的灵魂,是一个国家兴旺发达的不竭源泉,也是中华民族最深沉的民族禀赋,正所谓'苟日新,日日新,又日新'。生活从不眷顾因循守旧、满足现状者,从不等待不思进取、坐享其成者,而是将更多机遇留给善于和勇于创新的人们。青年是社会上最富活力、最具创造性的群体,理应走在创新创造前列。"[1]

---

[1] 习近平. 在同各界优秀青年代表座谈时的讲话[N]. 人民日报,2013-5-4.

习近平之所以如此重视创新，源于他对世界大势有着清醒认识。他曾说，当今世界，和平合作的潮流滚滚向前，开放融通的潮流滚滚向前，变革创新的潮流滚滚向前。综合国力竞争说到底是创新的竞争，在他看来，"在激烈的国际竞争中，惟创新者进，惟创新者强，惟创新者胜。"[1]

习近平强调，变革创新是推动人类社会向前发展的根本动力。谁排斥变革，谁拒绝创新，谁就会落后于时代，谁就会被历史淘汰。他指出，不创新不行，创新慢了也不行。他在全国科技创新大会、两院院士大会、中国科协第九次全国代表大会上发表重要讲话时强调，如果我们不识变、不应变、不求变，就可能陷入战略被动，错失发展机遇，甚至错过整整一个时代。

在习近平看来，抓住了创新，就抓住了牵动经济社会发展全局的"牛鼻子"。实践证明，大到一个国家在世界舞台上站稳脚跟，小到一个地方、一个企业，创新都是引领发展的第一动力。抓创新就是抓发展，谋创新就是谋未来。因此，习近平始终要求"必须把创新摆在国家发展全局的核心位置"[2]。

习近平的创新思维，充满着强烈的问题意识、贯穿着鲜明的问题导向。他多次强调，问题是创新的起点，也是创新的动力源，发展起来后的问题一点也不比不发展的时候少。习近平认为："要有强烈的问题意识，以重大问题为导向，抓住关键问题进一步研究思考，着力推动解决我国发展面临的一系列突出矛盾和问题。"[3]如何突破自身发展瓶颈、解决深层次矛盾和问题？在他看来，"根本出路就在于创新"。

习近平的这些重要论述，深刻阐明了坚持问题导向，发现问题、研究问题、解决问题都离不开创新思维。在我们前所未有地接近中华民族伟大复兴目标、前所未有地走近世界舞台中心的时候，更要求我们将问题作为推动创新的契机，将创新作为解决问题的手段，推动各项事业取得创造性成果。

习近平强调，人才是创新的根基，是创新的核心要素，要积极探索集聚人才、发挥人才作用的体制机制，完善相关政策，进一步创造人尽其才的政策环境，充分发挥优秀人才的主观能动性。"让有创新梦想的人能够心无旁骛、有信心又有激情地投入到创新事业中。"[4]习近平提出，要在全社会大力营造勇于创新、鼓励成功、宽容失败的良好氛围，为人才发挥作用、施展才华提供更加广阔的天地，让他们人尽其才、才尽其用、用有所成。

（三）创新劳动是消除脑力劳动和体力劳动差别的重要方式

从共产主义理想的劳动形态来看，创新劳动是消除脑力劳动和体力劳动差别的重要方式。

自党的十八大以来，在习近平总书记的公开讲话和报道中，"创新"一词出现超过千

---

[1] 习近平. 在欧美同学会成立 100 周年庆祝大会上的讲话[N]. 人民日报，2013-10-22.

[2] 习近平. 2016 年 4 月 26 日，在知识分子、劳动模范、青年代表座谈会上的讲话，http://www.xinhuanet.com/politics/2016-04/30/c_1118776008.htm.

[3] 习近平强调要直面问题解决问题，http://www.dangjian.cn/djw2016sy/djw2016syyw/201907/t20190708_5177009.shtml.

[4] 习近平：让大家心无旁骛投入创新事业中，http://www.ce.cn/xwzx/gnsz/szyw/201901/18/t20190118_31299649.shtml.

次,可见其受重视程度。这些论述涵盖了创新的方方面面,包括科技、人才、文艺、军事等方面的创新,以及在理论、制度、实践上如何创新。正如习近平所说:"坚持创新发展,就是要把创新摆在国家发展全局的核心位置,让创新贯穿国家一切工作,让创新在全社会蔚然成风。"[1]

中共十八届五中全会明确了"创新、协调、绿色、开放、共享"五大发展理念,"创新"一词排在第一位。创新是人类特有的活动,对一切劳动者来说,创新都是平等的,每个人都享有创新的权利。正如习近平所说:"一切创造,无论是个人创造,还是集体创造,都值得尊重和鼓励。"[2]因此,创新劳动成为消除体力劳动和脑力劳动差别的重要方式。一方面,体力劳动者和脑力劳动者都可以通过创新展现自己的劳动技能,创造出更多的社会财富,在创新中,体力劳动和脑力劳动实现了地位上的平等。另一方面,通过创新劳动,体力劳动者逐渐从简单、重复的劳动中解放出来,与脑力劳动者一起走向了各尽所能、全面发展的劳动形态,从而消除了体力劳动与脑力劳动之间的差别。

三、追求合理的科学劳动形态

2014年4月30日,习近平在乌鲁木齐接见劳动模范和先进工作者、先进人物代表,并同他们座谈时强调:"劳动是一切成功的必经之路。当前,全国各族人民正满怀信心为实现'两个一百年'奋斗目标而努力。实现我们确立的奋斗目标,归根到底要靠辛勤劳动、诚实劳动、科学劳动。"习近平同志首次提出了"科学劳动"这一时代发展新概念,这是习近平同志在和谐劳动形态观和创新劳动形态观的基础上,根据现实的变化和需要,提出的一种新的社会主义劳动形态,也是对中国特色社会主义应然劳动形态的时代回答。

科学成为21世纪的流行词汇,习近平同志提出科学劳动,具有深刻的含义。

(1) 所谓科学的劳动,首先是勤劳和诚实的劳动。科学就是被人们广泛认可的一种合理的存在样式。勤劳和诚实是中华民族的传统美德,但是,随着现代化的发展,在市场经济的影响下,出现了部分非法经营、不诚实劳动的社会现象,也出现了好吃懒做的"啃老族"。这些现象的出现严重影响了社会主义正常劳动形态的发展。

(2) 习近平同志提出科学劳动的重要含义就是要提高劳动者的科学技能水平,增强科技因素在劳动中的含量。习近平同志早在其著作《摆脱贫困》一书中就提出:"依靠科学技术进步可以有效地提高劳动者的素质。"[3]当今世界,是一个讲求科学的世界,科学技术是国家发展的利器。步入新时代,我们要实现经济发展的结构转型,为人民的美好生活创造条件,就要增强劳动中的科技含量,通过科学劳动,让人民的生活变得更加美好。

(3) 劳动是人的劳动,因此,科学劳动是以尊重人的基本需要为前提。中共十八届五中全会上,习近平同志指出:"坚持共享发展,必须坚持发展为了人民、发展依靠人民、发展成果由人民共享,作出更有效的制度安排,使全体人民在共建共享发展中有更多获得感,增强发展动力,增进人民团结,朝着共同富裕方向稳步前进。按照人人参与、人人尽力、

---

[1] 《中华人民共和国国民经济和社会发展第十三个五年规划纲要》.
[2] 习近平. 在庆祝"五一"国际劳动节暨表彰全国劳动模范和先进工作者大会上的讲话[N]. 光明日报,2015-4-29.
[3] 习近平. 摆脱贫困[M]. 福州:福建人民出版社,1992:116.

人人享有的要求,坚守底线、突出重点、完善制度、引导预期,注重机会公平,保障基本民生,实现全体人民共同迈入全面小康社会。""坚持居民收入增长和经济增长同步、劳动报酬提高和劳动生产率提高同步,健全科学的工资水平决定机制。"习近平这一论述表明只有满足人成长和发展规律的劳动才是科学的,我们的劳动不是为了追求结果而忘记自身成长,而是劳动者自身、劳动因素、劳动成果都实现科学化的一种科学劳动形态。

习近平同志立足于新时代中国特色社会主义的实际,以人民为中心,以社会发展现实为依据,提出了要构建和谐的劳动关系形态,倡导多样的创新劳动形态,追求合理的科学劳动形态。这些论述的提出展现了中国特色社会主义劳动形态的先进性和优越性,中国人民将在这样一个可以"让劳动者实现体面劳动、全面发展"的健康劳动形态中,创造新时代的新辉煌。

第五节 劳动精神观

实现我们的发展目标,不仅要在物质上强大起来,而且要在精神上强大起来。党的十八大以来,习近平总书记多次围绕弘扬劳动精神等内容进行深刻阐述,内涵丰富、思想深邃,为决胜全面建成小康社会、夺取新时代中国特色社会主义伟大胜利、实现中华民族伟大复兴的中国梦提供了强大的思想引领和精神支撑。

2014年4月30日,习近平在乌鲁木齐接见劳动模范和先进工作者、先进人物代表,并同他们座谈时强调:"我们要在全社会大力弘扬劳动光荣、知识崇高、人才宝贵、创造伟大的时代新风,促使全体社会成员弘扬劳动精神,推动全社会热爱劳动、投身劳动、爱岗敬业,为改革开放和社会主义现代化建设贡献智慧和力量。"

2020年11月24日,习近平在全国劳动模范和先进工作者表彰大会上讲话指出:"在长期实践中,我们培育形成了爱岗敬业、争创一流、艰苦奋斗、勇于创新、淡泊名利、甘于奉献的劳模精神,崇尚劳动、热爱劳动、辛勤劳动、诚实劳动的劳动精神,执着专注、精益求精、一丝不苟、追求卓越的工匠精神。劳模精神、劳动精神、工匠精神是以爱国主义为核心的民族精神和以改革创新为核心的时代精神的生动体现,是鼓舞全党全国各族人民风雨无阻、勇敢前进的强大精神动力。"[1]

一、提倡劳模精神

党的十八大以来,习近平同志在各地考察时都不忘当地各个行业的劳动模范,在全国性的各行各业工作大会上,劳动模范成为重要的参会人员,在"五一"国际劳动节讲话中,习近平也多次强调劳动模范的伟大作用,这些都体现了习近平同志尊重劳动模范、提倡劳模精神。

2016年4月26日,习近平在知识分子、劳动模范、青年代表座谈会上指出"劳动模范

---

[1] 习近平. 2020年11月24日,在全国劳动模范和先进工作者表彰大会上的讲话, http://www.mzyfz.com/html/2330/2021-12-29/content-1549221.html.

是劳动群众的杰出代表,是最美的劳动者","劳模精神,是伟大时代精神的生动体现"。

(1) 高度评价劳动模范的历史贡献和地位。习近平总书记指出:"劳动模范是民族的精英、人民的楷模,是共和国的功臣。"[1]党和国家始终高度重视发挥劳动模范和先进工作者的重要作用。

(2) 赞扬劳模精神,提倡劳模精神。劳模精神丰富了民族精神和时代精神,是我们极为宝贵的精神财富,步入新时代,我们要继续大力弘扬劳模精神、发挥劳动模范的作用。习近平同志的论述将劳模精神与民族精神和时代精神相联系,丰富了劳模精神的内涵。此后,习近平同志在其他讲话中也再次强调了劳模精神,指出:"伟大的事业需要伟大的精神,全社会要大力弘扬劳模精神、劳动精神,宣传典型和先进事例,引导广大人民辛勤劳动。"习近平同志赞扬劳模精神,提倡劳模精神旨在激发全国劳动人民的劳动热情,以汇聚磅礴之力共筑中国梦。

(3) 习近平同志关心劳动模范的生活和成长。为了更好地弘扬劳模精神,鼓励劳模在新时代的征程上继续建功立业,习近平同志指出,各级党委和政府要热情关心他们的工作、学习、生活,为他们的健康和幸福、为他们更好地发挥作用创造良好环境和条件。

二、培育工匠精神

2020年11月24日,习近平总书记在全国劳动模范和先进工作者表彰大会上指出,在长期实践中,我们培育形成了"执着专注、精益求精、一丝不苟、追求卓越的工匠精神"[2]。2020年12月10日,习近平给中华人民共和国第一届职业技能大赛的贺信中强调:"技术工人队伍是支撑中国制造、中国创造的重要力量。……各级党委和政府要高度重视技能人才工作,大力弘扬劳模精神、劳动精神、工匠精神,激励更多劳动者特别是青年一代走技能成才、技能报国之路,培养更多高技能人才和大国工匠,为全面建设社会主义现代化国家提供有力人才保障。"[3]

世界技能大赛每两年举办一届,被誉为"世界技能奥林匹克"。2019年9月,习近平对我国技能选手在第45届世界技能大赛上取得佳绩作出重要指示,向我国参赛选手和从事技能人才培养工作的同志们致以热烈祝贺。习近平强调:"劳动者素质对一个国家、一个民族发展至关重要。技术工人队伍是支撑中国制造、中国创造的重要基础,对推动经济高质量发展具有重要作用。要健全技能人才培养、使用、评价、激励制度,大力发展技工教育,大规模开展职业技能培训,加快培养大批高素质劳动者和技术技能人才。要在全社会弘扬精益求精的工匠精神,激励广大青年走技能成才、技能报国之路。"

工匠精神首先是一种劳动精神。人民创造历史从根本上看是劳动创造历史。工匠精神是对职业劳动的奉献精神,工匠精神是时代精神的生动体现,折射着各行各业一线劳动者的精神风貌。实现第二个百年奋斗目标、实现中华民族伟大复兴,需要我们每个人尤其是

---

[1] 习近平. 在同全国劳动模范代表座谈时的讲话[N]. 人民日报, 2013-4-29.

[2] 习近平. 2020年11月24日, 在全国劳动模范和先进工作者表彰大会上的讲话, http://www.mzyfz.com/html/2330/2021-12-29/content-1549221.html.

[3] 习近平. 2020年12月10日, 给中华人民共和国第一届职业技能大赛的贺信, http://paper.dzwww.com/dzrb/content/20201211/Articel01002MT.htm.

广大青年主动践行、弘扬工匠精神，将自己对人生、对事业、对国家的热爱化作工作的激情，谱写敬业报国的时代乐章。

三、弘扬企业家精神

2020年7月21日，习近平总书记在企业家座谈会上指出："改革开放以来，我国逐步建立和不断完善社会主义市场经济体制，市场体系不断发展，各类市场主体蓬勃成长。到2019年底，我国已有市场主体1.23亿户，其中企业3858万户，个体工商户8261万户。这些市场主体是我国经济活动的主要参与者、就业机会的主要提供者、技术进步的主要推动者，在国家发展中发挥着十分重要的作用。"

"改革开放以来，一大批有胆识、勇创新的企业家茁壮成长，形成了具有鲜明时代特征、民族特色、世界水准的中国企业家队伍。企业家要带领企业战胜当前的困难，走向更辉煌的未来，就要在爱国、创新、诚信、社会责任和国际视野等方面不断提升自己，努力成为新时代构建新发展格局、建设现代化经济体系、推动高质量发展的生力军。"习近平总书记希望企业家增强爱国情怀、勇于创新、诚信守法、承担社会责任、拓展国际视野，这五个方面的殷切期望，正是对新时代"企业家精神"的精准概括。

(1) 肯定了企业家精神对社会发展的重要作用。2018年1月22日，习近平致信全国个体劳动者第五次代表大会强调："40年来，在党和国家鼓励、支持、引导方针政策指引下，个体私营经济在稳定增长、促进创新、增加就业、改善民生等方面发挥了重要作用。"习近平同志的这一论述肯定了企业家不仅在经济发展方面有重要作用，而且肯定了企业家在社会发展的其他方面也发挥了不可替代的作用，激励企业家们在新时代进一步发挥企业家精神。

(2) 强调在新时代改革开放需要企业家精神。2016年3月4日，习近平在看望出席全国政协十二届四次会议的民建、工商联委员并参加联组会时指出，广大非公有制经济人士要准确把握我国经济发展大势，提升自身综合素质，完善企业经营管理制度，激发企业家精神，发挥企业家才能，增强企业内在活力和创造力，推动企业不断取得更新更好发展。2016年7月8日，习近平主持召开经济形势专家座谈会，会上，习近平提出，要加快培养造就国际一流的经济学家、具有国际视野的企业家。

这些重要论述表明，中国经济的改革开放需要进一步激发市场蕴藏的活力，培养和保护企业家精神。

(3) 要为更好发挥企业家精神创造条件。2016年12月，习近平同志在中央经济工作会议上指出要"保护企业家精神，支持企业家专心创新创业"；2017年4月18日，中央全面深化改革领导小组第34次会议通过了《关于进一步激发和保护企业家精神的意见》，意见指出："企业家是经济活动的重要主体，要深度挖掘优秀企业家精神特质和典型案例，弘扬企业家精神，发挥企业家示范作用，造就优秀企业家队伍。"习近平同志的重要论述和相关方针政策的出台，为新时代进一步激发和弘扬企业家精神创造了条件，指明了道路。

伟大的精神铸就伟大的民族。中华民族在继承传统劳动精神的基础上，在长期实践中，培育形成了崇尚劳动、热爱劳动、辛勤劳动、诚实劳动的劳动精神，结合社会主义发展的实际，进而培育形成了新时代的劳模精神、工匠精神和企业家精神。劳模精神、劳动精神、工匠精神、企业家精神都是以爱国主义为核心的民族精神和以改革创新为核心的时代精神的生动体现,是鼓舞全党全国各族人民风雨无阻、勇敢前进的强大精神动力。这些精神有利于激发人民劳动的积极性,中华民族将以更加高涨的热情踏上新时代的征程,抒写新时代的华丽篇章。

思考与实践

一、问题思考
1. 结合实际思考创新劳动形态有哪些。
2. 如何理解青年是劳动的有生力量。
3. 联系现实思考当前我国培育工匠精神的必要性。

二、实践训练:展望我们未来的职场
1. 活动的目的与任务
(1) 进一步加深对专业的认识。
(2) 帮助学生树立正确择业观,增强学生的职业荣誉感,积累职业经验,提升就业创业能力。
2. 活动形式及流程
(1) 采访本专业老师和优秀毕业生。
(2) 我的职业设计。
(3) 我的职业(成就)畅想。
3. 要求
(1) 分组活动。
(2) 提前准备活动方案。

拓展学习

一、视频学习

5-1. 崇尚劳动的习近平

5-2. 中国梦 劳动美

5-3. 张西京:生命守门人 人民的军医

5-4. 五四青年节是属于我们的劳动节

5-5. 汪勇：你们守护"大家" 我来守护"你们"

5-6. 隋耀达："带着乡亲们过上好日子这辈子值了"

5-7. 刘欣：终于热爱，散发光芒

5-8. 杜云："全能书记"社区主心骨

5-9. 大学生志愿者心中有责任，肩上有担当

5-10. 大学生志愿服务助春耕

5-11. 大学生暑期支教走进社区 让留守儿童过快乐暑假

5-12. 大学生热心公益，义务清理河边垃圾

二、拓展阅读

习近平：劳动最光荣 奋斗最幸福[1]

编者按：人民创造历史，劳动开创未来。党的十八大以来，习近平总书记多次围绕劳动、劳动者、劳动精神、劳动者素质等内容进行深刻阐述。

美好生活靠劳动创造

人民对美好生活的向往，就是我们的奋斗目标。人世间的一切幸福都需要靠辛勤的劳动来创造。

——2012年11月15日，在十八届中共中央政治局常委同中外记者见面会上的讲话

"功崇惟志，业广惟勤。"我国仍处于并将长期处于社会主义初级阶段，实现中国梦，创造全体人民更加美好的生活，任重而道远，需要我们每一个人继续付出辛勤劳动和艰苦努力。

——2013年3月17日，在第十二届全国人民代表大会第一次会议上的讲话

人民创造历史，劳动开创未来。劳动是推动人类社会进步的根本力量。幸福不会从天而降，梦想不会自动成真。实现我们的奋斗目标，开创我们的美好未来，必须紧紧依靠人民、始终为了人民，必须依靠辛勤劳动、诚实劳动、创造性劳动。我们说"空谈误国，实干兴邦"，实干首先就要脚踏实地劳动。

——2013年4月28日，在同全国劳动模范代表座谈时的讲话

劳动是财富的源泉，也是幸福的源泉。人世间的美好梦想，只有通过诚实劳动才能实现；发展中的各种难题，只有通过诚实劳动才能破解；生命里的一切辉煌，只有通过诚实劳动才能铸就。劳动创造了中华民族，造就了中华民族的辉煌历史，也必将创造出中华民族的光明未来。

——2013年4月28日，在同全国劳动模范代表座谈时的讲话

劳动是一切成功的必经之路。当前，全国各族人民正满怀信心为实现"两个一百年"奋

---

[1] http://www.qstheory.cn/zhuanqu/2021-04/29/c_1127392227.htm.

斗目标而努力。实现我们确立的奋斗目标，归根到底要靠辛勤劳动、诚实劳动、科学劳动。

——2014年4月30日，在乌鲁木齐接见劳动模范和先进工作者、先进人物代表时的讲话

劳动是人类的本质活动，劳动光荣、创造伟大是对人类文明进步规律的重要诠释。"民生在勤，勤则不匮。"中华民族是勤于劳动、善于创造的民族。正是因为劳动创造，我们拥有了历史的辉煌；也正是因为劳动创造，我们拥有了今天的成就。

——2015年4月28日，在庆祝"五一"国际劳动节暨表彰全国劳动模范和先进工作者大会上的讲话

幸福不是毛毛雨，幸福不是免费午餐，幸福不会从天而降。人间的一切成就、一切幸福都源于劳动和创造。

——2015年6月1日，在会见中国少年先锋队第七次全国代表大会全体代表时的讲话

"人生在勤，勤则不匮。"幸福不会从天降，美好生活靠劳动创造。全面建成小康社会的奋斗目标，为广大劳动群众指明了光明的未来；全面建成小康社会的历史任务，为广大劳动群众赋予了光荣的使命；全面建成小康社会的伟大征程，为广大劳动群众提供了宝贵的机遇。面对这样一个千帆竞发、百舸争流、有机会干事业、能干成事业的时代，广大劳动群众一定要倍加珍惜、倍加努力。

——2016年4月26日，在知识分子、劳动模范、青年代表座谈会上的讲话

社会主义是干出来的，新时代也是干出来的。希望你们珍惜荣誉、努力学习，在各自岗位上继续拼搏、再创佳绩，用你们的干劲、闯劲、钻劲鼓舞更多的人，激励广大劳动群众争做新时代的奋斗者。

——2018年4月30日，给中国劳动关系学院劳模本科班学员的回信

南水北调东线工程取得的重大成就，离不开数十万建设者长期的辛勤劳动，离不开沿线40万移民的巨大奉献。

——2020年11月12日至13日，在江苏考察时的讲话

劳动最光荣、最崇高、最伟大、最美丽

"一勤天下无难事。"必须牢固树立劳动最光荣、劳动最崇高、劳动最伟大、劳动最美丽的观念，让全体人民进一步焕发劳动热情、释放创造潜能，通过劳动创造更加美好的生活。

——2013年4月28日，在同全国劳动模范代表座谈时的讲话

要在全社会大力弘扬我国工人阶级的优秀品质，大力宣传劳动模范和其他典型的先进事迹，加强对广大青少年的教育，让劳动最光荣、劳动最崇高、劳动最伟大、劳动最美丽的观念蔚然成风，让全体人民进一步焕发劳动热情、释放创造潜能，通过劳动创造更加美好的生活。

——2013年10月23日，在同中华全国总工会新一届领导班子集体谈话时的讲话

三百六十行，行行出状元。任何一名劳动者，要想在百舸争流、千帆竞发的洪流中勇立潮头，在不进则退、不强则弱的竞争中赢得优势，在报效祖国、服务人民的人生中有所作为，就要孜孜不倦学习、勤勉奋发干事。一切劳动者，只要肯学肯干肯钻研，练就一身真本领，掌握一手好技术，就能立足岗位成长成才，就都能在劳动中发现广阔的天地，在

劳动中体现价值、展现风采、感受快乐。

——2015年4月28日，在庆祝"五一"国际劳动节暨表彰全国劳动模范和先进工作者大会上的讲话

梦想属于每一个人，广大劳动群众要敢想敢干、敢于追梦。说到底，实现中华民族伟大复兴的中国梦，要靠各行各业人们的辛勤劳动。现在，党和国家事业空间很大，只要有志气有闯劲，普通劳动者也可以在宽广舞台上展示自己的人生价值。许多劳动模范平凡而感人的事迹，都充分说明了这一点。我们要在全社会大力弘扬劳动精神，提倡通过诚实劳动来实现人生的梦想、改变自己的命运，反对一切不劳而获、投机取巧、贪图享乐的思想。

——2016年4月26日，在知识分子、劳动模范、青年代表座谈会上的讲话

我一直强调，劳动最光荣、劳动最崇高、劳动最伟大、劳动最美丽。全社会都应该尊敬劳动模范、弘扬劳模精神，让诚实劳动、勤勉工作蔚然成风。

——2018年4月30日，给中国劳动关系学院劳模本科班学员的回信

全社会要崇尚劳动、见贤思齐，加大对劳动模范和先进工作者的宣传力度，讲好劳模故事、讲好劳动故事、讲好工匠故事，弘扬劳动最光荣、劳动最崇高、劳动最伟大、劳动最美丽的社会风尚。

——2020年11月24日，在全国劳动模范和先进工作者表彰大会上的讲话

大力弘扬劳模精神、劳动精神、工匠精神

必须大力弘扬劳模精神、发挥劳模作用。榜样的力量是无穷的。劳动模范是民族的精英、人民的楷模。长期以来，广大劳模以平凡的劳动创造了不平凡的业绩，铸就了"爱岗敬业、争创一流，艰苦奋斗、勇于创新，淡泊名利、甘于奉献"的劳模精神，丰富了民族精神和时代精神的内涵，是我们极为宝贵的精神财富。

实现我们的发展目标，不仅要在物质上强大起来，而且要在精神上强大起来。全国各族人民都要向劳模学习，以劳模为榜样，发挥只争朝夕的奋斗精神，共同投身实现中华民族伟大复兴的宏伟事业。

——2013年4月28日，在同全国劳动模范代表座谈时的讲话

伟大的事业需要伟大的精神，伟大的精神来自于伟大的人民。我们一定要在全社会大力弘扬劳模精神、劳动精神，大力宣传劳动模范和其他典型的先进事迹，引导广大人民群众树立辛勤劳动、诚实劳动、创造性劳动的理念，让劳动光荣、创造伟大成为铿锵的时代强音，让劳动最光荣、劳动最崇高、劳动最伟大、劳动最美丽蔚然成风。要教育孩子们从小热爱劳动、热爱创造，通过劳动和创造播种希望、收获果实，也通过劳动和创造磨炼意志、提高自己。

——2015年4月28日，在庆祝"五一"国际劳动节暨表彰全国劳动模范和先进工作者大会上的讲话

劳动模范是劳动群众的杰出代表，是最美的劳动者。劳动模范身上体现的"爱岗敬业、争创一流，艰苦奋斗、勇于创新，淡泊名利、甘于奉献"的劳模精神，是伟大时代精神的生动体现。我们要在全社会大力宣传劳动模范的先进事迹，号召全社会向他们学习、向他们致敬。要为劳动模范更好施展才华、展现精神品格提供全方位支持，使他们的劳动技能、

创新方法、管理经验能广泛传播，充分发挥示范带动作用。劳动模范要珍惜荣誉、谦虚谨慎、再接再厉，不断在新的起点上为党和人民创造更大业绩。

——2016年4月26日，在知识分子、劳动模范、青年代表座谈会上的讲话

党的十九大描绘了建设社会主义现代化强国的美好蓝图，成果人人有份，责任也人人有份。广大企业职工要增强新时代工人阶级的自豪感和使命感，爱岗敬业、拼搏奉献，大力弘扬劳模精神和工匠精神，在为实现中国梦的奋斗中争取人人出彩。

——2017年12月12日至13日，在江苏考察时的讲话

大力弘扬劳模精神、劳动精神、工匠精神。"不惰者，众善之师也。"在长期实践中，我们培育形成了爱岗敬业、争创一流、艰苦奋斗、勇于创新、淡泊名利、甘于奉献的劳模精神，崇尚劳动、热爱劳动、辛勤劳动、诚实劳动的劳动精神，执着专注、精益求精、一丝不苟、追求卓越的工匠精神。劳模精神、劳动精神、工匠精神是以爱国主义为核心的民族精神和以改革创新为核心的时代精神的生动体现，是鼓舞全党全国各族人民风雨无阻、勇敢前进的强大精神动力。

——2020年11月24日，在全国劳动模范和先进工作者表彰大会上的讲话

崇尚劳动、尊重劳动者

全社会都要贯彻尊重劳动、尊重知识、尊重人才、尊重创造的重大方针，维护和发展劳动者的利益，保障劳动者的权利。要坚持社会公平正义，排除阻碍劳动者参与发展、分享发展成果的障碍，努力让劳动者实现体面劳动、全面发展。全社会都要热爱劳动，以辛勤劳动为荣，以好逸恶劳为耻。

——2013年4月28日，在同全国劳动模范代表座谈时的讲话

我们要在全社会大力弘扬劳动光荣、知识崇高、人才宝贵、创造伟大的时代新风，促使全体社会成员弘扬劳动精神，推动全社会热爱劳动、投身劳动、爱岗敬业，为改革开放和社会主义现代化建设贡献智慧和力量。劳动模范和先进工作者、先进人物不仅自己要做好工作，而且要身体力行向全社会传播劳动精神和劳动观念，让勤奋做事、勤勉为人、勤劳致富在全社会蔚然成风。

——2014年4月30日，在乌鲁木齐接见劳动模范和先进工作者、先进人物代表时的讲话

我们所处的时代是催人奋进的伟大时代，我们进行的事业是前无古人的伟大事业，我们正在从事的中国特色社会主义事业是全体人民的共同事业。全面建成小康社会，进而建成富强民主文明和谐的社会主义现代化国家，根本上靠劳动、靠劳动者创造。因此，无论时代条件如何变化，我们始终都要崇尚劳动、尊重劳动者，始终重视发挥工人阶级和广大劳动群众的主力军作用。这就是我们今天纪念"五一"国际劳动节的重大意义。

——2015年4月28日，在庆祝"五一"国际劳动节暨表彰全国劳动模范和先进工作者大会上的讲话

人类是劳动创造的，社会是劳动创造的。劳动没有高低贵贱之分，任何一份职业都很光荣。广大劳动群众要立足本职岗位诚实劳动。无论从事什么劳动，都要干一行、爱一行、钻一行。在工厂车间，就要弘扬"工匠精神"，精心打磨每一个零部件，生产优质的产品。

在田间地头，就要精心耕作，努力赢得丰收。在商场店铺，就要笑迎天下客，童叟无欺，提供优质的服务。只要踏实劳动、勤勉劳动，在平凡岗位上也能干出不平凡的业绩。

——2016年4月26日，在知识分子、劳动模范、青年代表座谈会上的讲话

要弘扬中华民族传统美德，勤劳致富，勤俭持家。要发扬中华民族孝亲敬老的传统美德，引导人们自觉承担家庭责任，树立良好家风，强化家庭成员赡养、扶养老年人的责任意识，促进家庭老少和顺。一个健康向上的民族，就应该鼓励劳动、鼓励就业、鼓励靠自己的努力养活家庭，服务社会，贡献国家。

——2017年6月23日，在深度贫困地区脱贫攻坚座谈会上的讲话

要在学生中弘扬劳动精神，教育引导学生崇尚劳动、尊重劳动，懂得劳动最光荣、劳动最崇高、劳动最伟大、劳动最美丽的道理，长大后能够辛勤劳动、诚实劳动、创造性劳动。

——2018年9月10日，在全国教育大会上的讲话

各级党委和政府以及各级领导干部要认真贯彻党中央关于科技创新的决策部署，落实好创新驱动发展战略，尊重劳动、尊重知识、尊重人才、尊重创造，遵循科学发展规律，推动科技创新成果不断涌现，并转化为现实生产力。

——2020年9月11日，在科学家座谈会上的讲话

各级党委和政府要尊重劳模、关爱劳模，贯彻好尊重劳动、尊重知识、尊重人才、尊重创造方针，完善劳模政策，提升劳模地位，落实劳模待遇，推动更多劳动模范和先进工作者竞相涌现。

——2020年11月24日，在全国劳动模范和先进工作者表彰大会上的讲话

努力建设高素质劳动大军

特别是要通过各种措施和方式，教育引导广大青少年牢固树立热爱劳动的思想、牢固养成热爱劳动的习惯，为祖国发展培养一代又一代勤于劳动、善于劳动的高素质劳动者。

——2014年4月30日，在乌鲁木齐接见劳动模范和先进工作者、先进人物代表时的讲话

在前进道路上，我们要始终高度重视提高劳动者素质，培养宏大的高素质劳动者大军。劳动者素质对一个国家、一个民族发展至关重要。劳动者的知识和才能积累越多，创造能力就越大。提高包括广大劳动者在内的全民族文明素质，是民族发展的长远大计。面对日趋激烈的国际竞争，一个国家发展能否抢占先机、赢得主动，越来越取决于国民素质特别是广大劳动者素质。要实施职工素质建设工程，推动建设宏大的知识型、技术型、创新型劳动者大军。

——2015年4月28日，在庆祝"五一"国际劳动节暨表彰全国劳动模范和先进工作者大会上的讲话

素质是立身之基，技能是立业之本。广大劳动群众要勤于学习，学文化、学科学、学技能、学各方面知识，不断提高综合素质，练就过硬本领。要立足岗位学，向师傅学，向同事学，向书本学，向实践学。三百六十行，行行出状元。任何一名劳动者，无论从事的劳动技术含量如何，只要勤于学习、善于实践，在工作上就兢兢业业、精益求精，就一定能够造就闪光的人生。

——2016年4月26日，在知识分子、劳动模范、青年代表座谈会上的讲话

建设知识型、技能型、创新型劳动者大军,弘扬劳模精神和工匠精神,营造劳动光荣的社会风尚和精益求精的敬业风气。

——2017年10月18日,在中国共产党第十九次全国代表大会上的报告

劳动者素质对一个国家、一个民族发展至关重要。技术工人队伍是支撑中国制造、中国创造的重要基础,对推动经济高质量发展具有重要作用。要健全技能人才培养、使用、评价、激励制度,大力发展技工教育,大规模开展职业技能培训,加快培养大批高素质劳动者和技术技能人才。要在全社会弘扬精益求精的工匠精神,激励广大青年走技能成才、技能报国之路。

——2019年9月,对我国技能选手在第45届世界技能大赛上取得佳绩作出的指示

要大力发展职业教育和培训,有效提升劳动者技能和收入水平,通过实现更加充分、更高质量的就业扩大中等收入群体,释放内需潜力。

——2020年9月22日,在教育文化卫生体育领域专家代表座谈会上的讲话

要努力建设高素质劳动大军。劳动者素质对一个国家、一个民族发展至关重要。当今世界,综合国力的竞争归根到底是人才的竞争、劳动者素质的竞争。我国工人阶级和广大劳动群众要树立终身学习的理念,养成善于学习、勤于思考的习惯,实现学以养德、学以增智、学以致用。要适应新一轮科技革命和产业变革的需要,密切关注行业、产业前沿知识和技术进展,勤学苦练、深入钻研,不断提高技术技能水平。要完善现代职业教育制度,创新各层次各类型职业教育模式,为劳动者成长创造良好条件。技术工人是支撑中国制造、中国创造的重要基础。要完善和落实技术工人培养、使用、评价、考核机制,提高技能人才待遇水平,畅通技能人才职业发展通道,完善技能人才激励政策,激励更多劳动者特别是青年人走技能成才、技能报国之路,培养更多高技能人才和大国工匠。要增强创新意识、培养创新思维,展示锐意创新的勇气、敢为人先的锐气、蓬勃向上的朝气。要推进产业工人队伍建设改革,落实产业工人思想引领、建功立业、素质提升、地位提高、队伍壮大等改革措施,造就一支有理想守信念、懂技术会创新、敢担当讲奉献的宏大产业工人队伍。

——2020年11月24日,在全国劳动模范和先进工作者表彰大会上的讲话

各级党委和政府要高度重视技能人才工作,大力弘扬劳模精神、劳动精神、工匠精神,激励更多劳动者特别是青年一代走技能成才、技能报国之路,培养更多高技能人才和大国工匠,为全面建设社会主义现代化国家提供有力人才保障。

——2020年12月10日,致首届全国职业技能大赛的贺信

在全面建设社会主义现代化国家新征程中,职业教育前途广阔、大有可为。要坚持党的领导,坚持正确办学方向,坚持立德树人,优化职业教育类型定位,深化产教融合、校企合作,深入推进育人方式、办学模式、管理体制、保障机制改革,稳步发展职业本科教育,建设一批高水平职业院校和专业,推动职普融通,增强职业教育适应性,加快构建现代职业教育体系,培养更多高素质技术技能人才、能工巧匠、大国工匠。各级党委和政府要加大制度创新、政策供给、投入力度,弘扬工匠精神,提高技术技能人才社会地位,为全面建设社会主义现代化国家、实现中华民族伟大复兴的中国梦提供有力人才和技能支撑。

——2021年4月,对职业教育工作作出的指示

新时代劳动价值观

> 党用伟大奋斗创造了百年伟业，也一定能用新的伟大奋斗创造新的伟业。全党全军全国各族人民要紧密团结在党中央周围，牢记空谈误国、实干兴邦，坚定信心、同心同德，埋头苦干、奋勇前进，为全面建设社会主义现代化国家、全面推进中华民族伟大复兴而团结奋斗！
>
> ——2022年10月16日，习近平在中国共产党第二十次全国代表大会上的报告
>
> 劳动是财富的源泉，也是幸福的源泉。人世间的美好梦想，只有通过诚实劳动才能实现；发展中的各种难题，只有通过诚实劳动才能破解；生命里的一切辉煌，只有通过诚实劳动才能铸就。
>
> ——2013年4月28日，习近平同全国劳动模范代表座谈时的讲话

价值观是指一个人对周围的客观事物(包括人、事、物)的意义、重要性的总评价和总看法，它是基于人的一定的思维感官之上而做出的认知、理解、判断或抉择，也就是人认定事物、辨别是非的一种思维或取向。人的价值观是一种内心尺度，它支配着人的观察、态度、行为、理想，支配着人如何认识世界和改造世界。人只有对事物进行了价值观上的认知才会进行选择和判断，因此，价值观对于一个人的人生有着非常大的影响。在社会发展日益丰富的今天，人的价值体系越来越多元化，随之而来的对劳动的认知和判断也越来越多样化。面对"啃老族""网红""眼球经济"等令人眼花缭乱的、层出不穷的新鲜事物，倡导正确的劳动价值观显得尤为紧迫而必要。

【学习目标】

1. 了解劳动价值观内涵及当代大学生劳动价值观现状。

2. 掌握新时代劳动价值观的具体内涵，深入理解新时代劳动价值观与社会主义核心价值观的契合，引导学生树立正确的新时代劳动价值观。

3. 了解当代大学生自觉树立新时代劳动价值观的意义及途径。

第一节 劳动价值观概述

一、价值及价值观概述

(一) 价值

价值作为哲学范畴具有最高的普遍性和概括性。从认识论上来说,价值是指客体能够满足主体需要的效益关系,是表示客体的属性和功能与主体需要间的一种效用、效益或效应关系。价值这一概念涉及价值主体和价值客体两个方面。价值主体是指对象性行为中作为行为者的人,是价值的创造者、实现者和享有者。价值客体是指这一对象性关系中的对象。

在经济学中,价值是商品的一个重要性质,它代表该商品在交换中能够交换得到其他商品的多少,价值通常通过货币来衡量,成为价格。这种观点中的价值,其实是交换价值的表现。古典经济学则认为价值和价格并不等同。按照马克思主义政治经济学的观点,价值就是凝结在商品中无差别的人类劳动,即商品价值。马克思还将价值分为使用价值(给予商品购买者用的价值)和交换价值(使用价值交换的量)。

(二) 价值观

价值观是指个人对客观事物(包括人、物、事)及对自己的行为结果的意义、作用、效果和重要性的总体评价,是人们关于价值本质的认识以及对人和事物的评价标准、评价原则、评价方法的观点体系,是个性心理结构的核心因素之一。价值观是用于区别好坏、分辨是非及其重要性的心理倾向体系,它反映人对客观事物的是非及重要性的评价。人不同于动物,动物只能被动适应环境,人不仅能认识世界是什么、怎么样,而且还知道为什么、应该做什么,发现事物对自己的意义、设计自己的人生蓝图、确定并实现奋斗目标。不同主体由于价值观不同,对客体的评判也就不同。

(三) 价值观的特点和作用

1. 价值观的特点

(1) 稳定性和持久性。价值观具有相对的稳定性和持久性。在特定的时间、地点、条件下,人们的价值观总是相对稳定和持久的。比如,对某种人或事物的好坏总有一个看法和评价,在条件不变的情况下这种看法不会改变。

(2) 历史性与选择性。在不同时代、不同社会生活环境中形成的价值观是不同的。一个人的价值观是从出生开始,在家庭和社会的影响下,逐步形成的。一个人所处社会的生产方式及其所处的经济地位,对其价值观的形成有决定性的影响。当然,父母、老师、朋友、公众人物等人的观点与行为以及书籍、报刊、影视和广播等宣传的观点,对一个人的价值观有不可忽视的影响。

(3) 主观性。用于区分好与坏的标准,是根据个人内心的尺度进行衡量和评价的,这些标准都属于价值观的体系。价值是由主体也就是个体对客体在多大程度上满足需要而得出的判断，个体的差异性影响价值观。不同的个体因为年龄性别、成长环境、受教育程度等存在差异，价值观也会因人而异。

由此可见，价值观有正确与错误之分，它对人们自身行为的定向和调节起着非常重要的作用，它直接影响和决定一个人的理想、信念、生活目标和追求。价值观还包括内容和强度两种属性，内容属性告诉人们某种方式的行为或存在状态是重要的，强度属性则表明其重要程度。

2. 价值观的作用

(1) 价值观对人们行为有导向的作用。人们行为的动机受价值观的支配和制约，价值观对动机模式有重要影响，在同样的客观条件下，具有不同价值观的人，其动机模式不同，产生的行为也不相同，动机的目的受价值观的支配，只有那些经过价值判断被认为是可取的，才能转换为行为的动机，并以此为目标引导人们的行为。

(2) 价值观反映人们的认知和需求状况。价值观是人们对客观世界及行为结果的评价和看法，因而，它从某个方面反映了人们的人生观和世界观，反映了人的主观认知世界。

二、劳动价值观

价值观念直接引导、调节并规范人们实践活动中的思想行为，提倡并鼓励正向有价值的思想行为，批判并克服负面价值的思想行为。同样，人的劳动行为是在劳动价值观指导下进行的，劳动价值观作为一种实践精神，在劳动的价值实现中发挥着重要作用。劳动价值观对劳动的价值实现的行为导向是通过其实践精神来实现的。

人们在劳动中总会形成对劳动的看法和认识，劳动价值观是人们关于劳动对人类和人类社会自身需要满足程度的根本看法，以及对于劳动和劳动者的基本态度。具体而言，就是人们关于劳动的价值及意义的评价标准、评价原则和方法的总观点的体系。劳动价值观的形成同时受多种因素的影响，包括时代的影响、人们所处的社会关系的影响以及传统文化的影响。新时代劳动价值观是植根于中国传统文化土壤，马克思主义理论与中国具体实践相结合的产物。时代在前进，理论在不断丰富，但始终不变的是对劳动和劳动者的尊重以及对热爱劳动、劳动光荣的价值追求。劳动价值观反映了劳动者对劳动的态度，决定着劳动行为。

劳动价值观具有行为导向和驱动能力。劳动价值观对人的劳动行为具有驱动性。所谓驱动性，是指一切劳动价值观都是支配人的劳动行为的价值动力，这种驱动仅存在正确与否的差别，不存在有无的差别，也就是说对人们的劳动行为不具有任何驱动功能的劳动价值观也是不存在的。由此来说，正确的、充满正能量的价值观促使人们的劳动行为朝正确的价值取向推进，而错误的劳动价值观会把人们的劳动引向歧途。因此，在劳动行为和劳动价值的实现中需要解决好价值动力的问题，才能更好地促进劳动发展。

三、大学生劳动价值观存在的问题

当前，一些青少年产生了好逸恶劳、嫌贫爱富、不劳而获等不良心态，折射出当前劳动价值观的缺失和异化。

（一）劳动意识薄弱

当代大学生的成长环境相对比较优越，从小到大大多没有吃过苦，有些人唯成绩论，不喜欢劳动，厌恶甚至逃避劳动，对劳动和劳动者缺乏应有的尊重，不珍惜劳动成果，有铺张浪费、攀比之风。随着社会的发展、科技的进步以及生活水平的提高，资本、知识、技术、信息在生产生活中的力量不断凸显，人们的劳动观念发生了很大变化。部分青年对劳动的理解出现偏差，好逸恶劳、渴望不劳而获、盲目消费、商品拜物教等现象出现。

（二）价值取向的功利性

受社会实用主义价值观的影响，不少学生价值取向出现日益功利性的倾向，对物质利益的追求远远高于精神层面。他们关注的重心不再是理想、奉献、为人民服务，国家的、集体的利益让位于个体，更多地关心个体的获利，越直接、越短期的获利越"吸睛"。学习中，那些能对生产生活直接产生作用、快速产生效益的知识越来越受到重视甚至吹捧，能带来直接利益的就是"有用"的，否则就是"无用"的。大学生选择工作的最重要的标准是钱赚得多少，国家和社会的需要、个人的兴趣等在金钱面前都要让位。

（三）价值判断的多元化

在改革开放和市场经济快速增长的今天，整个社会呈现出价值多元化、利益多样化的倾向，随之而来的个人享乐主义、拜金主义、极端个人主义等影响到校园中的大学生，使得大学生的价值观深受冲击，形成多元化的劳动价值观，其中较有代表性的劳动价值观有两种表现：一种是盲目夸大自我价值的"自我"型，认为劳动的价值在于自我奋斗，注重个人发展、关心个人利益，一切以自我为中心，对社会的集体的发展漠不关心，甚至把两者对立起来，形成自私自利的思想；另一种是"金钱至上"型。一切以"金钱"为衡量标准，人的劳动价值的体现是金钱的多少，金钱利益至上。

（四）价值主体的个体本位

在价值观上，追求自我为中心和自我本位。表现为过多地要求社会、他人对个人自己的满足，但自己对社会、对他人服务付出的观念淡薄，缺少对社会、对集体的责任感和义务感，缺少默默无闻、无私奉献的精神，更缺少了责任和担当。

（五）知行不一

有些大学生对于劳动价值观的认知仅仅停留在理论学习的认识层面，认知方面足够清晰，但由于各种原因，参与劳动的动机不强，在付诸实践方面有所欠缺，重视脑力劳动，轻视体力劳动，认知与行为相矛盾。

（六）缺乏创造性劳动意识与动力

新时代劳动价值观的培育更侧重于培养学生劳动的实践性和创新性，但有些大学生对创造性劳动的内涵不了解，创造性劳动意识与动力不足。

第二节 新时代劳动价值观概述

劳动价值观是马克思的基本观点。马克思认为，劳动不仅是谋生的手段，更是通向客观世界与主观世界的媒介，也是实现人性至美至善、彻底自由的必由之路。马克思、恩格斯对于劳动价值观的理解主要存在三种相互联系的解释模式：第一种是历史唯物主义的解释模式，强调劳动创造世界、劳动创造历史和劳动创造人本身；第二种是政治经济学的解释模式，强调劳动是商品价值的唯一源泉，劳动剥削是资本主义的社会本性，按劳分配是实现社会正义的重要原则；第三种是教育学原理的解释模式，强调劳动形成人的本质，劳动是实现人的全面发展的重要途径，教育与生产劳动相结合是社会主义教育的根本原则。这三种劳动价值观的阐述，既是马克思主义经典著作的重要内容，也是深入理解与应用马克思主义学说的重要通道。

新时代劳动价值观是以马克思主义劳动价值观为指导，植根于中华传统历史文明，在中国具体的革命战争和改革开放的实践中，为建设现代化社会主义强国实现中华民族伟大复兴而逐渐形成的关于劳动的认知，是社会主义核心价值观的具体生动体现，凝结着中国劳动人民的集体智慧和认知。

一、当代中国劳动价值观的发展

新中国成立后，马克思主义劳动价值观逐渐确立起来，之后一段时间发生了认识上的偏差和实践上的偏颇，改革开放后随着市场经济的发展，人们的劳动价值观也呈现出多元化的特征。党的十八大以来，伴随着全面深化改革，中华民族的伟大复兴呼唤着劳动光荣、劳动崇高、劳动伟大的马克思主义劳动价值观的弘扬。

（一）马克思主义劳动价值观的确立

从新中国成立到1966年，是马克思主义劳动价值观的逐步确立时期。中华人民共和国的成立，劳动人民得到了真正的解放并成为社会的主人。这一时期，伴随着马克思主义劳动价值观的宣传与教育的广泛开展，马克思主义劳动价值观在全社会逐渐深入人心。

1. 劳动价值主体地位的确立

马克思主义认为，劳动是人和人类社会存在和发展的基础，是社会财富的源泉。旧社会的劳动人民处于社会最底层，劳动并没有给他们带来幸福，反而是统治阶级剥削劳动人民的手段。新中国成立后，人民当家作主，劳动者的地位得到了极大提高。劳动成为社会动员的主题，"爱劳动"构成劳动价值观的核心，"劳动光荣"成为时代的主旋律。劳动人民成为生产资料的主人、国家的主人，劳动才真正实现了为自己、为他人、为国家与社会的有机统一。社会主义制度的建立，确立了劳动人民的劳动价值主体地位，它是马克思主义劳动价值观在当代中国得以实现的基石和前提条件。

2. 以集体本位为主导的劳动价值观成为主流价值观

集体主义是社会主义的应有之义。新中国的成立、社会主义制度的建立,激发了全国人民爱国、爱党、爱人民、爱社会主义的热情,"为人民服务"成为社会的主流价值观。全国各族人民积极响应党和国家的号召,全面投入建设社会主义伟大事业的激流中。以集体的需要为导向的新的价值取向逐渐形成,以个人为本位的劳动价值观被视为落后的、消极的,会遭到全社会的批判。

这一时期,社会平等意识空前,社会公正让劳动者在政治生活中心情舒畅,激发了劳动的积极性。但必须明确的是,此时的劳动者主要指体力劳动者,知识分子等脑力劳动者成为被改造的对象,要接受劳动人民的改造,出现了反智主义的倾向。

(二) 马克思主义劳动价值观在认识和实践上的多样化

1978 年,中共十一届三中全会的召开到党的十八大的召开,马克思主义劳动价值观随着改革开放的逐步深化而呈现多样化。中共十一届三中全会的召开标志着我国进入了"以经济建设为中心"的社会主义建设新时期,改革开放的提出和发展使国家进入了新的历史发展阶段,新中国成立初期以政治化为主导的劳动价值体系发生了深刻的变化。

1. 改革开放初期——"劳动致富"

改革开放后,社会发展走向正常运转的轨道,阶级划分对人们的束缚也被破除。国家提倡让一部分人先富起来,以先富带动后富。1983 年,邓小平同国家计委、国家经委和农业部门负责同志谈话时说:"农村、城市都要允许一部分人先富裕起来,勤劳致富是正当的。一部分人先富裕起来,一部分地区先富裕起来,是大家都拥护的新办法,新办法比老办法好。"过去的以集体为本位的劳动价值观面临挑战,个体的劳动热情被激发出来,"勤劳致富"的劳动价值观随之形成。个体利益得到彰显,个人需求得到了激发,劳动者的热情高涨,追求物质利益成为劳动者的正当而又重要的目标。传统的集体主义价值观,在国家动员与个人利益之间产生了巨大的张力。

在"允许一部分人先富起来"的号召下,一度出现了"脑体倒挂"的现象。当时国内没有大规模发展高科技产业的能力和条件,多数产业是劳动密集型产业,其特点是技术含量低、见效快,许多没有文化知识的人凭借勤劳、能吃苦的精神就可以赚很多钱。而当时的知识分子较少有利用知识和技术创造财富的机会,即便有机会,也由于分配方式的不合理难以获得较高的收入,这就导致脑力劳动者的收入普遍低于同龄的体力劳动者。20 世纪 90 年代,随着社会主义市场经济的建立和发展,知识和技术作为生产因素进入商品化交易的环节中,加之社会自动化程度的不断提高和计算机技术的广泛应用,产业从劳动密集型逐渐向知识密集型和技术密集型转变,脑力劳动者的收入和报酬才得到了较大程度的改善,至此,"脑体倒挂"的现象才逐步减少。

2. 劳动价值取向呈现多样化

劳动价值取向呈现多样化具体表现在以下方面。

(1) 劳动价值取向的世俗化。在拜金主义、享乐主义等思想影响下，一些人的价值取向逐渐呈现世俗化倾向。劳动不再是神圣的，劳动者也不再是光荣的称号，取而代之的是对名利的崇拜。市场经济条件下的"一夜暴富"等现象，使得一些人对诚实劳动、创造性劳动和合法经营等马克思主义劳动价值观不屑一顾，甚至不惜一切手段去寻求成功的"捷径"。

(2) 劳动价值取向的功利化。在市场经济的影响下，根据社会的、市场的需求来选择自己的行为成为一些人的选择。关注自身利益、强调个人价值，不再关心如何服务社会，更好地适应社会以谋求自身利益最大化的功利主义劳动价值观已经占据了不少人的头脑。

(3) 价值取向的矛盾化。在新旧因素并存、交织、碰撞的社会体制转型期，多元价值观并存和冲突成为历史的必然，这种种冲突反映在劳动问题上，就是人们劳动价值取向的矛盾化。人们虽然认同马克思主义劳动价值观，但同时也容易被社会上的不良风气所影响。

（三）马克思主义劳动价值观在全面深化改革背景下的弘扬与发展

党的十八大，特别是中共十八届三中全会提出全面深化改革的目标任务以来，改革进入"深水区"，人们面临的劳动问题更加纷繁复杂，劳动价值取向也将日趋多元，这些都亟待通过弘扬和发展马克思主义劳动价值观来引导。

党的十八大以来，习近平总书记多次围绕劳动的价值、弘扬劳动精神、构建和谐劳动关系等内容进行深刻阐述，内涵丰富、思想深邃，为决胜全面建成小康社会、夺取新时代中国特色社会主义伟大胜利、实现中华民族伟大复兴的中国梦提供了强大的思想引领和精神支撑。

1. 劳动最光荣

从推动人类社会发展进步的高度，充分阐释了劳动的巨大作用和价值，对全社会尊重劳动、崇尚劳动、热爱劳动提出明确要求，为全社会进一步树立劳动意识、培养劳动观念，通过劳动创造更加美好的生活具有重要指导意义。

2. 弘扬劳模精神

进一步明确了劳模精神、劳动精神、工匠精神在我们伟大民族精神中的地位和作用，深刻阐明了劳模精神、劳动精神、工匠精神的深刻内涵，向全社会发出弘扬劳模精神、劳动精神、工匠精神的号召，为全社会见贤思齐、凝心聚力，决胜全面小康、决战脱贫攻坚、夺取疫情防控和实现经济社会发展目标双胜利提供了强大的思想引领与精神支撑。

3. 尊重劳动者

站在关系党和国家事业发展全局的战略高度，对尊重劳动、保障劳动者权利提出明确要求，充分体现了以人民为中心的发展思想和全心全意依靠工人阶级的方针，为各级党委、政府和全社会健全维护群众权益机制，扎扎实实解决好群众最关心最直接最现实的利益问题、最困难最忧虑最急迫的实际问题，不断赢得群众的信赖和支持提供了根本遵循。

4. 建设高素质劳动大军

把提高劳动者素质摆在事关国家和民族的长远大业，事关改革发展稳定大局，事关劳动者根本利益和整体利益的重要位置，充分体现了以习近平同志为核心的党中央对工人阶级的高度重视和巨大关怀，为我们深入实施科教兴国战略、人才强国战略、创新驱动发展战略，引导广大职工和劳动者树立终身学习理念，推动建设宏大的知识型、技术型、创新型劳动者大军指明了前进方向。

二、新时代劳动价值观的内涵

（一）劳动是一切幸福的源泉

2020年11月24日，在全国劳动模范和先进工作者表彰大会上，习近平总书记这样强调劳动的价值："劳动是一切幸福的源泉。"这迅速成为认识劳动价值的金句，也构成了新时代劳动价值观的最基本内容，即对劳动最根本的认识。

幸福的实现意味着物质和精神的双重满足以及在其追求过程中获得愉悦感和成就感。回溯历史，我们发现无论是在奴隶社会、封建社会还是在资本主义社会条件下，劳动人民都是被剥削、被压迫的阶级，他们付出无比艰辛的劳动但收获甚微，物质上极度贫乏，苦不堪言。而奴隶主、封建阶级、资本家却凭借手中掌握的土地、资本等非劳动因素，占有了社会上绝大多数财富。在资本支配劳动的情况下，劳动者只能获得劳动的基本物质价值，丧失了劳动中的发展价值和精神享受，也就是"异化的劳动"。劳动者为了谋生而被迫劳动，违背主观意愿，劳动者没有尊严，工人被视为社会最底层的人员，劳动被视为地位低下的活动，从而导致工人厌恶劳动，甚至是逃避劳动。劳动仅具有谋生的功能，资本成为社会认同的可以积累物质财富、提高社会地位的重要途径。

今天，我们处于社会主义公有制条件下，人民群众是国家的主人翁，劳动者的劳动人权通过制度得到保障，劳动者为自己、集体和国家劳动，提高了劳动的自由度，而不断积累的劳动成果，成为劳动者获得自由和生活资料的基础与源泉，不再是奴役劳动者的力量。新时代的劳动创造过程本身就是幸福，实现了劳动的物质价值和精神价值的统一。

劳动是一切成就的基础。一个人想要未来幸福地生活就必须付出艰辛的劳动，一个民族要创造优秀的文化就必须付出勤劳的智慧，一个国家要强大，就必须有创造未来的强大勇气并付出艰苦的努力。一个人、一个民族、一个国家，如果思想僵化，懒惰成性，就不可能创造幸福的未来，劳动是一切幸福的源泉。

正是因为劳动创造，我们拥有了历史的辉煌；也正是因为劳动创造，我们拥有了今天的成就。长期以来，中国工人阶级和广大劳动群众挥洒辛勤汗水，不断创造伟大奇迹，不懈为民族复兴奋斗。站在"两个一百年"奋斗目标的历史交汇点上，通过辛勤劳动、诚实劳动、创造性劳动，一定能够在全面建设社会主义现代化国家新征程上创造新的更大奇迹。2020年年初以来，我国发生了新冠肺炎疫情。疫情发生后，党和国家不是等待国际控疫方案，寻求国际支援，而是在党中央的坚强领导下，采取严格的疫情防控措施。在党中央的号召下，全国人民闻令而动，通过全国人民的共同努力、团结奋战，在短时间内控制住了新冠肺炎疫情的传播，有效地保护了人民群众的生命财产安全。如果我们不积极行动，抱着观望、等待的思想，像个别西方国家那样，我们不知要损失多少生命和财产，这也再次证明了没有共产党就没有新中国，劳动能够创造幸福和奇迹。

把劳动看作幸福的源泉这一新时代的劳动价值观，既继承了马克思主义劳动观的基本立场和观点，也在理论上超越了感性主义和理性主义的幸福观。对幸福的定义历来有不同观点，感性主义幸福论把幸福等同于感官上的享受和物欲的满足，理性主义幸福论将精神上的满足和心灵上的丰富视为幸福的重要表现，反对肉体上的感官享受。

劳动是幸福的源泉，奋斗是梦想的阶梯，幸福的人生也是靠劳动来书写的。作为新时代的劳动者，我们应当大力弘扬劳动精神，用劳动创造美好生活，用创新引领社会发展，用奋斗体现人生价值，奋力奏响社会主义的劳动者赞歌，全力谱写中国特色社会主义建设新篇章。我们应当传承艰苦奋斗的优良传统，把奋斗作为一种人生追求和生活习惯，把奋斗贯穿于自己的学习、工作和生活之中，让奋斗成为人生永不褪色的主题，用踏实的劳动丰富人生经验、实现人生目标、彰显人生价值。

人间万事出艰辛。越是美好的未来，越需要我们付出艰辛努力。我们应把攻坚克难作为一种责任担当，敢于啃硬骨头，敢于涉深水区，敢于逆流而上，在艰苦奋斗中净化灵魂、磨炼意志、彰显担当，做新时代的奋斗者、追梦者和引领者。

（二）劳动最光荣、劳动最崇高、劳动最伟大、劳动最美丽

2013 年 10 月 23 日，习近平在同中华全国总工会新一届领导班子集体谈话时指出："要在全社会大力弘扬我国工人阶级的优秀品质，大力宣传劳动模范和其他典型的先进事迹，加强对广大青少年的教育，让劳动最光荣、劳动最崇高、劳动最伟大、劳动最美丽的观念蔚然成风，让全体人民进一步焕发劳动热情、释放创造潜能，通过劳动创造更加美好的生活。"在"四最"中，我们看到的是对劳动的尊重，也是对劳动者的尊重。

新时代的劳动价值理论包括了劳动和劳动者两个对象在认知与实践两个层面的具体阐释。在认知层面聚焦如何看待劳动和劳动者，包括正确认识劳动的价值以及如何看待劳动者的地位和作用，强调要树立崇尚劳动的价值原则和尊重劳动者主体地位与尊严的价值取向。"劳动最光荣、劳动最崇高、劳动最伟大、劳动最美丽"，是新时代关于劳动和劳动者认知的最科学、最生动的阐释。

1. 劳动最光荣

劳动最光荣旨在肯定劳动和劳动者的地位及作用。劳动最光荣体现的价值评判不仅仅在于劳动是光荣的，还在于劳动者也是光荣的。一方面，劳动创造丰富的物质财富和精神财富。人类社会的发展和进步都离不开辛勤劳动，劳动的形式和内容千差万别，但正是这些劳动共同创造了丰富多彩的外部世界和内部世界，延续着人类的历史和文明。另一方面，劳动的主体是劳动者，从事具体劳动的人也是光荣的。人用自己的双手和大脑创造着世界文明，劳动者的历史地位不可忽视，对劳动者地位、作用的积极评价代表着社会文明进步的程度，劳动者也需要一种对自身劳动行为的积极肯定，为劳动者的劳动提供内生动力，同时明白劳动对于自身价值的重要作用。

2. 劳动最崇高

劳动最崇高体现了一种目标追求，劳动连接着理想信念和精神境界。一方面，劳动是追求崇高理想的必需手段，没有劳动的付出，崇高理想的目标只是海市蜃楼。劳动赋予人类敢于树立梦想和实现梦想的勇气与力量，因为劳动使人的能力和才干得到提升，拓展了

实践的领域和视野，能够为梦想追逐过程中遇到的难题和障碍提供解决途径。劳动也锻炼了人的意志，培育了人类不畏艰难勇于攀登的精神，这大大增强了实现崇高理想追求的信心与动力。另一方面，劳动造就了崇高精神境界。拥有崇高精神境界的人，都经历了劳动过程的不断锤炼和持续考验，"故天将降大任于是人也，必先苦其心志，劳其筋骨，饿其体肤，空乏其身，行拂乱其所为，所以动心忍性，曾益其所不能"。劳模精神、工匠精神在新时代的大力弘扬，正是因其具有的崇高精神境界，劳动者爱岗敬业、无私奉献、不求回报，为社会、为他人默默付出，社会因他们的付出硕果累累。

3. 劳动最伟大

劳动最伟大旨在引导人们认识劳动的本质与价值。劳动最伟大蕴含着一种历史创造，劳动孕育伟大同时也创造着伟大。劳动创造了人本身，劳动创造了人类历史和辉煌的文明，正是劳动开发并一直激发着人类创造的潜能，为伟大事业的实现提供物质基础和精神基础。中华儿女在新时代，也正用他们的劳动和智慧在中国大地上创造着新的伟大，为迈向社会主义现代化强国创造着一个又一个伟大的奇迹。所以劳动的伟大，不仅意味着劳动创造着伟大，更意味着壮丽的文明是由伟大的劳动人民所创造，劳动者是伟大的。

4. 劳动最美丽

劳动最美丽是从审美活动角度突出劳动的美学内涵。"劳动最美丽"，不仅指劳动行为的美丽，而且要求劳动者在劳动的过程中塑造出美丽的心灵、高尚的道德和品格。一方面，劳动创造了美，美是生活，文学、音乐、建筑等艺术之美也是在人类认识世界和改造世界的过程中产生的。另一方面，坚强、奋斗、拼搏的品格和自我完善的美好心灵、高尚品德等一直贯穿在劳动过程中。劳动不仅创造着外部世界的美，也丰富着人的内在世界，丰盈着人类的灵魂。

（三）辛勤劳动、诚实劳动、创造性劳动

辛勤劳动、诚实劳动、创造性劳动是新时代劳动价值理论中劳动和劳动者两个对象在实践层面的具体阐释，是劳动的价值规范，阐释了什么样的劳动才是创造物质财富和精神财富的真正源泉。

当今世界正经历百年未有之大变局，我国正处于实现中华民族伟大复兴的关键时期。经过长期奋斗，我国经济实力、科技实力、综合国力跃上新的大台阶，人民生活水平显著提高，中华民族伟大复兴向前迈出了新的一大步。我们期待着用劳动创造属于中国的新的辉煌，这意味着我们迎来了更多的发展机遇，同时也会面临着更多的挑战。新时代我们需要什么样的劳动，换言之，怎样的劳动才能更好地谱写"中国梦"？新时代对劳动规范提出了新要求。新时代的劳动必须与社会主义市场经济相适应，要明确倡导"辛勤劳动、诚实劳动、创造性劳动"，方能建设自由、平等、公正、法制的美好社会。

辛勤劳动是基础，诚实劳动是准则，创造性劳动是方向和目标。

1. 辛勤劳动

2012年11月29日，习近平总书记在参观《复兴之路》展览时发表重要讲话，深情阐

述中国梦,其中特别提到"实现中华民族伟大复兴是一项光荣而艰巨的事业,需要一代又一代中国人共同为之努力。空谈误国,实干兴邦"。

辛勤劳动是劳动实践的基础,"一勤天下无难事",辛勤劳动是我们每个人对劳动应有的基本态度和要求,是诚实劳动、创造性劳动的前提和基础。只有付出才有回报,只有奋斗才能前行,劳动付出与劳动成果从来都是对等关系。自盘古开天以来,人类的每一点进步都是奠基于勤勉的劳作之上,小至原始人打磨的每一件石器工具,大至今天上天入地下海的智能设备,其背后皆是劳动者付出的万般辛劳。天上不会掉馅饼,人生没有免费票。人生的本来意义就是一个劳动实践的体验过程,在不懈地改造自然界、改造人类社会及改造人的思维世界的劳动实践中存在,这是人的根本存在方式。

作为人的体力和脑力的付出,任何劳动都是辛苦的。我们周围的一切都是劳动创造的,而且无时无刻离不开劳动。正如马克思所说,任何一个民族,如果停止劳动,不用说一年,就是几个星期,也要灭亡。劳动的辛和勤是劳动的崇高和伟大所在,也是劳动应该得到全社会尊重的基本理由。正因为劳动是辛勤的,每一个有劳动能力的人都应该把劳动看作自己应尽的职责和神圣的义务,热爱劳动,参加劳动,在劳动中做到不怕苦、不怕累,不管做任何事,都要讲奉献、讲坚持,以平凡的工作、辛勤的劳动作为我们参与社会生活的阶梯,用辛勤的劳动在全社会树立和倡导劳动光荣、劳动伟大的风尚。辛勤劳动的人最懂得辛勤劳动的可贵。有了每个人的辛勤,劳动一定会在全社会得到应有的尊重。

"人生在勤,勤则不匮""功崇惟志,业广惟勤"。中华民族自古以来勤劳、善良,以"天行健,君子以自强不息"的浩然之气,在这片土地上辛勤耕耘,创造了不曾中断的五千多年的文明,形成了博大精深的中华优秀传统文化。我们今天更要以辛勤劳动为荣,用汗水和智慧筑梦中国之富强、民主、文明。

2. 诚实劳动

诚实是做人之本,诚实劳动是劳动的根基,诚实劳动是劳动实践中必须遵循的基本准则。

关于诚实劳动,习近平有两段重要论述。2013年4月28日,习近平同全国劳动模范代表座谈并发表讲话指出:"人世间的美好梦想,只有通过诚实劳动才能实现;发展中的各种难题,只有通过诚实劳动才能破解;生命里的一切辉煌,只有通过诚实劳动才能铸就。"2016年4月26日,习近平在知识分子、劳动模范、青年代表座谈会上指出:"我们要在全社会大力弘扬劳动精神,提倡通过诚实劳动来实现人生的梦想、改变自己的命运,反对一切不劳而获、投机取巧、贪图享乐的思想。"

诚实劳动是指在各种法规、各项政策允许的范围内所从事的各种有益于社会发展的体力和脑力劳动,如从事工农业生产、商业服务、科研和文教卫生工作,以及社会咨询、信息传播等等。同时,诚实劳动又是指劳动者以主人翁的态度对待劳动的一种道德规范。它具体表现为:每一个有劳动能力的人都应该把为社会而劳动看作自己应尽的职责和神圣的义务,尽己所能地从事劳动;在劳动中发扬首创精神,不墨守成规,不满足现状,善于吸收各时代、各民族、各国的好东西,敢于在前人、他人成果的基础上努力学习,掌握最新的科学技术,使用最先进的科技装备。由此可见,诚实劳动是以合法劳动为基础的辛勤劳动、智慧型的劳动。它既是劳动者品质的体现，又是创造美好生活的必由之路。

首先，我们倡导诚实劳动，是因为只有诚实劳动才能创造坚实的社会物质基础。新中国 70 多年的辉煌成就启示我们，社会发展和科技进步让劳动方式不断改变、劳动内容不断丰富、劳动价值不断升华，但无论劳动形态怎样变化，用诚实劳动创造我们的美好生活，都是时代的最美音符，都是时代的最美风景。从诸多对社会做出贡献的成功企业的经验来看，他们都是因诚实经营而获得了发展，因诚实劳动而获得了成功。它们的发展轨迹都是实实在在的，都是"抓铁有痕，踏石留印"的，绝非是由唯利是图、投机取巧而成功的。相反，个别弄虚作假、坑蒙拐骗、蓄意炒作的企业即使曾名噪一时，颇有声势，但却经不起时间的"推敲"，最终轰然倒下，弄巧成拙。这样的企业对社会来说只能是一种祸害，是一种"另类"劳动。

其次，我们倡导诚实劳动，是因为只有诚实劳动才能营造健康的社会氛围。"劳动创造财富"是众所周知的道理，但我们对其的理解往往是一般意义上的理解，即从物质财富这一层面去理解。其实，劳动所创造的财富不仅仅是物质财富，更包含着宝贵的精神财富。诚实劳动和道德高尚是人类社会对每一个社会成员的美好愿景。

诚实劳动是成就梦想的基石。党的十八大明确提出了全面建成小康社会、实现"两个一百年"的奋斗目标。复兴中华民族的伟大事业，只有依靠劳动，崇尚劳动，以诚实劳动引领社会风尚，人人把为社会发展而劳动作为应尽的职责和神圣的义务，才有可能实现。

诚实劳动是社会发展的动力。我国经济的科学发展，社会的不断进步，离不开无数诚实劳动者的卓越劳动和忘我拼搏。神舟飞天、"蛟龙"探海、高铁飞驰、北斗组网，经济总量稳居世界第二，社会和谐稳定，人民生活水平持续改善等这些巨大成就，无不一一证明了诚实劳动推动着社会文明的高度发展。

诚实劳动是价值境界的体现。不同的岗位，有不同的劳动；不同的付出，有不同的价值彰显。在自己的工作岗位上恪尽职守、辛勤劳动可说是一种价值，而在此价值上体现出的任劳任怨、无私奉献，就是实现自己人生价值的一种境界。

不可否认，时下社会上有一部分人对"诚实劳动"的认识已偏离其本义，甚至将"诚实劳动"视为"无能"的代名词，反而把投机取巧、耍奸偷懒视为有本事。改革开放以来，社会上也确实有少数人通过投机取巧的办法，甚至利用一些不合法的手段积聚了一些财富。收入水平的差异又导致了劳动者身份认同发生了变化，社会阶层出现了分化。同时，金钱至上、藐视劳动的观念也时有显现，有人寄希望于"巧取豪夺而一夜暴富"的神话出现。一些资本雄厚者更是"钻漏洞"、投机钻营，迅速积敛起巨额的财富，并且处处享受着荣耀；而许多诚实经营、勤奋工作的普通劳动者的收入却增长缓慢，甚至严重偏离了其劳动的应有价值，得不到应有的尊重，这种"倒挂"现象让许多人开始怀疑诚实劳动的价值。正因为此，社会上危害消费者的事件屡屡发生，究其本质，还是全社会缺乏"诚实劳动"的信仰和社会氛围所致。

所以，我们要大力弘扬以辛勤劳动为荣、以好逸恶劳为耻的荣辱观。正确理解劳动是幸福的源泉，诚实劳动是每个自然人、法人必须履行的社会责任，把热爱劳动作为一种道德修养来不断提升。为此我们要做诚实的劳动者，以创造、创新、创业激情，在诚实劳动中实现自己的人生价值。

3. 创造性劳动

党的十九大向全世界庄严宣告了中国的"新时代、新思想、新目标、新征程",奏响了建设新时代社会主义现代化强国的号角。十九大报告的一个鲜明特色就是对创新的强调,报告中28次讲到"创新"、17次讲到"科技"、3次强调"创新型国家"建设,明确提出了建设创新型国家和世界科技强国的宏伟目标。可见,创新对一个国家和民族的发展来说何其重要。因为当今社会,科技实力已成为影响国家综合实力的强有力因素,各国都致力于高科技的研发创新,谁能在科技创新上立于前沿,谁就能掌握发展的主动权。在今天的中国,创新成了驱动发展的重要力量,只有依靠创新才能实现高水平的发展,才能激发社会活力,不断满足人民群众的需求。创新是一个民族进步的灵魂,是国家兴旺发达的不竭动力。发展才是硬道理,创新型国家的建设是国家发展的根本大计,是新时代中华儿女的神圣使命。由此可见创造性劳动的重要性。

创造性劳动是指人的脑力劳动萌发出知识、技术、思维的革新,从而提高劳动效率、产生出超价值的社会财富或成果的劳动,它是探索、发现、使用人类不曾使用过的技能、手段、材料、工具等,创造新的产品或新的生产方式从而提高社会效率的劳动。创造性劳动建立在开放性思维和挑战性实践的基础上,是不断探索创新的过程。创造性劳动要求具备主动创新意识,在人类现有的知识体系中实现新的创造。新时代劳动价值观注重创造性劳动,提倡首创精神,呼唤创新意识和创造性思维。"大众创业、万众创新"理念的提出,把创新劳动的地位提高到了前所未有的新高度。创造性劳动是改革创新的时代精神和保持工人阶级先进性的客观要求,它不仅对推动国家和企业发展具有重要意义,同时,它也能增加劳动者自身收入、提升个人价值,从而为实现体面劳动、全面发展创造了可能。只有不断增加创新性劳动、创造性劳动,才能使中国梦更加贴近现实、更快照进现实。

创造性劳动体现了体力劳动和脑力劳动的结合,是辛勤劳动、诚实劳动的发展,也是劳动的核心和本质要求。创造性劳动就是在劳动中不断探索和创新。创新与劳动是互为表里,互为支撑的。从猿人举起第一块石器开始,一直到今天,科学技术所创造的一切前所未有的奇迹,都是创造性劳动,都是劳动中的创新。一切创新、创造都是辛勤劳动、诚实劳动的结果,都是在辛勤劳动、诚实劳动中实现的。人类劳动的开端就是创新,劳动的发展也是不断创新创造。即便是传统意义上的劳动模范,所做的也不只是体力劳动。一些被誉为"匠心筑梦"的大国工匠,他们让人震撼的,是对职业有热忱,对劳动有热爱,以及掌握炉火纯青的技艺。"技可进乎道,艺可通乎神。"如果只是简单重复"低级"劳动,而没有创新精神,没有日复一日的钻研,就不可能成为大国工匠,也不可能被评为劳模。

2015年4月28日,在庆祝"五一"国际劳动节暨表彰全国劳动模范和先进工作者大会上,习近平强调:"一切劳动,无论是体力劳动还是脑力劳动,都值得尊重和鼓励;一切创造,无论是个人创造还是集体创造,也都值得尊重和鼓励。"在科学技术飞速发展,思想文化日益进步的今天,没有创新创造的劳动已经失去了劳动的本来意义。我们要在劳动中广泛运用科学技术知识,进行创造性劳动,提高劳动的效率和质量,赋予辛勤劳动、诚实劳动以时代意义,使劳动能够持续闪耀最光荣、最崇高、最伟大、最美丽的光辉。

创造性劳动是劳动实践的发展方向和目标。奠基于辛勤劳动之上,秉持诚实劳动之准则，人类迎来劳动实践的最美好最高级形态即创造性劳动。创造性劳动既是实现"人的自由全面发展"的手段，也是"人的自由全面发展"的劳动状态。一方面，"人的自由全面发展"的实现依赖于每个人的创造性劳动，即通过发挥人的主观能动性，使人的创造才能尽情涌现，为实现"人的自由全面发展"开辟道路；另一方面，"人的自由全面发展"实质上是未来共产主义社会人的劳动状态和生活方式，这种"人的自由全面发展"的劳动就是实现人的智力与体力完美结合的创造性劳动，它把劳动对人性的束缚转化为劳动自由，是人类社会孜孜以求的目标，也是劳动实践发展的必然方向。

创造性劳动需要富有创造力的劳动者。习近平极为重视高素质劳动者和创造性人才的作用。2014年6月，习近平就加快职业教育发展做出重要指示："要树立正确人才观，培育和践行社会主义核心价值观，着力提高人才培养质量，弘扬劳动光荣、技能宝贵、创造伟大的时代风尚，营造人人皆可成才、人人尽展其才的良好环境，努力培养数以亿计的高素质劳动者和技术技能人才。"2015年4月28日，在庆祝"五一"国际劳动节暨表彰全国劳动模范和先进工作者大会上，习近平强调："劳动者素质对一个国家、一个民族发展至关重要。劳动者的知识和才能积累越多，创造能力就越大。面对日趋激烈的国际竞争，一个国家的发展能否抢占先机、赢得主动，越来越取决于国民的素质特别是广大劳动者的素质。要实施职工素质建设工程，推动建设宏大的知识型、技术型、创新型劳动者大军。"

创造性劳动是新时代大学生的责任和使命，这种使命感又与践行社会主义核心价值观相契合。创造性劳动充分体现出当代社会主义建设者的敬业精神，"干一行、爱一行、专一行、精一行"，以技术创新不断填补空白，推陈出新，在百舸争流、千帆竞发的洪流中勇立潮头，为国争光。从这个意义上说，实现中华民族的强国之梦，亟需赓续创造性劳动精神。

第三节 树立新时代劳动价值观

要培育新时代大学生树立正确的劳动价值观，除了学校要贯彻执行党中央的精神，加强学校劳动教育、上好劳动教育这门课之外，关键的是大学生个人要坚定信念、树立崇高的理想，立足于自我发展和国家民族发展相融合；端正态度，正确认识劳动的地位和价值；不断提高自我教育、自我管理、自我完善的能力，树立正确的劳动观念，养成良好的劳动习惯。

一、坚定信念，树立崇高理想

2013年5月4日，习近平在同各界优秀青年代表座谈时强调："广大青年一定要坚定理想信念。'功崇惟志，业广惟勤。'理想指引人生方向，信念决定事业成败。没有理想信念，就会导致精神上'缺钙'。中国梦是全国各族人民的共同理想，也是青年一代应该牢固树立的远大理想。中国特色社会主义是我们党带领人民历经千辛万苦找到的实现中国梦的正确道路，也是广大青年应该牢固确立的人生信念。"

习近平总书记在纪念五四运动100周年大会上发表重要讲话，指出："新时代中国青年要树立远大理想。青年的理想信念关乎国家未来。青年理想远大、信念坚定，是一个国家、一个民族无坚不摧的前进动力。青年志存高远，就能激发奋进潜力，青春岁月就不会像无舵之舟漂泊不定。"

"正所谓'立志而圣则圣矣，立志而贤则贤矣'。青年的人生目标会有不同，职业选择也有差异，但只有把自己的小我融入祖国的大我、人民的大我之中，与时代同步伐、与人民同命运，才能更好实现人生价值、升华人生境界。离开了祖国需要、人民利益，任何孤芳自赏都会陷入越走越窄的狭小天地。"

"新时代中国青年要树立对马克思主义的信仰、对中国特色社会主义的信念、对中华民族伟大复兴中国梦的信心，到人民群众中去，到新时代新天地中去，让理想信念在创业奋斗中升华，让青春在创新创造中闪光！"

当代中国大学生肩负的历史使命是继往开来，把我国建成富强、民主、文明、和谐、美丽的社会主义现代化强国，实现中华民族的伟大复兴。当代大学生要成为社会主义建设的中坚力量，必须有崇高的理想和坚定的信念。新时代劳动价值观是处于新时代中国特色社会主义环境下，对于社会主义建设者的价值观提出的要求，是社会主义核心价值观的体现，新时代大学生要树立正确的劳动价值观，必须以社会主义核心价值观为中心，自觉刻苦学习，优化知识结构，强化创新意识，积极参与劳动实践活动。

今天的中国，个人梦想与国家前途密不可分，国家富强和人民幸福紧密相联。从户籍改革打破身份壁垒，到高考招生进一步向农村倾斜；从简政放权激发社会活力，到商事制度改革降低创业门槛，一系列重大改革举措扫除体制机制积弊，致力权利公平、机会公平、规则公平，为每位劳动者提供了梦想成真、人生出彩的机会。惟有争分夺秒去把握、朝乾夕惕去奋斗、埋头苦干去成就，才能不负时代的丰厚馈赠。

二、手脑并重，知行合一

《大中小学劳动教育指导纲要》明确提出："让学生动手实践、出力流汗，接受锻炼、磨炼意志，培养学生正确劳动价值观和良好劳动品质。""强调身心参与，注重手脑并用。把握劳动教育的根本特征，让学生面对真实的个人生活、生产和社会性服务任务情境，亲历实际的劳动过程，善于观察思考，注重运用所学知识解决实际问题，提高劳动质量和效率。"

自我教育首先要解决认知问题，让自己自觉自愿劳动。要自觉落实日常劳动实践要求，"以行促知"。只有通过亲身劳动，才能真正培养出热爱劳动和尊重劳动人民的品质；只有亲身体会到依靠自己双手劳动为自己提供生存基础的精神满足感，才能真正培养出热爱劳动的品质和尊重劳动人民的思想感情。2015年4月28日，习近平在庆祝"五一"国际劳动节暨表彰全国劳动模范和先进工作者大会上提出"以劳动托起中国梦"，可见美好而宏伟的梦想必须立足当下、脚踏实地，通过一点一滴的耕耘积累才能实现。因此，每一个人对未来人生美好的憧憬，都要基于正确的劳动观，通过尽心尽力做好每一件事，在体力劳动与脑力劳动相结合中，才能实现目标、实现梦想。当代大学生必须在劳动中坚持手脑并重，知行合一，亲历实践、坚持实践、感悟实践、创新实践，在实践中，培养劳动观念、劳动态度、劳动习惯和劳动精神，提升劳动素养，切切实实用自己的劳动托起伟大复兴的中国梦。

三、践行终身学习

新时代劳动价值观的形成需要大学生树立终身学习的理念，更要在学习工作中努力践行。终身学习是指社会每个成员为适应社会发展和实现个体发展的需要，贯穿于人的一生的、持续的学习过程，即我们所常说的"活到老学到老""学无止境"。

新时代劳动价值观的确立，是为了更好地适应国家、民族未来的长足发展，为了更好地建设中国特色社会主义。当今时代，世界飞速变化，新情况、新问题层出不穷，知识更新的速度大大加快。人们要适应不断发展变化的客观世界，就必须将学习从单纯的求知变为生活的方式，努力做到活到老、学到老，终身学习。终身学习是人类认识自然和社会、不断完善和发展自我的必由之路。无论一个人、一个团体，还是一个民族、一个社会，只有不断学习，才能获得新知，增长才干，跟上时代。

新时代劳动价值观是伴随着新时代发展的脚步对劳动和劳动者的价值认知，它构建在传统的认知基础之上，又是时代发展和进步的结果，也是一个开放的、不断丰富的体系。人们也越来越认识到，实践无止境，学习也无止境。"吾生也有涯，而知也无涯"，我们要树立终身学习的理念，养成善于学习、勤于思考的习惯，实现学以养德、学以增智、学以致用。要适应新一轮科技革命和产业变革的需要，密切关注行业、产业前沿知识和技术进展，勤学苦练、深入钻研，不断提高技术技能水平。

大学时期的学习固然重要，但大学毕业不意味着学习的结束，而是一个新的征程的再出发。要成长为社会主义的优秀建设者，践行终身学习势在必行。

劳动是人们进行的一种有目的、有意识地改造自然界和人类社会的实践活动，是人类社会生存和发展的基础。正确的劳动价值观有助于人们正确地去看待和对待劳动，帮助人们懂得尊重劳动、热爱劳动人民，珍惜劳动成果，以积极主动的劳动热情投入到生产劳动中，为创造物质和精神财富贡献力量。错误的劳动价值观念则会支配人们持相反的劳动态度和做出相反的劳动选择，对人们生活和社会生产带来负面的影响。大学生作为新时代中国特色社会主义事业建设者和接班人，承担着实现中华民族伟大复兴的使命，他们的劳动价值观念正确与否不仅关系着他们自身的德智体美劳能否全面发展，也在一定程度上影响着整个社会对于劳动价值观念和劳动价值取向的认识问题，也影响到社会发展的进程。所以当代大学生劳动价值观的培育势在必行。

 思考与实践

一、问题思考
1. 结合实例分析当代大学生劳动价值观现状。

2. 结合实例分析"劳动是一切幸福的源泉"。
3. 结合实例分析"劳动最光荣、劳动最崇高、劳动最伟大、劳动最美丽"。
4. 结合实例分析"辛勤劳动、诚实劳动、创造性劳动"。
5. 当代大学生应如何自觉树立新时代劳动价值观?

二、实践训练

(一) 调研报告:××的一天(或××的 24 小时)

调查一名普通从业者的劳动状况,如早餐业的从业者、夜市大排档的老板、农民工、快递小哥、环卫工人等,实地追踪记录他们一天的劳动实况。从这些普通人的劳动时间、劳动强度、劳动收入、劳动的幸福感、对所从事行业的评价、对社会的认知等角度入手进行简要分析,体现新时代劳动价值观。

(二) 主题:逐梦从行动开始

我们每个人心中都有很多梦想,想参加公益活动,想去支教,想参加大学生创新创业大赛,想自己创业,想来一场说走就走的旅行等。有梦想,就要付诸行动,缺乏行动,什么都不会发生,什么都不会改变。迈出行动的第一步非常之困难,这需要极大的勇气,因为第一步往往意味着改变自己的习惯,在第一步之后还有大量后续的行动。所以很多人思前想后、前怕狼后怕虎、畏首畏尾,最终无法迈出第一步。你现在有没有想去做的事情?你是否还在犹豫中?现在流行一句话:"干就是了。"鼓起勇气,点燃激情,立刻行动起来吧,别让梦想只在梦里哭泣。

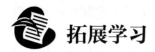

拓展学习

一、视频学习

6-1. 什么是中国精神

6-2. 张富清:党指到哪里就坚决打到哪里

6-3. 王淑芳:北斗精神就是默默奉献久久为功

6-4. 屠呦呦:青蒿济世 科研报国

6-5. 社会实践:大学生暑期"三下乡"活动

6-6. 尼玛江村:四次驻村的第一书记

6-7. 劳动课开到田间地头 大学生下村体验劳动

6-8. 火神山雷神山医院最美建设者 英雄的团队

6-9. 黄文秀：不获全胜绝不收兵　　6-10. 大学生志愿者服务电影节　　6-11. 大学生暑期志愿服务不停歇　　6-12. 大学生暑期支教，播撒希望的种子

二、拓展阅读

【拓展阅读6-1】

习近平寄语青年[1]

青年是祖国的未来、民族的希望。习近平总书记十分重视青年工作、关心青年成长，通过座谈、演讲、回信等多种形式寄语青年。很多寄语已经成为经典名句，比如"人生的扣子从一开始就要扣好""青春是用来奋斗的"。

习近平总书记关于青年工作的重要论述，全面系统、内涵丰富。

谈青年地位

★青年兴则国家兴，青年强则国家强

青年兴则国家兴，青年强则国家强。我们党自成立之日起，就始终代表广大青年、赢得广大青年、依靠广大青年。

——2013年5月4日，在同各界优秀青年代表座谈时的讲话

★青年最富有朝气、最富有梦想

青年最富有朝气、最富有梦想。近代以来，我国青年不懈追求的美好梦想，始终与振兴中华的历史进程紧密相联。在革命战争年代，广大青年满怀革命理想，为争取民族独立、人民解放冲锋陷阵、抛洒热血。在社会主义革命和建设时期，广大青年响应党的号召，向困难进军，向荒原进军，保卫祖国，建设祖国，在新中国的广阔天地忘我劳动、艰苦创业。在改革开放历史新时期，广大青年发出团结起来、振兴中华的时代强音，为祖国繁荣富强开拓奋进、锐意创新。

——2013年5月4日，在同各界优秀青年代表座谈时的讲话

★青年将全过程参与与实现"两个一百年"

现在在高校学习的大学生都是20岁左右，到2020年全面建成小康社会时，很多人还不到30岁；到本世纪中叶基本实现现代化时，很多人还不到60岁。也就是说，实现"两个一百年"奋斗目标，你们和千千万万青年将全过程参与。

——2014年5月4日，在北京大学师生座谈会上的讲话

★青年是祖国的未来、民族的希望

青年是祖国的未来、民族的希望，也是我们党的未来和希望。中国共产党的创始人之一李大钊同志说过，青年要"为世界进文明，为人类造幸福，以青年之我，创建青春之家庭，青春之国家，青春之民族，青春之人类，青春之地球，青春之宇宙，资以乐其无涯之生"。95年来，我们党取得的所有成就都凝聚着青年的热情和奉献。

——2016年7月1日，在庆祝中国共产党成立95周年大会上的讲话

---

[1] 人民网，2017-05-03.

★高校学生是可爱、可信、可为的一代

每一代青年都有自己的际遇。现在高校学生大多是"95后",再过两年,新世纪出生的青少年也将走进高校校园。他们朝气蓬勃、好学上进、视野宽广、开放自信,是可爱、可信、可为的一代。对当代高校学生,党和人民充分信任、寄予厚望。

——2016年12月7日,在全国高校思想政治工作会议上的讲话

谈理想信念

★青年有理想,国家就有前途

历史和现实都告诉我们,青年一代有理想、有担当,国家就有前途,民族就有希望,实现我们的发展目标就有源源不断的强大力量。

——2013年5月4日,在同各界优秀青年代表座谈时的讲话

★青年大有可为、大有作为

展望未来,我国青年一代必将大有可为,也必将大有作为。这是"长江后浪推前浪"的历史规律,也是"一代更比一代强"的青春责任。广大青年要勇敢肩负起时代赋予的重任,志存高远,脚踏实地,努力在实现中华民族伟大复兴的中国梦的生动实践中放飞青春梦想。

——2013年5月4日,在同各界优秀青年代表座谈时的讲话

★没有理想信念,就会导致精神上"缺钙"

广大青年一定要坚定理想信念。"功崇惟志,业广惟勤。"理想指引人生方向,信念决定事业成败。没有理想信念,就会导致精神上"缺钙"。中国梦是全国各族人民的共同理想,也是青年一代应该牢固树立的远大理想。中国特色社会主义是我们党带领人民历经千辛万苦找到的实现中国梦的正确道路,也是广大青年应该牢固确立的人生信念。

——2013年5月4日,在同各界优秀青年代表座谈时的讲话

★增强对坚持党的领导的信念

广大青年要坚持用邓小平理论、"三个代表"重要思想、科学发展观武装头脑,把理想信念建立在对科学理论的理性认同上,建立在对历史规律的正确认识上,建立在对基本国情的准确把握上,不断增强道路自信、理论自信、制度自信,增强对坚持党的领导的信念,永远紧跟党高高举起中国特色社会主义伟大旗帜。

——2013年5月4日,在同各界优秀青年代表座谈时的讲话

★人生的扣子从一开始就要扣好

青年的价值取向决定了未来整个社会的价值取向,而青年又处在价值观形成和确立的时期,抓好这一时期的价值观养成十分重要。这就像穿衣服扣扣子一样,如果第一粒扣子扣错了,剩余的扣子都会扣错。人生的扣子从一开始就要扣好。

——2014年5月4日,在北京大学师生座谈会上的讲话

【拓展阅读6-2】

"老儿童""巨婴"越来越常见 部分青少年劳动价值观异化五大怪象[1]

调研发现,当前,一些青少年产生了好逸恶劳、嫌贫爱富、不劳而获等不良心态,折射出当前劳动价值观的缺失和异化。如何教育引导学生崇尚劳动、尊重劳动,长大后能够

---

[1] https://baijiahao.baidu.com/s?id=1635547592928373366&wfr=spider&for=pc.

辛勤劳动、诚实劳动、创造性劳动，成为亟待解决的问题。

现象一：好逸恶劳、嫌贫爱富，不尊重劳动和普通劳动者。

受社会不良风气以及家庭教育不当影响，一些孩子从小形成了"劳动分贵贱"的错误价值观。"爸爸妈妈教育我，如果不好好学习，以后就要去扫大街，当清洁工，进工厂，回家种田"……在他们幼小的心灵里，劳动已然分了贵贱。

北京的一名小学生，妈妈是学校的清洁工，他觉得丢脸，在学校里从来没有跟妈妈主动打过一声招呼，装作不认识。广州一名小学四年级学生，家庭富裕，有专门的保姆和司机，这个孩子动不动就对保姆大声呵斥、颐指气使，指责她饭做得不合胃口，随意动了他的东西，没按他的要求做事，认为"她就是来伺候我的"。

以前的孩子谈到理想，大多数是说当科学家、老师、医生等，现在的孩子不少是说想当老板、明星、像巴菲特一样的股神等，因为"光鲜、亮丽又多金"。"谁都渴望有一份不脏不累还挣钱多的职业。"一名中学生告诉记者。

现象二：小皇帝、小公主层出不穷，"老儿童""巨婴"越来越常见。

当前青少年的教育环境和成长氛围呈现"三独"特点，即家长是独生子女、教师是独生子女、孩子也是独生子女。"70后""80后"父母是独生子女一代，大多不重视劳动，所以在教育下一代时，很容易缺失劳动教育这一块，本来应该由家庭承担的劳动教育被大量的课外补习替代。

南方某地一名小学三年级学生参加为期一周的军训，竟然7天没有洗澡、更衣，原因是怕洗衣服。一位小学教师曾对100名小学生做了一项关于是否在家做家务的调查，结果显示：超过60%的学生只是偶尔做，大约5%的孩子从来不做。

如今，甚至出现了"老儿童"现象。天津一所高校的一名女大学生，一上大学就带妈妈过来陪读，妈妈白天在外面打工，早中晚过来送饭，给孩子洗衣服，还承包了宿舍的卫生。

华东某大学的一名女生，家就在上海，只是与学校不在同一个区，她妈妈竟然在大学附近宾馆住着陪读，"因为女儿在家里没有做过一天家务"，担心其无法独立生活。还有大学生定期寄脏衣服回家洗，或者花钱雇钟点工去宿舍打扫卫生，生活自理能力堪忧。

现象三：不劳而获、坐享其成在青少年中存在苗头倾向。

当前，大中小学生超前消费的苗头已经显现，中小学生使用奢侈品、高档化妆品的新闻频现报端，大学校园贷、裸贷案例层出不穷。南方某大学学生小于在微信朋友圈"晒图"，各种大牌化妆品琳琅满目。她向记者出示了其中一个月的账单：滴滴打车1174.87元，外卖订餐2218.69元，网购4513.85元。虽然有如此高的消费，但一些大学生并没有通过勤工俭学的方式去挣钱。

据了解，陷入裸贷的女大学生中有一部分人是因追求奢侈品而无法自拔，有的从事网络刷单、刷好评，有的靠搞网络直播"打赏"，还有的不顾学习痴迷于炒期货、黄金，追求"一夜暴富""嫁个富二代，少奋斗10年"。

现象四：不思进取，青年"啃老"现象日益凸显。

相关问卷调查显示，多数青年更看重的是经济收入水平。在工作中，一些"90后"青年员工工作主动性较差。对于不少青年来说，干一行爱一行、职业没有高低贵贱、任何职业都值得尊敬的劳动价值观念已经不那么重要了，"赚钱越多的工作越高贵、赚钱越少的工作越低贱"的观念反而相当有市场。一些年轻人除了手头的任务，不会再去积极承担其他工作。

随着城乡经济条件的改善，一些大中专毕业生不就业或慢就业的情况比较常见。如果找不到"不苦不累，冬暖夏凉，坐办公室"的工作，有些青年宁可回家"啃老"，每天在家上网打游戏，或者拿着父母的钱周游世界、吃喝挥霍。

现象五："年轻人宁送外卖不进工厂"，职业教育没有吸引力。

高职院校招生困难，职校毕业生不愿进工厂，青年择业就业观扭曲，工匠流失严重。当前，选择职业教育的基本是考不上普通高中的孩子，被认为是差生。以广东为例，接近50%的初中毕业生进入中职学校学习，其中大约30%的中职毕业生能升入高职院校，只有10%的高职毕业生能升入应用型本科院校深造。

同时，由于社会分配结构问题，产业工人收入不高，社会地位也不高，导致职业教育没有吸引力。记者采访中发现，珠三角、长三角企业频现"用工荒"，制造业一线工人出现年龄断层，年轻人寥寥无几，中年人往往来去匆匆。

据一些企业透露，一线工人大幅减少。职业学校的毕业生不愿意去工厂，这其中还包括职业技能大赛上的佼佼者。大量产业工人从制造业流向快递行业，工匠流失现象严重，而这些工匠恰恰又是中国制造业转型升级最缺的人才。

新时代劳动精神

> 劳模精神、劳动精神、工匠精神是以爱国主义为核心的民族精神和以改革创新为核心的时代精神的生动体现,是鼓舞全党全国各族人民风雨无阻、勇敢前进的强大精神动力。
>
> ——2020年11月24日,习近平在全国劳动模范和先进工作者表彰大会上的讲话
>
> 我们一定要在全社会大力弘扬劳模精神、劳动精神,大力宣传劳动模范和其他典型的先进事迹,引导广大人民群众树立辛勤劳动、诚实劳动、创造性劳动的理念,让劳动光荣、创造伟大成为铿锵的时代强音,让劳动最光荣、劳动最崇高、劳动最伟大、劳动最美丽蔚然成风。
>
> ——2015年4月28日,习近平在庆祝"五一"国际劳动节暨表彰全国劳动模范和先进工作者大会上的讲话

一个民族的复兴不仅需要强大的物质力量,更需要强大的精神力量。在几千年的历史中,中华民族生生不息、发展壮大,饱经苦难又一次次浴火重生,其中很重要一点就是我们的民族积淀了自身最深沉的精神追求,她有着独特的理念、智慧、气度,增添了中国人民内心深处的自信和自豪。这种强大的精神支撑,成为中华民族奋发进取的动力之源。

2016年10月21日,习近平在纪念红军长征胜利80周年大会上指出:"人无精神则不立,国无精神则不强。精神是一个民族赖以长久生存的灵魂,唯有精神上达到一定的高度,这个民族才能在历史的洪流中屹立不倒、奋勇向前。"2020年在抗击新冠肺炎疫情的斗争中,中国人民团结一致、付出巨大的努力,取得了世界瞩目的成就,习近平评价这场抗疫斗争充分展现了中国精神、中国力量、中国担当。在这场惊心动魄的激烈斗争中,中国精神为世界所瞩目。面对来势汹汹的新冠肺炎疫情,14亿中国人民上下同心、团结协作、顽强斗争,充分发扬伟大的中国精神,凝聚起众志成城抗击疫情的强大精神力量。

习近平在2020年11月24日全国劳动模范和先进工作者表彰大会上指出:"从2021年开始,我国将进入'十四五'时期,这是乘势而上开启全面建设社会主义现代化国家新征程、向第二个百年奋斗目标进军的第一个五年。立足新发展阶段,贯彻新发展理念,构

建新发展格局，推动高质量发展，在危机中育先机、于变局中开新局，必须紧紧依靠工人阶级和广大劳动群众，开启新征程，扬帆再发。""在长期实践中，我们培育形成了爱岗敬业、争创一流、艰苦奋斗、勇于创新、淡泊名利、甘于奉献的劳模精神，崇尚劳动、热爱劳动、辛勤劳动、诚实劳动的劳动精神，执着专注、精益求精、一丝不苟、追求卓越的工匠精神。劳模精神、劳动精神、工匠精神是以爱国主义为核心的民族精神和以改革创新为核心的时代精神的生动体现，是鼓舞全党全国各族人民风雨无阻、勇敢前进的强大精神动力。"

【学习目标】
1. 了解中国劳模发展史，掌握新时代劳模精神的内涵，树立伟大目标和理想。
2. 掌握劳动精神的内涵，增强热爱劳动、尊重劳动的意识。
3. 掌握工匠精神的内涵，增强做新时代合格劳动者的荣誉感。
4. 了解劳模精神、劳动精神、工匠精神三者之间的关系，加深对新时代劳动精神的理解。

第一节　劳模精神

1950年，党和国家首次表彰劳动模范。70年来，在党的领导下，我国工人阶级和广大劳动群众与祖国同成长、与时代齐奋进，奏响了"咱们工人有力量"的主旋律，各条战线英雄辈出、群星灿烂。进入新时代，我国工人阶级和广大劳动群众在实现中国梦伟大进程中拼搏奋斗、争创一流、勇攀高峰，为决胜全面建成小康社会、决战脱贫攻坚发挥了主力军作用，用智慧和汗水营造了劳动光荣、知识崇高、人才宝贵、创造伟大的社会风尚，谱写了"中国梦·劳动美"的新篇章，培育形成了爱岗敬业、争创一流、艰苦奋斗、勇于创新、淡泊名利、甘于奉献的劳模精神。

一、中国劳模的发展历史

（一）革命战争时期

中国的劳动模范最早诞生于土地革命时期，1932年3月，中共中央第一次就关于开展劳动竞赛发出《关于革命竞赛与模范队的问题的通知》，同时临时中央政府土地人民委员部要求各级苏维埃政府组织生产竞赛，并制定了竞赛的评比标准和奖励章程。1932年9月至11月，中央兵工厂和中央印刷局之间开展了以"增加生产、节省材料和参战工作、文化教育工作"为主要内容的为期三个月的劳动竞赛。这是迄今为止苏区最早见诸文字记录的国营企业间的劳动竞赛。1933年年底，福建省上杭、新泉、武平、代英四县区土地部部长在福建才溪召开会议，决定开展以冬耕积肥、植树种棉和兴修水利为主要内容的四县区竞赛，并签订了公约，对竞赛项目、时间和竞赛中的宣传鼓动工作做了规定。土地革命时期的劳模竞赛，只是在一些地区和一部分人中进行的，未形成大规模的群众运动。虽然对发展生产起到了一定的积极作用，但这种作用在很大程度上是自发的。

抗日战争时期，中央以陕甘宁边区为中心，在各抗日根据地将之前已开展的劳动竞赛逐步加以发展，比较自觉地在群众中发现典型、宣传典型，以典型引路，使全体群众更积极地行动起来。抗战时期的劳模运动大体上经历了以下三个阶段。

(1) 提倡时期。1938年，陕甘宁边区政府为了休养民力和恢复生产，边区政府建设厅开始奖励得力的生产人员，并颁布了《陕甘宁边区人民生产奖励条例》《机关学校生产运动奖励条例》《陕甘宁边区督导生产运动奖励条例》等。

(2) 大生产运动开展初期。随着大生产运动的开展，"农民英雄""生产英雄""种菜英雄""纺织英雄"等各类劳动英雄和模范工作者不断涌现，劳模评选经常化。

(3) 1943年后，劳模选举制度化、规模化时期。1943年11月，陕甘宁边区隆重召开了第一届劳动英雄代表大会，从农村、工厂、合作社、部队、机关学校等各单位选拔出的代表200多人出席了大会，毛泽东等党政军领导到会并接见了代表。这是中共历史上第一次召开大规模的劳动英雄及模范工作者代表大会，可谓意义深远。1944年9月，陕甘宁边区政府又颁布了《关于劳动英雄和模范工作者选举和奖励办法》，对劳模选举的程序做了明确规定，此后，边区选举劳动英雄和模范工作者由过去的政府选拔转变为政府选拔和群众选举相结合的方式。

解放战争时期，劳模运动继续发展与完善，这一时期出现了大量的"支前劳模"和新解放城市中的"工业劳模"，体现了鲜明的时代特色。

综上所述，革命战争时期的劳模主要包括生产突出的劳动英雄和工作突出的模范工作者两大类，他们来自农村、工厂、军队、机关、合作社、学校等。劳模评选极大调动了军民斗争、生产、工作的积极性，引发了一场思想革命，在群众中首先树立了"劳动光荣、劳动致富"的劳动观念；不但推动了苏区、抗日根据地和陕甘宁边区生产、建设事业和各项工作的大发展，改善了军民生活，提高了军事素质和工作效率，还创新了生产组织形式和工作方式，密切了军民关系、党群关系，增强了劳动人民的团结，并为党领导的新民主主义革命取得胜利、建立新中国做出了重大贡献。

(二) 新中国劳模的发展

1950年9月25日至10月2日，全国工农兵劳动模范代表会议隆重召开，共有464位模范人物荣获新中国首批全国劳动模范称号。此后，我国于1956年、1959年和1960年先后召开了3次全国劳动模范表彰大会，共有10656位先进个人、6510个先进集体获得表彰。1961—1976年，全国劳模表彰中断了16年。"文化大革命"结束后，随着拨乱反正的深入开展，各项工作重回正轨。1977—1979年，在人民大会堂连续召开了5次全国劳模表彰大会，共有2520位先进个人、4157个先进集体获奖。如此密集的表彰，可以说是"缘于转折时代的历史召唤"。20世纪80年代，我国延续了大力表彰劳模的势头并萌生了年度授奖这种新形式。

劳动模范表彰在20世纪80年代呈现出一系列新特点：举行的频率较高，连续进行了6次年度授奖和1次大型全国劳模表彰；受表彰对象覆盖各行各业，知识分子和管理者占比明显提高；表彰机制体制更加健全。1983—1988年，我国连续开展了6次全国劳模年度授奖活动，这在以往的全国劳模表彰中从未有过。尽管没有举行表彰大会，但均由国务院做出表彰决定，颁奖仪式庄严隆重；尽管每次获奖人数很少（均未超过10人），但获奖者都是各行各业的代表人物；大张旗鼓的宣传活动紧随颁奖仪式展开，使这些闪光的名字和先进事迹家喻户晓，为激励人们在社会主义现代化建设新征程上再立新功发挥了积极作用。

在1983—1988年受到表彰的21位全国劳模中，既有普通的劳动者，也有科学家；既有生产一线的优秀工人，也有出类拔萃的企业管理者；既有长期树立的先进典型，也有改革开放中涌现的佼佼者。他们职业广布，为各条战线树立了学习的楷模。在获奖者中，知识分子所占比例较高，共有13位，其中主要是科技工作者，这种构成体现出新时期知识分子地位的提升以及在发展社会生产力中的重要作用。可见，全国劳模年度授奖活动的举办源自改革开放，目的就是提振人民的精气神，推进改革开放向全面、纵深发展。

1989年9月28日，全国劳动模范和先进工作者表彰大会在人民大会堂召开。1989年的劳模表彰体现了劳模表彰制度逐渐成熟和完善，主要是因为此次表彰革除了过去一些不统一、不明确、不完善的做法，摒弃了群众运动的方式，制度化、常规化的体制机制被固定下来。

(1) 表彰大会的名称、规模、时间、地点被统一和固定下来。此前的表彰大会使用过"全国工农兵劳动模范代表会议""全国先进生产者代表会议""全国群英会""全国工业学大庆会议""全国科学大会"等名称，从1989年起，定名为"全国劳动模范和先进工作者表彰大会"，"全国劳动模范"称号授予的是企业职工、农民和社会主义事业建设者，"先进工作者"称号授予的是机关和事业单位的职工和管理者。此前的表彰大会受表彰的人数不等，少则二三百人，多则四五千人，从1989年起固定在3000人左右。表彰大会固定在"五一"国际劳动节前的人民大会堂召开，每五年表彰一次。

(2) 表彰对象范围扩展并统一，包括各行各业、各条战线的劳动者；只表彰个人，不再表彰集体。与20世纪80年代以前召开的9次全国劳模表彰相比，实现了行业全覆盖，受表彰者分别来自工业、农业、交通、财贸、基建、科研、教育、文化、卫生、体育等51个系统或行业。

(3) 表彰组织程序进一步明确和完善。从1989年开始，每次表彰之前，国家都会专门成立"全国劳动模范和先进工作者表彰大会筹备委员会"，在全国总工会设立筹委会办公室，统一负责颁发通知、分配名额、协调进度等各项工作，并由各级地方政府和企事业单位相关部门具体落实，按照评选条件层层选拔和审查。从2005年开始，全国劳模和先进工作者人选名单实行公示制度，逐级公示，广泛听取人民群众的意见，确保表彰对象立得住、有威信，能够更好地发挥见贤思齐的作用。

(4) 表彰方式重新恢复为精神奖励和物质奖励相结合。1950年7月，《政务院关于召开全国战斗英雄代表会议和全国工农兵劳动模范代表会议的决定》第六条规定："凡参加会议的战斗英雄代表与工农兵劳动模范代表，将分别给以荣誉的与物质的奖励，具体办法另订之。"后来由于受"左"的思想干扰，很长一段时间不再进行物质奖励。经过拨乱反正，1989年劳模奖励办法重新恢复为精神奖励和物质奖励相结合。

21世纪以来，为适应国家经济社会发展新形势，针对人民群众反映强烈的一些问题，劳模表彰制度得到不断完善。例如，关于劳模的结构比例问题，选拔中一再强调面向基层、面向生产、面向工作第一线。2000 年，受表彰的全国劳模和先进工作者中，企业一线职工 1085 人，占 36.78%；农民 560 人，占 19%。与 2010 年的表彰情况相比，2015 年企业一线职工占企业人选的比例由 55% 提高到 57%，农民工占农民的比例从 6% 提高到 25%。这些数字的变化，进一步凸显了我国工人阶级的领导地位，巩固了工农联盟的阶级基础。再如，关于劳模评选程序的公信力问题，选拔中一再强调层层把关、自下而上、走群众路线，公平、公正、公开。自 2005 年起采取"两审三公示"的办法，由表彰大会筹备委员会办公室对推荐人员的相关情况进行初审和复审，在本单位、省级和全国进行三级公示，以便接受社会监督。这些规定和措施有力地推动了劳模表彰制度向更加科学严谨、全面规范的方向发展。

党的十八大以来，以习近平同志为核心的党中央高度重视劳模表彰工作。每逢国际劳动节，习近平都与劳模进行座谈，肯定他们的成绩，关心他们的成长，鼓励他们再接再厉，并对劳模表彰工作提出指导性意见。2015 年 4 月 28 日，在时隔 36 年之后，中共中央、国务院共同发起表彰全国劳模和先进工作者的高规格大会再次举行。习近平在表彰大会上指出："表彰全国劳动模范和先进工作者，目的是弘扬劳模精神，弘扬劳动精神，弘扬我国工人阶级和广大劳动群众的伟大品格。""'爱岗敬业、争创一流，艰苦奋斗、勇于创新，淡泊名利、甘于奉献'的劳模精神，生动诠释了社会主义核心价值观，是我们的宝贵精神财富和强大精神力量"。

2015 年 12 月 27 日，第十二届全国人大常委会第 18 次会议通过了《中华人民共和国国家勋章和国家荣誉称号法》。2016 年 4 月，党和国家功勋荣誉表彰工作委员会成立。2017 年 7 月，中共中央审议通过了《中国共产党党内功勋荣誉表彰条例》《国家功勋荣誉表彰条例》《"共和国勋章"和国家荣誉称号授予办法》和《"七一勋章"授予办法》等，这些法规的出台和专门机构的设立都表明劳模表彰制度的进一步完善。2019 年 9 月 30 日，在庆祝新中国成立 70 周年之际，于敏、申纪兰、孙家栋、李延年、张富清、袁隆平、黄旭华、屠呦呦 8 人荣获"共和国勋章"，他们中除了李延年、张富清曾是战斗英雄外，其他人全部获得过省部级或全国劳模称号。由此再一次证明，"劳动模范是民族的精英、国家的脊梁、社会的中坚和人民的楷模"。

2020 年 8 月 11 日，国家主席习近平签署主席令，为隆重表彰在抗击新冠肺炎疫情斗争中做出杰出贡献的功勋模范人物，授予钟南山"共和国勋章"，授予张伯礼、张定宇、陈薇"人民英雄"国家荣誉称号。他们中除了陈薇为军人之外，钟南山在 1995 年、张伯礼在 2005 年曾先后荣获"全国先进工作者"称号，张定宇被推荐为 2020 年全国劳动模范和全国先进工作者候选人。

回顾中华人民共和国成立 70 多年以来，最初的劳模主要是具有熟练操作技能、良好生产能力的"老黄牛式"技术工人，劳模精神内涵为"艰苦奋斗、自力更生、无私奉献"。改革开放初期的劳模更强调其对生产力发展的促进。进入常态化、制度化时期后，劳模逐渐具有知识型、创新型、技能型、管理型等特点，劳模精神的内涵包括爱岗敬业、争创一流，艰苦奋斗、勇于创新，淡泊名利、甘于奉献等。

回顾历史，我们发现在中国革命、建设、改革的各个历史时期，劳模精神鼓舞着广大群众为完成党和国家提出的目标、任务而努力奋斗，始终是彰显时代精神的一面旗帜，始终是催人奋进的时代领跑者。当今世界正经历百年未有之大变局，我国发展的内部条件和外部环境正在发生深刻、复杂的变化，在全面建成小康社会、实现第一个百年奋斗目标之后，我们正乘势而上，开启全面建设社会主义现代化国家新征程、向第二个百年奋斗目标进军。在民族复兴的历史进程中，更需要弘扬劳模精神，凝聚奋进力量。

二、新时代劳模精神的内涵

翻阅一代代劳模的事迹，在他们身上，对事业的"痴"、对工作的"狂"、对得失的"傻"交织在一起，这也正是共和国发展中所需的定力、闯劲、韧劲，共同标注着共和国一代又一代建设者们奋斗的底色。

（一）爱岗敬业

爱岗敬业是最基本的职业道德要求，也是劳模精神的基础。爱岗指热爱自己的本职工作，只有热爱才能安心于自己的本职工作，想方设法干好自己的工作。有了爱，也会敬业。敬业指对自己工作岗位及工作内容要有崇敬之心，因为尊重才会加倍努力，对工作才会用心、上心。只有爱岗敬业，才有更大的动力去追求更高、更快、更强、更远。新时代的优秀劳动者，正是凭借着一腔热血，爱岗敬业，积极投身于建设社会主义的激流中，取得了突出的工作成绩。

日常生活中，兴趣与工作之间的关系也常常成为大家热议的话题。很多人不安于工作的原因是工作不是自己兴趣所在，只是迫于谋生。因为谋生，所以工作中敷衍了事、得过且过。不可否认，确实有人选择的工作岗位不是自己真正喜欢的，但其实也有很多人只是把这当成借口。所有的事情不是只靠兴趣爱好不付出努力就能做得好的，兴趣吸引我们走近，但要成功必须付出艰辛的劳动。对于工作岗位，我们应该保有热爱之心、尊敬之心，干一行、爱一行，才会有信心用汗水和智慧钻一行、精一行。

（二）争创一流

中国人民历来有一种不服输的精神、争先的精神，这是我们宝贵的精神财富。正是靠这种顽强的拼搏精神，在敌人信息封锁和缺少技术支撑的条件下，我们的卫星上了天、原子弹成功爆炸、潜艇下了深海。因为不服输，女排的姑娘们屡次站在世界冠军的领奖台上，中国高铁成为一张反映国家实力的"金名片"。

争创一流就是不甘落后、敢为人先、追求卓越的精神，是当代劳模最具竞争力、战斗力的精神。他们自我超越、开拓进取、攻坚克难，在工作中不断强化自身竞争意识，善于"比"敢于"拼"，争当行业的领头者。当代劳模在建设社会主义事业的过程中，不仅和本单位的劳动者比，更和国内外行业的精英比，向强于己者虚心学习，迎面赶超。他们居安思危，不安于现状，目标高远，以舍我其谁的气魄、一马当先的锐气、敢为人先的勇气去比拼去竞争，在实现中华民族全面复兴梦的征程中绽放生命的光彩。正是一代又一代劳动模范争创一流、自强不息的精神，创造着中国的伟大事业。

这种精神不应只属于劳动模范，也应该成为每一位普通劳动者都应具备的品质。今天，在市场经济环境下，更需要勇往直前、开拓进取、争创一流的奋进精神，固步自封、小进则止的思想只会使自己在市场经济的大潮中落后于人。争创一流、赶学比超的竞争精神符合当代社会发展趋势。世界格局越来越多元化，局势越来越错综复杂，只有继续发扬争创一流、勇于争先、自强不息的精神，中国才能在站起来富起来的基础上，早日强起来，实现中国的富强梦。

（三）艰苦奋斗

邓小平说，"我们的国家越发展，越要抓艰苦创业"[1]。艰苦奋斗精神是中华传统美德，是民族精神的重要内容。艰苦奋斗也是我们党的一大优良传统，我们党为争取民族解放和独立的斗争史，就是一部艰苦奋斗的创业史。新中国 70 多年来取得的伟大成果就是艰苦奋斗的发展史。艰苦奋斗是一种不怕艰难困苦，奋发图强，艰苦创业，为国家和人民的利益乐于奉献的顽强的斗争精神。我国伟大事业的取得就是根源于劳动者们不避艰苦、坚韧不拔、发愤图强的伟大精神。

党的十八大以来，习近平多次强调要永葆艰苦奋斗的本色。2013 年 1 月 22 日，习近平在十八届中央纪委二次全会上强调"能不能坚守艰苦奋斗精神，是事关党和人民事业兴衰成败的大事"。习近平总书记指出，我们党在革命、建设、改革各个历史时期都遇到了种种艰难险阻，我们的事业成功都是经过艰辛探索、艰苦奋斗取得的。过去的辉煌成就是靠艰苦奋斗取得的，更加美好的明天仍需发扬艰苦奋斗精神来创造。当前，中华民族伟大复兴展现出前所未有的光明前景，越是接近民族复兴越不会一帆风顺，越是充满风险挑战乃至惊涛骇浪。在实现伟大梦想的征途中，我们要深刻认识到，越是发展越要奋斗，主动接过先辈艰苦奋斗的接力棒，传承自力更生、勤俭节约的传统美德，坚守不怕牺牲、甘于奉献的无私品格，永葆不畏艰险、锐意进取的奋斗韧劲。因为我们深知，"幸福都是奋斗出来的"。

实现美好理想，离不开筚路蓝缕、胼手胝足的艰苦奋斗。当代劳模在中国共产党的领导下，充分发扬艰苦奋斗的品格和本色，不惧艰难、勇挑重担、开拓进取，在祖国建设的各个行业和领域建功立业、独领风骚，更成为引领和鼓舞全国人民共同努力前行的榜样。当代大学生要积极以劳模为学习和努力的榜样，汲取精神营养化为激励我们积极投身于社会主义事业的强大动力。

（四）勇于创新

劳动模范在千千万万的普通劳动者中脱颖而出，他们在普通岗位上兢兢业业取得了不平凡的成就，成为行业的佼佼者和带头人，之所以取得如此骄人的成绩，勇于创新是非常重要的原因，甚至可以说是劳模精神的灵魂。惟创新者进，惟创新者强，惟创新者胜。历数新时代劳模的光荣事迹，没有一个不在行业领域内以踏实勤奋、追求卓越、创新进取为本的。没有创新就没有未来，没有创新就会落伍于日新月异的时代，中国自鸦片战争以来的百年历史深刻地告诉后人，没有创新没有发展就会落后挨打。新时代的大学生更要胸怀

---

[1] 邓小平文选：第三卷[M]. 北京：人民出版社，2001：306.

天下、目标高远，以国家兴盛、民族发展为己任，勇于创新、善于创新。

（五）淡泊名利

"重义轻利"历来是中华民族的文化传统，"名节重于泰山，利欲轻于鸿毛"。但是，面对无所不在的诱惑，淡泊名利并非易事。"壁立千仞，无欲则刚"。淡泊名利关键要志存高远，甘于奉献，勇于吃苦，心存戒惧。一个人志向远大，才能放眼高远，不满足现状，取得更大成就。自古以来，成大事者不计小利。贪名图利看似实用，实则是一种庸俗、浅薄的处世哲学。

"共和国勋章"获得者、时代楷模张富清的事迹感人肺腑。他在解放战争的枪林弹雨中九死一生，先后荣立一等功3次、二等功1次，被西北野战军记"特等功"，两次获得"战斗英雄"荣誉称号。新中国成立后，他响应国家号召主动到偏僻的湖北来凤县工作，为贫困山区奉献一生。60多年来，张富清刻意尘封功绩，连儿女也不知情。张富清老人的英雄事迹被发现是一个"意外"。2018年年底，在退役军人信息采集中，张富清的事迹被人们偶然发现。要不是国家进行退役军人信息采集，老人以"对党老实忠诚"的态度拿出军功章、报功书，他的事迹可能永远被深藏于箱底。如果不是当地干部以"组织的要求"之名，劝说老人接受媒体采访，他的故事也不会被外界所知。这就是最令人震撼之处——深藏功名60多年，烈烈往事，连儿女都不告诉；赫赫战功，连一起共事几十年的老同事也"不晓得"。九死一生的战斗英雄，看淡了生死、淡薄了功名，本就难能可贵；默默锁上军功章，服从组织安排到最艰苦的山区贡献一生，更让人感佩。之所以"藏得住"，是因为他的初心就不是功名利禄，而是为国家谋解放、为人民谋安康；是因为他始终把那些牺牲的战友作为精神坐标，拿他们做对照，以向组织邀功、提要求、要待遇为耻；是因为在他看来，为党和人民出生入死、牺牲奉献本就是共产党员的本分，不值得夸耀和显摆。这样的境界何其高远，这样的精神何其可敬！朴实纯粹、淡泊名利的老英雄张富清是一面亮堂堂的镜子，对"镜"自省、见贤思齐，正品行、找差距，我们就能坚定信仰、提高境界，踏踏实实做人、老老实实干事。

曾获19项国内外大奖的袁隆平说："要淡泊名利，踏实做人，才能取得一定的成就。现在少数人搞学术腐败，就是功利心、享乐心太重，急功近利，弄虚作假，到头来害人害己，只有踏踏实实地做人、做事，才能使心灵获得真正的满足。"在金钱面前，他始终只满足于基本的生活需求，对此，他解释道："精神上丰富一点，物质上和生活上看淡一点，因为一个人的时间与精力是有限的，如果内心总想着名利，哪有心思搞科研？在吃方面以清淡和卫生为贵，在穿方面只要朴素大方就行了。如此这样才能保持身心健康，心情也才能够愉快，事业也才能取得更大的成就。"

（六）甘于奉献

习近平总书记在东北考察时说道，雷锋精神是永恒的。雷锋同志用极为短暂的一生为我们诠释为人民服务、甘于奉献的崇高定义，那就是不断把崇高的理想信念和道德品质追求融入日常生活中，在岗位上做一颗永不生锈的螺丝钉。共和国的历史上涌现了无数这样无私奉献的英雄楷模，才造就今天中华民族的腾飞崛起。焦裕禄、孔繁森、杨善洲、黄大年、黄旭华等榜样的身上，无一不体现出无私的奉献精神。

在这个世界上,除了名利之外,总有更高的境界和价值值得我们为之奋斗,为之奉献,乃至牺牲。一个具有坚定信念和崇高追求的人,会把个人追求与国家发展、社会进步紧密联结在一起,以淡泊名利、无私奉献的人生境界和高尚品格,拓展生命的维度。

黄文秀,一位年轻爱美、风华正茂的青年,用她30岁的生命谱写了一曲当代青年无私奉献的壮丽凯歌。2016年,她从北京师范大学研究生毕业后,回到家乡百色工作。2018年3月,黄文秀同志积极响应组织号召,到乐业县百坭村担任驻村第一书记,埋头苦干,带领88户418名贫困群众脱贫,全村贫困发生率下降20%以上。2019年6月17日凌晨,她在从百色返回乐业的途中遭遇山洪不幸遇难,献出了年仅30岁的宝贵生命。习近平对黄文秀同志先进事迹做出重要指示,他强调,黄文秀同志研究生毕业后,放弃大城市的工作机会,毅然回到家乡,在脱贫攻坚第一线倾情投入、奉献自我,用美好青春诠释了共产党人的初心使命,谱写了新时代的青春之歌。广大党员干部和青年同志要以黄文秀同志为榜样,不忘初心、牢记使命,勇于担当、甘于奉献,在新时代的长征路上做出新的更大贡献。

当代大学生要努力践行奉献精神,也要大力弘扬奉献精神,要及时对先进事迹、先进榜样进行宣传学习和总结,要不断挖掘身边的先进事迹,营造激情干事、敬业奉献、正气充盈、昂扬向上的良好社会风气,使甘于奉献、敢于奉献、乐于奉献成为社会的主流。

第二节 劳动精神

劳动精神是每一位劳动者为创造美好生活而在劳动过程中秉持的劳动态度、劳动理念及其展现出的劳动精神风貌。新时代劳动精神有着深刻的理论和现实土壤,它以马克思主义劳动思想为理论根基,承继了中华优秀传统文化,植根于中国特色社会主义制度和新时代的伟大实践中,代表着时代先进的文化成果,折射着对时代精神的最高需求。新时代劳动精神是我们宝贵的精神财富,激励着全国各族人民众志成城、艰苦奋斗、勇往直前,对全面建设社会主义和实现中国全面复兴的强国梦都意义深远。

党的十八大以来,习近平多次与劳动群众一起出席活动,同代表谈心,给劳模回信,为劳动者鼓劲,展现了人民领袖同劳动群众面对面、心贴心、实打实的深情厚谊。他对于弘扬劳模精神、劳动精神、工匠精神的倡导和要求一以贯之。

2014年4月30日,习近平在新疆接见劳动模范和先进工作者、先进人物代表座谈会上强调,劳动模范和先进工作者、先进人物不仅自己要做好工作,而且要身体力行向全社会传播劳动精神和劳动观念,让勤奋做事、勤勉为人、勤劳致富在全社会蔚然成风。这是习近平总书记首次提出"劳动精神"的概念。

2015年1月8日,中共中央印发《关于加强和改进党的群团工作的意见》,明确指出:"引导广大职工弘扬劳模精神、劳动精神、工人阶级伟大品格,增强主人翁意识,打造健康文明、昂扬向上的职工文化。"这是首次在中央文件中将弘扬劳模精神、劳动精神、工人阶级伟大品格并列在一起,显示了强烈的价值导向。2015年4月28日,习近平总书记在庆祝"五一"国际劳动节暨表彰全国劳动模范和先进工作者大会上的讲话中强调:"我们在这里隆重集会,纪念全世界工人阶级和劳动群众的盛大节日——'五一'国际劳动节,表彰全国劳动模范和先进工作者,目的是弘扬劳模精神,弘扬劳动精神,弘扬我国工人阶级和广大劳动群众的伟大品格。""在前进道路上,我们要始终弘扬劳模精神、劳动精神,为中国经济社会发展汇聚强大正能量。"这些重要论述再次重申了劳模精神的内涵,并将"劳动精神"与"劳模精神"并列,从"劳模精神"到"劳动精神",从提倡向劳模先进群体看齐到倡导全社会都要热爱劳动、投身劳动,体现了习近平总书记对劳动的高度尊崇、对劳动者的高度尊重。

2020年11月24日,习近平在全国劳动模范和先进工作者表彰大会上的讲话指出,在长期实践中,我们培育形成了"崇尚劳动、热爱劳动、辛勤劳动、诚实劳动的劳动精神"。

一、崇尚劳动

2015年4月28日,习近平在庆祝"五一"国际劳动节暨表彰全国劳动模范和先进工作者大会上的讲话中强调,我们所处的时代是催人奋进的伟大时代,我们进行的事业是前无古人的伟大事业,我们正在从事的中国特色社会主义事业是全体人民的共同事业。全面建成小康社会,进而建成富强民主文明和谐的社会主义现代化国家,根本上靠劳动、靠劳动者创造。因此,无论时代条件如何变化,我们始终都要崇尚劳动、尊重劳动者,始终重视发挥工人阶级和广大劳动群众的主力军作用。这就是我们今天纪念"五一"国际劳动节的重大意义。

"崇尚劳动"是新时代劳动精神蕴含的核心要义。习近平同志深刻指出:"人民创造历史,劳动开创未来。劳动是推动人类社会进步的根本力量。"劳动不仅创造了世界和人本身,而且为推动社会进步提供了必备的物质基础和精神基础,因此一切劳动都理应受到推崇和尊重。劳动是实现中国梦的根本力量。只有依靠永不止息的劳动、脚踏实地的劳动、精益求精的劳动、科学求实的劳动,中国梦才能走进生活、成为现实。无论当今时代科学技术如何飞跃,知识经济如何凸显,生产要素如何组合,都只是劳动形式、劳动对象、劳动内涵的现代演变,都不能改变马克思主义关于人类依靠生产劳动、劳动标志人的本质、劳动创造价值的基本观点。

工作岗位有不同、劳动价值有大小,但职业并无高低贵贱之别。如果说社会是一个庞大、复杂的机器,每个劳动者就是机器上的一个部分、一件零件,对机器的良性运转来说,每个细微的零件都不可或缺、功不可没。因此,崇尚劳动也要推崇劳动平等,反对一切劳动歧视与偏见。习近平总书记指出,在社会主义条件下,"劳动没有高低贵贱之分,任何一份职业都很光荣","无论是体力劳动还是脑力劳动,都值得尊重和鼓励;一切创造,无论是个人创造还是集体创造,也都值得尊重和鼓励"。劳动平等是维护劳动权利的基本条件和维护劳动尊严的基本保障。每个人的劳动不仅可以创造自身的幸福生活,而且可以为中国特色社会主义事业做出自己的贡献。

二、热爱劳动

劳动是慷慨的,给了人类一切;劳动是神圣的,改变了整个世界。劳动创造了财富,劳动创造了幸福。有了劳动，才有了繁华都市和广袤乡村，才有了五彩斑斓、绚丽多姿的生活。所以，热爱劳动就是热爱生活。

劳动是发挥个体生命力量投入创造的一个过程，这个过程中有着生命的显现和存在方式，也是个体生命与时代和历史的交融相汇。人们通过劳动让自己的生命力量与外在的世界逐渐融合和丰富的过程中，不仅创造了世界，也创造了人本身，实现了人的本质力量的释放。所以说劳动是实现人的全面自由发展的唯一有效途径。人们通过手脑结合的劳动创造了财富和幸福，丰盈了人类灵魂，延展了生命的深广度。所以，热爱劳动其实就是热爱生命本身。

"夙兴夜寐，洒扫庭内"，热爱劳动是中华民族的优秀传统，热爱劳动是新时代劳动精神的内在动力。热爱是发自内心的真诚，是不忘初心、砥砺前行的源源动力。干一行爱一行，热爱本职工作，才会在工作岗位上踏实勤奋、兢兢业业、攻坚克难、开拓进取。网上有一句流行语说"热爱可抵岁月漫长"，因热爱而选择、因热爱而坚持、因热爱而追求极致、精益求精，保持初心，一路披荆斩棘。

新时代劳动精神倡导每个人通过自己的劳动，收获满足感、快乐感、尊严感，在创造丰富的物质财富的同时，拥有丰盈的精神世界。从个人意义角度而言，一方面，个体可以通过劳动充分发挥自身的积极性与创造性，学会与人合作，追求个体幸福，享受劳动尊严；另一方面，个体可以通过劳动磨炼意志，培养勤俭节约、勤劳勇敢、艰苦奋斗、坚韧不拔等精神品质。从社会意义角度而言，劳动推动社会进步，让全社会的生活质量得以整体提升。通过劳动，人们用自己的辛勤汗水和努力奋斗为推动社会文明进步做出贡献，用自己的劳动成就书写平凡中的伟大，实现个人价值与社会价值的统一。

三、辛勤劳动

辛勤劳动是中华民族悠久的历史传统，是新时代劳动精神的重要内涵。"艰难困苦，玉汝于成"，习近平用这句古语形容了改革开放 40 年来中国的风雨历程和辉煌成就。我们"40 年来取得的成就不是天上掉下来的，更不是别人恩赐施舍的，而是全党全国各族人民用勤劳、智慧、勇气干出来的"。回溯历史，任何一点进步、任何一次成功都是由人民的艰苦奋斗、辛勤劳动创造出来的。越是美好的未来，越需要我们不畏艰辛、不辞辛苦。

习近平强调，"人生在勤，勤则不匮。幸福不会从天降，美好生活靠劳动创造"。勤于劳动、善于创造是中华民族最为鲜明的伟大品格。在不懈追求美好生活的辛勤劳动中，中国人民用汗水浇灌梦想，靠实干铸就辉煌，谱写彪炳史册的奋斗诗篇，开辟民族复兴的光明前景。实现国家富强、民族振兴、人民幸福的奋斗目标，离不开工人阶级和广大劳动群众的劳动创造，需要我们"撸起袖子加油干"。天道酬勤，一砖一瓦，加高事业大厦；点滴创造，编织幸福生活。

"光荣属于劳动者，幸福属于劳动者。社会主义是干出来的，新时代是奋斗出来的。"催人奋进的伟大时代、前无古人的伟大事业，构成我们施展才干的广阔舞台。挑战与机遇并存，同时我们还面临着各种新问题、新挑战，新时代的大学生亟须苦干笃行、越挫越奋的精神。

四、诚实劳动

诚实劳动，是新时代劳动精神的重要内涵，是辛勤劳动的延伸，是实现劳动创造幸福的重要前提。诚实劳动，是指劳动者以积极、实干、诚信的态度为他人和社会提供服务，基本要求是合法合理劳动，表现为劳动者在不违背法律法规的前提下从事符合道德规范的劳作。诚实劳动强调劳动者应立足岗位踏实劳动，求真学问，练真本领，尽己所能，而不能一味求名求利，也不能在名利的诱惑下弄虚作假、违法经营，干违背良心和道德规范的事情。对待劳动成果亦应实事求是，摒弃虚假之风，反对一切不劳而获和投机取巧的思想，依靠诚实劳动实现人生梦想。

劳动固然重要，但更重要的是以什么样的态度和方式去劳动。我们的社会发展到今天，方方面面都呈现出了多元化、多样性的特点，包括人们的思想和文化。辛勤劳动、诚实劳动、富有创造性的劳动才是我们所积极倡导和弘扬的；反之，功利的、非法的、具有破坏性的行为，即使是劳动，也是我们要予以抵制和反对的。因为这种消极的劳动，不但不会创造出积极的价值，反而会妨碍社会的健康良性发展，损害广大人民群众的切身利益，于人、于国皆为害。

我们常说劳动创造美，那是因为劳动本身是美的。没有劳动，衣、食、住、行皆为泡影，只有劳动，才能创造实实在在的价值。因此，劳动最光荣、劳动最崇高、劳动最伟大、劳动最美丽。人类如此美好的一种行为和品质，应该在今天得到更好地传承和弘扬，而不能因为被利益迷了眼，而对劳动的内涵有所误读。好逸恶劳、好吃懒做自然不是我们所倡导的劳动观，而劳动中不劳而获、投机取巧、耍奸弄滑、做表面文章等同样与我们的社会主义核心价值观相违背。"人世间的美好梦想，只有通过诚实劳动才能实现；发展中的各种难题，只有通过诚实劳动才能破解；生命里的一切辉煌，只有通过诚实劳动才能铸就。"用诚实劳动创造幸福人生和美好生活是中国人民共同的精神追求。

新时代构建和发展和谐劳动关系、促进社会和谐，需要劳动者积极践行诚实劳动理念，将社会责任和时代使命融入诚实劳动。习近平指出，"空谈误国，实干兴邦"。如果劳动者驰于空想、骛于虚名、投机取巧，那中国梦永远都只是黄粱一梦。于个人而言，唯有诚实劳动，才能最好地保障和实现人的自由本质，创造体面劳动和全面发展的"资本"。于国家而言，诚实劳动是提升国力的基石和坚守国格的精神基因。我们崇尚劳动、尊重劳动，更要正确地付出劳动、从事劳动。以诚为先、以诚为重、以诚为美，鼓励劳动致富，遏制不劳而获、坐享其成、非法收入，这才是劳动应有之义。

第三节 工匠精神

2020年11月24日，习近平总书记在全国劳动模范和先进工作者表彰大会上指出，在长期实践中，我们培育形成了"执着专注、精益求精、一丝不苟、追求卓越的工匠精神"。

工匠精神是中国优秀传统文化的重要内容和宝贵财富。《考工记解》中，"周人尚文采，古虽有车，至周而愈精，故一器而工聚焉。如陶器亦自古有之。舜防时，已陶渔矣，必至虞时，瓦器愈精好也。"反映的正是我国古代的能工巧匠们不断追求技艺精进的精神品格。

功崇惟志，业广惟勤。工匠精神是时代精神的生动体现，折射着各行各业一线劳动者的精神风貌。"汉字激光照排系统之父"王选、"火箭发动机焊接的中国第一人"高凤林、先后八次打破集装箱装卸世界纪录的许振超等人，都是工匠精神的优秀传承者，他们让"中国制造"影响了世界。

习近平总书记在同全国劳动模范代表座谈时曾表示，我们说"空谈误国，实干兴邦"，实干首先就要脚踏实地劳动。实现"两个一百年"奋斗目标、实现中华民族伟大复兴，需要我们每个人主动践行、弘扬工匠精神，将自己对人生、对事业、对国家的热爱化作工作的激情，谱写敬业报国的时代乐章。

一、工匠精神的内涵

（一）执着专注

凡人匠心，执着专注。苏轼云"不一则不专，不专则不能"。执着是爱岗敬业的必需，是干一行爱一行，热爱本职工作，专心于自己的本职工作，不见异思迁；是不忘初心、坚守信念和理想，不为外界的利益诱惑，坚定执着地朝自己选择的方向挺进。专注是内心笃定而着眼于细节的耐心、执着、坚持的精神。早在春秋时期，孔子就主张人在一生中始终要"执事敬""事思敬""修己以敬"。"执事敬"，是指行事要严肃认真不怠慢；"事思敬"，是指临事要专心致志不懈怠；"修己以敬"，是指加强自身修养保持恭敬谦逊的态度。宋代大思想家朱熹强调"专心致志，以事其业"，这些都是对专注于事业的最好阐释。

执着专注是对事业来自灵魂深处的珍视与坚持，是实现个人发展和人生价值的定力所在，也是各行各业厚积薄发、实现持久发展的重要保障。无论做什么样的工作，做任何事情，只要能够坚持自己的理想和志向，对事业保持几十年如一日的热情和坚持，不怕吃苦，甘于坐冷板凳，就一定能够完成既定的目标、取得优秀的成绩，甚至实现被他人认为难以企及的目标。

执着专注是"大国工匠"所具备的精神特质，工匠精神都意味着一种执着，即几十年如一日的坚持与韧性。

荣宝斋的技师王玉良一生追求完美，他所做的《夜宴图》木板复刻，至今无人能做第二份，只因做得太精妙、难度太大——共用1667块木板，反复修改琢磨，耗时一年半才做成。

塞外黄沙漫天，88岁的敦煌研究院保护研究所前副所长李云鹤依然守护在他爱了一辈子的敦煌身边。从23岁起，他修复了4000平方米壁画、500多身塑像，也创造了一个新职业——文物修复师。

（二）精益求精

所谓精益求精，是指已经做得很好了，还要求做得更好。精益求精是对品质的极致完美的不懈追求，是工匠精神的核心。一个人之所以能够成为"工匠"，就在于他对自己产品品质的追求，只有进行时，没有完成时，永远在路上；他不惜花费大量的时间和精力，反复改进产品，努力把产品的品质从99%提升到99.9%，再提升到99.99%。对于工匠来说，产品的品质只有更好，没有最好。

精益求精就是追求质量无止境、服务无止境、努力无止境，是从业者对每件产品、每道工序都凝神聚力、追求极致的职业品质。正如老子所说，"天下大事，必作于细"。能基业长青的企业，无不是精益求精才获得成功的。

精益求精是以追求完美的工作态度，下苦功夫，讲求慢工出细活，不断推出更高质量的产品和服务。学习精益求精的工匠精神，就是要干一行专一行，重细节、追求完美，通过高标准的工作模式和严格科学的工作方法，致力于生产质量过硬、口碑出色的产品。

我国要实现高质量发展，意味着各行各业都要把生产高精尖产品和提供精细化服务作为重要的价值追求。要实现这样的目标，必须秉持追求完美的工作态度，弘扬精益求精的工匠精神，生产出质量过硬的产品，提供口碑出色的服务，不断提高国内产品和服务的国际竞争力。

雄厚的专业技术技能是实现精益求精的基础，这意味着劳动力素质的提高是各行各业精益求精不断进步的前提。习近平总书记在祝贺我国技能选手在第45届世界技能大赛上取得佳绩时强调，"劳动者素质对一个国家、一个民族发展至关重要。技术工人队伍是支撑中国制造、中国创造的重要基础，对推动经济高质量发展具有重要作用"。践行精益求精的工匠精神，各行各业的劳动者都应致力于自我提升，以严谨认真、追求完美的态度，不断提高自身专业能力，努力成为推动高质量发展的合格建设者。

特级技师高凤林焊接的产品是火箭发动机喷管，被喻为火箭的心脏，他的这双手被称为"金手"。"金手"的练就有多不易，只有高凤林自己清楚：吃饭时拿筷子比画送焊丝的动作，喝水时端着盛满水的杯子练稳定性，哪怕休息时都举着铁块练耐力。"我们喜欢不断雕琢自己的产品，不断改善自己的工艺，享受着产品在双手中升华的过程。"高凤林说，"在我们的心中，制作出来的产品没有最好，只有更好。"

（三）一丝不苟

一丝不苟是指做事认真、细致严谨，一丝一毫都不马虎。一丝不苟是对工作作风、工作态度的重要评价标准，主要体现在始终严格遵守工作规范和质量标准，兢兢业业做事，认真严谨工作，把每个操作步骤都落实到位，不投机取巧，不寻求捷径，不敷衍了事，不放过任何一个细节和细微之处，确保操作结果符合标准甚至高于标准，没有瑕疵，不留遗憾。俗话说，"差之毫厘，谬以千里"，小小的疏忽有可能导致巨大的损失，甚至造成不可挽回的局面。步入高质量发展阶段，各行各业的工作者一丝不苟开展工作，才能把干事创业的风险降到最低，效益做到最大，为建设质量强国奠定坚实基础。

要做到一丝不苟，应树立高度的责任意识。大国工匠们能在自己的本职岗位上把一件事反复做、用心做，把反复做的事做到极致精准，做到"零误差""零次品"，离不开对事业的尊重、对工作的负责。把责任看得重于泰山，才能在工作中"战战兢兢，如履薄冰"，尽全力做好每一个细节。要做到一丝不苟，工作中必须按照规则、标准和制度办事，并能够主动根据标准制定长、短期目标和阶段性规划，有条不紊地付诸实施，让一丝不苟融入血液，形成习惯。

一丝不苟不是刻板固守，其重点是发现问题和解决问题。我们要善于在工作中发现问题，挖掘问题的根源，并积极提出解决问题的好办法，尽全力做到"无偏差"，才能创造出经得起实践、人民、历史检验的实绩。

中国电子科技集团公司高级技师、高级技能带头人夏立就是典型代表。"从小到拳头大的机载天线到亚洲第一的65米'天马'射电望远镜，再到世界第一的500米'天眼'，我装配的产品没有出现过任何问题。"作为小型精密通信天线装配负责人，夏立说这句话的时候自信又骄傲。钳工是一个再普通不过的工种，但能将手工装配精度做到0.002毫米绝不简单，这相当于头发丝直径的1/4。30多年来，夏立亲手装配的天线指过北斗，送过神舟，护过战舰，亮过"天眼"，他也从学徒工成长为身怀绝技的大国工匠。

（四）追求卓越

追求卓越是工匠精神的灵魂，是在工作中不甘平庸，总是寻求突破、寻求"更上一层楼"的创新精神。追求卓越，关键在于不断创新，通过创新获得新的技艺、生产更好的产品。大力倡导追求卓越的工匠精神，就是要广泛培养各行业劳动者的创新意识，最大限度地激发人民群众的创新才能，在各领域不断取得技术突破和整体提升。习近平总书记指出："创新是一个民族进步的灵魂，是一个国家兴旺发达的不竭动力。"

要实现"更上一层楼"，意味着在一丝不苟、脚踏实地工作的同时不甘于平庸，树立崇高目标，勇于尝试、敢于挑战，致力于通过不断革新、不断突破，追求精益求精的品质。新中国成立以来，尤其是改革开放以来，不断创新、追求卓越已成为建设社会主义现代化强国、实现中华民族伟大复兴中国梦的关键推动力。实现高质量发展，更需要面向世界、面向未来，坚定追求卓越的目标取向，倡导勇于探索的创新精神，全方位培养创新意识，激发广大人民群众的创新才能，为"中国智造"打下坚实的基础。

改革开放以来，中国经济融入世界的一个重要标志就是"中国制造"走上世界舞台。从"嫦娥"探月到"蛟龙"探海，从神舟飞天到高铁奔驰，从中国"天眼"到港珠澳大桥……一个个国之重器的背后，是一个个新时代能工巧匠的精工细作、突破创新。

中国航发的产业工人洪家光花费5年时间，终于和团队研发出一套成熟的航空发动机叶片滚轮精密磨削技术，荣获国家科学技术进步二等奖。从技校毕业、从学徒做起的他，成为当之无愧的顶尖高技术人才，彰显了以改革创新为核心的时代精神。

拥有一双"金手"的高凤林，是一位给火箭焊接"心脏"的专家，先后参与了北斗导航、嫦娥探月、载人航天等国家重点工程以及长征五号运载火箭的研制，多次攻克发动机喷管焊接技术世界级难关。高凤林在他所参与攻关的多个重大项目中，不断改进工艺措施，不断创造新工艺，不断攻克一个个难关，达到世界第一的水准。"实际上，对于一名好工匠而言，高超的技艺只是其表象，更为决定性的因素是具有坚韧不拔的品质、追求卓越的恒心、钻研创新的执着。"高凤林如是说。

匠心从来不拘一格，每一位在自己工作岗位上做到极致的劳动者，都有自己的匠心之道：择一事，终一生，以不息为体，以日新为道。

二、新时代呼唤工匠精神

　　曾经,工匠是一个中国老百姓日常生活须臾不可离的职业,木匠、铜匠、铁匠、石匠、篾匠等,各类手工匠人用他们精湛的技艺为传统生活定下底色。随着农耕时代结束,社会进入工业时代,一些与现代生活不相适应的老手艺、老工匠逐渐淡出日常生活。进入现代工业社会,伴随手工艺向机械技艺以及智能技艺转换,传统手工工匠似乎远离了人们的生活,但工匠并不是消失了,而是以新的面貌出现了,即现代工业领域里的新型工匠,机械技术工匠和智能技术工匠。

　　经过改革开放 40 多年的发展,我国早已成为世界第一制造业大国。尽管我们成了"世界工厂",贴着 Made in China 标签的产品在世界随处可见,大到汽车、电器制造,小到制笔、制鞋,国内许多产业的规模居于世界前列。在许多业内人士看来,我国制造业大而不强,产品质量整体不高,背后的重要根源之一就是缺乏具备工匠精神的高技能人才。

　　为实现中国从全球制造大国到制造强国的跨越,2015 年 5 月 8 日国务院正式印发《中国制造 2025》,提出了中国政府实施制造强国战略第一个十年的行动纲领。中国要迎头赶上世界制造强国,就必须在全社会大力弘扬以工匠精神为核心的职业精神。只有当敬业、精益、专注、创新的工匠精神融入生产、设计、经营的每一个环节,实现由"重量"到"重质"的突围,中国制造才能赢得未来。2016 年 3 月 5 日,国务院总理李克强在第十二届全国人民代表大会第四次会议上作政府工作报告时说:"鼓励企业开展个性化定制、柔性化生产,培育精益求精的工匠精神,增品种、提品质、创品牌。""工匠精神"一词迅速流行开来,成为制造行业的热词。随后,不仅制造行业,各行各业都提倡工匠精神,任何行业、任何人"精益求精,力求完美"的精神,都可称工匠精神。"工匠精神"出现在政府工作报告中,让人耳目一新。古语云:"玉不琢,不成器。"工匠们喜欢不断雕琢自己的产品,不断改善自己的工艺,享受着产品在双手中升华的过程。

　　党的十八大以来,习近平总书记关于弘扬劳模精神和工匠精神的一系列重要论述,为我们进一步深化对工匠精神的认识提供了根本遵循。深刻认识工匠及工匠精神的重要理论与实践意义,对于大力弘扬工匠精神,建设一支重知识、善技能、创新型的产业大军,具有重大意义。

　　在新时代提倡工匠精神,不仅具有强烈的时代意义,同时也有其深刻的历史必然性。

　　(1) 弘扬工匠精神,是为了造就一支宏大的产业工人队伍,以满足我国建设现代化强国目标的需要。党的十八大提出了实现"两个一百年"奋斗目标,要实现这一目标,必须推动我国由制造大国向制造强国的转变,实现从"中国制造"到"中国创造"的跨越。而要完成这一目标,急需造就一支有理想守信念、懂技术会创新、敢担当讲奉献的宏大的产业工人队伍,而要切实推进产业工人队伍建设改革,必须大力弘扬工匠精神。

　　(2) 弘扬工匠精神,是适应国际竞争,推动中国制造走出去的需要。近年来,许多国家提出了各种具有前瞻性的发展战略,我们必须加快经济发展方式转型和产业结构升级,才能在激烈的国际竞争中站稳脚跟,才能推动我国企业走出去。因此,大力弘扬工匠精神,培育出大批大国工匠,全面提升职工素质,已成为当务之急。

　　(3) 弘扬工匠精神,是满足个性化、定制化生产的需要。当前,我国正经历着从工业化向信息化时代的转变。飞速发展的互联网、大数据、物联网、人工智能技术，正改变着人们的生产方式和生活方式。与千篇一律的工业化生产不同的是，如何满足消费者个性化和定制化需求，已经成为企业竞争的新蓝海。因此，随着信息化、智能化时代的到来，重提工匠精神，也就具有了某种历史必然性。

经国务院批准，人力资源和社会保障部从 2020 年起举办全国职业技能大赛。首届大赛以"新时代 新技能 新梦想"为主题，设 86 个比赛项目，共有 2500 多名选手、2300 多名裁判人员参赛，是新中国成立以来规格最高、项目最多、规模最大、水平最高的综合性国家职业技能赛事。中华人民共和国第一届职业技能大赛于 2020 年 12 月 10 日在广东省广州市开幕。习近平在贺信中指出，技术工人队伍是支撑中国制造、中国创造的重要力量。职业技能竞赛为广大技能人才提供了展示精湛技能、相互切磋技艺的平台，对壮大技术工人队伍、推动经济社会发展具有积极作用。希望广大参赛选手奋勇拼搏、争创佳绩，展现新时代技能人才的风采。习近平强调，激励更多劳动者特别是青年一代走技能成才、技能报国之路，培养更多高技能人才和大国工匠，为全面建设社会主义现代化国家提供有力人才保障。李克强总理指出，提高职业技能是促进中国制造和服务迈向中高端的重要基础。积极营造有利于技能人才脱颖而出的良好环境，深入开展大众创业、万众创新，引导、推动更多青年热爱钻研技能、追求提高技能，打造高素质技能人才队伍，培养更多大国工匠，让更多有志者人生出彩，为促进就业创业创新、推动经济高质量发展提供强有力支撑。

第四节 劳动精神的时代价值

劳模精神、劳动精神、工匠精神是以爱国主义为核心的民族精神和以改革创新为核心的时代精神的生动体现。劳动精神是劳模精神、工匠精神的基础，工匠精神是劳动精神的更高境界，劳模精神是劳动精神、工匠精神的引领。

一、劳模精神、劳动精神、工匠精神的关系

(一) 相互包容、辩证统一

从时间上看，劳模精神提出的时间最早。从革命战争年代一直到今天，劳模精神一直为我党所大力倡导。劳动精神是习近平总书记 2014 年 4 月 30 日在乌鲁木齐接见劳动模范和先进工作者、先进人物代表，并同他们座谈时提出的。习近平总书记当时特别强调，广大党员、干部要带头弘扬劳动精神。工匠精神是在 2016 年《政府工作报告》中第一次出现的。我们学习和理解劳模精神、劳动精神、工匠精神，不仅要考虑时间因素，还要有逻辑上的思考。

从逻辑上看，我们可以按照劳动精神、工匠精神、劳模精神的顺序做进一步思考。劳动精神是工匠精神和劳模精神的共同基础。也就是说，没有劳动精神，也很难有工匠精神

和劳模精神。按照马克思主义的观点,劳动创造了人本身,劳动把人与动物区分开来。因此,我们认为,劳动精神是成为人的精神,工匠精神是成为优秀的人的精神,劳模精神是成为影响别人的人的精神。劳动精神让人成为"人",成为合格的劳动者。任何劳动者只有弘扬和践行精益求精的工匠精神,才会成为优秀的劳动者。劳模是劳动者的模范和榜样,要鼓舞和引领广大劳动者都努力成为优秀的自己。

劳动对于人和人类社会的形成和发展具有根本的决定意义,是劳动创造了人本身,是劳动创造了人类社会,是劳动创造了一切价值。因此,没有劳动就没有劳动者,没有劳动者就没有追求卓越的工匠,没有工匠就没有争创一流的劳模,没有劳模就没有更多的劳动者去崇尚劳动,可见劳动精神是劳动创造人的精神,工匠精神是成为优秀的劳动者的精神,劳模精神则是成为激励别人奋进的劳动者的精神。

(二) 内涵各有侧重

劳模精神是平凡劳动者在平凡劳动岗位上做出不平凡业绩所特有的守本分、严追求、讲作风、担使命、重境界、做贡献等整体精神,习近平总书记关于劳模精神的论述,爱岗敬业就是守本分,争创一流就是严追求,艰苦奋斗就是讲作风,勇于创新就是担使命,淡泊名利就是重境界,甘于奉献就是做贡献,为广大劳动者提出了劳动奋斗目标和遵循。劳动精神是每一位劳动者为自己和他人创造美好生活,在劳动过程中应具有劳动高度、态度、热度、深度等整体精神,习近平总书记关于劳动精神的论述,崇尚劳动就是劳动高度、热爱劳动就是劳动态度、辛勤劳动就是劳动热度、诚实劳动就是劳动深度,为广大劳动者明确了努力劳动的实质和标准。工匠精神是每一位勇于奋进的劳动者在奋斗过程须具备的劳动毅力、耐力、定力、魄力等整体精神,习近平总书记关于工匠精神的论述,执着专注就是劳动毅力、精益求精就是劳动耐力、一丝不苟就是劳动定力、追求卓越就是劳动魄力,为广大劳动者确定了奋进劳动的方向和要求。劳模精神彰显劳动的价值、展现劳动者的境界,是劳动精神的集中体现。工匠精神体现劳动者钻研技能、精益求精、敬业担当的职业精神,是对劳动精神的精粹提升。劳动精神是劳模精神、工匠精神的基础,与劳模精神、工匠精神一脉相承又各有侧重,面向广大劳动者;劳模精神面向劳模群体,是劳动精神、工匠精神的引领;工匠精神更多的是面向有一技之长的产业工人,是劳动精神的更高境界,与劳模精神相辅相成。

二、劳动精神在新时代的价值

大力弘扬劳模精神、劳动精神、工匠精神是中华民族在历史洪流中屹立不倒、奋勇向前的"根"与"魂",是全面建设社会主义现代化国家新征程、向第二个百年奋斗目标进军的强大精神力量。

(一) 凝聚民族复兴的强大力量

劳模精神、劳动精神、工匠精神是以爱国主义为核心的民族精神和以改革创新为核心的时代精神的生动体现,是中华民族实现从站起来、富起来到强起来的伟大飞跃的重要秘钥,更是我们党团结带领人民群众在实现中华民族伟大复兴宏伟征程上披荆斩棘、攻坚克难、迎向胜利的强大精神动力。

劳模精神、劳动精神、工匠精神,是民族精神的重要组成部分。一方面,劳模精神、劳动精神、工匠精神是民族精神核心要素的集中体现,既体现了以爱国主义为核心的团结统一、爱好和平、勤劳勇敢、崇德尚礼、公而忘私的民族情怀,又体现了知行合一、自立自强的人生追求;另一方面,劳模精神、劳动精神、工匠精神是民族精神创新发展的重要推动力量,始终与时俱进,创新丰富了民族精神。一代又一代劳动者,用自己的辛勤劳动、诚实劳动和创造性劳动,为民族精神注入新能量,不断丰富着民族精神的博大内涵。

劳模精神、劳动精神、工匠精神是时代精神的生动体现。一方面,劳模精神、劳动精神、工匠精神具有鲜明的时代特征。作为一种文化精神,不是一成不变的,而是实践的、创新的、鲜活的、生动的存在,随着国家意识形态、经济社会形势和时代变迁而不断演变发展。另一方面,劳模精神、劳动精神、工匠精神推动了时代精神的发展,丰富了时代精神的内涵。在劳动人民的创造性实践和不断探索中,激发出蕴含着自主性、首创性、先进性元素的劳动精神,呈现着社会进步的发展方向,不断为时代精神注入新能量,凸显并丰富时代精神的内涵。

劳模精神、劳动精神、工匠精神又是社会主义核心价值观的生动诠释,其精神的重要元素和构成因子,像岗位意识、职业精神、进取精神、拼搏精神、创新精神、家国情怀和奉献精神等,是对社会主义核心价值观的生动诠释和现实呈现。可以说,劳模精神、劳动精神、工匠精神是社会主义核心价值观的具象化、人格化和现实化。另一方面,之所以能够生成劳模精神、工匠精神,能够成为全社会学习的典范,一个重要原因就在于其主动、自觉地遵循并践行了社会主义核心价值观。

弘扬劳模精神、劳动精神、工匠精神,汇聚奋进力量。劳动是一切幸福的源泉,是推动人类社会进步的根本理解。中华民族几千年的辉煌历史就是一代代中华儿女的劳动史,正是我们亿万人民不辞涓流、不拒细土、辛勤耕耘、诚实苦干,成就了一个充满活力和魅力的现代中国。劳动创造了中华民族,造就了中华民族的辉煌历史,也必将创造出中华民族的光明未来。当前,我们站在"两个一百年"奋斗目标的历史交汇点上,全面建设社会主义现代化的征程已乘势开启,奋进的号角呼唤我们用劳模和工匠的崇高精神、坚毅品质来鼓舞和鞭策自己,不驰于空想,不骛于虚声,撸起袖子加油干,勤勉工作,诚实劳动,不断创新,用汗水架起通往祖国美好未来的桥梁。

(二)建设高素质劳动大军的迫切需要

目前,我国已经成为世界第二大经济体。2021年8月2日,《财富》世界500强榜单出炉,中国共有143家企业上榜,上榜企业数量连续第二年位居第一。但是,我国企业存在的问题是大而不强,在一些核心技术和产品上与发达国家还有一定的差距。从表面看,我国企业的技术和产品缺乏全球竞争力,实际上是我国产业工人队伍的整体素质缺乏全球竞争力。马克思曾指出:"人是生产力中最活跃的因素。""劳动者素质对一个国家、一个民族发展至关重要。当今世界,综合国力的竞争归根到底是人才的竞争、劳动者素质的竞争。"习近平总书记2020年11月24日出席全国劳动模范和先进工作者表彰大会并发表重要讲话强调,要努力建设高素质劳动大军。党的十九大报告提出,要建设知识型、技能型、创新型劳动者大军,弘扬劳模精神和工匠精神,营造劳动光荣的社会风尚和精益求精的敬业风气。

提高劳动者素质,事关改革发展稳定大局,事关国家民族的未来,事关劳动者根本利益和整体利益。放眼世界,新一轮科技革命和产业变革正在重构全球发展版图、重塑全球经济结构,世界各国加快争夺未来制高点、争创产业新优势的步伐,谁拥有人才上的优势,谁就拥有实力的优势。能否在激烈竞争中占到先机、赢得主动,归根到底要靠一支高素质的劳动者队伍。中共十九届五中全会擘画了宏伟蓝图。从2021年开始,我国进入"十四五"时期,这是乘势而上开启全面建设社会主义现代化国家新征程的起点,在我国发展进程中具有里程碑意义。立足新发展阶段,贯彻新发展理念,构建新发展格局,推动高质量发展,必须紧紧依靠工人阶级和广大劳动群众,必须努力建设高素质的劳动大军,造就一支有理想守信念、懂技术会创新、敢担当讲奉献的宏大产业工人队伍。

从一定意义上讲,劳模精神、劳动精神、工匠精神是高素质劳动者的代名词。很多全国劳模、大国工匠就是因为坚持、坚守、坚信、坚定劳模精神、劳动精神、工匠精神,才在平凡岗位上做出了不平凡的成就,在普通工作中有了不普通的作为。所以,开启新征程,扬帆再出发,我国工人阶级和劳动群众要以劳动模范和先进人物为榜样,大力弘扬劳模精神、劳动精神、工匠精神,在平凡的岗位上书写不平凡的人生。

同时,大力弘扬劳模精神、劳动精神、工匠精神,将引导人走向全面自由的发展。劳动是促进人的全面发展的根本手段和途径。通过劳动,人的劳动意识、劳动态度、劳动情感和劳动能力等得到发展,自我的道德品质、智力水平、体力水平和审美能力得到充分提升;在劳动的过程中,人的本质得以确认、人的需要得到满足、人的发展得到实现,最终实现自我价值与社会价值的统一,增强人们的劳动幸福感与获得感,从而促进人的德智体美劳全面开花,以实现人的全面自由发展。

建设高素质劳动大军,造就一支宏大的产业工人队伍,是民族发展的长远大计,也是一项应该举全社会之力、集全社会之智,去共同完成的事业。

(三)推动构建中国特色的和谐劳动关系

劳动关系是生产关系的重要组成部分,是最基本、最重要的社会关系之一。劳动关系是否和谐,事关广大职工和企业的切身利益,事关经济发展与社会和谐。构建和谐的劳动关系,既是中国特色社会主义制度条件下劳动关系的本质要求,也是中国特色社会主义时代精神鲜明特色的生动体现。

党的十九大报告做出"中国特色社会主义进入新时代"的重大政治判断,明确提出"完善政府、工会、企业共同参与的协商协调机制,构建和谐劳动关系"的目标要求。构建中国特色和谐劳动关系,是加强和创新社会管理、保障和改善民生的重要内容,是建设社会主义和谐社会的重要基础,是经济持续健康发展的重要保证,是增强党的执政基础、巩固党的执政地位的必然要求。推动中国特色和谐劳动关系健康发展,对实现中华民族伟大复兴的中国梦具有重要的理论意义和现实意义。

劳动关系的和谐发展,要以习近平新时代中国特色社会主义思想为方向统领,坚持以人为本，站稳人民立场，维护劳动者合法权益；坚持按劳分配与多种分配方式相结合，使收入分配合理有序；坚持依法建构，有所规矩，使任何劳动关系的协调有理有据；坚持共建共享，建设依靠人民、成果惠及人民，充分发挥人民的主体性、能动性和积极性，建立起规范有序、合理公正、互惠共赢的和谐劳动关系。构建和谐的劳动关系，是新时代劳动精神的重要目标和鲜明特征，彰显中国特色社会主义的制度自信和中国文化的和谐理念。

德治与法治是实现和谐劳动关系的两条重要途径。其中德治依靠的就是社会主义精神文明力量的指导与引领，其中以社会主义核心价值观为其时代内涵的劳模精神、劳动精神、工匠精神对构建中国特色和谐劳动关系起着积极推动作用。

和谐劳动关系的核心是对劳动者的主人翁地位的尊重。习近平总书记对劳模精神、劳动精神、工匠精神的高度重视，实际上是对劳模、工匠等先进劳动者群体及工人阶级和广大劳动群众的高度重视。他指出，劳动模范是民族的精英、人民的楷模，是共和国的功臣；而且特别强调，不断提升工人阶级和广大劳动群众的获得感、幸福感、安全感；不断提高劳动者收入水平；维护好快递员、网约工、货车司机等就业群体的合法权益；要建立健全困难群众帮扶工作机制；以服务群众实效打动人心、温暖人心、影响人心、赢得人心；为维护工人阶级和广大劳动群众合法权益提供法律和制度保障。

（四）助力文化建设，促进文化强国

党的十九大报告指出，"文化是一个国家、一个民族的灵魂。文化兴国运兴，文化强民族强。没有高度的文化自信，没有文化的繁荣兴盛，就没有中华民族伟大复兴。要坚持中国特色社会主义文化发展道路，激发全民族文化创新创造活力，建设社会主义文化强国"。回望我国5000多年文明史不难发现，文化兴盛始终是国家强盛的重要条件。当前，世界百年未有之大变局加速演进，文化越来越成为国际竞争的重要影响因素，文化软实力在国家综合国力中的地位和作用越来越重要。这对我们把文化建设摆在更加突出位置、下更大气力推进文化强国建设提出了更为紧迫的要求。只有努力建成社会主义文化强国，我们才能在世界百年未有之大变局的时代背景下，把新时代中国特色社会主义伟大事业不断推向前进，继续向着实现中华民族伟大复兴的目标进发。

中共十九届五中全会站在党和国家事业发展全局高度，明确提出到2035年建成文化强国。这是中共十七届六中全会提出建设社会主义文化强国以来，党中央首次明确建成文化强国的具体时间表，标志着我们党对文化建设重要地位及其规律认识的深化，为在全面建设社会主义现代化国家新征程中推动建成文化强国提供了行动指南，为我们深刻认识新时代文化建设新使命、创造中华文化新辉煌明确了前进方向。

中共十九届五中全会在明确提出到2035年建成文化强国这一远景目标的同时，对"十四五"时期文化建设领域的主要目标做出具体阐述："社会文明程度得到新提高，社会主义核心价值观深入人心，人民思想道德素质、科学文化素质和身心健康素质明显提高，公共文化服务体系和文化产业体系更加健全，人民精神文化生活日益丰富，中华文化影响力进一步提升，中华民族凝聚力进一步增强。"关于"十四五"时期文化建设，中共十九届五中全会指出："坚持马克思主义在意识形态领域的指导地位，坚定文化自信，坚持以社会主义核心价值观引领文化建设，加强社会主义精神文明建设，围绕举旗帜、聚民心、育新人、兴文化、展形象的使命任务，促进满足人民文化需求和增强人民精神力量相统一，推进社会主义文化强国建设。"

文化建设和物质文明的建设一样离不开辛勤劳动，需要广大人民群众求实维新、真干实干，投身于社会主义精神文明建设中。劳模精神、劳动精神、工匠精神，在繁荣发展文化事业和文化产业的过程中发挥其精神引领作用。

中共中央、国务院印发的《新时期产业工人队伍建设改革方案》指出，大力弘扬劳模精神、劳动精神、工匠精神，引导产业工人爱岗敬业、甘于奉献，培育健康文明、昂扬向上的职工文化。可见，新时代职工文化是大力弘扬劳模精神、劳动精神、工匠精神的有力抓手。企业文化提高的是管理水平，职工文化提升的是职工素质，两者缺一不可，都应成为党政一把手工程。新时代职工文化要重点讲好劳模故事、劳动故事、工匠故事，弘扬劳动最光荣、劳动最崇高、劳动最伟大、劳动最美丽的社会风尚。这对于中共十九届五中全会提出的建设文化强国的远景目标和"十四五"时期文化建设目标，有着直接的支撑作用。

2020年11月24日，习近平总书记在全国劳动模范和先进工作者表彰大会上发表重要讲话时强调，全国劳动模范和先进工作者，是千千万万奋斗在各行各业劳动群众中的杰出代表，他们在平凡的岗位上创造了不平凡的业绩，以实际行动诠释了中国人民具有的伟大创造精神、伟大奋斗精神、伟大团结精神、伟大梦想精神。习近平总书记强调的"伟大创造精神、伟大奋斗精神、伟大团结精神、伟大梦想精神"以及"社会主义核心价值观""崇高精神和高尚品格""劳动热情""工匠文化""职业道德"等文化范畴，集中体现在劳模精神、劳动精神、工匠精神之中。

 思考与实践

一、问题思考

1. 新时代劳模精神内涵是什么？对我们新时代大学生有哪些启发？
2. 结合自身谈谈对新时代劳动精神的理解。
3. 结合实例，简述工匠精神的内涵。
4. 如何理解劳模精神、劳动精神、工匠精神之间的关系？
5. 如何理解"中国精神"？

二、实践训练

主题：寻找我们身边的"super star"(超级明星)。

比起只靠颜值制造话题、赚取流量进而牟取暴利的一些当红明星来说，那些爱岗敬业、专注做事、诚实劳动、甘于奉献、淡泊名利、勇于创新的各行各业的劳动者，才最应该是新时代真正的"super star"，是我们最该去追捧、去学习的"super star"。他们就在我们身边。用心去寻找我们身边的"super star",记录他们的风采,展现他们的精神风貌,汲取前行的动力。

拓展学习

一、视频学习

7-1. 大力弘扬劳模精神 劳动精神 工匠精神

7-2. 达娃仓决:坚守在抗疫一线上的最美"格桑花"

7-3. 嫦娥四号工程党组织

7-4. 2020 中国劲儿

7-5. 工厂里的发明家

7-6. 工匠精神: 东方焊神孙景南

7-7. 胡双钱:工匠精神更是工匠良心

7-8. 真亚:选择了投递就要干一辈子

7-9. 张宏:微笑天使 白衣战士

7-10. 中国精神——劳动精神

7-11. 中国 UP:支教老师苏正民

7-12. 张静媛:青春寄山海 薪火相承传

二、拓展阅读

【拓展阅读 7-1】

"我将无我,不负人民":共产党人最高人生境界[1]

"我将无我,不负人民",短短八个字,言简意赅地道出了中国共产党人精神世界的辩证法,提纲挈领地诠释了全心全意为人民服务的根本宗旨,鲜明体现了党性和人民性的高度统一,成为新时代中国共产党人精神族谱的最新表达。

3月22日,习近平总书记在罗马会见意大利众议长菲科时谈到,我愿意做到一个"无我"的状态,为中国的发展奉献自己。"我将无我,不负人民",八个字底蕴深厚、意涵丰厚,值得深究。

中华优秀传统文化视野下"我"与"无我"

王国维在《人间词话》中提出"有我之境"和"无我之境"两种境界:"有我之境,

---

[1] 肖伟光. "我将无我,不负人民":共产党人最高人生境界[N]. 学习时报,2021-05-13.

以我观物，故物皆著我之色彩；无我之境，以物观物，故不知何者为我，何者为物。""有我"与"无我"，可以用来品评诗词境界，也可以作为衡量做人境界的标准。

在佛家看来，"无我"是指世界一切事物都没有独立的实在自体，都是因缘和合而生。道家经典也有类似对"无我"的论述。《老子》有云："圣人常无心，以百姓心为心。"另外，《庄子·逍遥游》有"至人无己，神人无功，圣人无名"的说法，与"无我"近似。至人、神人、圣人，三者名异实同，都是指破除自我执念、摒弃功名束缚，追求绝对自由、物我相忘的境界。

事实上，先秦儒家也有关于"无我"的论述。《论语·子罕》中记载："子绝四：毋意、毋必、毋固、毋我。"朱熹认为，这里的"毋"有误，应当依据《史记》中的记载作"无"，因为"圣人绝此四者，何用禁止"。这样看来，"毋我"即是"无我"。《论语》中这句话的意思是，孔子能够杜绝四事：凭空臆测、武断绝对、固执拘泥、自以为是。朱熹在《四书章句集注》中引用了张载的观点"四者有一焉，则与天地不相似"，因为圣人"与天地合其德，与日月合其明，与四时合其序，与鬼神合其吉凶"。法则天地，成为一个顶天立地的大人，这是儒家修身的目的。天地最大的德行则是"无私"，正如《礼记·孔子闲居》所云："天无私覆，地无私载，日月无私照""士而怀居，不足以为士矣"，不能只想着自己的一己私利，在修为上要"大其心""志于道"。诗圣杜甫的"安得广厦千万间，大庇天下寒士俱欢颜，风雨不动安如山。呜呼！何时眼前突兀见此屋，吾庐独破受冻死亦足"，范仲淹的"不以物喜，不以己悲""居庙堂之高则忧其民，处江湖之远则忧其君""先天下之忧而忧，后天下之乐而乐"，体现的就是典型的儒家"无我"思想。范仲淹作为宋学开山、士林领袖，他开风气之先，文章论议，必本儒宗仁义；并以其人格魅力言传身教，一生孜孜于传道授业，悉心培养和荐拔人才；乃至晚年"田园未立"，居无定所，临终《遗表》一言不及私事，以实际行动彰显了"无我"的人格境界。

朱熹在《四书章句集注》中引用过先贤的一个观点："士之品大概有三：志于道德者，功名不足以累其心；志于功名者，富贵不足以累其心；志于富贵而已者，则亦无所不至矣。"他将读书人的境界分为三个层次，志于富贵、志于功名和志于道德。宋儒程明道有云："君子之学，莫若廓然而大公，物来而顺应。"以"廓然大公""物来顺应"八个字概括最高明的君子之学。

"我"与"无我"是何关系？曾国藩对"己欲立而立人、己欲达而达人"中"立""达"二字的理解是："立者，发奋自强，站得住也；达者，办事圆融，行得通也。"类似的，"有我"则立，立志、立得住；"无我"则达，通达、行得通。"有我"好比是圆心，"无我"好比是半径，画出来的圆有多大，就看我们立的志向是否坚定、圆心是否牢靠，就看我们的境界格局有多大、能够把握的舞台有多大。

革命文化和社会主义先进文化视野下"我"与"无我"

"哲学家们只是用不同的方式解释世界，而问题在于改变世界。"改变世界包括改变主观世界和客观世界两个部分。在改造客观世界的同时改造主观世界，以改造主观世界的成果推动客观世界的改造，协同推进社会革命和自我革命，这是共产党人肩负的伟大使命。

1835 年，17 岁的马克思写了《青年在选择职业时的考虑》一文，表达了为人类服务的崇高理想："在选择职业时，我们应该遵循的主要指针是人类的幸福和我们自身的完美。

不应认为,这两种利益是敌对的,互相冲突的,一种利益必须消灭另一种的;人类的天性本来就是这样的:人们只有为同时代人的完美、为他们的幸福而工作,才能使自己也达到完美。""历史承认那些为共同目标劳动因而自己变得高尚的人是伟大人物;经验赞美那些为大多数人带来幸福的人是最幸福的人。"立志"为人类福利而劳动",将人类的幸福和自身的完美二者有机结合起来,这是青年马克思版本的"我将无我,不负人民"。

1951年7月,毛泽东在与湖南第一师范的老同学谈话时,说到1912年在湖南图书馆自学的经历,坦言当时最大的收获是第一次看到世界地图,震撼之余不禁感叹广大人民的痛苦生活,产生了通过革命来改变社会的使命感,从而"下定这样的决心:我将以一生的力量为痛苦的人民服务,将革命事业奋斗到底"。正因为共产党人不论遇着何事,总是以群众的利益为考虑问题的出发点,因此就能获得广大人民群众的衷心拥护,这就是其事业必然获得胜利的根据。

"我将无我,不负人民",是大公无私、乐于奉献,更是习近平总书记强调的"心中有民、一切为民"。中国共产党人把自己完全融入为中国人民谋幸福、为中华民族谋复兴之中,把满腔激情完全投入到以人民为中心的发展中去,"我"已化在滚滚时代大潮之中。"待到山花烂漫时,她在丛中笑。"这既是"有我"的姿态,也是"无我"的境界。

担当有为是积极改造客观世界,宁静淡泊是积极改造主观世界。前者要求我们效法乾道,自强不息;后者要求我们效法坤道,厚德载物。"我"与"无我"的辩证统一,在中华优秀传统文化、革命文化和社会主义先进文化中可谓一以贯之,它已经深深融入中华民族的血脉和灵魂,成为社会主义核心价值观的丰富滋养。

中国共产党人精神族谱的新时代表达

习近平总书记在纪念五四运动100周年大会上的重要讲话中指出,止于至善,是中华民族始终不变的人格追求。"功成不必在我"的精神境界和"功成必定有我"的历史担当,二者都是习近平总书记所强调的,缺一不可。"功成必定有我"则敢于担当,"功成不必在我"则不计名利,二者统一于新时代中国特色社会主义的伟大事业之中,统一于全心全意为人民服务的伟大实践之中。"我将无我,不负人民",短短八个字,言简意赅地道出了中国共产党人精神世界的辩证法,提纲挈领地诠释了全心全意为人民服务的根本宗旨,鲜明体现了党性和人民性的高度统一。

习近平总书记指出:"我们党作为马克思主义执政党,不但要有强大的真理力量,而且要有强大的人格力量。""共产党人拥有人格力量,才能无愧于自己的称号,才能赢得人民赞誉。"真理力量与人格力量有机统一,真理靠人格力量增其光辉,人格靠真理力量把其航向。如果用杠杆原理来类比真理力量和人格力量的话,前者如重力,后者如力臂。理论和实践都表明,杠杆的力臂越长,撬动真理的力量也就越大,正所谓"人能弘道,非道弘人"。恩格斯也曾经说过,枪自己是不会动的,需要有勇敢的心和强有力的手。"有我"之担当、"无我"之境界,可谓新时代中国共产党人人格力量的两大支点。

"我将无我,不负人民",出发点在"人民",落脚点也在"人民",这是新时代中国共产党人人格的鲜明价值指向。"思想境界提高了,道德修养加强了,对个人的名誉、地位、利益等问题就会想得透、看得淡,知所趋、知所避、知所守,不为名所累、不为利所困、不为情所惑,就能自觉把精力最大限度地用来为国家和人民勤奋工作,而不去斤斤计较个人得失,不去利用手中的权力牟取私利。"习近平总书记的这段话,可谓是对"我将无我,不负人民"的生动解释。马克思恩格斯指出:"过去的一切运动都是少数人的,或者为少数人谋利益的运动。无产阶级的运动是绝大多数人的,为绝大多数人谋利益的独立的运动。"中国共产党的兴起,中国共产党领导人民搞新民主主义进而搞社会主义,初心和使命就是为中国人民谋幸福,为中华民族谋复兴。

习近平总书记强调:"衡量党性强弱的根本尺子是公、私二字。""作为党的干部,就是要讲大公无私、公私分明、先公后私、公而忘私,只有一心为公、事事出于公心,才能坦荡做人、谨慎用权,才能光明正大、堂堂正正。""大公无私、公私分明、先公后私、公而忘私"。"公私分明"就是要不踩红线、不越底线,这是第一重境界;"先公后私"就是要吃苦在前、享受在后,这是第二重境界;"公而忘私"就是毫不利己、专门利人,这是第三重境界;"大公无私"就是要鞠躬尽瘁、死而后已,这是最高境界。这四重境界,为新时代中国共产党人提升人生境界指明了方向,也为达到"无我"的精神状态提供了切实可行的路线图。

【拓展阅读 7-2】

光荣属于每一个劳动者[1]

中国梦,劳动美。正是劳动,让我们今天得以无比接近中华民族伟大复兴的目标。天舟与天宫"握手"太空,国产大飞机和航空母舰闪亮登场,雄安新区和北京城市副中心蓝图初绘,这些美好场景无不起始于辛勤、诚实、富于创造性的劳动。25年如一日勘察发现巨型钼矿,攻克技术瓶颈推进汽车制造国产化,钻研动车疑难故障成就"活的百科全书",一个个全国五一劳动奖和全国工人先锋号获奖群体的事迹,让无数人感受到榜样的力量、精神的光辉。中华大地上,千千万万劳动者以高度的主人翁责任感、卓越的劳动创造、忘我的拼搏奉献,在平凡岗位上做出了不平凡的业绩,更在民族复兴的伟大征程中成就人生价值,书写无上荣光。

劳动是一切成功的必由之路,劳动是创造价值的唯一源泉。纵观国际格局,一个国家的发展能否抢占先机、赢得主动,越来越取决于国民素质特别是劳动者素质。放眼国内大势,落实新发展理念,推进供给侧结构性改革,实施创新驱动发展战略,孕育一支宏大的高素质产业工人队伍至关重要。改革发展召唤知识型、技术型、创新型高素质劳动者,社会进步也需要劳动精神、工匠精神、创新意识的引领带动。学习新知识、掌握新技能、增长新本领,在推进供给侧结构性改革中发挥主力军作用,工人阶级和劳动群众就能奏响"劳动光荣、创造伟大"的时代之歌,谱写劳动托举中国梦的新篇章。

劳动和创造,离不开知识的浸润。我们身处的时代,知识经济以前所未有的力度重塑着劳动形态和劳动观念,张扬人才价值、重视知识创新是时代的要求。在冲刺全面建成小康社会的关键一程上,我们比以往更加需要知识和知识分子;知识分子、技工技师、海归人才等各类人才也比以往拥有更加宽阔的舞台。广纳英才,汇聚众志,实干为先,加快形成有利于干事创业的体制机制,让各类人才把才华和能量充分释放出来,决战决胜全面小康就能早日成为现实。广大知识分子胸怀大局、心有大我,多为推进党和人民事业发展献

---

[1] http://www.gov.cn/xinwen/2017-04/30/content_5190083.htm.

计出力，多面向经济社会发展主战场、面向人民群众新需求创新攻关，必能在时代的洪流中绽放人生的华彩。

劳动和创造，最需要制度的呵护。党的十八大以来，以习近平同志为核心的党中央心系广大工人阶级和劳动群众的生产生活和职业发展情况，高度重视解决职工群众最关心、最直接、最现实的利益问题。从围绕收入、健康、休息等劳动者切身权益深化改革，到实施积极的就业创业政策托底民生保障，党和国家的政策关怀，鼓舞起亿万劳动者向着梦想实干奋进的决心和信心。去产能、去库存、去杠杆、降成本、补短板，深化供给侧结构性改革，实现产业转型升级，我们必然面临调整的阵痛、成长的烦恼。越是这样的时候，越需要我们更好坚持以人民为中心的发展思想，结合时代特点和现实要求，把全心全意依靠工人阶级的方针真正落实好，努力做好职工的思想引导、转岗安置、就业培训等工作，确保分流职工就业有出路、生活有保障，致力建构和谐劳动关系，捍卫劳动者的尊严。

每一滴汗水都折射太阳的光芒，每一分付出都照亮梦想的天空。全面建成小康社会，每一个劳动者都是主角。尊重劳动、尊重知识、尊重人才、尊重创造，焕发实干兴邦的劳动热情和创造激情，我们一定能用勤劳的双手创造属于自己的幸福和光荣。

大学生劳动实践

青年强，则国家强。当代中国青年生逢其时，施展才干的舞台无比广阔，实现梦想的前景无比光明。

广大青年要坚定不移听党话、跟党走，怀抱梦想又脚踏实地，敢想敢为又善作善成，立志做有理想、敢担当、能吃苦、肯奋斗的新时代好青年，让青春在全面建设社会主义现代化国家的火热实践中绽放绚丽之花。

——2022年10月16日，习近平在中国共产党第二十次全国代表大会上的报告

社会是个大课堂。青年要成长为国家栋梁之材，既要读万卷书，又要行万里路。社会实践、社会活动以及校内各类学生社团活动是学生的第二课堂，对拓展学生眼界和能力、充实学生社会体验和丰富学生生活十分有益。高校学生支教、送知识下乡、志愿者行动等活动，都展现了学生的风貌和服务社会、报效国家的情怀。许多学生正是在这样的社会实践和社会活动中树立了对人民的感情、对社会的责任、对国家的忠诚。当年，我在梁家河插队，实际上就是在上社会大学，向群众学习，向实践学习，那段经历让我受益匪浅。

——2016年12月7日，习近平在全国高校思想政治工作会议上的讲话

广大青年要如饥似渴、孜孜不倦学习，既多读有字之书，也多读无字之书，注重学习人生经验和社会知识。"纸上得来终觉浅，绝知此事要躬行。"所有知识要转化为能力，都必须躬身实践。要坚持知行合一，注重在实践中学真知、悟真谛，加强磨炼、增长本领。

——2016年4月26日，习近平在知识分子、劳动模范、青年代表座谈会上的讲话

新时代，党和国家高度重视实践育人工作。习近平总书记多次强调实践出真知，要坚持知行合一，注重在实践中学真知、悟真谛，加强磨炼、增长本领，同时号召广大青年要通过躬身实践将所学知识转化为服务社会的综合能力。2019年3月，习近平在全国学校思想政治理论课教师座谈会上强调，要扎根中国大地办教育，同生产劳动和社会实践相结合，要通过理论与实践相结合，培养学生把爱国情、强国志、报国行自觉融入坚持和发展中国

特色社会主义事业中。《中共中央国务院关于全面加强新时代大中小学劳动教育的意见》指出："实施劳动教育重点是在系统的文化知识学习之外，有目的、有计划地组织学生参加日常生活劳动、生产劳动和服务性劳动，让学生动手实践、出力流汗，接受锻炼、磨炼意志，培养学生正确劳动价值观和良好劳动品质。"

大学生社会实践是大学生劳动的主要表现形式，是培养德智体美劳全面发展的社会主义建设者和接班人的生动课堂与重要途径，是大学生锻炼成长、成才的有效手段。大学生在社会实践活动中进社会、知国情、受教育、长才干、做贡献，在劳动实践和社会活动中增强对人民的感情、对社会的责任。

【学习目标】
1. 了解大学生社会实践的意义和种类；接触社会、了解社会、关注社会，树立为他人和社会服务的责任感。
2. 增强适应环境、交流交往、承受挫折的能力；增强创新精神和实践能力；增强诚实劳动意识，积累职业经验，提升就业创业能力。
3. 动手实践、出力流汗，接受锻炼、磨炼意志，培养正确劳动价值观和良好劳动品质。
4. 培养服务社会、报效国家的情怀；培育公共服务意识，具有面对重大疫情、灾害等危机主动作为的奉献精神。

第一节 大学生劳动实践的意义和基本原则

大学生劳动实践主要是指大学生有组织、有目的、有计划地参加的各种具体社会实践和生活、服务及生产劳动等活动，如社会调查研究、实习实训、志愿服务、学科竞赛、勤工俭学、社团活动、个人生活劳动等。劳动实践的目的是使大学生在活动中受教育、长才干、做贡献。

一、大学生劳动实践的意义

大学生劳动实践是加强思想政治教育工作和实践育人工作的重要载体，是全面提升人才培养质量的重要途径，对于国家人才培养和大学生健康成长具有重要意义。

（一）立德树人根本任务的必然要求

党的十八大报告提出"把立德树人作为教育的根本任务"，"立德树人"要求我们必须坚持德育为先，"德为才之帅"。德是做人的根本，是一个人成长的根基。社会实践作为高校思想政治教育的重要载体，以高度的实践性、普遍的认同性、广泛的参与性，推进了大学生思想道德素质的养成。社会实践活动有利于大学生深入理解思想政治教育理论知识，培养正确的价值取向；有利于磨砺大学生坚韧不拔、持之以恒的意志品质，培养面对困难不屈不挠、越挫越奋的执着精神；有助于大学生养成言行一致、脚踏实地的优秀道德品质。

人的道德品质只有通过行动才能体现出来，大学生只有积极参加实践，认识社会，在社会大舞台中增强自身的使命感和责任感，才能树立正确的人生观、世界观和价值观。通过社会实践活动，可以加深青年学生了解社会、了解国情，增强坚持走中国特色社会主义道路的信念。

（二）培养大学生脚踏实地理论联系实际的作风

理论知识对于大学生来讲是非常必要的，但是如果缺少实践训练，理论知识无法转化为能够实际运用的技能，难以直接用于现实生活中，生活中的诸多难题往往也不是依靠单一的理论知识就能解决的。社会实践是理论联系实际的重要途径，大学生在社会实践中，通过理论和实践结合的模式，可以达到抽象的理论知识转化为实用的专业技能的目的。在社会实践中，大学生既可以加强学校与社会的信息交流，通过运用自己的专业知识和技能，巩固和强化课堂上学到的知识，又可以把所学的专业知识与实践活动结合起来进行服务开发，真正体现自身的社会价值。

（三）有助于大学生的社会化和全面发展

社会化是指个体由生物人成长为社会人，并逐步适应社会生活的过程。经由这一过程，社会文化得以积累和延续，社会结构得以维持和发展，人的个性得以健全和完善。人的全面发展是人类的崇高追求，是人和社会发展的最高目标、最终价值取向。教育作为实现人的全面发展的重要途径，必须以学生为本，关注学生的全面发展、和谐发展、持续发展、终身发展和健康成长。社会化并不局限于童年，而是一个不断自我定向的过程。大学生的社会化是在初级社会化基础上进一步社会化的一个关键时期，大学生社会化的结果对社会发展、文化传承和人格塑造都具有特殊的意义。由于大学生群体的内在特性和社会影响的原因，许多学生在刚步入大学时出现了学习适应不良、人际交往障碍等情况，这也反映了处于"心理断乳期"的大学生在社会化中产生的诸多困惑。作为大学生社会化的重要途径，形式多样、丰富多彩的社会实践有助于大学生迅速、顺利地适应社会、融入社会。大学生在社会实践中，可以深入社会，学会客观、正确地评价自我，发现"理想我"与"现实我"的实际差距，通过调整角色期望值、确立适当的成就动机，不断完善自我，提高社会适应能力和人际交往能力，促进大学生健康社会化，从而逐步实现生活技能的社会化、职业技能的社会化、行为规范的社会化、生活目标的社会化；可以增强学生责任感和使命感，充分发挥学生的知识和智力优势，为人民群众生产和生活基本需求服务，培养学生的劳动观念和奉献精神。

（四）有助于大学生设计职业规划

大学生只有正确进行职业规划并顺利就业才能真正实现自身价值与社会价值。对于大学生职业生涯规划来说，必须基于对社会需要与所学专业的一定认识，大学生主动参与到社会实践中正是实现这种认识的快捷途径。而作为身处"象牙塔"中的大学生，生活环境相对封闭，缺乏对外界的了解，往往存在脱离现实的倾向性，喜欢仰望星空，缺乏脚踏实地；喜欢梦想，缺乏实干；空有知识，缺少能力等，而社会实践是大学生了解社会、融入社会、服务社会的一条重要途径，是检验专业知识学习的一个平台。大学生在真实的职场情境中，能够增强对职业、行业、企业的了解，认识并深刻体验到学校人才评价标准与职场人才评价标准的差异，判定自身的能力倾向与兴趣等，改变重知识轻能力的传统观念，主动调整学习态度，优化学习目标，尽早设计好适合自身发展的职业生涯规划。

（五）增强大学生创新意识和创业精神

当前，全社会关注大学生的创新创业教育，大学生创新创业之风已经形成。创新创业要求提升大学生各方面的技能，对大学生的职业规划、创新和创业素质、事业心、开拓精神等都有较高要求。社会实践是大学生充分发挥主观能动性与积极性的过程，有利于培养学生的创新精神。在社会实践中，大学生根据自己的专业特点进行选题，自主选择活动方式、控制活动过程，许多富有专业特色的社会实践还要求学生综合运用所学知识与技能，在实践过程中检验专业所学，体现学有所用、服务社会的价值。如果大学生能够结合自身专业特点，选择与专业联系紧密的优秀企业进行社会实践，从中了解相关研究领域的最新进展与成果，就会进一步加强对专业特色与科研水平的认识，增强分析问题和解决问题的能力，激发创新创业的兴趣，调动潜在的创造力，明确自己的就业方向，主动积累相关实践经验，转变就业期望和观念，为就业、创业打下良好的基础。

（六）促进大学生高质量顺利就业

参加社会实践可以培养良好的团队精神、吃苦耐劳的精神、强烈的事业心和责任感，可以发展个性、磨炼意志，提高心理素质和管理能力等，能大大拓展综合素质。社会实践使大学生增加社会阅历，积累工作经验，缩短步入职场、适应社会和职场的时间。社会实践能帮助大学生树立市场竞争意识，端正就业态度，避免好高骛远、不切实际，真正做到量能定位和量力就业，树立正确的就业观。

（七）大学发挥人才培养、创新创业、服务社会等功能的必然选择

大学教育，人才培养是第一要务。社会实践能够提高大学生对社会的深刻认知，提高大学生的社会适应能力。促进大学生将所学理论知识与实际情况相结合，学以致用，实现理论与实践的统一，更加全面提升大学生的综合素质，为其创新创业奠定坚实基础。高校立足于服务所在地区的经济社会发展，社会实践活动有利于大学生成长为能够服务地方经济发展的复合型人才，大学生社会实践是高校发挥社会服务功能的重要途径。

二、大学生劳动实践的基本原则

学校要注重围绕创新创业，结合学科和专业积极开展实习实训、专业服务、社会实践、勤工助学等，重视新知识、新技术、新工艺、新方法应用，创造性地解决实际问题，使学生增强诚实劳动意识，积累职业经验，提升就业创业能力，具体应遵循以下原则。

(1) 坚持育人为本。落实立德树人根本任务，始终坚持实践育人，将社会主义核心价

值观教育融入实践全过程，引导大学生在实践中观察社会、认识国情，加深对国家路线、方针、政策的认识，树立正确的世界观、人生观、价值观，坚定走中国特色社会主义道路。

(2) 坚持理论联系实际。坚持教育与生产劳动和社会实践相结合，学生应主动运用所学理论或方法去思考、解决问题，实现"学"与"用"、"理论"与"实践"的统一，提高社会实践的育人实效。

(3) 坚持课内与课外相结合。建设实践育人的工作机制，坚持集中与分散、平时与假期相结合，确保社会实践活动全员覆盖、深度影响。

(4) 坚持受教育、长才干、做贡献。学生要通过劳动实践在思想意识和道德修养方面受教育，在专业和职业技能上受锻炼，增长解决实际问题的才干，为社会建设做出贡献，力所能及地做实事、办好事。

(5) 坚持整合资源。将实践育人作为一项系统工程来抓，调动校内外各方面的积极性，制定社会各方面支持大学生社会实践的制度，为大学生社会实践创造有利条件，努力推动全社会共同参与、大力支持大学生社会实践。

第二节 大学生劳动实践的形式

组织大学生参加内容丰富、形式多样的社会实践活动，其目的是帮助学生了解、体验国情民情，加深对党的创新理论的理解，深化对党的路线、方针、政策的认识，培育和践行社会主义核心价值观，坚定跟党走中国特色社会主义道路、实现"中国梦"的理想信念，增强学生的社会责任感、创新创造精神和实践动手能力。

高等教育人才培养模式改革不断强化大学生的市场主体地位。随着学生自主选择范围与途径的不断拓宽，新的社会实践形式和方式不断涌现，传统的社会实践格局逐渐被打破。教学实验由按班分组集中进行逐渐向综合性、自主性实验转变；毕业实习由分班集中进行向学生自主联系、分散进行转变。同一种社会实践活动，实践的形式和方式呈现出多样化，学生自主实践成为主要的社会实践形式，参与人员不断增多；学校与社会联系越来越密切，各种实践基地如产学研基地、教学实习基地、就业见习基地纷纷建立；社会中介、用人单位、社区与政府参与社会实践活动的积极性越来越高。社会实践的组织已从单一的学校组织，发展到学生自发组织和社会主体组织等多位一体的体系转变，这一演变深刻地折射了社会政治经济环境对大学生社会实践的影响，反映了大学生社会实践的"社会化"进程。

大学生劳动实践形式按照不同的分类标准可以分为不同的种类。按照劳动实践的性质可分为日常生活劳动、生产劳动和服务性劳动；按照实践的区域可分为校内实践、校外实践；按照培养方案的设计可分为课内实践、课外实践；按照活动参与主体的作用可分为政府主导式、学校主导式、学生主导式、社会主导式；按照实践的形式可分为竞技竞赛、志愿服务、专业实习、毕业设计、创新创业、调研考察等。下面介绍几种影响大、覆盖面广的实践形式。

一、"青马工程"

"青马工程"是青年马克思主义者培养工程的简称。2007年,团中央启动实施了"青马工程",目前已成为共青团组织彰显政治性特征、聚焦思想政治引领主责主业的重要工作品牌。2013年,"青马工程"被纳入中央马克思主义理论研究和建设工程;2017年,"青马工程"被列为《中长期青年发展规划(2016—2025)》重点项目的第一项。其间,"青马工程"形成了《"青年马克思主义者培养工程"实施纲要》等一系列制度规范,建立了全国、省级、校级三级培养体系,健全了党性修养、理论学习、实践锻炼等课程体系,主要内容为深化理论学习、开展红色教育、加强实践锻炼等,形成了多方协作支持的工作机制。2019年,共青团中央将"青马工程"作为履行根本任务和政治责任的重要载体,明确以科学化培养"具有忠诚的政治品格、浓厚的家国情怀、扎实的理论功底、突出的能力素质,忠恕任事、人品服众"的青年政治人才为目标,突出"培养培训"并重,着力"提质扩面"。

2020年,共青团中央联合教育部等部委印发《关于深入实施青年马克思主义者培养工程的意见》,对新时代深入实施"青马工程"做出部署安排。

(1) 坚持党的领导。坚持"党管青年""党管人才"的原则,将党的基本理论、基本路线、基本方略贯穿"青马工程"实施的各领域和全过程。

(2) 突出核心目标。把理想信念教育放在首位,坚持用马克思主义科学理论武装青年头脑,引导学员树立共产主义远大理想和中国特色社会主义共同理想。

(3) 注重实践导向。组织引导青年在中国特色社会主义实践、群众工作实践、各种重大事件和急难险重任务中,深入了解世情、国情、党情,站稳立场、坚定信念、锻炼能力、敢于担当,充分发挥"点亮一盏灯、照亮一大片"的示范带动作用。

(4) 遵循育人规律。聚焦培养青年政治骨干这一目标,尊重思想政治教育规律、青年成长规律等,突出青年马克思主义者培养的特殊要求。

"青马工程"逐步构建覆盖高校、国企、农村、社会组织等各领域优秀青年,不断为党培养和输送青年政治骨干的培养体系。高校班继续巩固全国、省级、高校的培养格局,突出对大学生骨干的政治训练和思想引领。全国班由团中央组织部、教育部思想政治工作司共同组织实施,省级班由省级团委联合省级教育部门组织实施,校级班由高校团委在高校组织、宣传、学工(研工)等部门指导下组织实施。

"青马工程"每一期集中培养周期原则上为1年。全国班每期规模约200人,其他层级班遵循少而精的原则合理安排规模。总体每年培养约20万人。学员必须从坚决拥护党的领导,对习近平新时代中国特色社会主义思想有强烈的理论认同、实践认同和情感认同,学习工作实绩突出的优秀青年中选拔。学员应为18~35周岁的青年党员或者团员中的入党积极分子。保证学员选拔的公信力和透明度,按照公开报名、资格审查、比选择优、组织考察、确定入选的方法和程序进行选拔。其中,比选择优一般包括笔试、综合面试、个人业绩评价等环节,组织考察要深入人选所在单位了解人选的表现情况和群众基础,对政治上不合格的人坚决不予录取。

二、志愿服务

志愿服务是指在不求回报的情况下，为改善社会，促进社会进步而自愿付出个人的时间及精力所做的服务工作。奉献精神是志愿服务精神的精髓。志愿者通过参与志愿服务，促进了社会的进步，同时自身也得到了很大提升。2017年10月18日，习近平同志在十九大报告中指出，推进诚信建设和志愿服务制度化，强化社会责任意识、规则意识、奉献意识。2017年12月1日起，国务院颁布的《志愿服务条例》正式施行。

志愿服务劳动在培育大学生积极向上的心理品质上具有独特的功能优势。它不仅可以使大学生的职业道德素养和专业实践经验得到有效提升，更能够培养大学生仁爱、奉献、关怀、理解和尊重等积极向上的心理品质，在做志愿服务劳动的过程中体验助人的快乐、感受社会的温暖，从而实现自我认同。

志愿服务活动丰富多彩，包括农村扶贫开发、城市社区建设、生态环境保护、服务大型活动、应急救援服务、日常支教活动、文化场馆服务、校园日常服务等。影响最大的是大学生"三下乡"志愿服务。

大学生"三下乡"志愿服务是指文化、科技、卫生下乡，是高校在暑期开展的一项意在提高大学生综合素质的社会实践活动。20世纪80年代初，团中央首次号召全国大学生在暑期开展"三下乡"社会实践活动。1996年始，中央宣传部、中央文明办、教育部等14部委联合开展了大学生"三下乡"活动。随后逐步在各高校展开，时至今日已成为各大高校锻炼学生社会实践能力的一种重要的常规性活动，也是考核学生综合素质的重要指标。2005年，团中央、教育部制定了《关于进一步加强和改进大学生社会实践的意见》，文件提出文化、科技、卫生"三下乡"和科教、文体、法律、卫生"四进社区"活动，是新形势下大学生参加社会实践的有效载体。要广泛发动大学生利用寒暑假等时间开展"三下乡"和"四进社区"活动，高校要更加主动地与地方沟通，进一步明确实践服务的内容，根据需求选派相关专业的大学生组成团队，为群众办实事、做好事、解难事。当地团组织要在党政的领导和支持下，与有关部门协调配合，安排好活动的时间、地点和具体内容。活动所在单位要对大学生的表现做出鉴定。活动成员以志愿者的形式深入农村，传播先进文化和科技，体验基层民众生活，调研基层社会现状，通过一系列实践活动提高社会实践能力和思想认识，同时更多地为基层群众服务。

大学生的"三下乡"社会实践活动涉及面广，内容丰富，形式多样。活动可以是单人形式，也可以是小组的形式，一般来说小组形式更加有利于实践活动的展开和取得良好效果。

大学生"三下乡"活动流程如下。

(1) 确定实践主题。实践主题对社会实践非常重要，它是整个实践活动的思想指导。好的实践主题必须联系实际，切忌空谈和夸张。

(2) 拟定策划方案。确定实践主题后，必须根据主题思想拟定详细的活动策划方案，一般为书面或电子文档形式。活动策划方案的优劣直接关系整个活动成败，它规定了活动的具体内容、活动形式以及各种注意事项等。

(3) 提出申请。向所在学校或学院提出书面申请，同时上交活动策划方案并领取"三下乡"实践表格。

(4) 活动进行过程。

(5) 撰写总结。实践结束后，成员需要就实践活动做出总结，撰写实践总结报告并上交。实践总结报告应包括实践者对整个实践活动的基本过程描述、实践心得以及实践评价。

大学生"三下乡"活动的意义重大。大学生"三下乡"使大学生能够将自己在校所学的先进的、科学的生活观念在广大农村传播，紧密结合他们所学专业技术和知识，在农村开展多种形式的先进科技文化知识和生活观念的宣讲活动。大学生参与新农村建设的进程，为大学生了解中国国情打开了一扇窗口，密切了高等教育与新农村建设的关系，同时提高了大学生的社会实践能力和综合素质，为国家未来的发展培养了优秀人才。

大学生是我国科学技术发展的后备军，应该发挥知识技能的优势，为农村建设服务，为农民群众服务。广大的农村需要大学生去发挥聪明才智，大学生也需要到农村去，在服务农民群众的实践中接触社会，了解国情，增强社会责任感和历史使命感。通过"三下乡"，大学生可以改造世界观、价值观，把农村建设的需要和青年学生的成长很好地结合起来，有利于大学生走正确的成长成才道路。此外，"三下乡"活动在党和政府与农民群众之间架起了一座桥梁，通过青年学生的下乡服务，体现出党和政府对农民和基层群众生产生活的关心。

三、科技竞赛

2020 年 2 月 22 日，中国高等教育学会发布了《2015—2019 年和 2019 年全国普通高校学科竞赛排行榜》，进入 2015—2019 年学科竞赛排行榜榜单的就有 40 余项竞赛，未进入榜单的各级竞赛数量众多、丰富多彩，有综合性的，也有学科类的，为大学生提供了足够多的科技竞赛平台。

由政府组织牵头，高校、协会或群众组织承办的各类竞赛活动，如团中央、科技部、教育部等部门联合举办的全国大学生挑战杯大赛、人力资源和社会保障部组织的中华人民共和国职业技能大赛等。这些竞赛活动现已成为推动大学生课外科技活动，促进学生成长成才、连接社会与学校的重要纽带和品牌。

（一）中国"互联网+"大学生创新创业大赛

中国"互联网+"大学生创新创业大赛(以下简称大赛)于 2015 年设立，由教育部与政府、各高校共同主办，每年举办一届，是目前我国影响范围最大的创新创业赛事。

1. 大赛目的

(1) 以赛促学，培养创新创业生力军。大赛旨在激发学生的创造力，激励广大青年扎根中国大地了解国情民情，锤炼意志品质，开拓国际视野，在创新创业中增长智慧才干，把激昂的青春梦融入伟大的中国梦，努力成长为德才兼备的有为人才。

(2) 以赛促教，探索素质教育新途径。把大赛作为深化创新创业教育改革的重要抓手，引导各类学校主动服务国家战略和区域发展，深化人才培养综合改革，全面推进素质教育，切实提高学生的创新精神、创业意识和创新创业能力。推动人才培养范式深刻变革，形成新的人才质量观、教学质量观、质量文化观。

(3) 以赛促创，搭建成果转化新平台。推动赛事成果转化和产学研用紧密结合，促进"互联网+"新业态形成，服务经济高质量发展，努力形成高校毕业生更高质量创业就业的新局面。

2. 参赛类型

参赛类型包括"互联网+"现代农业、"互联网+"制造业、"互联网+"信息技术服务、"互联网+"文化创意服务、"互联网+"社会服务、"互联网+"传统产业、"互联网+"新业态、"互联网+"公共服务和"互联网+"技术支撑平台等。

3. 参赛对象

普通高等学校在校生、职业院校、国家开放大学学历教育学生等。

4. 历届大赛主题、特点

(1) 第一届大赛主题："互联网+"成就梦想，创新创业开辟未来。

(2) 第二届大赛主题：拥抱"互联网+"时代，共筑创新创业梦想。

(3) 第三届大赛主题：搏击"互联网+"新时代，壮大创新创业主力军。本届大赛在往届的基础上增加了参赛项目类型，鼓励师生共创。

(4) 第四届大赛主题：勇立时代潮头敢闯会创，扎根中国大地书写人生华章。

(5) 第五届大赛主题：敢为人先放飞青春梦，勇立潮头建功新时代。此届大赛分设高教、职教、国际、萌芽(中学生)四大板块，共有来自全球五大洲 124 个国家和地区的 457 万名大学生、109 万个团队报名参赛，参赛项目和学生数接近前四届大赛的总和。

(6) 2020 年第六届大赛以"我敢闯、我会创"为主题，报名参赛项目与报名人数再创新高，内地共有 2988 所学校的 147 万个项目、630 万人报名参赛，包括本科院校 1241 所、科研院所 43 所、高职院校 1130 所、中职院校 574 所。

5. 奖项设置

(1) 高教主赛道：国内、国际参赛项目各设金奖、银奖、铜奖；设最佳带动就业奖、最佳创意奖、最具商业价值奖、最具人气奖；设高校集体奖、省市优秀组织奖等。

(2) 青年红色筑梦之旅赛道：设金奖、银奖、铜奖；设"乡村振兴奖""社区治理奖""逐梦小康奖"等单项奖若干；设"青年红色筑梦之旅"高校集体奖等。

(3) 职教赛道：设金奖、银奖、铜奖；设院校集体奖等。

(4) 萌芽赛道：设创新潜力奖和单项奖若干。

(二)"挑战杯"系列竞赛

"挑战杯"系列竞赛(以下简称"挑战杯")是由共青团中央、中国科协、教育部和全国学联共同主办的全国性的大学生课外学术实践竞赛，竞赛官方网站为 www.tiaozhanbei.net。"挑战杯"在中国共有两个并列项目："挑战杯"中国大学生创业计划竞赛和"挑战杯"全国大学生课外学术科技作品竞赛。这两个项目的全国竞赛交叉轮流开展，每个项目每两年举办一届。

"挑战杯"始终坚持"崇尚科学、追求真知、勤奋学习、锐意创新、迎接挑战"的宗旨，在促进青年创新人才成长、深化高校素质教育、推动经济社会发展等方面发挥了积极作用，在广大高校乃至社会上产生了广泛而良好的影响，被誉为当代大学生科技创新的"奥林匹克"盛会。"挑战杯"已经成为吸引广大高校学生共同参与的科技盛会。1000多所高校参与，200多万大学生的竞技场，"挑战杯"在广大青年学生中的影响力和号召力显著增强，成为深化高校素质教育的实践课堂，促进优秀青年人才脱颖而出的创新摇篮，引导高校学生推动现代化建设的重要渠道。成果展示、技术转让、科技创业，让"挑战杯"从"象牙塔"走向社会，推动了高校科技成果向现实生产力的转化，为社会和经济发展做出了积极贡献。

目前，"挑战杯"已经形成了国家、省、高校三级赛制，广大高校以"挑战杯"为龙头，不断丰富活动内容，拓展工作载体，把创新教育纳入教育规划，使"挑战杯"成为大学生参与科技创新活动的重要平台。

"挑战杯"成为展示全体中华学子创新风采的亮丽舞台。香港、澳门、台湾众多高校也积极参与竞赛，派出代表团参加观摩和展示。竞赛成为两岸四地青年学子展示创新风采的舞台，增进彼此了解、加深相互感情的重要途径。

(三) 中华人民共和国职业技能大赛

为深入贯彻落实习近平总书记对技能人才工作的重要指示精神，充分发挥职业技能竞赛在促进技能人才培养、推动职业技能培训和弘扬工匠精神的重要作用，营造劳动光荣、技能宝贵、创造伟大的社会风气，更好地服务就业创业和经济高质量发展。经国务院批准，人力资源和社会保障部从2020年起举办全国职业技能大赛。首届大赛以"新时代 新技能 新梦想"为主题，设86个比赛项目，共有2500多名选手、2300多名裁判人员参赛，是新中国成立以来规格最高、项目最多、规模最大、水平最高的综合性国家职业技能赛事。

凡16周岁以上、法定退休年龄以内的中国大陆公民(当地学习或工作满1年以上)按属地原则报名参赛。对全国总决赛各竞赛项目获得前3名的选手，相应颁发金、银、铜牌。对前3名以外但排名在参赛人数1/2以上的选手颁发优胜奖。对各竞赛项目前5名获奖选手(团队双人赛项前3名、三人赛项前2名)，授予"全国技术能手"称号。获优胜奖以上选手可直接晋升技师(二级)职业资格或职业技能等级，已具有技师(二级)职业资格或职业技能等级的可晋升高级技师(一级)。

2020年12月10日，中华人民共和国第一届职业技能大赛在广东省广州市开幕。中共中央总书记、国家主席、中央军委主席习近平发来贺信，向大赛的举办表示热烈的祝贺，向参赛选手和广大技能人才致以诚挚的问候。习近平在贺信中指出，技术工人队伍是支撑中国制造、中国创造的重要力量，职业技能竞赛为广大技能人才提供了展示精湛技能、相互切磋技艺的平台，对壮大技术工人队伍、推动经济社会发展具有积极作用，希望广大参赛选手奋勇拼搏、争创佳绩，展现新时代技能人才的风采。习近平强调，各级党委和政府要高度重视技能人才工作，大力弘扬劳模精神、劳动精神、工匠精神，激励更多劳动者特别是青年一代走技能成才、技能报国之路，培养更多高技能人才和大国工匠，为全面建设社会主义现代化国家提供有力人才保障。

　　李克强总理做出批示指出，提高职业技能是促进中国制造和服务迈向中高端的重要基础。要坚持以习近平新时代中国特色社会主义思想为指导，深入贯彻党中央、国务院决策部署，进一步完善技能人才培训培养体系，积极营造有利于技能人才脱颖而出的良好环境，深入开展大众创业、万众创新，引导、推动更多青年热爱钻研技能、追求提高技能，打造高素质技能人才队伍，培养更多大国工匠，让更多有志者人生出彩，为促进就业创业创新、推动经济高质量发展提供强有力支撑。

四、社团活动

　　学生社团是指学生根据个人的兴趣、爱好和特长等在自愿的基础上自发组织而成、按照章程自主开展活动的学生群众组织。学生社团形式多种多样，如学术问题、社会问题的研究会，文学、艺术、体育、音乐、美术、影视等方面的活动小组，以及文艺社、棋艺社、摄影社、美术社、歌唱队、话剧团、篮球队、足球队、武术社、数学社、物理社、微电影社团等。学生社团可打破年级、专业甚至学校的界限，团结兴趣、爱好相近的同学。学生社团必须自觉接受学校团委、各院系团委的领导，必须遵守宪法、法律以及学校各项规章制度。社团活动不得妨碍学校各类正常工作和教学、生活秩序。学生社团不得从事以营利为目的的经营性活动。

　　学生社团是我国校园文化建设的重要载体，是我国高校第二课堂的引领者。学生社团的基本任务是：适应社会发展需要，适应教育改革及学生成长成才的需要，积极开展健康有益、丰富多彩的课外科技文化艺术活动，促进学生德、智、体、美、劳全面发展。每年各社团以其具有思想性、艺术性、知识性、趣味性、多样性的社团生活吸引广大学生积极参与其中。学生利用课余时间开展各种发挥他们某方面特长、有益于身心健康的活动，活跃了学校文化氛围，丰富了课余生活，提高了学生自治能力，互相启迪、切磋技艺，交流思想、增进友谊。

　　目前，在大学校园中，有一半以上的学生参加了大学生社团。学生社团成为各行业、各组织机构沟通交流的使者，建立沟通联络的渠道，使学生与学校、学校与学校、团体与团体、学生与学生、社团与社会等建立起联系。每个学生社团都会定期进行纳新，需要大量的宣传和自我展示活动以吸引新生加入、推广自己的社团。

五、创业实践

　　大学生创业是一种以在校大学生和毕业大学生为创业主体的创业过程。大学生作为年轻的知识人群，有着较为丰富的知识储备和其他群体所欠缺的创造力，是创业的主要人群。真正的创业实践开始于创业意识萌发之时，大学生的创业实践是学习创业知识的最好途径。

（一）大学生具有的创业优势

　　(1) 大学生对未来充满希望、充满激情，具有"初生牛犊不怕虎"的精神，这是一个创业者应该具备的素质。

(2) 大学生在学校里学到了很多理论性的东西，有着较高层次的技术优势，大学生创业一开始就必定会选择高科技、高技术含量的领域，"用智力换资本"是大学生创业的特色和必然之路。风投公司往往因为看中了大学生所掌握的先进技术，而愿意对其创业计划进行资助。

(3) 现代大学生有创新精神，有对传统观念和传统行业挑战的信心和欲望，而这种创新精神也往往造就了大学生创业的动力源泉，成为成功创业的精神基础。

(4) 大学生创业的最大好处在于学以致用，提高自己的能力，增长社会实战经验。对于大学生来说，最大的吸引力是通过成功创业，可以实现自己的理想，证明自己的价值。

（二）大学生创业实践的类型

大学生创业实践可以分为直接创业实践和间接创业实践。

1. 直接创业实践

(1) 大学生通过创业实践基地、大学生创业平台等进行的创业实践。学校、政府相关部门及企业独立或合作创办的大学生创业基地、大学生创业平台等，为学生提供创业实习机会，提供创业立项机会，并给予经费支持。目前我国各类创业实践基地数量众多，几乎覆盖所有学科专业。创业实践基地是提高学生创业实践能力和经验的主要途径。通过创业实践基地的培训，大学生可以熟悉创业流程和条件，了解创业的难点和注意事项，这有利于提高学生创业能力。大学生创业平台设置了专门的创业指导站，为学生提供创业引导，不仅为学生提供了相关创业信息，也为学生提供了创业方向，降低了大学生创业风险。

(2) 大学生可以自主在课余、假期通过校园代理、开办网店、直播代购、兼职打工、试办公司、试申请专利、试办著作权登记、试办商标申请等事项，也可以举办创意项目活动、创建电子商务网站等进行创业实践。

2. 间接创业实践

间接创业实践主要指大学生通过模拟仿真等方式进行的创业实践。大学生可以借助学校举办的某些课程的角色性、情景性模拟参与来进行间接创业实践，例如积极参加校内外举办的各类大学生创业大赛、工业设计大赛等，对知名企业家成长经历、知名企业经营案例开展系统研究等。大学生也可以在创业平台上利用创业软件，模拟创业活动，了解创业过程，体验创业，提升创业能力。

（三）大学生创业实践注意事项

(1) 学习创业知识。可以通过创业平台、各地创业中心、创新服务中心、大学生科技园、留学生创业园、科技信息中心、知名的民营企业的网站等学习创业知识。

(2) 了解相关政策。为支持大学生创业，各级政府出台了很多优惠政策，涉及融资、开业、税收、创业培训、创业指导等诸多方面，了解这些政策，才能走好创业的第一步。

(3) 充足的心理准备。面对创业中的挫折和失败，许多创业者感到痛苦和茫然，甚至沮丧和消沉。学习创业，看到的多是成功的例子，其实成功的背后还有更多的失败。看到成功，也看到失败，这才是真正的创业，也只有这样，才能使年轻的创业者们变得更加理智。

(4) 积累商业管理经验。大学生虽然掌握了一定的书本知识，但终究缺乏必要的实践能力和经营管理经验，对企业管理、团队建设、市场营销等往往缺乏足够的认识，很难马上胜任企业经理人的角色。

(5) 增强市场观念。不少大学生乐于向投资人大谈自己的技术如何领先、创意如何独特，却少涉及这些技术或创意产品究竟会有多大的市场空间。就算谈到市场的话题，也多半只会计划花钱做做广告而已，而对于诸如目标市场定位与营销手段组合这些重要方面，则没有多少概念。其实，真正能引起投资人兴趣的并不一定是那些非常尖端、先进的技术或产品，相反，那些技术含量一般但却能切中市场需求的产品或服务，常常会得到投资人的青睐。同时，创业者应该有非常明确的市场营销计划，能强有力地证明赢利的可能性。

六、毕业设计

毕业设计是指高校工、农、林科等专业学生在完成教学计划所规定的理论课程、课程设计与实习，经考试、考查及格后进行的总结提升性的独立作业。在教师指导下，学生就选定的课题进行工程设计和研究，包括设计、计算、绘图、工艺技术、经济论证以及合理化建议等，最后提交一份报告。

毕业设计是大学期间最后的实践性教学环节，是学校教学过程的重要环节，也是学生走上国家建设岗位前的一次重要的实习。毕业设计旨在检验学生综合运用所学理论、知识和技能解决实际问题的能力。

毕业设计一般与毕业实习结合进行。毕业设计的关键首先是确定课题。一个好的课题，能强化理论知识及实践技能，充分发挥自己的创造力，圆满地完成毕业设计。选题应综合考虑所学知识、学科特点、联系实际、应用价值等因素，可以从学科教学的延伸、多学科的综合、结合生产实际、可行性等角度进行深入挖掘。

七、勤工助学

勤工助学是大学生课余时间在校内外通过参加各类劳动获得一定劳务报酬的活动。目前，各高校都会给学生提供一定的勤工助学岗位，比如校园、办公室、实验室、餐厅等场所的卫生和服务等，学生也可以自主选择在学校附近的商店、饭店或辅导机构勤工助学。

大学生勤工助学的过程实际上是学校教育的一种体现方式。大学生在劳动实践的过程中可以感受通过自身劳动获取的幸福感和价值感，能够提高大学生的劳动技能，丰富大学生活阅历，培养良好的劳动态度、劳动习惯、劳动品德和劳动价值观，健全大学生品格；能够锻炼大学生的高尚品质、顽强意志，帮助大学生自主成长；锻炼大学生的人际交往能力和沟通表达能力，提高大学生的心理承受能力和社会适应能力。

八、生活劳动实践

生活劳动是指可以直接满足人们生活需求、直接服务于人的劳动。随着现代科技的发展，大部分生活劳动都需要掌握一定的技能才能完成，智能、技术的领域不断延伸，逐步改变了人们的生活劳动方式，因此现代生活劳动要求人们必须具备一定的现代技术应用能力。

生活劳动分为技能性生活劳动和审美性生活劳动。技能性生活劳动就是通过操作技能改造生活资料或者生活条件以满足生活需要的劳动形式，如做饭、工具和设施的基本维护、洗衣服、清理卫生等。审美性生活劳动与技能性生活劳动并不是从劳动内容上区分的，主要是劳动的品质和层次不同。比如做饭，用集成灶将饭做熟，这就是技能性生活劳动，但是将饭做得色香味俱全，就是审美性生活劳动。再比如，利用相关工具把房间打扫得干干净净，属于技能性生活劳动；按照自己的审美标准把房间布置得漂亮美观，不仅对人的技术能力提出了要求，还要求人们具有感知、想象、鉴赏、创造等方面的能力。

大学生应树立正确的生活劳动观念。现代社会需要的是善于将动脑与动手结合起来的人。数字化时代对人们生活劳动能力的要求不仅没有削弱，反而在加强。日常生活劳动是获得人生幸福的基本能力，飞速发展的时代，虽然劳动的方式、工具、空间、环境在发生非同寻常的变化，内涵被极大地拓展，但劳动之美不会变，劳动的幸福不会变。劳动，是获得健康生活、实现梦想的必备条件。

大学生应强化生活劳动素质。大学生在宿舍、家庭中应经常主动参与打扫卫生、清洗衣服、美化家庭、美化寝室、制作食物、修理家具、照顾家人等劳动。自己的事自己做，他人的事帮着做，公益的事争着做。用自己的劳动把自己的生活条件和学习环境整理得井井有条、整洁美观、舒适温馨。

大学生的劳动实践形式还有很多，比如社会调查、"红色之旅"学习参观、挂职锻炼等。随着时代的发展，政府机构、学校、社会组织、企业将为大学生提供更多的实践平台和实践机会，大学生自己也应该立足新时代大背景，融入社会发展和国家建设，主动担当作为，创新实践平台和形式，创造性地开展劳动实践活动，助力个人的成长成才，为社会发展、国家建设做出贡献。

 思考与实践

一、问题思考

1. 如何理解大学生劳动实践的意义？
2. 大学生劳动实践的类型有哪些？
3. 联系个人实际，总结自己参与过的劳动实践有哪些经验和教训，还准备参与哪些劳动实践。

二、实践训练

1. 结合专业和个人实际，制作一份实践策划书。
2. 用照片和视频记录自己的劳动实践经历，分享自己的劳动实践心得。

3. 以专业班级为单位举办一场劳动技能比赛，推荐优秀技能选手参加全校劳动比赛。
4. 以专业班级为单位举办一场劳动成果展示评比活动。

拓展学习

一、视频学习

8-1. 大一学生餐厅打工挣生活费

8-2. 大学生社会实践志愿服务活动

8-3. 大学生们自制手工艺品

8-4. 大学生和孩子们一起书写青春的故事

8-5. 车梦娜：大学生三下乡"稻梦人"实践团

8-6. 张静媛：大学生实习计划

8-7. 易欣茹："系乡筑梦"实践，助力乡村振兴

8-8. 暑期参加志愿服务"一对一"电话回访

8-9. 高校开辟荒地：学生自己种菜自己吃

8-10. 红色旅游文化社会调研实践

8-11. 李猛：多样的大学生志愿服务

8-12. 日常不平常

二、拓展阅读

【拓展阅读 8-1】

必须大力弘扬劳模精神、发挥劳模作用(节选)[1]

"长期以来，广大劳模以平凡的劳动创造了不平凡的业绩，铸就了'爱岗敬业、争创一流、艰苦奋斗、勇于创新、淡泊名利、甘于奉献'的劳模精神，丰富了民族精神和时代精神的内涵，是我们极为宝贵的精神财富。"习近平总书记指出"劳动模范是劳动群众的杰出代表，是最美的劳动者"，强调"必须大力弘扬劳模精神、发挥劳模作用"。

习近平总书记指出："我国是人民当家作主的社会主义国家，党和国家始终坚持全心全意依靠工人阶级方针，始终高度重视工人阶级和广大劳动群众在党和国家事业发展中的重要地位，始终高度重视发挥劳动模范和先进工作者的重要作用。"1950 年党和国家首次

---

[1] https://www.ccps.gov.cn/llwx/202109/t20210922_150611.shtml。

表彰劳动模范以来，在党的领导下，我国工人阶级和广大劳动群众与祖国同成长、与时代齐奋进，奏响了"咱们工人有力量"的主旋律，各条战线英雄辈出、群星灿烂。特别是进入新时代以来，我国工人阶级和广大劳动群众在实现中国梦伟大进程中拼搏奋斗、争创一流、勇攀高峰，为决胜全面建成小康社会、决战脱贫攻坚发挥了主力军作用，用智慧和汗水营造了劳动光荣、知识崇高、人才宝贵、创造伟大的社会风尚，谱写了"中国梦·劳动美"的新篇章。实践充分证明，在当代中国，工人阶级和广大劳动群众始终是推动我国经济社会发展、维护社会安定团结的根本力量，劳动模范是民族的精英、人民的楷模，是共和国的功臣！

在各个历史时期，广大劳模以高度的主人翁责任感、卓越的劳动创造、忘我的拼搏奉献，谱写出一曲曲可歌可泣的动人赞歌，为全国各族人民树立了光辉的学习榜样。在革命战争年代，"边区工人一面旗帜"赵占魁、"兵工事业开拓者"吴运铎、"新劳动运动旗手"甄荣典等劳动模范，以"新的劳动态度对待新的劳动"，积极参加义务劳动，全力支援前线斗争，带动群众投身中国共产党领导的人民解放事业。新中国成立后，"高炉卫士"孟泰、"铁人"王进喜、"两弹元勋"邓稼先、"知识分子的杰出代表"蒋筑英、"宁肯一人脏、换来万人净"的时传祥等一大批先进模范，响应党的号召，带动广大群众自力更生、奋发图强。在改革开放历史新时期，"蓝领专家"孔祥瑞、"金牌工人"窦铁成、"新时期铁人"王启明、"新时代雷锋"徐虎、"知识工人"邓建军、"马班邮路"王顺友、"白衣圣人"吴登云、"中国航空发动机之父"吴大观等一大批劳动模范和先进工作者，干一行、爱一行、专一行、精一行，带动群众锐意进取、积极投身改革开放和社会主义现代化建设，为国家和人民建立了杰出功勋。进入新时代以来，"铁路小巨人"巨晓林、"桥吊状元"竺士杰、"金牌焊工"高凤林、"禁区勇士"胡洪炜、"当代愚公"黄大发、"深海钳工第一人"管延安、"大眼睛天使"陈贞、"贫困群众的亲闺女"刘双燕、"九天揽星人"孙泽洲等一大批先进模范人物，爱岗敬业、锐意创新、勇于担当、无私奉献，在平凡的岗位上创造了不平凡的业绩，用干劲、闯劲、钻劲鼓舞更多的人，激励广大劳动群众争做新时代的奋斗者。广大劳模铸就的劳模精神，生动诠释了中国人民具有的伟大创造精神、伟大奋斗精神、伟大团结精神、伟大梦想精神，充分彰显了以爱国主义为核心的民族精神和以改革创新为核心的时代精神，是中国共产党人精神谱系的重要组成部分。

当今世界正经历百年未有之大变局，我国正处于实现中华民族伟大复兴的关键时期，全党全国各族人民正意气风发向着全面建成社会主义现代化强国的第二个百年奋斗目标迈进。立足新发展阶段、贯彻新发展理念、构建新发展格局、推动高质量发展，必须充分发挥工人阶级和广大劳动群众主力军作用。我国工人阶级和广大劳动群众要坚定不移听党话、矢志不渝跟党走，把党和国家确定的奋斗目标作为自己的人生目标，以民族复兴为己任，自觉把人生理想、家庭幸福融入国家富强、民族复兴的伟业之中，做新时代的追梦人。要大力弘扬劳模精神，树立终身学习的理念，养成善于学习、勤于思考的习惯，学以养德、学以增智、学以致用，增强创新意识、培养创新思维，展示锐意创新的勇气、敢为人先的锐气、蓬勃向上的朝气，适应新一轮科技革命和产业变革的需要，密切关注行业、产业前沿知识和技术进展，勤学苦练、深入钻研，不断提高技术技能水平，当好主人翁，建功新时代。各级党委和政府要尊重劳模、关爱劳模，贯彻好尊重劳动、尊重知识、尊重人才、尊重创造方针，完善劳模政策，提升劳模地位，落实劳模待遇，推动更多劳动模范和先进工作者竞相涌现。

"社会主义是干出来的，新时代是奋斗出来的。"面对这样一个千帆竞发、百舸争流、有机会干事业、能干成事业的时代，我国工人阶级和广大劳动群众要更加紧密地团结在以习近平同志为核心的党中央周围，勤于创造、勇于奋斗，努力在全面建设社会主义现代化国家新征程上创造新的时代辉煌、铸就新的历史伟业。

【拓展阅读8-2】

劳动者的词典[1]

习近平总书记心里始终牵挂着劳动者，更是积极倡导劳动，他强调：社会主义是干出来的，新时代是奋斗出来的，并要求"大力弘扬劳模精神、劳动精神、工匠精神"。

不惰者，众善之师也。劳动节前夕，记者走进工厂车间、机场车站，聆听一个个令人激动的奋斗故事，见证劳动者用自己的双手书写崭新未来。

【劳动者词典——淬炼】

"我们不断地实验试错，不断地纠正过去的观念。技术专家是靠废钢堆出来的。"党龄与工龄都达25年的马钢技术中心型钢研究所所长、全国劳动模范吴保桥，已经与H型钢打了二十余年交道，见证了国产H型钢从模仿到跟随再到创新的转变。

1998年7月，中国第一条热轧H型钢在马钢建成投产，刚到马钢工作两年的吴保桥就加入了研发团队，一边做产品，一边跑市场。

相较于技术和市场都更加成熟的其他钢材产品来说，H型钢的研发、生产和推广每一步都走得艰难。但一头钻进H型钢里的吴保桥，始终憋着一股劲儿，要做就做出点不一样的东西，持续攻关了耐低温热轧H型钢成分设计、连铸控制、相变析出等行业性技术难题。

2021年4月15日，重型H型钢极限规格产品在马钢批量试制成功，打破了国外钢厂的垄断，实现亚洲首发，首批产品将应用于美国某集装箱码头的主要岸壁结构。

如今，H型钢已经成为宝武马钢的"拳头产品"，为越来越多世界范围内的建筑、铁路、桥梁、海洋、电力等领域的高端需求提供"马钢方案"。

【记者观察】每走一步都很难，也就意味着每走一步都在创造历史。潜心科研的劳动模范何尝不是将自己当作钢铁一样淬炼，知重负重，砥砺前行。

【劳动者词典——专注】

在中铁工程装备集团的车间里，声响滋滋，火星四溅，王安永一把焊枪舞得娴熟，庞大的盾构机刀盘被一点点焊接起来。

1989年出生的王安永，高中毕业后去学了焊工，2013年进入中铁工程装备集团负责焊接盾构机刀盘。这里造的是享有"工程机械之王"称号的盾构机。

立焊、横焊、仰焊……盾构机刀盘的这些焊工技能，一般都要学上几年，王安永全学会只用一年时间。因技术过硬，他在2017年被推荐参加"嘉克杯"国际焊接技能大赛。在300多名全球焊接高手中，他凭借出色表现夺得个人赛二等奖。

急难任务显技术。2017年，当时国内自主研制的最大直径盾构机"彩云号"因焊缝坡

---

[1] https://m.gmw.cn/baijia/2021-05/01/34816601.html.

口太小，焊枪无法触及到位。王安永反复琢磨试验，大胆提出升高焊接电压二至三伏，问题迎刃而解。

繁重项目见水准。2018年底，用于迪拜深排污水主隧道的两台盾构机，交工时间要求紧。国外公司估计工期要两个月，王安永带领20人的焊工团队，只用10天时间就做完了。"国外同行惊叹于我们技术能力过硬，并且吃苦耐劳。"王安永说。

如今，王安永焊接过的盾构机已达100多台，先后应用到新加坡、意大利、法国等国家。在王安永等工匠及工程师们的努力下，我国的盾构机制造能力已从跟跑达到并跑，甚至局部领跑。

【记者观察】眼里有活，才能干好活。从农民工成长为制造大国重器的能工巧匠，王安永身上的那股子执着劲、钻研劲功不可没。也正是因为专注，才能成就专业与卓越。

【劳动者词典——坚守】

"如果鸟类撞击在以400千米每小时速度飞行的航空器上，鸟类就如同铁球一般，对飞机和旅客危害极大。"今年28岁的辛晓芳是北京市大兴区礼贤镇辛家庵村村民，大学学习动物医学专业的她，毕业后回到家乡，在北京大兴国际机场做鸟击防范员。

作为航班的"守护者"，鸟击防范模块全员24小时轮班值守，每一架航班都在他们的注视和守护下安全起降。夏天的地面最高温度能到50多摄氏度，冬天的风吹在脸上像刀割。但在辛晓芳看来，自己的坚守意义重大。鸟击事件在民航不安全事件中占比超过70%，做好鸟防工作对净空保障尤为重要。

在工作现场，辛晓芳介绍着她日常驱鸟的"神器"。"我们会利用彩色风轮、激光驱鸟器等设备对鸟群进行视觉驱赶，同时我们还利用设备发出鸟类惧怕的各种声音，驱赶鸟类远离飞机的跑滑区域。"

北京大兴国际机场作为连接京津冀的重要支点，在2020年投运一周年时，客流量突破了1000万人次，联通全国129个航点，累计完成航班起降约8.4万架次。

【记者观察】虽然始终在重复做同样的、枯燥的工作，但辛晓芳总是积极乐观面对。伟大的劳动者不仅有大国工匠、科研新星，更有每一位坚守在平凡而普通岗位上的人们。正是亿万劳动者兢兢业业坚守，才共同成就新时代的不凡与伟大。

【劳动者词典——极限】

时速140公里。中国第一汽车集团有限公司智能网联开发院电子电气研究所的孙鹏远博士坐在副驾驶位置，怀里抱着"断线器"。"握紧方向盘，开始拔了啊！"孙鹏远断开其中传感器的连接。

正在高速行驶的汽车，出现电气线路故障有多危险？孙鹏远和同事测试、记录、分析，就是要解决这些安全领域的"大事"。

"软件都是自己写的，系统也是自主集成的，我们清楚切断线路会有哪里出问题，也设置了应急断电按钮。但这还是很惊险的测试。"孙鹏远说，最危险的情况是车辆失控，出现非预期动力加速。

除了考验胆识的"安全"测试，研发人员还要面对大量考验毅力的高温、高原、高寒户外实车测试——翻越海拔5000米的雪山，也要闯过零下40摄氏度的北境。

冬季的黑龙江滴水成冰。仿真测试系统研发成员张东波和同事们先把测试车放在冰冻的江面上"冻"五个小时，在最冷的凌晨三四点来到江边，做低温冷起动试验。笔记本电脑用大衣紧紧裹住防冻"死机"，团队成员瑟瑟发抖。

电子电气研究所负责人周时莹说，目前团队负责开发整车电子电气架构、网络系统、动力总成电控系统、功能安全组件、车载操作系统和各类控制器软硬件平台，并对整车智能联网功能进行测试和验证，成果已应用于红旗全系车型，大部分做到了自主掌控，逐步把"卡脖子"技术握在自己手里。

【记者观察】不分白昼黑夜在高原高温高寒下测试、分析数据的新红旗人，在突破极限；六十多年前吃住在车间、赶制"东风"轿车的老一汽人，也曾经突破极限。白手起家的民族品牌，正是靠着劳动者们不断突破极限，才能迎来新的生长。

第九章

职业劳动能力

> 教育、科技、人才是全面建设社会主义现代化国家的基础性、战略性支撑。必须坚持科技是第一生产力、人才是第一资源、创新是第一动力，深入实施科教兴国战略、人才强国战略、创新驱动发展战略，开辟发展新领域新赛道，不断塑造发展新动能新优势。
> ——2022年10月16日，习近平在中国共产党第二十次全国代表大会上的报告

习近平总书记指出："拥有一大批创新型青年人才，是国家创新活力之所在，也是科技发展希望之所在。"青年人才朝气蓬勃、思想解放、富有改革创新精神，是推动经济社会发展、科技创新的主力军和突击队。我国正处于转型发展的关键时期，需要建立一支规模宏大、厚积薄发的青年人才大军。为此，要积极营造优质的人才环境，完善机制体制，加速青年人才培养，鼓励支持青年人才创新创业。

劳动能力是人进行生产活动的能力，包括体力和脑力两个方面，是体力和脑力的总和。法律上所指的劳动行为能力是劳动者以自己的行为依法行使劳动权利和履行劳动义务的能力。根据劳动行为和专业程度的不同，劳动能力可以分为：一般劳动能力，多指日常所需的劳动能力，包括为自己服务的穿衣、吃饭等和为他人服务的简单体力及脑力劳动；职业劳动能力，是指经过专业训练，具备专门知识的劳动能力，如会计师、工程师等；专门劳动能力，是指那些专长性很强的职业能力，如作家、歌唱家等。随着高新科学技术在生产中大量应用，知识经济勃然兴起，对劳动者的素质提出了更高要求。本章从职业劳动能力的角度，探讨劳动者需要具备的能力和素质，以帮助大学生根据社会发展的需要提升自己的劳动能力，实现自己的职业理想。

【学习目标】
1. 掌握职业劳动应具备的素质、职业能力体系和核心职业能力的理论知识。
2. 提高职业素质和能力，培养职业劳动热情。
3. 加强实践，提高创新能力，培养创业精神。
4. 有针对性地锻炼自己的职业劳动能力。

第一节　职业劳动素质

随着现代高新科学技术及其产业的迅猛发展，知识经济发展势头强劲。知识成为核心生产要素，使得劳动者素质成为知识经济发展的关键要素；劳动者需要不断获取、更新知识，这又需要更高的能力为依托，竞争的加剧也需要劳动者具备良好的身心素质来调节。做新时代建设社会主义现代化强国的优秀劳动者，需要不断提高知识素质、能力素质、身心素质、科学观念和职业道德等职业劳动素质。

一、知识素质

当前，全球信息总量呈爆炸式增长，新知识的快速涌现使原有知识更新加速，更新知识是劳动者保持竞争优势的关键，而拥有科学、完整的知识结构是这一切的基础。

（一）具有适应当代社会生活的知识

劳动者应具有一定的自然科学和社会科学知识，特别是计算机应用及网络技术知识、心理学知识、法律常识、政治与经济常识、哲学与逻辑学知识、文献与信息检索知识、安全知识，并了解现代科学技术发展概况等。

（二）科学的知识结构应具有的特征

(1) 开放性。有层级、有包含关系的知识是树状结构，它的好处是对新知识编码更深刻，理解更深入；能充分调动旧知识与新知识之间的联系；知识本身就是树状结构，用树状图来呈现的时候能获取知识最深刻的意义；方便检索，大脑容易记住有序的事情。不同的职业需要不同的知识结构，劳动者可以根据自己的实际情况和职业发展需要，将自己知识结构中的任一学科知识发展而形成适应不同职业的知识结构，就是树状的知识结构。

(2) 完整性。科学的知识结构还须具有与知识水平相应的完整性，知识结构各个构成要素之间是有相互联系并相互作用的，任何要素的缺失和薄弱都会影响劳动者知识水平的发展。树状结构的好处是提纲挈领，结构清晰，适合做骨架，但知识关系是复杂的，单纯的树状结构是不足的，需要在树状基础上再建立一个网，这样就是一个树加网的知识体系。要避免出现以下现象：文科的大学生不懂理工科的常识；工科的大学生基础理论知识薄弱，轻视相关理论；而理工科的大学生缺乏必要的社会科学知识。

(3) 可发展性。知识结构中的各要素有着横向、纵向相互作用的紧密联系，对知识结构各要素的融会贯通能产生"1+1＞2"的效果，这种具有可发展性的知识结构，是创新型人才必备的知识结构。科学的知识结构经过学习或职业实践后能不断提高知识水平，使之与职业的匹配度更高。

二、能力素质

能力是在智力活动的基础上在日常生活、知识学习和应用、技能练习与职业活动中形成和发展起来。当代合格劳动者应具有多种相互影响、相互作用的能力并形成多维度、多层次动态的完整、科学的能力结构。能力结构也应与知识结构一样，应该是宏观上的树形结构、微观上的葵花形结构：树根部分是以思维力为核心，注意力、观察力、记忆力、想象力围绕成葵花形结构的一般能力(智力)；树干部分是并列的从事各种职业都必须具备的通用能力，主要有自我调控能力、自学能力、表达能力、人际关系构建与交往能力、适应能力、计算机及网络技术应用能力、信息搜集及应用能力；树冠部分是职业能力，它是与某一职业相适应的核心职业技能和相关职业技能形成的葵花形结构。能力素质是就业成功与否的直接因素，决定着劳动者职业适应能力的强弱和职业转换的成败。

职业适应最关键的心理因素是人的能力结构。如果能力结构与职业要求相符，人的职业适应性就越强；反之，则弱。但是，人还可以通过能力的补偿效应来增进人的职业适应性，尽量使活动不受影响。这种补偿不仅发生在不同能力之间，而且表现在气质与能力、性格与能力和个性的积极性与能力之间的互补互替方面。例如"勤能补拙"就是性格与能力之间的补偿；"熟能生巧"是活动对能力的增进；"兴趣是最好的老师"也说明人可以培养兴趣而克服能力上的欠缺。

三、身心素质

劳动者身体和心理素质是劳动者自身整体素质的有机组成部分，是影响其劳动能力发挥和发展的重要因素。

世界卫生组织提出的身心健康新标准包括快食、快眠、快便、快语、快行、良好的个性、良好的人际关系。前5项属于生理健康标准，后两项属于心理健康标准。健康的心理表现为：有较强的情绪控制力，能保持情绪稳定与心理平衡，对外界的刺激反应适度，行为协调；有良好的自我意识，能做到自知自觉；坦然面对现实，既有高于现实的理想，又能正确对待生活中的缺陷和挫折；保持正常的人际关系，能承认、接纳别人，限制自己；处事乐观，满怀希望，始终保持一种积极向上的进取态度；珍惜生命，热爱生活。

现代社会是一个充满竞争的社会，这种环境给人类带来了一定的心理压力，加上工作的繁重，从而导致人们精力不足、体质较弱和许多心理疾病的发病率提高。许多现实事例表明，生活中的挫折、紧张的工作、现代化都市生活使人的心理大为紧张从而出现身心疾病，不少人被抑郁、焦虑、紧张、自卑、怯懦等情绪所困扰。一个身体孱弱、心境烦闷、情绪低落的人不可能有高昂的兴致、充沛的精力去从事复杂细致的脑力劳动和适应激烈竞争的职业世界。身体的强健主要依靠体育锻炼。体育锻炼可以增强身体机能，保持体态健美，可以满足大脑的血液供应，保持旺盛的精力。同时，体育锻炼还可以锤炼人的意志，增强克服困难的信心和顽强奋斗的精神。心理的健康主要依靠自我的调节，依靠个人的自身修养。个人只有通过不断地调节、完善，使个性心理得到健康、和谐的发展，才能提高职业的适应能力。

四、科学观念

新时代高素质劳动者除了必修具备正确的人生观、价值观和世界观外，还应该具备以下科学观念。

(1) 生态与环境保护观。现代人类社会对环境产生影响的能力越来越大，导致异常气候频发，使人类的生存环境日益恶化，国际社会已高度重视并采取积极行动，但根本的解决之道还在于每一个人积极参与，环保生产，低碳生活。

(2) 竞争与合作观。竞争是自然界和人类社会发展的普遍规律，劳动者必须敢于竞争、勇于竞争。就业要竞争，不失业也要竞争，劳动者要通过竞争来充分发挥自己的才能，为社会创造财富，为自己谋取幸福，实现自己的人生价值。同时，社会也是合作的社会，这是现代化大生产的必然要求。劳动者若不能与他人充分合作就不能完成工作。竞争与合作并不矛盾，劳动者既要能竞争又要会合作，要树立正确的竞争与合作观。这是时代的要求，每个劳动者对此要有清醒的认识。

(3) 法治观。当今社会是一个法治社会，每个人必须学法、懂法、守法，依法处理工作、生活中的各种问题，一切行为必须以法律为准绳。

(4) 学习观。现代科学技术迅猛发展，新知识、新技术层出不穷，劳动者必须树立终身学习的观念，加强相关的学习、培训，还要边干边学，在干中学，在学中干，把工作和学习有机结合起来。

五、职业道德

职业道德作为人们在职业活动过程中在思想上必须遵守的准则和规范，是社会主义核心价值观在职业活动中的具体体现，它直接影响人们的工作态度、工作热情和行为方式。随着现代社会分工的发展和专业化程度的增强，市场竞争不断加剧，提高劳动者的职业道德水平成为加强企业文化建设、提高竞争力的重要内容。良好的职业道德是抵制各种不正之风，转变社会风气，建立良好的人际关系，建设社会主义精神文明的重要保证。

要想在事业上取得成功，就必须树立正确的职业理想、职业价值观和人生观；具有忠于职守，献身事业的乐业敬业精神，实事求是、严肃认真的劳动态度，刻苦钻研、精益求精的工作作风和团结协作精神。在职业活动中，无私、正直、勤奋、诚实、守信、坚定、勇敢等优秀职业品质是人们在工作上做出成绩的必要条件。

良好的职业品质同时也是处理好各种人际关系所不可缺少的。比如，一个对人热情友好、乐于助人的人能得到同事的好感；一个有强烈事业心和责任感的人能得到领导的赏识；一个谦虚好学、踏实肯干的人能得到师傅的赞扬。很难想象一个不讲奉献、自私自利、贪图安逸的人能得到领导、同事的青睐。

第二节 职业能力概述

目前,培养职业核心能力或关键能力,已经成为很多国家的政府、行业组织人力资源开发的热点,也成为学校教育改革发展的趋势。

一、职业能力体系

我国劳动和社会保障部发布《国家技能振兴战略》,把人的能力分成三个层次,即职业特定能力、行业通用能力和职业核心能力。

(1) 职业特定能力。职业特定能力是指每一种职业自身特有的能力,它只适用于这个职业的工作岗位,适用面很窄,但有一个职业就有一个特定的能力。1999 年,我国编制的《国家职业分类大典》细分有 1838 个职业,目前,新的职业还在不断产生,所以特定职业能力的总量是很大的。

(2) 行业通用能力。行业通用能力是以社会各大类行业为基础,从一般职业活动中抽象出来可通用的基本能力,它的适用面比较宽,可适用于这个行业内的各个职业或工种,而按行业或专业性质不同来分类,通用能力的总量显然比特定能力小。

(3) 职业核心能力。职业核心能力是从所有职业活动中抽象出来的一种最基本的能力,普适性是它最主要的特点,可适用于所有行业的所有职业。虽然世界各国对职业核心能力有不同的表述,与职业能力的其他层次相比,它的种类是最少的。

从职业能力的技术层面来分析,每一个职业在工作现场直接表现出来的是职业特定能力,因而它是显性的;在技术和专业上支持职业特定能力的是行业通用能力,在职业活动中我们一般看不到它的表现;而职业核心能力则是上述能力形成和应用的条件。所以,职业核心能力应当处在职业能力的底层,是承载其他能力的基础,相比而言,它是隐性的。

二、职业核心能力

(一) 职业核心能力的定义

职业核心能力是指人们在职业生涯中除岗位专业能力之外的基本能力,它适用于各种职业,能适应岗位不断变换,是伴随人终身的可持续发展能力,是个人潜质、性格以及在后天教育发展及实践中不断完善、固化成熟的基本能力。

(二) 职业核心能力的类别

1998 年,我国劳动和社会保障部在《国家技能振兴战略》中把职业核心能力分为 8 项,包括与人交流、数字应用、信息处理、与人合作、解决问题、自我学习、创新革新、外语应用等。

从职业核心能力的内涵和特点划分,职业核心能力可分为方法能力和社会能力两大类。

(1) 方法能力。方法能力是指主要基于个人的,一般有具体和明确的方式、手段的能力，主要包括自我学习、信息处理、数字应用等能力。方法能力是劳动者的基本发展能力，是在职业生涯中不断获取新的技能、知识、信息和掌握新方法的重要手段。

(2) 社会能力。社会能力是指与他人交往、合作、共同生活和工作的能力，主要包括与人交流、与人合作、解决问题、革新创新、外语应用等能力。社会能力既是基本生存能力，又是基本发展能力，它是劳动者在职业活动中，特别是在一个开放的社会生活中必须具备的基本素质。

(三) 职业核心能力相关理论

20 世纪 70 年代起，德国将职业能力分为专业能力、方法能力和社会能力，并将后两者称为职业核心能力。职业核心能力的概念引进国内之后，学者们围绕职业核心能力的概念、体系构建、开发等展开了一系列的研究。

美国在职业核心能力方面的研究比较早，理论也较为成熟。经过多年的研究与实践，美国教育研究委员会提出大学生职业核心竞争力除了专业能力以外，还应包括能够帮助个体高效、成功地完成工作的能力，这种能力也被称为通用能力、关键能力或可转移能力。美国教育科学部经过调查研究后，进一步提出就业能力框架：沟通能力、团队合作能力、问题解决能力、创新创业能力、规划组织能力、自我管理能力、学习能力及技术能力。

三、培养职业劳动能力的意义

习近平总书记在党的十九大报告中指出："就业是最大的民生。要坚持就业优先战略和积极就业政策，实现高质量和更充分的就业。大规模开展职业技能培训，注重解决结构性就业矛盾，鼓励创业带动就业。提供全方位公共就业服务，促进高校毕业生等青年群体、农民工多渠道就业创业。"大学生是实施创新驱动发展战略和推进大众创业、万众创新的生力军。高校毕业生就业事关经济发展和民生改善大局，关系到大学生的成长成才和家庭的幸福，关乎社会的安全稳定。党中央、国务院高度重视毕业生就业创业工作。

新时代的大学生肩负着国家发展和民族振兴的使命，新时代的高等教育建设应该为提高我国高等教育的发展水平、增强国家核心竞争力奠定坚实基础，为建设富强、民主、文明、和谐、美丽的社会主义现代化强国提供人才保障。高校应着力于培养大学生职业核心能力，提高新时代大学生职业软实力，实现高质量和更充分的就业，造就适应就业市场的德才兼备、全面发展的高素质人才。

掌握职业核心能力，有助于劳动者适应就业需要，在变化的环境中重新获得新的职业技能和知识；有助于劳动者在工作条件下调整自我、处理难题，与他人和谐相处。同时，职业核心能力是一个可持续发展的能力，有较好的职业核心能力就可以适应更高层次职业和岗位的要求。职业核心能力是我们每个人成功的有效能力、基础能力，在现代社会，其重要性日益显现。

对企业来说，人力资源是第一资源，提升员工的职业核心能力是增强企业核心竞争力的基础。在激烈的市场竞争条件下，无论在传统行业、服务行业，还是在高科技行业，职业核心能力与其他知识和技能一样，都是企业取得成功的基本要素。

对高校来说，培养毕业生的职业技能和职业素质是增强就业竞争力的根本。职业道德、职业态度和职业核心能力等构成职业的基本素质，因此，培养职业核心能力是为就业服务，为社会发展服务，为劳动者终身教育、全面发展服务。

第三节 大学生应具备的职业能力

不同时代对职业能力的要求是不同的。职业能力是随着工作环境和社会环境的变化而变化的，具有鲜明的时代特征。在信息化、智能化时代，社会经济结构以服务性行业为主，专业和技术阶层逐渐成为职业主体，知识创新成为社会发展的主要动力。除了专业能力，还要具备掌握新知识的能力，强调智力和研究能力的重要性，主要包括悟性、思维、方法。《世界银行：2019年世界发展报告》中指出了工作变革的特点，其中之一就是技术正在重塑工作所需的技能。随着技术的发展，行业纷纷调整转型，职场人能否灵活应对成为关键。在2020年领英发布的一份报告中，软技能的需求度达到72%，重要性超过了专业硬技能(硬技能的需求度为57%)。不同的报告给出了不同的软技能需求。在领英的这份报告中，2020年亚太地区就业市场中最急需的五大软技能依次是适应能力、情商、创造力、说服力、解决问题的能力。报告认为，在这些软技能方面表现出明显优势的人在此次疫情中更能成功抵御风险。随着自动化和人工智能对手工和重复性工作的取代，促使员工专注于更高级的任务，这让软技能的重要性持续凸显。软技能难以自动化或外包，而它给组织带来的各种好处也在日益显现。根据不同的标准可以将职业能力分为不同的类别：根据倾向性可分为一般能力和特殊能力，根据创造性程度可分为再造能力和创造能力，从心理测验观点出发可分为实际能力和潜在能力，等等。

新时代背景下，大学生要想在职场上占据优势，不仅需要具备较强的专业能力，还要具备创新创业能力、人际交往能力、数字应用能力、自我学习能力、与人合作能力、问题解决能力、信息处理能力等。

一、专业能力

专业能力是职业能力的核心。作为大学生，要认真地学好专业知识，提升专业水平和技能，为将来的发展打下坚实的基础。专业知识是了解某领域的基本前提，在创新创业之前，首先要了解创业所在领域的相关知识，根据自己所掌握的专业知识和能力来决定创新创业的方向。企业在招聘时，首先考察的也是大学生的专业知识掌握能力，例如电子类、机械类、工程类等行业尤为注重专业知识能力。只有拥有了过硬的专业技术，才能立足于自己所在的专业领域做出突出成绩，使自己的人生价值得到完美的体现。

专业能力主要包括四个部分。

(1) 专业知识：也就是理论基础。无论从事哪种职业，首先要做的是打好知识基础，从事实际工作时，就能快速从自己的知识库中调取足够的理论依据。

(2) 专业技能：将专业知识应用于实践的能力。任何理论的产生都有其特定背景，适用于 A 公司的，不一定适用于 B 公司，这就需要因地制宜，找到问题根本所在，对理论进行个性化调整和应用。

(3) 专业经验：指专业知识和技能应用于实践的经验，刚步入职场需要积累经验，有经验的人需要定期总结。企业招聘中高层管理人员的时候往往很看重专业经验，某种程度上专业经验和专业能力存在正相关性。

(4) 专业精神：使专业价值得到充分发挥的坚守精神，是专业能力存在的意义所在，比如精益求精、独立、专注等。这是专业能力中最重要的部分，能够决定一个人在专业领域最终达到什么样的高度。

二、创新创业能力

大学生不断学习的重要目的就是提升创新能力和创业能力，创新创业能力成为职业核心能力的主要内容。创新是引领发展的第一动力，是建设现代化经济体系的战略支撑，也是实现高质量发展的必由路径。近年来，我国大众创业、万众创新热潮不断兴起，呈现出聚焦生产领域、技术要素深度融合、成果转化更为活跃、与产业升级结合紧密、创新创业生态更加完善等趋势特征，创新创业与技术创新、效率变革、产业升级和现代化经济体系建设结合得更为紧密，为促进经济增长、提高劳动生产率和全要素生产率提供了有力支撑。在这样的大背景下，缺乏创新创业能力的人必将被时代所淘汰。

（一）创新创业教育

2015 年，国务院办公厅印发了《关于深化高等学校创新创业教育改革的实施意见》，创新创业教育成为我国高等教育改革的一个新热点。人们对创新创业教育也存在一些模糊认识，比如，有人以为加强创新创业教育是要让人人都成为创业者，这是对创新创业教育缺乏深入了解和理性认识的表现。创新创业教育不是让每个学生都去创业，而是重在培养学生的创新精神和创业能力。

从 1947 年美国哈佛大学商学院开设创业课程至今，创新创业教育在国外已有半个多世纪的历史。20 世纪 80 年代以来，在美国、英国、日本等国家以及联合国教科文组织、经济合作与发展组织等国际组织的推动下，创新创业教育成为一种世界性的教育改革趋势。在国外，创新教育和创业教育是两个既相互联系又有明确区分的概念。我国则将创新看作创业的基础和核心，把创新教育与创业教育相融合，提出了创新创业教育的概念。近年来，我国创新创业教育发展比较迅速，正在成为我国教育改革的重要方向和趋势。教育部明确将创新创业能力作为评价高校培养人才质量的重要指标。

创业教育专家布罗克豪斯认为："教一个人成为创业者，就如同教一个人成为艺术家一样。我们不能使他成为另一个梵高，但是我们却可以教给他色彩、构图等艺术家必备的技能。同样，我们不能使他成为另一个布朗森，但是成为一个成功的创业者所必需的技能、创造力等却能通过创业教育而得到提升。"国外有研究表明，创新创业教育不但可以提高学生的就业能力，而且可以提高其工作能力和工资收入。

目前，创新已不局限于经济领域，社会各个领域都提倡创新；而且，这种情况并非只发生在中国，而是发生在全世界。因此，本书所采用的创新概念是一种广义的创新概念。

（二）创新

创新是指通过创造或引入新的技术、知识、观念或创意创造出新的产品、服务、组织、制度等新事物，并将之应用于社会以实现其价值的过程，价值包括经济价值、社会价值、学术价值、艺术价值等。这一概念涉及三层含义：

(1) 新技术、知识、观念或创意的形成、产生或引入；

(2) 利用新技术、知识、观念或创意，设计生产或形成新的产品、服务、组织、制度、流程或管理方式等新事物；

(3) 通过新产品等新事物的社会化实现其价值，所追求的价值并不只限于经济价值。

创新有多种类别，也有多个级别。按照最简单的划分，创新有小级别创新、突破性创新、里程碑式的创新三个级别，其中，90%的创新属于小级别创新或普通创新，只有10%的创新属于突破性创新乃至里程碑式的创新。

（三）创新能力

创新能力是指创新者、创新团队、创新机构乃至更大的经济或社会实体进行创新的能力。参照前述创新定义，创新能力亦有三重含义：

(1) 形成或产生新的思想、观念或创意的能力；

(2) 利用新思想、观念或创意创造出新的产品、流程或组织等各种新事物的能力；

(3) 应用和实现新事物价值的能力。

创新能力由多种能力构成，包括学习能力、分析能力、综合能力、想象能力、批判能力、创造能力、解决问题的能力、实践能力、组织协调能力，以及整合多种能力的能力。

（四）创新能力的特点

(1) 综合性。把多种能力集中起来，充分加以运用。

(2) 独创性。凭借想象力和创造性思维构造出前所未有的东西，打破以往的模式和框架。

(3) 实践性。创新与发明创造的区别就在于推广应用的程度不同，创新可以实现发明创造成果的价值。

(4) 坚持不懈。创新是一个复杂的过程，涉及创新者自身的能力和社会环境，要取得成功需要反复试验和探索，只有坚持不懈才可能成功。

（五）创业能力

要提高创业能力，除了要具备专业知识外，还必须具备清晰的创业蓝图，做好调研规划，不断提高个人的影响力、感召力、决策能力、管理能力、应付变革的能力、处理突发事件的能力、敏锐的洞察力等。

三、人际交往能力

人际交往能力是指一个人与他人的交往沟通能力。无论是在学校，还是步入社会，我们都需要与自己周围的人交往。一个人的交往能力可以用他的人际关系圈来衡量。如果这个人的人际关系圈很大，说明他的人际交往能力很强，善于与他人沟通；相反，如果一个人的人际关系圈很小，则说明他的人际交往能力较差，不善于与他人沟通。

衡量一个人能否适应现代社会需求的标准之一就是看他是否具备与他人交往的能力。人在职场必须懂得各种场合的礼仪，善于处理各类复杂的人际关系；注意培养自己的良好性格、儒雅风度、学识修养；在社交活动中要热情、自信；注意仪表、举止；面带微笑，运用温和、幽默的语言处理关系事务等。

人际交往能力主要由以下几方面构成。

(1) 人际感受能力，指对他人的感情、动机、需要、思想等内心活动和心理状态的感知能力，以及对自己言行影响他人程度的感受能力。

(2) 人事记忆力，指记忆交往对象个体特征、交往情景、交往内容，以及与交往活动相关的一切信息的能力。

(3) 人际理解力，指理解他人的思想、感情与行为的能力。人际理解力是现代企业管理中重要的工作技巧，也是人力资源管理人员必须具备的关键素质之一。人际理解力预示着有一种理解他人的愿望，能够帮助一个人体会他人的感受，通过他人的语言、语态、动作等理解他人的观点，能够理解他人未表达的疑惑与情感，把握他人的需求并采取恰如其分的语言帮助自己与他人表达情感意图。

(4) 人际想象力，指从对方的地位、处境、立场思考问题，评价对方行为的能力，也就是设身处地为他人着想的能力。

(5) 风度和表达力，指与人交际的举止、做派、谈吐、风度，以及真挚、友善、富于感染力的情感表达，是较高人际交往能力的表现。

(6) 合作能力与协调能力，是人际交往能力的综合表现，是企业团队合作的必要能力。

四、数字应用能力

数字应用能力包括基础性数字技能和颠覆性数字技能。基础性数字技能如计算机网络、数据存储技术、游戏开发、图像设计等；颠覆性数字技能则是数字经济创新发展的源泉，是开发和创造新的数字应用场景的能力，如人工智能、机器人、数据科学、基因工程等。

进入数字化时代，数字经济蓬勃发展，数字技术快速迭代，在生活、工作中扮演着越来越重要的角色，从而对劳动者所需掌握的数字技能也提出了新的更高要求。为全面落实党的十九届五中全会提出的"提升全民数字技能"要求，贯彻落实全国职业教育大会精神，2021年4月，人力资源和社会保障部研究制定了《提升全民数字技能工作方案》。该方案聚焦加强全民数字技能教育和培训，普及提升公民数字素养，从6个方面提出了具体举措。

《提升全民数字技能工作方案》强调，应完善提升全民数字技能政策措施。在研究制定关于加强新时代高技能人才队伍建设的意见、职业培训"十四五"规划、技工教育"十四五"规划等政策规划时,将加强数字技能培养作为重要内容,研究提出支持政策;实施技能中国行动,围绕加强数字技能培养培训谋划和推动一批重点项目;加大数字技能职业培训,指导各地在开展各类职业培训时,增加有关数字技能的培训内容,指导各地面向新技能、新职业,重点开展人工智能、大数据、云计算等数字技能培训,组织开发面向全体劳动者的数字技能通用素质培训教材,作为职业技能培训通用性教材;将数字技能内容融入职业技能标准和评价规范中,举办全国行业职业技能竞赛,重点支持举办数字技能相关赛事;定期发布数字技能类职业就业、职业培训和岗位需求情况。

五、自我学习能力

自我学习是个体通过自我管理和自我控制等手段、方法获取知识的学习活动。

(一)自我学习的意义

在信息更新越来越快的时代,个人获取和更新知识的能力在工作与学习中的作用越来越重要:自我学习能提高学习的效率和质量,能改善个体知识技能结构,提升个体自我管理能力,促进个体个性发展,能优化个体的整体知识结构,扩充个体的知识面,促进个体个性化发展,增强了个体的知识结构差异性,有利于提升个体就业的差异性、竞争性和适应性,能改善人才结构性失业问题。在自我学习过程中的进步会提升个体的成就感,提升个体的知识素养和控制管理能力,促进个体健康成长。

(二)自我学习的程序

1. 自我学习需求分析

通过自我学习需求分析设定正确的学习方向和目标是进行自我学习活动的关键。个体要对自己的学习有充分的认识,能根据自己的能力、兴趣和特长发现自己在学习中的真正需求,并找出现有成绩和期望值之间的差距,确定自己在知识、技术和能力方面的差距,为自我学习设定可衡量的目标。

在分析过程中,个体可以通过期望工作任务分析和期望绩效分析的方法进行差距分析,分解期望从事的工作任务所拥有的知识、技术和能力等方面的要求,并根据自己目前的表现找出自己与顺利完成期望任务的知识、技术和能力等方面的差距。除此之外,进行自我学习需求分析也要考虑是否需要分解学习目标,周围环境是否拥有足够的资源支持,身边的环境特质和氛围特征,以及可能会出现的阻力因素和外界环境的限制,最重要的是要能拥有克服困难、坚持贯彻计划目标的心理准备。一定要对自己有足够客观的了解,结合自己的职业发展和个性特征,找出现实与期望的差距,要具有前瞻性。

2. 自我学习目标确定

根据需求分析的结果有针对性地设置自己的学习目标,学习目标可考虑认知、技能、感情、绩效和投资回报率等方面的内容。学习目标可有长、中、短期的分解,目标的制定应具体、可衡量,具有可操作性,同时学习目标不宜过多。

3. 自我学习计划设计

设计好科学的学习目标之后，应根据学习目标制定合理和长期贯彻执行的计划。计划应具体到学习内容、学习时间、学习场地、学习方法、效果奖惩机制等，这样才可能达到预期的学习效果。学习内容安排不宜过多，应尊重人的学习规律，遵循适量、合理的原则。不同的个体会有不同的学习方法，因人而异，应根据个体的特点进行选择。

4. 自我学习计划的实施

学习计划的实施过程中，个体应加强对自我的管理，加强时间管理意识和能力的培养，要有坚持实施计划的毅力和意志，要有心理准备应对学习计划实施过程中出现的各种阻碍，要能加强自我的目标管理意识和任务管理意识。

5. 自我学习效果评估

实施学习计划一定时间之后，应定期进行自我学习效果的评估。评估要考虑到反应层面、学习层面、行为层面和效果层面等，不可因为一方面的不如意就否定自己全部的学习，不可因为一件事情就否定自己所有的努力。正确评估自己的学习效果之后，应根据自己的学习成果，重新设定自己的起点，投入新的学习或者自信地向外界展示自己的学习成果。

（三）自我学习应注意的事项

(1) 充分意识到自我学习的重要性。个体要充分意识到自我学习的重要作用，让自己看到希望，看到光明的未来，这样才可能有动力敦促自己不断向前。

(2) 用毅力保证计划实施。任何一项积极的运动都会遇到阻力，因此，我们在实施自我学习计划之前必须保持昂扬的斗志和志在必得的心态。在面对外界的诱惑和个人以往的坏习惯诱导的时候，要能抵制住诱惑，有毅力坚持实施计划和完成目标。

(3) 忍得住寂寞。由于个体的自我学习目标和任务的差异性，很可能自我学习只是一个人的事情，孤零零的一个人常常会有种脱离人群的孤独感，要能忍得住寂寞，坚持完成自己的计划。

(4) 不要与外界孤立。我们应该懂得，拥有再高知识技能的人如果没有与他人的交流，就像没有思想的人。

(5) 学以致用。任何知识的学习归根到底都是为了改造世界，因此，任何知识技能的学习都要做到学以致用，将其运用到实际生活中，通过知识创造价值。

六、与人合作能力

与人合作的能力是指在学习、生活或社会关系中，为追求共同的目标，享受共同活动带来的快乐，或为了加深彼此的关系，以一种协调的方式一起行动而表现出来的各种个性特征的总和。合作能力由合作意识、相关知识、合作技能以及合作品质等要素构成，这四个要素是有机联系在一起的，它们相互协调，共同构成了合作能力的整体，其中合作意识是先导，相关知识是基础，合作技能是关键，合作品质是保障。

提高与人合作能力需要做到以下几点。

(1) 协调好人际关系。改善与协调人际关系是提高合作能力的前提条件，而要协调好人际关系，就要了解人际吸引力的因素。心理学研究认为，构成人际吸引力的因素有接近性因素、相似性因素、互补因素、仪表因素等；要注重人格修养，改造不良人格；要正确地认识自己、评价自己，自觉地调整自我意识与行为，控制好自己的情绪；要学习人际交往理论与技能。

(2) 遵循以工作为重、对事不对人的原则。合作小组是应工作要求而建立的，因而它必须在一定的工作压力下，在一定的时间内将工作尽善尽美地完成；当发生矛盾时，分析原因、提出建议，将注意力投向"怎么办"上，而不是"谁之过"上。合作其实并不难，只要人们有合作的愿望、合作的意识，拿出诚意，很多问题就能迎刃而解。

(3) 掌握与人合作的技巧。提高积极参与的能力、有效讨论的能力，尊重每一位成员，鼓励他人提出不同观点，客观地评价观点，厘清团体中各要素之间的关系。

七、问题解决能力

"解决问题"与"问题解决"的区别不仅是词序的变化。分析"解决问题"与"问题解决"的结构，会发现"解决问题"是动宾结构，意味着问题已经摆在那里，强调的是解决已有的问题；而"问题解决"是主谓结构，突出的是问题，首先要有问题，然后才能解决。任何科学的发展都不是因为有某一个现成的问题供人类去研究，而是皆源于人类有意或无意地发现了问题，然后提出问题，再分析、解决问题的结果。提出问题是解决问题的先决条件，但仅仅满足于提出问题是不够的，提出问题的目的是有效解决问题。

（一）问题解决的含义

解决问题是指使问题的初始状态达到目标状态的思维过程。问题解决是由一定的情景引起的，针对一定的目标，应用各种认知活动、技能等，经过一系列的思维操作，使问题得以解决的过程。解决问题与问题解决两者都强调学会与他人合作交流，初步形成评价与反思的意识，都重视培养实践能力和创新意识。解决问题强调分析问题、解决问题；而问题解决强调"四能"，即发现问题、提出问题、分析问题和解决问题。问题解决目标包含问题意识、应用意识、反思意识、创新意识、解决问题的策略与方法、与人合作交流等多方面的内容。

问题解决能力是指一个人在遇到问题时，能自主、主动地谋求解决，能有规划、有条理、有方法、有步骤地处理问题，能适切地、合理地、有效地解决问题的能力。

（二）问题解决的四个阶段

(1) 发现问题。我们生活的世界处处时时都存在着各种各样的矛盾，当某些矛盾反映到意识中时，个体才发现它是一个问题，并要求设法解决它。这就是发现问题的阶段。从问题解决的阶段来看，这是第一阶段，是解决问题的前提。发现问题对学习、生活、创造发明都十分重要，是思维积极主动性的表现，在促进心理发展上具有重要意义。

(2) 分析问题。要解决所发现的问题，必须明确问题的性质，也就是弄清有哪些矛盾，它们之间有什么关系,以确定所要解决的问题要达到什么结果,所必须具备的条件,各种条件之间的关系和已具有哪些条件,从而找出重要矛盾、关键矛盾。

(3) 提出假设。在分析问题的基础上,提出解决该问题的假设,即可采用的解决方案,包括采取什么原则和具体的途径、方法,但这些往往不是简单、现成的,而有多种多样的可能。提出假设是问题解决的关键阶段,正确的假设引导问题顺利得到解决,不正确、不恰当的假设则使问题的解决走弯路或导向歧途。

(4) 检验假设。假设只是提出一种可能的解决方案,还不能保证问题必定能获得解决,所以问题解决的最后一步是对假设进行检验。通常有两种检验方法:一是通过实践检验,即按假设方案实施,如果成功就证明假设正确,同时问题也得到解决;二是通过心智活动进行推理,即在思维中按假设进行推论,如果能合乎逻辑地论证预期成果,就算问题得到初步解决。特别是在假设方案还不能立即实施时,必须采用后一种检验。但必须指出,即使后一种检验证明假设正确,问题的真正解决仍有待实践结果才能证实。不论哪种检验,如果未能获得预期结果,必须重新另提假设再行检验,直至获得正确结果,问题才算解决。

(三) 影响问题解决的因素

(1) 已掌握的知识。问题解决的任何一个阶段都涉及有关知识,没有相应的知识不仅难以发现问题,而且缺乏分析问题的基础和提出假设所必需的依据,即使检验假设也必须具有相应的知识。

(2) 心智技能水平。心智技能是影响问题解决的极重要因素,因为解决问题主要是通过思维进行的,心智技能正是思维能力在解决问题过程中所表现的技能。

(3) 动机和情绪。它们在问题解决中有积极和消极两方面的影响。恰当的学习动机和求知欲,不仅对发现问题有极重要的作用,而且对深入分析问题、探索各种假设和反复检验都是重要的内部动力。但只有中等强度的动机和平静的心境状态,才有利于问题的解决。动机和情绪的强度不够,则缺乏动力;过于强烈,则会干扰思维而影响问题解决。

(4) 刺激呈现的模式。每个问题中所包含的事件和物体(不论是实物还是以词语陈述的),当它们呈现在问题解决者面前时,总要涉及特定的空间位置、距离、时间的先后(或同时)顺序,以及它们当时所表现的特定功能,所有这些具体特点及其之间的关系就构成特定的刺激模式。如果刺激模式直接提供了问题解决的线索,就便于找出问题解决的方向、途径与方法;如果刺激模式掩蔽或干扰了解题线索,就会使解题困难增加,甚至将问题的解决导向歧途。

(5) 思维定式。所谓思维定式,指连续解决一系列同类型课题所产生的定型化思路,这种思路对同类的后继课题的解决是有利的;如果后继课题虽可用前法解决,但也可以采用更合理、更简易的步骤时,思维定式就成为障碍,而影响解题的速度与合理化。因此,平时既要注重训练学生思维的定向性又要训练其思维的灵活性。

(6) 个性特点。独立性、自信心、坚韧性、精密性、敏捷性、灵活性及兴趣等个人特点,均对解决问题的效率产生一定的影响。

（四）问题解决能力的生成

培养学生问题解决的能力最有效的办法就是让学生多负责具体工作，自行去解决问题。有些研究者提倡合作学习的教学方式，可以达到相互激励、分工合作的效果。在教学活动中，学习者不断地发掘问题，不断地为解决自己的问题而努力，不断地反思和提出新的策略来克服工作过程中的困难。在此工作过程中，可以不断增长知识，增强能力。

八、信息处理能力

信息处理能力主要在于信息的筛选、分类、管理和运用，包括收集信息的能力、判断信息的能力、表现信息的能力。所谓收集信息的能力，是指对于给定的目标，能选择适当的手段，自主地、不遗漏地收集信息的能力；所谓判断信息的能力，是指从众多的信息中，选择必要的信息，鉴别真伪，从中筛选出适当信息的能力；所谓表现信息的能力，是指以一定的表现方法，采取一定的形式，对信息进行整理、表现的能力。

（一）信息素养

信息素养包括三个方面：能够对信息有效地检索、评价和使用；能够对信息进行批判性的思考，并将有用信息变成自己思想的一部分；具有对信息进行主动鉴别，有区别地对待信息的能力。信息素养的核心是对信息有效地检索、分析和使用。

（二）信息检索能力

信息检索是指将信息按一定的方式组织起来，并根据信息用户的需要找出有关信息的过程和技术。信息检索与文献密切相关，又叫文献检索。

信息检索能力包括传统信息检索的能力(工具书检索能力)、运用现代信息技术检索的能力(网络检索能力)。

（三）信息检索工具

工具书是专供查找知识信息的文献。它系统汇集某方面的资料，按特定方法加以编排，以供需要时查找、使用的文献。工具书的种类有很多，主要有百科全书、年鉴、手册、字典、词典(辞典)、名录、图录、表谱等。

网络检索工具有网上搜索引擎、网络百科全书、网上数据库等。

常用的网上数据库如下。

(1) 中国期刊网：收录国内中、英文期刊，涉及理工、农业、医药卫生、经济、政治与法律、文史哲、教育与社科等领域。

(2) 万方数据资源系统：以科技信息为主，集经济、金融、社会、人文信息为一体的网络化信息服务。

(3) 中文社科报刊篇名数据库：收录的报刊基本覆盖了全国哲学和社会科学的杂志与报纸。

(4) 复印报刊资料数据库：涉及马列、社科、哲学、政治、法律、经济、教育、语言、文学、艺术、历史、地理等学科，且有文摘和索引。

(5) 中国科学引文数据库、中文社会科学引文索引数据库：收录了中国出版的数、理、化、天、地、生、农林、医药卫生和工程技术领域的中英文期刊，是一个集多种功能为一体的综合性文献数据库。

(6) 超星图书馆：文献数量很大的中文在线数字图书馆，提供大量的电子图书阅读资料，其中包括文学、经济、计算机等五十余大类，数十万册电子图书及数百万篇论文。

（四）信息处理

信息处理即对信息检索所获得的信息进行加工、整理，使之能为解决特定的问题服务。信息处理的任务是运用科学的理论、方法和手段，在对大量的、凌乱的、无序的信息进行收集、挖掘、加工、整序与价值评价的基础上，透过由各种关系交织而成的错综复杂的表面现象，把握其内容本质，从而获取对客观事物运动规律的认识。

1. 信息筛选

(1) 鉴别真伪，即判断信息内容与已掌握的可靠数据资料是否有明显冲突。同一条信息内容是否自相矛盾，信息来源是否可靠，信息传输的方式是否可靠。

(2) 价值鉴定，即确定信息是否有价值并评估价值的大小。信息价值的高低取决于对信息的需求程度。

2. 信息分析

分析信息首先要对信息分类，然后才能在同类事物中做进一步的比较和分析。信息分类的第一步是辨类，即对信息做主题分析，分辨其所属类别；第二步是归类，即依据辨类的结果，将信息归位于分类体系中。

信息分析方法有以下几种。

(1) 归纳法和演绎法，是两种最基本、最常用的逻辑推理思维方法。归纳法即从同类中的若干个别或特殊对象中推出有关该类事物的一般性结论。演绎法是以一般性原理为前提，推出有关特殊的个别事物的结论。调查研究中，经常将这两种方法结合在一起运用。

(2) 比较法和分类法。比较法即将一个事物同其他事物进行对比研究，或将事物不同阶段的情况进行对比研究，找出它们的相同点和不同点，从而得出对事物发展性质和发展规律的科学结论。分类法是根据对象的相同点和不同点，将调查对象区分为不同种类的逻辑方法。比较法和分类法有密切的联系。通过比较法得到事物之间的相同点和不同点，可以作为分类的依据；而对事物做分类后，又便于对不同类的事物进行深入的比较研究，从而找出本质上的差异。

(3) 分析法和综合法。分析法即把事物的整体分解为各个部分、各个方面、各个要素，再分别加以研究、考察的方法。综合法是在分析的基础上，把对事物的各个部分、各个方面的认识组合为一个整体认识的方法。分析法和综合法的反复运用，可以使研究不断深入。

(4) 定量分析和定性分析。定量分析是指通过对事物各种数量关系的研究来认识事物的方法。对调查材料的定量分析，就是通过统计和概率计算，得出可靠的数据，从而揭示事物各个方面的数量关系和变化趋势。定量分析具有逻辑的严密性和可靠性，结论往往有较强的说服力。定性分析是指通过对事物规定性的研究来认识事物的方法。对调查材料的定性分析，就是在对大量材料进行综合分析的基础上，对调查对象做出性质上的判断。由于任何事物都具有量和质两方面的规定性，量的变化发展到一定程度必然引起质的变化，而质的差别也表现为一定数量关系的不同。因此，定量分析和定性分析总是结合在一起进行。一般情况下，任何定性分析都应在定量分析的基础上，其结论才更为可靠。

(5) 系统分析。系统分析就是按照系统论的原理，把调查材料当作反映客观情况的集合来研究，从整体功能上去分析材料。而且，不仅要研究调查材料之间的内部联系，还要从整体与外部环境的角度去综合考察调查对象。最后还要注意调查材料在时间、空间、功能、逻辑等各方面的有序性等问题。

3. 信息提炼

信息提炼是在信息分析的基础上，对信息内容和文字进行再加工，即对质量还不高的信息材料，做必要的浓缩和提炼。浓缩是在不损失有用信息的前提下，把篇幅过长的信息压缩成简短的信息材料，即对信息材料的概括。提炼则是通过对零散的、肤浅的、杂乱的"一次信息"分析和逻辑推理得出高质量的"二次信息"。

信息的浓缩和提炼必须根据采用者的需求而不是按提供者的喜好和想法来加工。加工过程主要体现在内容和文字两个方面。

(1) 在信息内容上，将没用的内容去掉，把有价值的内容凸显出来；把"杂质"去掉，把本质挖掘出来；把虚的"水分"挤干，把实的内容留下。

(2) 在信息载体上，即对信息的文字、篇幅进行提炼。将多余的话和枝枝蔓蔓的文字去掉，将过长的篇幅进行压缩，以达到用最少、最精练的文字和篇幅承载最多、最大的信息量。

4. 信息的综合

信息的综合是对一定时间内获得的内容相同或相近的信息，按照一定的要求进行归纳、整理、加工和提炼，或者从中找出更重要的线索进行追踪，从而形成内容更为全面、充实，理由更为充分，价值更高的有系统、有一定深度的信息。

信息的综合即综合归纳，具体方法如下。

(1) 阶段性综合归纳，即在一段时间内，对某方面的情况进行综合归纳，进而分析出发展趋势、动态倾向和工作特点。

(2) 专题性综合归纳，即针对某一重要问题，对来自四面八方的同类信息进行综合归纳，使分散的、没有直接联系的信息有机结合，形成专题信息，为决策者提供较为系统、完整的信息。

(3) 地域性综合归纳，即按地域划分，对所属全部地区或部分地区的情况进行综合归纳。其中以部分地区综合归纳较为普遍，也较灵活机动。

(4) 追踪性综合归纳，即以初级信息为线索，组织力量进行追踪调研，然后加工成高层次的信息。

（五）信息传递

信息传递指信息经处理编写后，由信源(信息输出者)迅速通过信息载体和信道，及时传递给信宿(信息接收者)，即信息输出。当信源输出的信息作用于信宿，产生的结果又作为新的信息被输送回来，即信息反馈。

信息传递的方式有口头传递、书面传递、电信传递等。

 思考与实践

一、问题思考

1. 如何提高自己的职业劳动素质。
2. 提高自我学习能力的意义。
3. 根据新时代大学生应具备的职业能力，联系自己的实际，思考如何提高自己的能力。

二、实践训练

1. 下面列出了20种物品，先从中任意选择两种物品，试一试能不能获得一点创新成果？然后再从中抽出三种物品，试一试能不能获得一点创新成果？

①枕头；②扇子；③汤匙；④戒指；⑤自行车；⑥望远镜；⑦洗衣机；⑧电视机；⑨音乐芯片；⑩尺子；⑪帽子；⑫冰箱；⑬磁铁；⑭手表；⑮手电；⑯人参；⑰酒；⑱牙刷；⑲罐头；⑳眼镜。

2. 一辆公共汽车正在行驶，忽然乘客中响起了一阵争吵。司机回头一看，原来是两位先后上车却比邻而坐的男女乘客吵了起来。原因是靠窗而坐的女乘客不愿意打开车窗，而邻座的男乘客却执意要开窗。如果你是公共汽车司机，您将采用什么办法来解决这个矛盾呢？

3. 结合所学专业和个人实际，撰写一份创业策划书。

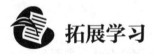

一、视频学习

9-1. 新生无畏，这就是年轻一代劳动者

9-2. 大学生"情暖童心"志愿服务

9-3. 大学生人力资源职业技能大赛：全面助力稳就业

9-4. 大学生实践团为非遗传承注入青春力量

9-5. 大学生手工自制3D打印赛车　　9-6. 精神小伙说精神：劳动最光荣　　9-7. 劳动者：喊你免费参加线上培训　　9-8. 宋巧寒：饰品"点翠"的制作

9-9. 围绕需求培养技能人才服务高质量发展　　9-10. 我们的吃穿用都是劳动得来的　　9-11. 雨后阳光　　9-12. 我们一起向未来

二、拓展阅读

【拓展阅读 9-1】

习近平关于发展网信事业的论述

当前，全球新一轮科技革命和产业变革深入推进，信息技术日新月异。5G 与工业互联网的融合将加速数字中国、智慧社会建设，加速中国新型工业化进程，为中国经济发展注入新动能，为疫情阴霾笼罩下的世界经济创造新的发展机遇。希望与会代表围绕"智联万物、融创未来"主题，深入交流，凝聚共识，增进合作，更好赋能实体、服务社会、造福人民。

——2020 年 11 月 20 日，致 2020 中国 5G+工业互联网大会的贺信

要探索"区块链+"在民生领域的运用，积极推动区块链技术在教育、就业、养老、精准脱贫、医疗健康、商品防伪、食品安全、公益、社会救助等领域的应用，为人民群众提供更加智能、更加便捷、更加优质的公共服务。

——2019 年 10 月 24 日，在十九届中央政治局第十八次集体学习时的讲话

要抓住民生领域的突出矛盾和难点，加强人工智能在教育、医疗卫生、体育、住房、交通、助残养老、家政服务等领域的深度应用，创新智能服务体系。

——2018 年 10 月 31 日，在十九届中央政治局第九次集体学习时的讲话

各级党委和政府要强化互联网思维，善于利用互联网优势，着力在融合、共享、便民、安全上下功夫，推进政府决策科学化、社会治理精细化、公共服务高效化，用信息化手段更好感知社会态势、畅通沟通渠道、辅助决策施政、方便群众办事，做到心中有数。

——2018 年 4 月 13 日，在海南考察时的讲话

要坚持以人民为中心的发展思想，推进"互联网+教育""互联网+医疗""互联网+文化"等，让百姓少跑腿、数据多跑路，不断提升公共服务均等化、普惠化、便捷化水平。要坚持问题导向，抓住民生领域的突出矛盾和问题，强化民生服务，弥补民生短板，推进教育、就业、社保、医药卫生、住房、交通等领域大数据普及应用，深度开发各类便民应用。要加强精准扶贫、生态环境领域的大数据运用，为打赢脱贫攻坚战助力，为加快改善生态环境助力。

——2017 年 12 月 8 日，在十九届中央政治局第二次集体学习时的讲话

办网站的不能一味追求点击率，开网店的要防范假冒伪劣，做社交平台的不能成为谣言扩散器，做搜索的不能仅以给钱的多少作为排位的标准。希望广大互联网企业坚持经济效益和社会效益统一，在自身发展的同时，饮水思源，回报社会，造福人民。

——2016年4月19日，在网络安全和信息化工作座谈会上的讲话

【拓展阅读9-2】

勇做智慧型劳动者[1]

新技术的发展促进了经济的发展，当前我们了解的5G技术、AI、移动支付、机器人都有了新的应用发展，并且这些实实在在地改变着我们的生活。在人工智能、数字经济、经济全球化的冲击下，未来的劳动界充满了变革的始动力。新技术的发展也影响着对职业的选择。

历史证明，每一次推动时代前行的力量，必然是发轫于劳动升级的一步一履。全世界从信息工业革命开始了方兴未艾的产业升级，推动了很多传统行业的深层次革命，包括大数据、云计算、人工智能、共享经济等新兴产业，正在努力抢占产业制高点，这也使得智慧劳动的概念更加重要。智慧劳动的出发点是助推经济发展，而落脚点是以新业态来促进人类命运共同体的建设。一个国家发展能否抢占先机、赢得主动，取决于劳动的何种打开方式。从这个宏观维度来说，要进行高效率的智慧劳动，不仅事关自身的价值发挥，更在于对时代的呼应。

智慧劳动，是对当前新科技、新产业和新业态的一种集大成式的对接方式。辩证地看，目前智慧劳动的人力资源还是稀缺的。现在，任何一种新兴产业的智慧劳动力，都面临着从"弯道超车"转成"换道超车"的语境。此时，见势早、动作快，才能拔得发展"头筹"。当前，高质量发展正处于蓄势跨越的关键时刻，青年们就更当有一种时不我待的紧迫感和功成有我的责任感，争做智慧劳动的生力军，就此打开未来人生的新图景。

凡益之道，与时偕行。习近平总书记曾强调，要"建设知识型、技能型、创新型劳动者大军"。目前，我国新一轮科技革命和产业变革正在蓬勃兴起，但是距离系统化的智慧劳动还具有一定的距离。基于此，青年朋友们在智慧劳动中，就更需对标国际技术标准和产业动向，去要空间、要动力、要质量。唯有主动搏击、创新制胜，舍此别无他途。

不囿于过去、不止于当下，眼光大胆向前看，认准目标就实干。硅衬底LED技术是获得2015年度国家技术发明奖一等奖并具有"世界级技术"的成果，它打破了日美等国在该领域的技术垄断。主导这个项目的南昌大学科研团队中，很多都是年轻的"80后"科技工作者。佼佼者的脚步，为我们明确了追逐智慧劳动的路径。

进入新时代，技术革命和产业变革给全球智慧劳动者以共同的起跑线和重大机遇，在这个过程中，广大青年学生应当展现出新动力、新活力，必须拥有蓬勃朝气和昂扬锐气，让智慧劳动写就人类青春新史。

【拓展阅读9-3】

新职业具有广阔的前景，人才需求量大[2]

2021年3月，人社部等3部门联合发布了集成电路工程技术人员、企业合规师、调饮师等18个新职业。至此，我国公布的新职业已达56个。

---

[1] 谢伟锋. 勇做智型劳动者，中国青年网.
[2] 李心萍. 新职业具有广阔的前景，人才需求量大[N]. 人民日报，2021-7-23.

新职业受大学生青睐

中国人事科学研究院企业人事管理研究室主任范巍表示，经济社会发展本身就是旧职业不断消亡，新职业不断产生的过程，新时代的新职业有着自己鲜明的特点。

——数字技术发展催生新职业

近年来，数字技术向各行业快速渗透，企业数字化转型需求迫切。在这一过程中，很多劳动者岗位逐渐向数字技能方向转移，数字化管理师、在线学习服务师、全媒体运营师等新职业应运而生。

另一方面，数字技术的发展，让平台经济蓬勃发展，如外卖平台、家政服务平台、网约车平台等，在我国新经济发展中引人注目。平台经济的发展，也催生了一系列的新职业，如网约配送员、网约车司机等。

——企业高质量发展孕育新职业

随着制造业转型升级步伐加快，不断向先进制造业、智能制造业升级，一批技术含量高、技能要求高的新职业随之产生。例如，随着前沿技术的应用，工业机器人系统操作员、量子算法工程师等"科幻角色"变成现实，驱动"中国制造"迈向"中国智造"。

——人民日益增长的美好生活需要派生新职业

随着我国人民生活水平不断提高，社会需求升级趋势明显，消费市场不断细分，迫切需要更规范化、职业化的从业者提供服务。健康照护师、呼吸治疗师、出生缺陷防控咨询师、康复辅助技术咨询师、老年人能力评估师等一批新职业的出现，反映人们对健康、照护、养老、食品安全等社会需求的提升。

同时，围绕"兴趣经济"的一系列新需求，也带动了细分消费领域新职业的出现。例如，青年人喜爱的密室行业，已经孵化出密室剧本、密室音效、密室中控运营等一批岗位。再比如，私影行业的观影顾问、版权购买师，餐饮行业的轻食套餐设计师等也应运而生。

这些新职业尽管看上去有点小众，但随着消费需求不断升级，发展潜力巨大。新职业的产生其实是劳动分工不断细化的结果，分工的细化能够实现社会的细分需求，有利于从业者充分实现个人价值。与此同时，新职业也带动就业方式和就业观念的革新。

自由的工作状态、将兴趣与职业融合、足够实现个人价值的舞台……新职业具备受年轻人喜爱的各种因素。《青年新职业指南》调研显示，超过五成年轻人希望尝试新职业，更有近两成已经开始从事相关职业。

当下新职业演变的速率较以往有了极大提高，产生速度前所未有，对就业市场具有较大的影响。

新职业吸纳就业潜力大

从需求规模来看，新职业具有广阔的前景。人社部中国就业培训技术指导中心发布的《新职业在线学习平台发展报告》显示，未来5年新职业人才需求规模庞大，预计云计算工程技术人员近150万、物联网安装调试员近500万、无人机驾驶员近100万、农业经理人近150万、人工智能人才近500万、建筑信息模型技术员近130万、工业机器人系统操作员和运维员均达到125万，人才缺口近千万。

抓好培训促进新职业供需匹配

《新职业在线学习平台发展报告》显示，96%以上的职场人士希望学习新职业。其中，提升职业发展空间、掌握新技能、为未来做准备等成为职场人士学习新职业的主要原因。

7月13日，人社部推出"新职业在线学习平台3.0版"。培训机构入驻"钉钉"后在工作台添加"新职业"应用即可在线开班，普通用户在"钉钉"搜索"新职业"即可进入平台在线学习。中国就业培训技术指导中心有关负责人表示，平台3.0版的推出，将积极助推"互联网+职业技能培训"新模式，助力提升全民数字技能。

第十章

劳动心理卫生

> 推进健康中国建设。
> 重视心理健康和精神卫生。
> ——2022年10月16日，习近平在中国共产党第二十次全国代表大会上的报告
>
> 要把人民健康放在优先发展战略地位，努力全方位全周期保障人民健康，加快建立完善制度体系，保障公共卫生安全，加快形成有利于健康的生活方式、生产方式、经济社会发展模式和治理模式，实现健康和经济社会良性协调发展。
> ——2020年9月22日，习近平在教育文化卫生体育领域专家代表座谈会上的讲话
>
> 把握育人导向。坚持党的领导，围绕培养担当民族复兴大任的时代新人，着力提升学生综合素质，促进学生全面发展、健康成长。
> ——《关于全面加强新时代大中小学劳动教育的意见》

随着自然科学的飞速发展和信息时代的到来，我们所处的工作环境也在发生着前所未有的变化。现代化、社会化、一体化程度在不断提高，人们的生活节奏不断加快，自主的、创造性的劳动和高级的智力劳动越来越多，人们的活动范围在不断拓展，人与人的交往越来越多，各种各样的竞争强度也越来越巨大。这就要求劳动者必须具备较高的心理素质来适应时代与社会的要求，运用心理科学保持心理健康，以较好的身心状态工作、生活。

大学生作为即将走上社会的高素质劳动者，必须了解劳动心理卫生影响因素，掌握科学的心理调适方法，在以后的职业生涯中保证身心健康，具备较高的劳动心理素养，保持劳动热情，提高劳动效率，增强可持续发展能力，成为身心和谐、积极健康的中国特色社会主义时代新人。

【学习目标】

1. 掌握劳动心理卫生的相关概念，了解劳动场所中的紧张因素、紧张反应的表现及过度心理紧张引起的疾病。

2. 从心理健康视角来学习、理解劳动教育，培养热爱劳动、热爱劳动人民、尊重劳动、热爱劳动、积极参与劳动的热情。

3. 认同劳动的多方面价值和作用，从内心感受到劳动的光荣和尊贵，深刻领悟劳动与

成长的关系。

4. 掌握过度心理紧张的预防对策、劳动心理卫生的测量方法，具有必备的劳动促进心理健康的技巧，运用心理摆脱等心理调适方法促进劳动与个性成长，引导学生养成良好的劳动习惯，塑造阳光、健康的心理个性。

第一节 劳动心理卫生概述

一、劳动心理卫生的相关概念

（一）劳动心理卫生

劳动心理卫生是指劳动者在生产劳动的过程中，因为生产环境、条件、方式及人际关系等的不同，心理状态和心理活动发生的复杂性变化。这种变化不仅影响劳动者的健康，也同时会影响生产效率。从这个意义上讲，提高劳动者的心理素养，激发劳动热情，保证身心健康，最大限度地提高劳动效率是人们需要关注的问题。

（二）职业紧张

职业紧张是指在劳动的过程中，可能会存在使劳动者产生心理紧张的环境或条件，在此情况下，由于不能满足需求可能引起的短期生理、心理或行为表现。

职业紧张心理状态可以按持续时间、某方面心理占优势、心理紧张程度等划分。适度的职业紧张是作业活动过程中的正常心理状态。此时，劳动者的自我感觉良好，能稳定而有信心地进行工作，效率与效果均较好。但在不良的劳动条件下进行作业时，则要求劳动者的身心处于高度紧张状态，久之会造成不良后果。

二、劳动引起职业紧张的相关理论分析

（一）人与环境相适应理论

人与环境相适应理论基于 McGrath 的环境与人之间的不平衡而产生紧张的概念发展起来，它着重强调主观的人与主观的环境之间不能很好地相适应时，就会引起种种紧张反应。而后期的理论发展中，进一步将这种适应进行细化。比如，我国时勘和王元元等人的研究发现，人与工作的匹配能保证应聘者在短时间内很快地适应手头的工作，对其能尽快融入组织、适应工作有非常重要的影响；而人与工作价值观的匹配对于劳动者更好地适应组织将具有重要的作用。从上述分析来看，劳动者在劳动的过程中，如果能够与工作环境(工作岗位、工作价值观等)相匹配就能较好地适应工作环境，而一旦不匹配，就会造成职业紧张，产生不良反应。

（二）资源保存理论

资源保存理论认为，个体具有保存、保护和获取资源的倾向，因此无论是潜在的资源

损失威胁，还是实际的资源损失都会引发个体的紧张和压力。在压力情境下，个体会使用现有资源去获取新资源以减少资源的净损失；同时个体也会积极建构和维护其当前的资源储备以应对未来可能出现的资源损失情境。当个体在劳动的过程中持续地损失资源时，会产生疲劳等反应，进而会造成工作紧张，甚至出现身心耗竭的结果。因此，该理论从个体资源有限的视角来分析为什么劳动会引起工作紧张等不良结果。

(三) 工作需求与控制理论

工作需求与控制理论强调紧张反应是工作需求与劳动者做决定的自由(控制)之间的不平衡所引起的。根据该理论，当个人的主观动机或愿望与客观环境所能提供的条件，如工资、待遇、地位等发生矛盾；或个人素质，如体力、知识、经验或技能等与工作对该人所提出的要求，如工作负荷、复杂性和职责等不相适应，而个人又无力加以控制或更改时，就会造成社会心理紧张，即职业紧张。

上述三个理论分别从资源的视角、工作控制及工作与个人匹配三个视角分析了劳动影响心理健康的原因。资源视角强调资源有限性，在资源持续受到损害后，产生个人职业紧张；而工作控制的视角强调了劳动者自身能力的欠缺导致其不能很好地胜任工作，进而产生职业紧张；工作与个人匹配的视角则分析了劳动者在多方面与工作环境的不匹配导致的职业紧张。这三个理论的三个视角对于我们分析劳动心理卫生都具有重要的参考价值，为后续的劳动提升心理健康的途径分析提供了很好的视角。

三、劳动场所中引起职业紧张的因素

劳动场所中能引起职业紧张的因素可概括如下。

(一) 工作组织

工作组织上的紧张因素包括：工作时数与进度不当；工作的整体结构上存在问题，如加班加点、兼职过多；要按机械速率操作的单调重复性工作；按产品数量计件付酬的工作；轮班劳动等。

(二) 工作量

工作量方面的紧张情况有三种。
(1) 工作量上超负荷，如工作太多、太繁重，时间紧迫或限期临近等。
(2) 工作质量上负荷不足，如工作要求低、内容少，缺乏刺激性变动，不需要创造性或解决问题的能力等。
(3) 缺乏控制，尤其是在进度和工作方法上。例如在工业装配线上工作，在现代化办公室中工作，劳动者不能主动地加以控制，就会同时感到工作量上超负荷和质量上低负荷，而导致职业紧张。

(三) 工作经历

劳动生涯中的变动和长期不变动本身就是紧张因素之一。例如，工作调动、晋升、降职、降级、解雇、失业和缺乏晋升机会等都是极其紧张的事件。退休也是一种变动，如退休后的福利、待遇和社会活动安排能令人满意则不会产生紧张，否则会导致紧张反应。若被迫非自愿退休，也会导致心理极其紧张。

（四）劳动条件

通风照明不良、噪声强度大、工作空间狭窄拥挤、环境脏乱差、存在其他有毒有害因素的威胁，遭受侮辱漫骂、暴力侵犯或在有生命危险的环境(矿井、火灾等现场)中工作，遭受严重职业性损害后得不到补偿等都是紧张因素。

（五）组织关系

个人在组织机构中的职责不明确，接受的任务相互冲突，工作中得不到信任与支持，缺乏自主权；个人所负责任重大，尤其是要对他人的生命负责；处于组织中上下为难的工作；存在竞争与对抗；人际关系差；缺乏信息交流，参与管理和决策的机会少等，都是紧张的来源。

（六）个人与社会因素

个人性格、年龄、性别、健康状况等都可影响个体对职业紧张因素的易感性。例如，进取心、好胜心强的人，工作中常处于紧张状态；具有成见个性者，对工作的变动很敏感。家庭与社会的支持差和不断发生重大生活事件等都能使劳动者对职业紧张因素更为敏感。

四、紧张反应的表现

（一）心理反应

过度紧张可引起人们心理上发生变动，主要表现为对工作不满意、躯体不适感、疲倦感、焦虑、情感淡漠、抑郁、注意力减退、兴奋、易怒等。

（二）生理反应

紧张所引起的生理反应是短期性神经内分泌变动造成的，表现为血压升高、心率加快、血凝加速、皮肤生物电反应增强。

（三）行为表现

紧张可引起有害的个人行为，如过量吸烟、酗酒、频繁就医、依赖药物、怠工、缺勤、不愿参加集体活动等。

五、过度心理紧张有关疾病

在长期过度心理紧张的状态下，尤其是较脆弱的个体，易患与紧张有关的疾病，这已被大量流行病学调查所证实，但其病理生理学机理至今仍不清楚。有三种说法：第一种，认为是持续性生理反应所致的特殊病理状态；第二种，认为紧张本身是非特异的，而个体的健康状况与遗传特性决定了某器官系统对其特别敏感(靶器官),故有不同的临床表现;第三种,认为紧张是一种非特异的可促使潜在或原有疾病状态加重的力量。

(一) 紧张作为首要病因所致疾病

(1) 精疲力竭症。精疲力竭症多见于专职安装调试人员中,常发生在多年高质量、热情、大量工作后,突然对工作不感兴趣、工作效率和积极性急剧下降,甚至不能继续进行工作。主要症状有疲劳、失眠、抑郁、肠道紊乱与气促、烦躁不安、情感迟钝、猜疑、感到无望、冒险性增加等。

(2) 外伤后紧张性精神病。外伤后紧张性精神病是一种特殊的焦虑性精神病,任何一种能产生恐惧感的刺激都能促使该病的发作。正如"一朝被蛇咬,十年怕井绳"一样,患者总感到会发生损害事件而产生恐惧、焦虑、抑郁、苦恼、情感迟钝、睡眠障碍等症状,如果经常周期性发作,则可能致残。

(3) 群体精神病。群体精神病是两个及以上劳动者同时发生的、无明显可查原因的一种精神病,主诉头痛、头晕、恶心、寒战和乏力等神衰症状。研究表明,该病多发在长期遭受过度心理和生理紧张的作用下,使劳动者发生耗竭,遇到某一触发小事件即发病。常见的触发事件有闻到异味、听到钻孔尖叫声等,经休息解除身心紧张后或逐渐习惯后,不需治疗,症状可自行消失。

(二) 紧张作为危险或促进因素所致疾病

(1) 心血管疾病。越来越多的证据指出,职业紧张是心血管疾病的危险因素。职业紧张可能单独起作用,或通过其他危险因素如吸烟、久坐等起作用。虽然很难确立因果关系,但大量回顾性与前瞻性调查研究已证明:过度劳动负荷(工作时间过长、超工作量)和工作职责重大、危险性大的作业人员与高血压、冠心病和心肌梗塞发生率增高有关;工作满意则与这类疾病之间呈负相关。

(2) 胃肠道疾病。人们早已发现胃溃疡等与紧张和情绪变化有关,国外调查发现领班(工段长)要对工人的行为和安全负责,并处于工人与老板不同要求之间,更易患溃疡病。需要对他人生命负责的职业,如医生与空中交通指挥员,胃溃疡患病率也高,其机理是紧张引起神经内分泌反应,使血清胃蛋白酶原和儿茶酚胺增多,后者刺激胃酸分泌,都是致病原因。此外,食欲紊乱、溃疡性结肠炎、便秘等都与紧张有关。轮班作业者中胃肠道疾病也较多见。

(3) 其他疾病。例如糖尿病、哮喘、甲状腺机能亢进性精神病、头痛等的发生,也很可能与职业紧张有关。

六、过度心理紧张的预防对策

预防和控制过度心理紧张,除应切实对劳动者加强思想政治工作,进行热爱祖国、热爱本职工作的教育,树立主人翁责任感,努力实现"各尽所能,按劳分配"原则,以充分调动主观能动性外,还应做到以下几点。

(1) 发挥卫生专业人员的作用。劳动卫生和职业病医师要善于及时发现职业紧张因素及其在个体或群体中引起的不良反应,包括轻微的精神烦恼,经常生病、缺勤、滥用物质(酗酒、大量吸烟、依赖药物)和精神失常等。发现问题,除应对个人进行心理咨询,提供降低紧张反应的帮助(如正确对待和理解批评等)外,更重要的是,向领导建议并督促其采取措施来消除或减轻劳动场所中的紧张因素。

(2) 做到人岗适配。用人单位应按工作需求对人员进行严格选择,以免造成工作负荷与劳动才能上的不平衡(超负荷或低负荷)现象。

(3) 加强培训和教育引导。用人单位应针对工作需求变化对职工进行培训提高,或减轻负荷,或调整岗位,务使工作需求与个人才能相适应。还应让职工明确作业内容和个人职责并加强信息交流,尽量让职工参与有关决策和提出改革建议,以充分发挥其聪明才智和技能。

此外,应教育职工正确处理好上下级关系、群众关系、家庭关系、恋爱关系、婚姻关系等,以创造一个既讲原则,又能相互尊重、谅解、信任、支持、爱护的和谐工作环境与社会环境。还应对因工作紧张而过量吸烟、酗酒、依赖药物者进行健康教育,对急躁、偏激、好胜心强者,具有成见个性者与业已产生不良心理反应者提供心理咨询,以改变其行为倾向,降低对紧张因素的易感性。

(4) 多做放松活动。为了消除紧张反应,还应提倡业余文娱体育活动、沉思默想、渐进性全身放松活动等,最好交替进行这些活动。

(5) 增强社会支持。配偶、亲友、同事应对劳动者关心、理解、爱护和支持。同时,组织上还应为职工提供生活、娱乐和福利方面的设施,为其创造发明和参与有关决策提供支持和保障。组织还应努力改善退休职工的福利、待遇等,以解除职工的后顾之忧。

七、劳动心理卫生的测量

分析了劳动心理卫生中的概念以及劳动与心理健康的关系后,接下来重点介绍如何判断劳动是否影响了心理健康水平,这里就涉及劳动与心理健康的测量问题。因为只有了解到劳动对心理健康的影响,才能引起我们的重视,进而促进个体自身更好地投入劳动。在该领域,国内有学者开发了劳动与心理健康量表(见表10-1),对劳动与心理健康的关系进行测量,进而为判断两者之间的关系提供了很好的借鉴。

表10-1 劳动与心理健康量表

测量内容	选项		
1. 你认为劳动实践与心理健康有关系吗	A(无关)	B(不确定)	C(有关)
2. 每次劳动过后,你都有极大的成就感吗	A(不会)	B(不确定)	C(会)
3. 你每次心情不好时候,通过做家务等劳动是否会得到改善	A(常常是,下同)	B(偶尔,下同)	C(完全没有,下同)
4. 不知道为什么总是觉得心慌意乱、坐立不安	A	B	C
5. 上床后,怎么也睡不着,即使睡着也容易惊醒	A	B	C
6. 经常做噩梦,惊恐不安,早晨醒来就感到倦怠无力、焦虑烦躁	A	B	C
7. 经常早醒1~2小时,醒来后很难再入睡	A	B	C

续表

测量内容	选项		
8. 学习的压力常使自己感到非常烦躁，讨厌学习	A	B	C
9. 读书、看报甚至在课堂上也不能专心，往往自己也搞不清在想什么	A	B	C
10. 遇到不称心的事情便较长时间地沉默少言	A	B	C
11. 感到很多事情不称心，无端发火	A	B	C
12. 哪怕是一件小事情，也总是很放不开，整日思索	A	B	C
13. 感到现实生活中没有什么事情能引起自己的乐趣，郁郁寡欢	A	B	C
14. 如果只是讲概念，常常听不懂，有时懂得快忘得也快	A	B	C
15. 遇到问题常常举棋不定，迟疑再三	A	B	C
16. 经常与人争吵发火，过后又后悔不已	A	B	C
17. 经常追悔自己做过的事，有负疚感	A	B	C
18. 一遇挫折，便心灰意冷，丧失信心	A	B	C
19. 非常害怕失败，行动前总是提心吊胆，畏首畏尾	A	B	C
20. 感情脆弱，稍不顺心，就暗自流泪	A	B	C
21. 自己瞧不起自己，觉得别人总在嘲笑自己	A	B	C
22. 喜欢跟比自己年轻或能力不如自己的人一起玩或比赛	A	B	C
23. 感到没有人理解自己，烦闷时别人很难使自己高兴	A	B	C
24. 发现别人在窃窃私语，便怀疑是在背后议论自己	A	B	C
25. 对别人取得的成绩和荣誉常常表示怀疑，甚至嫉妒	A	B	C
26. 缺乏安全感，总觉得别人要加害自己	A	B	C
27. 参加春游等集体活动时，总有孤独感	A	B	C
28. 害怕见陌生人，人多时说话就脸红	A	B	C
29. 在黑夜行走或独自在家有恐惧感	A	B	C
30. 一旦离开父母，心里就不踏实	A	B	C
31. 经常怀疑自己接触的东西不干净，反复洗手或换衣服，对清洁极端注意	A	B	C
32. 担心是否锁门和可能着火，反复检查，经常躺在床上又起来确认，或刚一出门又返回检查	A	B	C
33. 对他人的疾病非常敏感，经常打听，深怕自己也身患同病	A	B	C
34. 经常怀疑自己发育不良	A	B	C
35. 一旦与异性见面接触就脸红心慌或想入非非	A	B	C
36. 怀疑自己患了癌症等不治之症，反复看医生或去医院检查	A	B	C
37. 日常生活和工作中，你是否具有劳动意愿	A	B	C
38. 经常无端头疼，并依赖止痛或镇静药	A	B	C
39. 经常有离家出走或脱离集体的想法	A	B	C
40. 感到内心痛苦无法解脱，只能自伤或自杀	A	B	C

说明：本量表共有 40 项测量内容，通过对测量内容的回答，根据相关选项的得分情况进行计分。其中选择 A 计 3 分，选择 B 计 2 分，选择 C 计 1 分。分数越高，说明劳动对心理健康的影响越严重。如果超出一定的分数限制，则需要对劳动进行重新评估，确保心理健康。

第二节　劳动心理卫生调适

劳动与心理健康之间有密切的关系，且劳动对心理健康有重要的意义，因此，在劳动中保持心理健康对于劳动者来讲是一个重要的课题。如何实现在劳动中提高心理健康水平呢？根据积极心理学的相关理论以及近些年的实践，本节着重从资源保存理论和积极心理资本理论等视角进行实践探索，主要聚焦于心理摆脱这一视角来进行探讨。

一、常见的工作压力感

为什么非工作时间总是无法放松心情？为什么下班后的休息也无法让你精力充沛？为什么工作与生活的关系处理起来总是那么棘手？身处移动互联网时代，员工在家远程办公已经不再鲜见，员工无须端坐在办公室里，而是以一种更加自如的方式来处理工作与生活的关系，工作灵活性大大提高。同时，工作与生活之间的界限越发模糊，私人生活被"入侵"也成为员工面临的恼人问题。这种种现象导致个体无论身处办公室还是家中，都始终面临来自工作的压力。心理学实验研究结果表明，长期面临工作压力而不能及时调整身心状态，将导致个体的身心资源被不断消耗，引发工作倦怠等心理亚健康状态，更有甚者可能出现严重的身心健康疾病，如挫败感、恐惧、焦虑乃至抑郁症。

那么，究竟是什么原因导致人们不能摆脱工作压力呢？围绕这一困扰当代职场人的问题，平衡工作家庭关系的心理摆脱研究也许能给你一些启发。

二、心理摆脱的概念

心理摆脱的概念最早出现在有关工作压力与压力恢复的研究中。心理摆脱是指个体在非工作时间从工作的事务中解脱出来，不再被工作相关事务干扰并停止对其思考的现象。它需要人们在身心两方面都暂时远离工作，从消耗个体心理资源的工作相关思考中解脱出来。

积极心理学的相关研究表明，人的精力如同蓄水池，是有限且可恢复的。工作任务就是亟待灌溉的农田，而科学合理的休息方式则像是负责给蓄水池注水的水泵。工作任务要求人们付出努力(消耗蓄水池中的水)，使人们产生血压升高、心率加快、疲劳等生理反应。而通过心理摆脱能够使该现象得到缓解，这是因为随着休息的进行(给蓄水池加水)，相应的生理反应也会逐渐减少并最终消失。然而，若是人们完成一项工作任务之后，尚未得到充足的休息就投入下一项任务之中，精力就无法恢复到最佳状态(蓄水池始终处于缺水状态)。处于非最佳状态的个体不得不在下一项工作中付出额外的努力来完成任务，这会增加其精力的消耗程度，进而导致需要更充足的休息。换言之，持续不断的工作压力会形成一种恶性循环，量变引起质变，最终导致个体精疲力竭，心理的"蓄水池"就会因长期缺水而土崩瓦解了。

从这里可以看出，无论是为了保持个体最佳的身心状态，还是为了提高工作效率，高效的休息都是关键。而心理摆脱恰恰是高效休息的一种重要策略，因为结束一天的工作后，若能从工作中解脱出来，则有利于精力的恢复，为接下来的工作提供身心资源上的支持；反之，如果人们明知需要休息恢复，却仍然坚持工作或者反复思考与工作有关的事情，个体的精力就会被不断消耗，充分的恢复也就无从谈起。

三、心理摆脱的影响因素

心理摆脱究竟与哪些因素有关呢？下面从个体因素、工作情境相关因素和工作—家庭边界三个角度，介绍一些经过心理学实验验证的心理摆脱的影响因素。

（一）个体因素

个体因素即个体的性格特质、各项能力等具有个人独特性的生理和心理因素。此处重点分析抗逆力这一特质。抗逆力即抗击逆境的能力，它影响个体获得心理摆脱的难易程度。具有较高抗逆力的个体能够更从容地应对来自工作的压力，获得心理摆脱。与此同时，常处于消极情绪状态下的员工下班后较难从工作中摆脱，这类员工会不断思考工作中已经发生的事情，并且担心今后将会出现的问题。如果个体对自己完成任务、掌控现状的能力有错误的推测和判断，同样左右着个体从工作中摆脱的能力。那些相信自己有能力克服挑战、达到期望的结果或避免消极结果的人，更善于从工作中摆脱出来，获得更加完美的休息体验。除此之外，心理摆脱还受到个体自身摆脱需求的影响，如果人们并不愿意在业余活动上花费时间，则肯定会妨碍心理摆脱。

（二）工作情境相关因素

除了个体因素之外，工作情境中的一些因素，例如工作任务、同事状态、时间压力等也在心理摆脱中起着举足轻重的作用。一份艰巨的工作任务，不论是仅仅持续一段时间，还是绵绵无绝期，都会阻碍人们从工作中摆脱出来。而且，随着工作中时间压力的增加，人们会愈发难以摆脱脑海中萦绕这种工作任务的情境。当然，人类作为一种群体动物，其群体成员自身的行为会不可避免地受到群体中其他人的影响。当你的同事倾向于或善于进行心理摆脱时，你会理所当然地效仿他实现心理摆脱。因此，对于公司、学校或医院的管理者们来说，在进行工作任务的安排时，务必要避免提出过高的要求，以便提高绩效。

（三）工作—家庭边界

所谓工作—家庭边界，就是人们心中要默划清生活与工作之间的"界限"，而这一"界限"对心理摆脱而言至关重要。在现实生活中，正确的做法是，人们需要尽心尽力地扮演不同的角色，尝试在不同角色之间设置并维持边界。角色的切换可能来自多种原因，身处不同的场所(办公室或家中)和面对不同的人群(同事或家人)，都会引起角色的切换。因此，身处场所的模糊化和面对人群的模糊化会导致人们工作—家庭边界的模糊化。例如,在家中办公,或与亲人交谈工作中的事情,就会弱化这一界限,进而阻碍心理摆脱。界限被弱化的另一罪魁祸首是通信设备。人们在家中可以便捷地借助通信设备来获取信息和处理工作事务,这使得工作任务和压力不仅停留在工作日的办公室中,而且深深地渗透进私人生活领域,影响人们下班后的心理摆脱。

四、心理摆脱的实施策略

俗话说,知己知彼,百战不殆。摸透了心理摆脱的"脾气",想要获得心理摆脱、享受高质休息,自然就不是什么难事了。针对心理摆脱的影响因素,介绍以下几点简单易行的方法,来帮助大家心理摆脱。

(一)短期策略

1. 短时休息

短时休息是迅速恢复精力的最佳方法之一。面对繁重的工作任务,一定记得在感到疲惫时进行5~10分钟的休息,而非带着疲劳感坚持工作。具体的休息方式以动静结合为宜,例如,到空旷处做几个深呼吸、一个简短的正念训练或从水果中补充些维生素。一个高效的短时休息也能够帮助你形成工作与休息的良性循环,起到事半功倍的作用。这一方法尤其适合经常从事脑力工作的人群。

2. 守住界限

面对工作向私人生活的渗透,守住界限就能获得心理摆脱,而其诀窍就藏在仪式感中。给自己立下规矩,尽可能区分工作与生活的通信方式,不把工作任务带回家,不与家人讨论工作。严防死守,坚持不懈,只要时间、空间、言语上的"漏洞"少一分,从工作中摆脱就容易一分,休息质量也就高一分。

3. 给生活一些仪式感

仪式感就是使每一天与其他日子不同,使某一时刻与其他时刻不同。每天下班后换上舒服的睡衣、卸下恼人的妆容、侍弄心爱的花草,给自己的生活之外添加一些庄重而有意义的小动作。随着既定的程序执行下来且逐渐习惯之,心里自然也会把工作放在一旁。

(二)中长期策略

1. 提高抗逆力

抗逆力是人在面对压力、挫折时的潜能激发和自我超越,它能够帮助人们坦然应对压力、获得摆脱。抗逆力的提升可以从情绪管理、自我效能、沟通合作和压力应对四个角度入手:一方面通过日常生活中的自我激励进行提升,另一方面也可通过心理成长团体、企业员工援助计划或心理咨询机构等渠道寻求专业帮助。

2. 提升工作能力,主动把控生活

没有心理摆脱制衡的工作压力之所以能够对人的身心健康造成巨大伤害,一定程度上也来源于其"任务—疲惫—低效"的独特循环机制。要想打破这一循环,个体的高效工作能力也十分重要。作为职场一员,可以通过多学习的方式,在工作之余提升自身的工作能力,形成"任务—摆脱—高效"的良性循环,从而把握工作与生活的主动权。

舒心工作、快乐生活,不仅是每一名职场人的愿望,更是管理心理学研究者矢志不渝的追求。透过心理摆脱的视角,我们看到了一种新的可能——用高效的休息达成高效的工作。采取短时休息、守住界限、培养仪式感、提升抗逆力与工作能力等简单易行的方法,即可轻而易举地获得心理摆脱。这种妥善地归置工作与生活的界限、处理工作压力的方法,无论是对职业生涯还是个人生活而言都会产生潜移默化的促进作用。

第三节 劳动与大学生心理健康

学校教育涵盖了德、智、体、美、劳五个方面的教育,其中劳动教育具有综合育人的特点,对心理健康教育也有比较明显的促进作用。

一、大学生主要心理问题

(一) 适应不良

环境适应方面的心理问题多出现在大一。有的学生表现为失落,中学时代的奋斗目标就是考入大学,但是当踏进大学校园的时候,发现一切与想象中差距很大,久而久之反而怀念起单调却充实的高中苦读生活。有的学生表现为孤独,中学时生活的中心还在家庭,身边是父母的关爱、长辈的宠爱、熟悉的生活环境。进入大学,大都离开家,最初的新鲜过去后,面对难以适应的衣食住行和彼此陌生的同学、老师,有的学生表现为无措,这往往体现在自理能力差、自立意识差的学生身上。中学时父母关心过度,或者学生对父母依赖过度,有的学生到了新环境手足无措,表现为散漫,中学时的各种规则、秩序对于他们犹如桎梏和枷锁,现在步入大学,犹如冲破牢笼,终于可以放飞自我、随心所欲。

(二) 学业压力

体会到学习的困难大概出现在进入大学的第二个学期到第四个学期内。一方面,大学的学习与中学有很大不同,所学内容专业性更强、难度更大、要求更多,对学生自主学习的要求更高;另一方面,大学同学都是经过高考筛选的各校学习精英,可谓高手如云,中学时的优越感不复存在。

(三) 社交障碍

人际交往能力欠缺造成的社交障碍,是大学生心理健康问题的突出表现。有的同学比较封闭,只埋头学习,不关注交际沟通;有的同学心高气傲,盲目自信,不屑于真心交流;有的同学自卑羞怯,难以融入集体,不敢展现自我。

(四)情感困惑

恋爱引起的心理健康问题也很突出,大学生缺少对爱与被爱的正确理解,也缺少对爱的浪漫与生活的现实的准确把握,往往身心俱疲、难以自愈,更有甚者痛不欲生、轻生自杀。

(五)就业迷茫

求职择业问题引起的心理健康问题影响深远。有的同学缺乏对工作的正确认识,不知道如何选择;有的同学选择工作后感觉"屈才"而郁闷无奈;有的同学多次碰壁后选择逃避,回家啃老。这些都是心理健康存在问题的表现。

二、劳动对大学生心理健康的积极意义

俄国教育家乌申斯基在著作《劳动的心理和教育意义》中对劳动教育的重要作用进行了探讨和论述,认为劳动不仅可以创造物质财富,也是个体发展的必要条件;教育不仅应培养学生对劳动的尊重和热爱,还须培养他们的劳动习惯;脑力劳动与体力劳动的正确交替对增强学生的体力和智力最有益。

劳动教育的作用既有显性的,人们可以直接看到、感知到,如锻炼身体、强身健体、增强学生身体素质;也有隐性的,如促进个人的身心和谐,形成积极心理品质,增进人际交流,提高审美判断能力等,促进心理健康发展,培养健全的人格;更有关系个体长远发展、影响人的一生的作用,如通过劳动教育、参加劳动实践锻炼,促进理论与实践的紧密结合,培养学生发现问题、分析问题、解决问题的能力,有利于养成独立自主、迎难而上、开拓创新、吃苦耐劳等心理品质,培养学生形成优秀的个性品质,指导人生的长远发展和人生价值的实现。

劳动教育的心理育人价值与作用主要体现在以下几个方面。

(一)有利于培养学生的自立和担当意识

学生的成长过程中,自立与担当意识、能力的培养很重要,特别是对于物质条件比较充裕的当代大学生来说,个体的自立与担当对于个人、集体、社会、国家来说都有重要的作用。

(1) 个体的自立与担当关系到个人的学习、生活、成长和工作。学生能够主动打理好个人的生活方面,关系到能否较好地实现个人生活的自理、自立;学生能够主动、有条理地安排好学习,就学习、锻炼的内容范围、进程安排及自我的评价反馈,关系到学生能否较好地兼顾知识学习、能力锻炼、视野开阔,形成良好的学习习惯和学习方法,能够受益终身;学生能够积极参与学校实践活动或担任某方面的工作,关系到能否较好地发挥主动、自主的意识,能否较好地锻炼愿意、敢于、能够担当的魄力和能力。让学生积极参与劳动过程,自觉接受劳动教育,有利于学生认识到劳动的重要性,在劳动的过程中增强劳动感受,体会劳动的艰辛,懂得珍惜劳动成果,懂得感恩。"一粥一饭,当思来处不易;半丝半缕,恒念物力维艰。"

(2) 个体的自立与担当关系到经济社会、国家战略的顺利实施和推进。劳动创造了物质财富和精神财富,劳动促进了人的发展、促进了社会的进步。通过劳动教育,学生意识到自己的未来需要通过自己的双手去创造,要为自己负责、为家庭负责、为国家负责,逐渐培养学生的主人翁意识,从而增强学生的社会责任感,最终成为一名具有良好个性心理

品质，能够为国家、为社会做贡献的新时代青年。

（二）有利于锻炼人际交往能力

人际交往是人的心理健康的重要组成部分，人际交往能力的形成离不开劳动的过程，人类与外界的交流互动也离不开劳动。劳动不仅能够协调身心健康，还能促进个体的情感交流，协调人际关系。和谐的人际关系在青少年心理健康发展过程中起着重要的保护作用。学生在劳动教育和劳动实践的过程中，收获和受益表现为两个方面。

(1) 学生积极参与劳动过程，与同学们分工协作、团结互助，学会与他人进行交流、沟通、协调，增进人与人之间的感情和相互了解，有利于培养学生的人际交往意识和技巧，从而建立良好的人际关系，增强学生在集体中的归属感、安全感和幸福感。

(2) 在劳动教育的引导或实践的锻炼下，能够切身认识到、体会到劳动的辛苦和不易，对劳动、劳动者、人与人之间的关系有更加深刻的认识和体会，能够设身处地地体会到正是由无数劳动者的辛勤付出才有了便利的条件、美丽的环境、幸福的生活，能够体会到亲人的关怀、支持与无私的付出，有利于良好人际关系的建立、和谐社会的建设。

（三）有利于培养自主创新开拓的优秀品质

在漫长的人类社会形成和发展过程中，劳动始终是人类生存发展、社会开拓进步的必要手段。著名的教育家陶行知先生提出"教育要在劳力上劳心"，强调培养手脑健全的人，而劳动教育则是将劳力与智力有效结合的重要途径。习近平总书记说："生活靠劳动创造，人生也靠劳动创造。"[1]劳动，不论是脑力劳动还是体力劳动，都要付出努力，耗费精力，劳动习惯的形成过程也是意志品质形成的过程。

劳动教育可以带领同学们全面、系统、深入地学习劳动教育的各个方面：从日常生活的劳动中，认识劳动的必要性，养成良好的日常劳动习惯，掌握必备的技能；在个人的日常生活打理、学习工作安排、日常事务协调处理等劳动的过程中，养成自立、自主、自理的好习惯；在学习、锻炼、成长过程中，通过辛勤付出、劳动实践去完成工作、解决问题、应对挑战，特别是面对难题、困难时，在尝试和探索的过程中，发挥主观能动性，积极寻求解决办法，培养个体的坚定信念、自主思考能力，以及敢于实践、勇于创新的坚强意志。

在人类发展、进步的历史中，人类社会的每一次进步都离不开劳动，特别是创造性劳动的巨大推力，这正是人的优秀品质和巨大潜力的体现。对于广大青年大学生而言，我们生逢其时，做新时代青年，要积极发挥个人的能力、潜力，勇挑重任，敢于有梦、勇于追梦、勤于圆梦，要立大志、明大德、成大才、担大任。

（四）有利于树立积极乐观的人生态度

劳动教育可以培养学生积极乐观的人生态度，要让学生学会热爱生活、尊重他人、珍惜生命。劳动教育对学生的引导教育是多方面的，对于学生形成科学、正确的世界观、人生观、价值观有着重要的引导作用，对于树立积极乐观、进取奋斗的人生态度有着直接的影响。

---

[1] 习近平在北京市少年宫参加"快乐童年 放飞希望"主题队日活动的讲话[N]. 人民日报，2013-5-31.

新时代的劳动教育涉及生活、工作、学习，包括日常生活劳动、志愿服务劳动、生产劳动、创造性劳动等多种内涵，贯穿人生成长发展的整个过程。劳动教育让人们认识到劳动不仅仅是为了劳动而劳动，劳动中蕴含着多种积极的教育意义和作用，在劳动实践中认识劳动的价值、发现劳动的乐趣、体会人生的充实与价值，有利于引导学生树立正确的生活观念，更能培养学生积极的人生态度，在尊重自然、珍惜生命、热情劳动中幸福地生活和成长。一方面，积极参与劳动实践活动能够使学生获得他人的赞扬、社会的肯定，从而获得愉悦感、自豪感和价值感，形成"劳动最光荣、劳动最伟大、劳动最崇高、劳动最美丽"的思想观念。另一方面，体验劳动的过程，也是学生感受生活、感受生命的过程。通过劳动实践活动，学生能够与大自然亲密接触，不断探索和感受生活中的美好事物，在学习生活知识的同时，亲身体会自然之美、生命之美，从而从心底里真正敬畏自然、珍惜生命，最终让学生在劳动实践的过程中学会与自然和谐相处，在热爱生活、热爱劳动中幸福快乐地成长。

（五）有利于增强学生的心理调节能力和心理韧性

大学生的心理健康问题越来越被人们重视，媒体多有报道相关事件，也引起了社会的广泛关注和讨论，如何加强大学生心理教育也成为高校面临的重要问题。在学校教育中，涵盖了德、智、体、美、劳五个方面的教育，其中劳动教育具有综合育人的特点，劳动教育可以为学习提供开放的教学环境，在劳动中，学生的主体性得到充分发挥，其自主学习的意识充分激发，有利于良好习惯的养成。劳动教育对心理健康教育也有比较明显的促进作用。学生面临繁重的学业压力、就业压力等，通过劳动教育，让学生认识到这是正常的劳动与实践，是人生活、发展必需的，使其有良好的心态积极从事不同类型的劳动与实践。另外，参与劳动实践活动，伸展四肢，运动肌肉，能够使学生的心情得到放松、舒缓，使压力得到释放，调节好情绪状态，从而保持积极良好的心理状态。在劳动中，完成工作、应对挑战、解决问题也是个人心理资本积累的过程，能够更好地锻炼学生面对困难、解决困难的意识、勇气和能力。

大学生作为时代的接班人，是祖国未来的希望，除了基本的专业知识与身体素质的教育，对大学生的劳动教育是必不可少的。劳动不仅是生存和发展的重要条件，也能使大学生在紧张的学习生活中放松下来，使脑力、体力、心理都得到有益的锻炼，从而以充沛的精力投入学习、生活中。

思考与实践

一、问题思考
1. 思考过度心理紧张的预防对策。
2. 思考劳动教育对心理健康的重要意义有哪些。
3. 请结合心理摆脱的概念，谈谈在劳动中如何促进心理健康。

二、实践训练

请你结合自己参与大学生社会实践团队的劳动过程,每天写一篇日记,来分析在这一过程中你所发现的自己在心理个性方面的优点与不足,并采取积极行动,在实践中去调适、优化,不断促进优秀心理品质的形成与提升。

拓展学习

一、视频学习

10-1. 世界精神卫生日

10-2. 每一位平凡而伟大的劳动者

10-3. 景海鹏现场讲述航天员训练过程

10-4. 李萌:我觉得环卫工作是个伟大的工作

10-5. 杜甜宇同学支教孩子们好调皮啊

10-6. "00 后"大学生志愿者:我服务,我成长

10-7. 袁隆平:最快乐的事就是劳动

10-8. 我们都是追梦人

10-9. 信念坚定 返乡大学生投身志愿服务

10-10. 疫情下的青年大学生志愿者

二、拓展阅读

强化心理卫生意识 提升心理健康水平

心理健康是指心理的各个方面及活动过程处于一种良好或正常的状态。心理健康的理想状态是保持性格完好、智力正常、认知正确、情感适当、意志合理、态度积极、行为恰当、适应良好的状态。

心理学家将心理健康的标准描述为以下几点。

(1) 有适度的安全感,有自尊心,对自我的成就有价值感。

(2) 适度地自我批评,不过分夸耀自己也不过分苛责自己。

(3) 在日常生活中,具有适度的主动性,不为环境所左右。

(4) 理智、现实、客观,与现实有良好的接触,能承受生活中挫折的打击,无过度的

幻想。

(5) 适度地接受个人的需要，并具有满足此种需要的能力。

(6) 有自知之明，了解自己的动机和目的，能对自己的能力做客观的估计。

(7) 能保持人格的完整与和谐，个人的价值观能适应社会的标准，对自己的工作能集中注意力。

(8) 有切合实际的生活目标。

(9) 具有从经验中学习的能力，能根据环境的需要改变自己。

(10) 有良好的人际关系，有爱人的能力和被爱的能力。在不违背社会标准的前提下，能保持自己的个性，既不过分阿谀，也不过分寻求社会赞许，有个人独立的意见，有判断是非的标准。

心理卫生的基本原则如下。

(1) 树立正确的人生观。从青年时代起，人的自我意识开始成熟起来，能够进行自我评价、自我检查与自我督促，也能正确评价他人的行为。一个人树立了正确的世界观就能对社会、对人生有正确的认识，就能科学地分析周围发生的事情，保证心理反应的适度，防止心理反应的失常。

(2) 防止与克服心理冲突。主观的要求与客观的限制可能会引起强烈心理冲突或持续的心理冲突。在一定的条件下，能够引发心理疾病。人在生活、学习与工作中，不可避免地会产生心理矛盾，但要控制其强度不宜过猛，持续时间不要过长。有了心理冲突要设法正确解决，不能消极对待。

(3) 参加有益的集体活动。一个人如果经常与集体隔离，不与人交往，容易养成孤独的情绪，往往心情抑郁或孤芳自赏，影响心理健康。一个人经常参加有益的集体活动，进行正常而友好的交往，可使人消除忧愁，心胸宽畅，心情振奋，精神愉快。

(4) 要有自知之明。要了解自己的长处与短处，了解自己的身体健康与心理健康的状况。经常用心理健康的标准来衡量自己的行为，促进心理健康。办事要根据自己的智力等情况量力而行，切不可设置经过努力而无法达到的目标，否则容易受到挫折，产生心理冲突，情绪不安，影响心理健康。

此外，保持健康的身体，有规律生活，去掉不良嗜好，保持乐观的情绪等都是心理卫生的原则。

劳动安全与保护

> 提高公共安全治理水平。坚持安全第一、预防为主，建立大安全大应急框架，完善公共安全体系，推动公共安全治理模式向事前预防转型。推进安全生产风险专项整治，加强重点行业、重点领域安全监管。提高防灾减灾救灾和重大突发公共事件处置保障能力，加强国家区域应急力量建设。强化食品药品安全监管，健全生物安全监管预警防控体系。加强个人信息保护。
>
> ——2022 年 10 月 16 日，习近平在中国共产党第二十次全国代表大会上的报

2020 年 4 月 10 日，中共中央总书记习近平就安全生产做出重要指示，强调生命重于泰山。各级党委和政府务必把安全生产摆到重要位置，树牢安全发展理念，绝不能只重发展不顾安全，更不能将其视作无关痛痒的事，搞形式主义、官僚主义。要针对安全生产事故主要特点和突出问题，层层压实责任，狠抓整改落实，强化风险防控，从根本上消除事故隐患，有效遏制重特大事故发生。

【学习目标】

1. 理解劳动安全与劳动保护的基本含义。
2. 认识劳动安全与劳动保护的重要意义。
3. 掌握常见的安全标志及劳动保护注意事项。
4. 培养热爱生命、敬畏自然与科学的安全情感。
5. 在劳动过程中形成安全防护的意识与自觉性。

第一节　劳动安全概述

生产劳动是人类社会生存和发展的基础，也是现代社会人们实现自身价值的基本途径。但是，任何生产劳动都会伴生不同类型、不同程度的劳动安全问题，一旦疏于防范，就会发生安全事故，造成人员伤害和财产损失等问题。在大学生劳动实践活动中，虽然在劳动强度、劳动安全风险程度等方面不能与社会各行业职业劳动相比，但劳动安全风险同样存在，安全意识必须加强。另外，每一位大学生未来都将成为社会劳动者，也需要掌握基本劳动技能与一定的安全保护知识，安全问题同样不可忽视。

一、劳动安全的内涵

劳动安全是指在生产劳动过程中，防止中毒、车祸、触电、塌陷、爆炸、火灾、坠落、机械外伤等危及劳动者人身安全的事故发生。

全面、完整地理解劳动安全的内涵，不仅需要从保障劳动安全的多重主体立场去理解，还要了解劳动安全问题产生的原因。

(1) 劳动安全是劳动者依法获得的基本劳动权利，是所有劳动者享有的在劳动中人身安全获得保障、免受职业伤害的权利。

(2) 劳动安全包括劳动者在劳动中人身、财产、卫生等方面获得的安全保障。消除危害人身健康的一切不良因素，保障劳动者的生命安全和健康舒适，称为人身安全；消除损坏设备、产品和其他物品的一切危险因素，保证生产的正常进行，称为财产安全。劳动卫生是指在劳动场所和生产过程中，消除有毒有害物质，防止危害劳动者身体健康或者引起职业病等疾病发生的卫生制度措施。

(3) 劳动安全保障是劳动者、用人单位、社会共同遵守的基本法则。劳动者必须遵守基本劳动生产技术要求与劳动保护规范；加强劳动保护，实现安全生产，保护劳动者生命和身体健康是企事业用人单位应尽的法律义务；国家可以通过制定一系列劳动保护的法律和法规制度，督促企事业用人单位履行法律责任，保障劳动者的劳动安全。

二、劳动安全的重要性

劳动安全是指保护劳动者在劳动场所的安全与卫生的各种制度和措施，涉及国民经济的方方面面和劳动者的切身利益，是我国社会主义现代化建设中的一件大事，其重要性体现在以下几个方面。

（一）劳动安全卫生是关系人民利益的集中体现

我国是社会主义国家，人民利益与国家利益高度一致。各项社会主义建设坚持以人民为中心的发展思想，必须把增进人民福祉、促进人的发展作为发展的出发点和落脚点，坚持发展为了人民、发展依靠人民、发展成果由人民共享。因此，在各种生产经营活动中，必须把保障劳动者生命和健康的安全卫生工作放在第一位。以牺牲一些人的生命或损害他们的身体健康去换取产品，就失去了搞社会生产的目的和意义。

（二）劳动安全是国民经济健康发展的前提和重要保障

劳动安全工作是保护生产力、促进生产发展的基础，是保证国民经济持续、稳定、健康发展的基本条件。社会生产力是由人的因素和物的因素两方面构成的。而在影响生产力的因素中，人是最活跃的、决定性的因素，生产工具要由人去创造和使用，物质资料的生产必须经过人的劳动才能实现。只有在保证劳动者安全和国家财产及人民生命财产安全的前提下，才能保障生产力，社会生产才能顺利进行，才能保障国民经济健康有序发展。

（三）安全生产是现代化管理的一项基本原则

安全生产在企业现代化管理中有重要的地位和作用。企业现代化管理的基本目标是通过管理的现代化，使生产过程顺利、高效率地进行，不断提高劳动生产率和发展生产，这个基本目标只有搞好安全生产才能实现。有的企业不重视安全生产，盲目追求一时的产值和利润；有的企业将改善劳动条件的钱挪作他用，出了事故，以钱物平息。这种做法完全违背了企业现代化管理的基本原则，既阻碍企业发展，也危害国家与劳动者的根本利益。

第二节 劳动安全事故

在实际的生产劳动过程中，劳动安全问题的产生往往是多种因素综合作用的结果，需要综合治理，任何一个关联环节的疏漏都有可能导致严重的劳动安全事故。

一、劳动安全事故的概念

一般来讲，劳动安全事故都是在生产劳动与管理的过程中发生的，所以，劳动安全事故也称生产安全事故。

安全事故是指生产经营单位在生产经营活动(包括与生产经营有关的活动)中突然发生的，伤害人身安全和健康，或者损坏设备设施，或者造成经济损失，导致原生产经营活动终止的意外事件。

二、劳动安全事故的类型与等级

劳动安全事故分类的角度不同，其分类的结果就不同。我国企业处理各类安全事故，一般参照《企业职工伤亡事故分类标准》(标准编号 UDC 658.382 GB6441—86)。按照该标准,一般将安全伤亡事故分为物体打击、车辆伤害、机械伤害、起重伤害、触电、淹溺、灼烫、火灾、高处坠落、坍塌、冒顶片帮、透水、放炮、火药爆炸、瓦斯爆炸、锅炉爆炸、容器爆炸、其他爆炸、中毒和窒息、其他伤害等 20 种,该标准还从伤害分析、计算方法等多个层面对安全事故进行了细致阐述。

生产安全事故等级,是指根据生产安全事故造成的人员伤亡或者直接经济损失严重程度划分的事故等级。这种事故等级的划分主要是为了便于生产安全事故报告和调查处理工作的分级管理。长期以来,我们一直把事故分成若干等级,并根据不同等级事故规定不同的报告和调查处理程序要求。但不同时期和不同行业对事故等级的划分有不同的分级办法,例如《企业职工伤亡事故分类》(GB 6442—1986)将一次死亡 3 人以上事故定为特大事故,将一次死亡 1~2 人事故定为重大伤亡事故。而后来我们在实际工作中,一般将一次死亡 3~9 人的事故称为重大事故,把一次死亡 10~29 人的事故称为特大事故,把一次死亡 30 人以上的事故称为特别重大事故。由此可见,过去对事故等级的划分有些混乱。

为了规范生产安全事故的报告和调查处理,落实生产安全事故责任追究制度,防止和减少生产安全事故,根据《中华人民共和国安全生产法》和有关法律,国务院发布《生产安全事故报告和调查处理条例》,于 2007 年 6 月 1 日实施。根据生产安全事故造成的人员伤亡或者直接经济损失严重程度,明确规定了生产安全事故分级标准,这是国家在行政法规中第一次明确规定生产安全事故分级标准,是目前我国最权威的事故分级标准。此外,有关法规和交通运输安全管理的部门规章也有一些特殊的事故等级划分办法。

根据生产安全事故(以下简称事故)造成的人员伤亡或者直接经济损失,事故一般分为以下等级(所称的"以上"包括本数,所称的"以下"不包括本数):

(1) 特别重大事故,是指造成 30 人以上死亡,或者 100 人以上重伤(包括急性工业中毒,下同),或者 1 亿元以上直接经济损失的事故;

(2) 重大事故,是指造成 10 人以上 30 人以下死亡,或者 50 人以上 100 人以下重伤,或者 5000 万元以上 1 亿元以下直接经济损失的事故;

(3) 较大事故,是指造成 3 人以上 10 人以下死亡,或者 10 人以上 50 人以下重伤,或者 1000 万元以上 5000 万元以下直接经济损失的事故;

(4) 一般事故,是指造成 3 人以下死亡,或者 10 人以下重伤,或者 1000 万元以下直接经济损失的事故。

需要说明的是,《生产安全事故报告和调查处理条例》在规定事故一般分为上述四个等级的同时,也规定针对一些行业或者领域事故的实际情况,国务院安全生产监督管理部门可以会同国务院有关部门,制定事故等级划分的补充性规定。这样规定,体现了原则性和灵活性的统一,符合实际情况。

三、劳动安全事故产生的原因

从造成劳动安全问题的原因来看,有由于劳动者个人缺乏安全知识和安全意识,操作失误而造成的安全事故,也有因生产环境和安全条件存在安全漏洞而出现的生产事故,还有人为因素和物的因素共同造成的事故。

(一)企业生产安全事故发生的原因

(1) 人的不安全行为：主要由劳动者对劳动安全的忽视、劳动者身体或精神因素导致。例如工作中的麻痹侥幸心理、蛮干心理，不正确佩戴或使用安全防护用品等；或者身体因素，如耳聋、近视、疲劳或醉酒等原因造成的事故；或者精神因素，如劳动者的错觉、精神紧张、精神不振以及其他精神方面的原因造成的事故。

(2) 物的不安全状态：主要指劳动工具、设备或劳动对象的不安全状态隐患，如机械、电气设备年久失修或濒临淘汰或超期使用，设备在设计上不科学，形成安全隐患，防护、保险、警示等装置缺乏或有缺陷等。

(3) 劳动管理的缺陷：主要指管理者在思想上对安全工作的重要性认识不足或者组织管理上的缺陷，如企业领导的责任感不强，对待安全工作、安全法律责任意识极为淡薄等，以及组织、制度、标准、人事、劳动管理、预算等方面的缺陷。

(4) 劳动环境的原因：主要指劳动环境的安全隐患，如加油站附近的明火与液化气、天然气设施，商场附近的低洼地势与防汛设施缺失等。

(二)学校劳动安全事故发生的原因

中共中央、国务院发布的《关于全面加强新时代大中小学劳动教育的意见》(以下简称《意见》)对新时代劳动教育进行了一系列新定位，对推进高校劳动教育提出了一系列新要求。

《意见》指出："多方面强化安全保障。各地区要建立政府负责、社会协同、有关部门共同参与的安全管控机制。建立政府、学校、家庭、社会共同参与的劳动教育风险分散机制，鼓励购买劳动教育相关保险，保障劳动教育正常开展。各学校要加强对师生的劳动安全教育，强化劳动风险意识，建立健全安全教育与管理并重的劳动安全保障体系。科学评估劳动实践活动的安全风险，认真排查、清除学生劳动实践中的各种隐患特别是辐射、疾病传染等，在场所设施选择、材料选用、工具设备和防护用品使用、活动流程等方面制定安全、科学的操作规范，强化对劳动过程每个岗位的管理，明确各方责任，防患于未然。制定劳动实践活动风险防控预案，完善应急与事故处理机制。"

《意见》指出："高等学校要注重围绕创新创业，结合学科和专业积极开展实习实训、专业服务、社会实践、勤工助学等。"目前各学校劳动可分为校外劳动和校内劳动两部分，以校内劳动为主，校内劳动又以参与校内环境清理、安保值勤为主要形式，少数农林院校结合学校的农场或实习基地，安排栽培、除草、施肥、收获等不同类型的劳动。在各类校园安全事故中，劳动安全事故虽少，但也非绝无仅有。学校在安排劳动教育活动前，必须从劳动场所、劳动内容、组织形式和劳作方式等方面认真筛查安全隐患，杜绝一切劳动安全事故发生。归纳起来，有以下几个方面。

1. 主观原因

(1) 劳动内容没有选对。学校在确定劳动项目时忽略了学生身心发展的客观条件，没有考虑该年龄段所能承受的劳动强度，没有把握劳动对象完成劳动任务的实际能力，没有从保护学生安全的角度出发，导致事故发生。

(2) 学校管理制度有漏洞。学校关于劳动管理的具体分工、责任没有落实到人，劳动活动的组织混乱，劳动环境、劳动工具监督检查不力，劳动过程中巡视监督不积极，安全防范不到位，这些管理与制度建设方面存在的问题致使学生事故频繁发生。

(3) 劳动安全宣传教育不到位。学校对学生劳动安全教育有所忽视，对劳动质量要求及分工、工具使用、劳动注意事项说明不透彻，安全监督不到位，学生在劳动过程中自我保护和安全防范的意识比较薄弱。

2. 客观原因

(1) 校内劳动存在的安全隐患。清扫教室地面、桌椅，擦洗黑板、灯具，打扫门窗、室外走廊、通道、阳台、操场，整理花坛等，应避免摔伤、扭伤、坠地、触电、重物挤压及碰撞性损伤、被工具划伤等。

(2) 校外劳动存在的安全隐患。学生校园外劳动范围特别广，除应注意交通事故、触电、摔伤、扭伤、坠地、重物挤压及碰撞性损伤、被工具误伤等，还必须注意财物安全、防火、防溺水、防盗、防骗、防丢失及食宿卫生安全等，这些事故隐患发生在从劳动组织到劳动作业的各个环节。例如学生在擦拭高处物品时，应特别注意踏物是不是稳固，上下均需要小心谨慎，且要有人保护，坚决杜绝学生从高处摔落、坠落。

四、大学生安全防范知识

安全责任重于泰山。每个学校都会定期对大学生进行校园安全教育，但校园安全事故仍然时有发生，事故带来的人身与财物的损失令人痛惜。隐患处处有，安全时时记。大学生在校园内外劳动、实习、学习和日常生活中，要严格遵循各项安全管理规定、操作规程和有关安全制度，时刻绷紧安全弦，防止一切意外安全事故发生。

（一）防火

(1) 不使用违禁电器。电炉、热得快、电热杯等大功率电器可能会导致电线超载引发火灾。

(2) 各种充电器具充电后要及时拔下，避免充电器具过热过载引发火灾。

(3) 不私自乱接电源。随着学生宿舍中计算机、空调、冰箱、电视机等电器的逐步普及，有的同学私拉乱接电线、网线，增加了线路负荷，电线长期超负荷运行后出现绝缘老化，极易导致火灾发生。

(4) 不随意焚烧杂物、不玩火。劳动、实验、实习中，不随意焚烧废弃物，避免引发火灾。

(5) 保持高度的安全意识，爱护消防设施和灭火器材，不随意移动或挪作他用。

(6) 不擅自使用酒精炉具。

(7) 不吸烟，严禁吸烟、乱丢烟头等不文明行为。烟头中心温度可达700～800℃，超过了棉、麻、毛织物、纸张、家具等可燃物的燃点。

(8) 不随意燃点蚊香。蚊香具有很强的阴燃能力，点燃后没有火焰，但能长时间持续燃烧，中心温度可高达700℃，超过了多数可燃物的燃点，一旦接触到可燃物就会引起燃烧，甚至扩大成火灾。

(9) 不违规使用蜡烛。蜡烛作为一种可以移动的火源，稍不小心，就可能烧融、流淌或者倒下，遇可燃物容易引起火灾。

(10) 实验室等各种活动场所注意人走断电。夏天雷暴天气增多，更应防止雷电引发火灾。

(二) 防爆炸

爆炸是化学物品保管、使用和储存、实验、科研活动中最常见的事故之一，极易造成人身伤亡，因而它是一种十分严重的灾害事故。

爆炸事故主要有以下三种类型：一是物理爆炸，如因内部压力过高压力容器破裂而发生的爆炸；二是化学爆炸，如氧化剂与可燃剂接触或雷管、炸药类化学物品在一定条件下发生的爆炸；三是物理化学爆炸，如在化工生产或化学实验中，因技术条件控制不好，容器中物料膨胀加速或温度上升，导致压力过大、超过容器强度极限而发生的爆炸。

防止爆炸伤害，必须做到以下几点。

(1) 对于易爆材料、爆炸危害应当有足够的认识，从而引起高度的警觉。

(2) 在劳动、实习、实验活动中，加强对化学物品的保管、使用和储存的管理，做好实验设备特别是压力容器的定期检验；参加实验时，必须严格遵守操作规程和操作步骤，在教师或实验人员的指导下完成实验。

(3) 在与爆炸物品接触时，要做到"七防"：防止可燃气体、粉尘与空气混合，防止明火，防止摩擦和撞击，防止电火花，防止静电放电，防止雷击，防止化学反应。

(三) 防盗

在高校历年发生的安全事故中，失窃是最为常见的，给学生、学校带来严重的经济损失。对于大学生来说，预防失窃最重要的是做好以下几点。

(1) 贵重物品要放置在安全保险的地方。

(2) 平时要养成随手锁门、关窗的习惯，晚上睡觉不要将贵重物品和衣物放于窗前或窗台上。

(3) 手机、存折、信用卡要加密，平时卡内不要存太多钱，不要与证件共放，丢失后要立即挂失。

(4) 增强安全意识，防止意外泄露手机、存折、银行卡密码，防止财产丢失。

(5) 遵守宿舍管理规定，不留宿外来人员。

(6) 保护好自己的证件信息。

(7) 在公共场所，保管好随身携带的财物。

(8) 发现可疑人员时要提高警惕，加以询问，必要时拨110电话报警。

(四) 防诈骗

1. 高校常见"骗术"

近年来，高校诈骗作案也时有发生，其主要手段如下。

(1) 整合资料，行骗家长。
(2) 中断通信，谎称行骗。
(3) 求助为名，骗取信任。
(4) 套取密码，偷梁换柱。
(5) 假充可怜，借钱行骗。
(6) 冒充学生，推销诈骗。
近年来，各种诈骗花样屡有"翻新"，电信诈骗也层出不穷。

2. 防骗"五要"

(1) 要提高防范意识，学会自我保护。
(2) 遇有往各种特定账号打钱的电话尤其要谨慎，及时与家长、学校或单位确认安全无误后方可付款。
(3) 交友要谨慎，避免感情代替理智。
(4) 同学之间要相互沟通，相互帮助。
(5) 要服从学校管理，自觉遵守校纪校规。

(五) 防抢劫

大学生要注意做好抢劫(抢夺)防范。
(1) 不炫富、不外露。不外露或向人炫耀随身携带的贵重物品，单独外出不带过多的现金。
(2) 少独行，多结伴。尽量不要独自外出，注意结伴而行。
(3) 多走大道，少走偏狭小路。不要独自在偏远、行人稀少、环境阴暗的地方行走。
(4) 不滞外，不晚归。尽量避免深夜在外滞留不归或晚归。
(5) 心镇定，不露怯。单身遇险，要镇定从容，不要显露出过于胆怯害怕的神情。
(6) 高声语，巧求助。遇到危险时，大声呼救，或故意高声说话，引起周围人注意，或机智周旋，巧妙向警察求助；要注意观察作案人，尽量准确地记下其特征，如身高、年龄、体态、发型、衣着、胡须、疤痕、语言、行为等特征；作案人得逞后，有可能继续寻找下一个抢劫目标，更有甚者在附近的商店、餐厅挥霍。各高校一般都有较为严密的防范机制，如能及时报案，准确描述作案人的特征，有利于有关部门及时组织力量布控，抓获作案人。

(六) 防意外事故

大学生须小心谨慎，以防范各种安全事故的发生。除以上5种安全事故外，还要注意防范其他意外安全事故，如拥挤踩踏(特别是在楼梯上)、运动伤害(跑跳投、运动器械设施损坏)、打斗伤害、食物中毒、煤气中毒、危险建筑、高空坠物、交通事故等。大学生平时要注意做好以下几点。
(1) 外出必须遵守交通规则。看交通标志，走人行道，没有人行道时靠路边行走，不要几个人并排走。
(2) 穿越马路要走人行横道线、天桥和地下通道，集中注意力，看清来往车辆，不要边走边接打手机或随意招呼出租车。

(3) 不坐超载或无证经营的车辆。

(4) 不携带易燃、易爆等危险物品乘车。

(5) 骑车要戴安全帽，不载人，超车时注意前后车辆，不要互相追逐或曲折竞驶。

(6) 体育锻炼、劳动及教学实验时要提高安全意识，严格规范程序、动作，有特殊体质和特定疾病要告知学校和老师。

(7) 不违反校规校纪，不私自外出游泳、登山。

许许多多触目惊心的安全事故往往源于人们的"一念之差"：对安全认识不到位、存在侥幸冒险心理、缺乏对生命的敬畏。我们必须牢固树立安全意识，坚持自我防范。举安全之盾，防事故之患。安全是最大的效益和福利，违章、大意是最大的敌人。

第三节 劳动保护

为保障劳动者在生产劳动过程中的安全与健康，国家制定了相当完善的劳动保护法律法规，企事业用人单位必须对劳动者进行足够的劳动保护培训，必须为劳动者提供安全有效的劳动保护用品，提供安全的劳动环境与劳动设备工具，劳动者必须掌握必要的安全知识与法律知识，养成劳动安全意识，自觉做好安全防护。

一、劳动保护的概念

劳动保护是指根据国家法律、法规，依靠技术进步和科学管理，采取组织措施和技术措施，消除危及人身安全健康的不良条件和行为，防止事故和职业病，保护劳动者在劳动过程中的安全与健康。内容包括劳动安全、劳动卫生、女工保护、未成年工保护、工作时间和休假制度等。

二、劳动安全常识

为了养成自我劳动安全意识，青少年要掌握必要的劳动安全与卫生常识，主要包括安全色与安全标志、个人防护用品的相关知识与使用方法，还要掌握解决劳动安全事故争议的相关法律知识。

安全色和安全标志是在特定工作环境中，为了提醒劳动者做好防护而设置的。每一种安全色、每一个安全标志都具有特定的含义，需要我们正确识别。

(一) 安全色

安全色表示安全信息的颜色。颜色常被用作为加强安全和预防事故而设置的标志。安全色要求醒目，容易识别，其作用在于迅速指示危险，或指示在安全方面有着重要意义的器材和设备的位置。

我国已制定了安全色国家标准。2009年10月1日实施的最新版《安全色》国家标准(GB 2893—2008)的表述与国际标准基本相同。

四种安全色的含义和用途如下。

(1) 红色：表示禁止、停止、消防和危险的意思。禁止、停止和有危险的器件设备或环境涂以红色的标记，如禁止标志、交通禁令标志、消防设备、停止按钮和停车、刹车装置的操纵把手、仪表刻度盘上的极限位置刻度、机器转动部件的裸露部分、液化石油气槽车的条带及文字、危险信号旗等。

(2) 黄色：表示注意、警告的意思。需要警告人们注意的器件、设备或环境涂以黄色标记，如警告标志、交通警告标志、道路交通路面标志、皮带轮及其防护罩的内壁、砂轮机罩的内壁、楼梯的第一级和最后一级的踏步前沿、防护栏杆及警告信号等。

(3) 蓝色：表示指令、必须遵守的规定，如指令标志、交通指示标志等。

(4) 绿色：表示通行、安全和提供信息的意思，如表示通行的信息、机器启动按钮、安全信号旗等。

黑、白两种颜色一般作为安全色的对比色，主要用作上述各种安全色的背景色，例如安全标志牌上的底色一般采用白色或黑色。

(二) 安全标志

安全标志分为禁止标志、指令标志、警告标志和提示标志四类。安全标志牌要求被放在醒目的地方，使用时应参照中华人民共和国国家标准《安全标志及其使用导则》(GB 2894—2008)的设计规定。

1. 禁止标志

禁止标志的含义为禁止人们的不安全行为。其基本形式为带斜杠的圆形框，圆环和斜杠为红色，图形符号为黑色，衬底为白色。常见禁止标志如图11-1所示。

图11-1　常见禁止标志

2. 指令标志

指令标志的含义是强制人们必须做出某种动作或采用防范措施。其基本形式是圆形边框，图形符号为白色，衬底为蓝色。常见指令标志如图 11-2 所示。

图 11-2　常见指令标志

3. 警告标志

警告标志提醒人们对周遭环境引起注意，以避免可能发生的危险。其基本形式为正三角形边框，三角形边框及图形符号为黑色，衬底为黄色。常见警告标志如图 11-3 所示。

图 11-3　常见警告标志

4. 提示标志

提示标志向人们提供某种信息，如标明安全设施或场所。其基本图形是正方形边框，图形符号为白色，衬底为绿色。常见提示标志如图 11-4 所示。

图 11-4　常见提示标志

三、个人防护用品相关知识

个人防护用品是指在劳动生产过程中使劳动者免遭或减轻事故和职业危害因素的伤害而提供的个人保护用品。个人防护用品知识对于预防事故伤害和减少职业危害具有重要意义。为了提高劳动安全意识，我们不仅要了解劳动岗位需要什么样的劳动保护用品，还要了解个人防护用品的正确佩戴和使用方法。

（一）防护服

防护服分特殊作业防护和一般作业防护服，应能有效地保护作业人员，并不对工作场所、操作对象产生不良影响。

(1) 帆布工作服：用天然植物纤维织物如纯棉白帆布、麻白帆布制作，约 0.6mm 厚，具有隔热，易弹掉飞溅火星及熔融物、耐磨、扯断强度大、透气的特点。

(2) 胶布雨衣：防雨，适用于雨天露天作业。

(3) 防机械外伤和脏污工作服：适用于预防运转及使用材料工具时可能发生的机械伤害，或防止脏物污染。服装面料要求耐磨并具有一定强度。

（二）头部防护用品

头部防护用品用于保护劳动者头部，以减、免头部撞击等伤害，其功能是保护作业人员的头部，以消除或减缓坠落物、硬质物件的撞击、挤压伤害，是生产中广泛使用的个人安全用品，主要指安全帽。

每次使用安全帽前要检查其质量，如果有裂痕、碰伤和凸凹不平，以及存在影响性能的各种缺陷，则不能使用；已受过一次冲击的安全帽要报废；检查帽顶与衬之间的距离是否为 25～50mm；使用时，帽要戴牢、戴正。

（三）眼部、面部防护用品

眼部、面部防护用品用于防止辐射、烟雾、化学物质、金属火花、飞屑和尘粒等伤害眼、面、颈的可观察外界的防护具。

焊接用眼防护具主要用于防止焊接弧光中红外线和强光对眼的伤害，品种有眼镜和面罩两类。

（四）手、足部的防护用品

手的防护用品是指劳动者根据作业环境中的有害因素戴用的特制手套，以防止各种手伤事故；足部防护用品指劳动者根据作业环境中的有害因素，为防止可能发生的足部伤害或其他事故，所穿用的特制靴(鞋)。

(1) 电焊工手套：多采用猪(牛)绒面革制成，配以防火布长袖，用于防止弧光贴身和飞溅金属溶渣对手的伤害。

(2) 绝缘鞋(靴)：用于电气作业人员的保护，防止在一定电压范围内的触电事故。绝缘鞋只能作为辅助安全防护用品，机械性能要求良好。

(3) 防砸鞋：主要功能是防坠落物砸伤脚部，鞋的前包头有抗冲击材料。

（五）防坠落物品

(1) 安全带：指高处作业人员用以防止坠落的护具，由带、绳、金属配件三部分组成。

(2) 安全绳：指安全带上保护人体不坠落的系绳。

四、工伤事故的处理

工伤事故是指劳动者在劳动生产活动所涉及的区域内，由于生产过程中存在危险因素的影响，突然使人体组织受到损伤或是人体某些器官失去正常的机能，致使受伤人员立即中断工作的一切事故。

生产中发生工伤事故后，应首先尽快抢救伤员，拨打 120 急救，保护现场，并立即向有关部门人员报告。因抢救伤员和防止事故扩大，需要移动现场物件时，必须做出标志、拍照、详细记录和绘制事故现场图。

对事故的处理要实行"三不放过"原则，即事故原因不清不放过，事故责任者和群众没有受到教育不放过，没有采取防范措施不放过。

五、急救处理措施

现场急救时，对一些危急的急性疾病和意外的伤害必须遵循先"救"后"送"的原则，即对伤病员先进行现场急救，采取必要的救护措施，然后由有关人员安排送医院检查并进行抢救。现场急救有以下几种基本方法。

(一) 胸外心脏挤压法

由于电击、窒息或其他原因导致心脏骤停时,应使用心脏挤压法进行急救。胸外心脏按压是心脏停跳时采用人工方法使心脏恢复跳动的急救方法。心跳停止应立即进行胸外心脏按压,具体方法如下。

(1) 迅速将病人置于仰卧位,平放于地面或硬板上,解开衣领,头后仰使气道开放。抢救者跪(或站)在病人左侧,先向病人口对口吹几口气,以保持呼吸道通畅并得到氧气。

(2) 用手握拳猛击病人心前区 1~2 下,拳击可产生微量电流,使心脏恢复跳动。

(3) 按压部位为胸骨中下段 1/3 交界处。

(4) 以左手掌根部紧贴按压区,右手掌根重叠放在左手背上,使全部手指脱离胸壁。

(5) 抢救者双臂应伸直,双肩在病人胸部正上方,垂直向下用力按压。按压要平稳,有规则,不能间断,不能冲击猛压,下压与放松的时间大致相等。

(6) 按压次数:成人每分钟 80~100 次;儿童每分钟 100 次;婴儿每分钟 120 次。

(7) 按压深度:成人胸骨下陷 4~5 厘米,儿童 3 厘米,婴儿 2 厘米。

(8) 对儿童心脏按压只需要用一只手掌紧贴按压区,婴儿只用中指与食指在按压区加压就行了,位置要高一点,靠近乳头连线中点上方一指。

(9) 在进行胸外按压的同时,要进行口对口人工呼吸。只有一人抢救时,可先口对口吹气 2 次,然后立即进行心脏按压 15 次,再吹气 2 次,接着再按压 15 次;如果有两人抢救,则一人先吹气 1 次,另一人按压心脏 5 次,接着吹气 1 次,再按压 5 次,如此反复进行,直至有医务人员赶到现场。

(10) 心脏按压用力不能过猛,以防肋骨骨折或其他内脏损伤。若发现病人脸色转红润,呼吸心跳恢复,能摸到脉搏跳动,瞳孔回缩正常,抢救就算成功了。因此,抢救中应密切注意观察呼吸、脉搏和瞳孔等。

(二) 机械伤害的急救

由于机械的撞击、坠落、挤压、穿刺等造成人体闭合性、开放性创伤、骨折、出血、休克等后果的,一般采用以下现场急救措施。

1. 止血

止血时可采用压迫止血法、止血带止血法、加压包扎止血法和加垫屈肢止血法等。体外出血(外伤出血)根据出血特征,明确止血方法。

(1) 动脉出血:流血频率与心脏和脉搏一致,一股股流出,因伤及动脉而出血,流血极多,这时一定要送往医院。到达医院之前,需要自行止血。手指压迫止血法,用于动脉出血,将伤口附近的动脉压闭临时止血。一般均先试做局部压迫止血,如果出血不止,则需要相应的动脉近端加压,用止血带止血。如无橡皮止血带,可根据当时情况,就地取材,三角巾、绷带、领带、布条等均可,折叠成条带状,即可当作止血带使用。在实际抢救伤员的工作中,往往把止血带结扎在靠近伤口处的健康部位,有利于最大限度地保存肢体。

(2) 体皮出血:流血不多,因擦破体表的真皮层而出血,一般伤口能自己愈合,愈合前应先用清水清洗伤口,如果被生锈的金属划伤,千万不可用毛巾、纸巾遮盖止血。出血少时,一般静坐便能自愈,多时则可用创可贴、酒精消毒后的棉球或无菌纱布止血。

(3) 静脉出血：静脉出血流血较多，但能够自愈，没有固定频率，随出血者身体运动而流出，只需要先用清水清洗伤口，静坐一段时间就能止血，也可用酒精消毒后的棉球或无菌纱布止血。

2. 包扎

有外伤的伤员经过止血后，要立即用急救包、纱布、绷带或毛巾等包扎起来，也可用衣服来包扎。

3. 固定

如果伤员受伤部位剧烈疼痛、肿胀、变形或不能活动，就可能发生了骨折，要利用各种条件准确地进行临时固定。

4. 搬运

如果伤势不重，可用背、抱、扶的方法搬运；如果大腿、脊柱骨折、大出血，就要小心地用担架等抬运。

（三）急性中毒的急救

急性中毒的急救措施如下。
(1) 救患者脱离现场至空气流通处。
(2) 解开患者衣扣、腰带，保持呼吸畅通。
(3) 脱去污染衣物，用温水、清水洗净皮肤。
(4) 若吸入有毒物中毒，迅速给患者吸氧。
(5) 若经口入毒，一般应引吐、洗胃。常用洗胃液为 1∶5000 高锰酸钾溶液，或 1%～2%的碳酸氢钠溶液。
(6) 若因煤气中毒，应用湿毛巾捂口鼻，打开门窗，将患者移至空气新鲜处；中毒较重者，要立即采用人工呼吸和胸外心脏挤压法抢救，并送医院治疗。

（四）烧伤、烫伤的急救

烧伤常见的是被火烧伤，此外还有接触高温蒸气、热水、热油后的烫伤，硫酸、硝酸等危险化学品溅到皮肤上造成的化学性烧伤等。烧伤后，应用大量冷水冲洗降温，一边冲水，一边小心地脱衣服，必要时，衣服可用剪刀剪开。如果烧伤、烫伤部位出现水泡，不要挤破。如果烧伤、烫伤处皮肤已损坏，不要涂任何物质，应用干净的纱布轻轻覆盖，迅速送医院救治。

思考与实践

一、问题思考

1. 结合本章内容谈谈你对劳动安全的认识。
2. 检查对照自己在学习生活和实习实践中还存在哪些安全隐患。

二、实践训练

1. 结合学校组织的劳动实践活动,收集你见到的安全标志,分析你在劳动中可能存在的安全隐患。
2. 结合专业实习实践,以"劳动安全"为主题向同学们做一次宣讲。
3. 请将你学习掌握的劳动安全知识和救护技能向同学进行演示和分享。

拓展学习

一、视频学习

11-1. 40条安全生产常识

11-2. 安全生产"十不准"

11-3. 劳动安全"危险"体验

11-4. 劳动安全与劳动保护的区别

11-5. 女职工三期保护

11-6. 王继滕:用安全检测闪耀劳动者之光

11-7. 微电影:劳动安全"三件宝"

11-8. 夏季防暑降温劳动保护

11-9. 这双手:记列车安全运行背后的劳动者

11-10. 职业病防护公益广告

二、拓展阅读

劳动保护工作的意义和指导方针[1]

一、劳动保护工作的意义

保护劳动者在生产劳动过程中的安全与健康,是中国共产党和我们国家的一项基本方针,是坚持社会主义制度的本质要求,是发展生产、促进经济建设的一项根本性大事,也是社会主义物质文明和精神文明建设的一项重要内容。

(一)劳动保护是中国共产党和我们国家的一项基本政策。

"加强劳动保护,改善劳动条件"是载入我国宪法的神圣规定。新中国成立以来,中国

---

[1] http://zhiye.riskmw.com/2012/04-05/mw129005.html.

共产党和人民政府十分重视劳动保护工作。早在1956年国务院发布《工厂安全卫生规程》《建筑安装工程安全技术规程》和《工人职员伤亡事故报告规程》时就指出："改善劳动条件，保护劳动者在生产劳动中的安全健康，是我们国家的一项重要政策。"在全国人大七届四次会议上通过的国民经济第八个五年计划纲要中，明确规定了要"加强劳动保护，认真贯彻'安全第一，预防为主'的方针，强化劳动安全监察，努力改善劳动条件，努力降低企业职工伤亡呈矿率和职业病发作率。加强安全技术政策，劳动保护科学的研究和科技成果推广，努力过错善检验手段。"目前，国家正在不断通过健全劳动保护立法，强化劳动保护监察和安全生产管理，推进安全技术、职业卫生技术与有关工程等措施，来保证宪法所要求的这一基本政策的实现。

既然保护劳动者在生产劳动中的安全健康是中国共产党和我们国家的一项基本政策，当然更是社会主义国家各类企业进行经营管理的基本原则。只有加强劳动保护，才能确保安全生产，从而改变长期以来不少企业中工伤事故频繁和职业危害严重的不良局面。不然，势必严重损害千百万职工的切身利益，伤害他们建设社会主义的积极性和主观能动精神，不利于社会安全和现代化建设事业的持续、稳定发展。所有这些，都有悖于中国共产党和社会主义制度国家的根本宗旨，损害国家在国际上的形象，必须努力防止。

(二) 劳动保护是促进国民经济发展的重要条件。

劳动保护不仅包含着重要的政治意义，从某种意义上来说，劳动保护又有着深刻的经济意义。在生产过程中，人是最宝贵的，人是生产力诸要素中起决定作用的因素。探索和认识生产中的自然规律，采取有效措施，消除生产中不安全和不卫生因素，可以减少和避免各类事故的发生；创造舒适的劳动环境，可以激发劳动者热情，充分调动和发挥人的积极性，这些都是提高劳动生产率，提高经济效益的基本保证。同时，加强劳动保护工作，还可减少因伤亡事故和职业病所造成的工作日损失和救治伤病人员的各项开支；减少由于设备损坏，财产损失和停产造成的直接或间接经济损失。这些都与提高经济效益密切相关。

经济发展的经历表明，搞好劳动保护是发展经济的一条客观规律。人们很好地认识它和利用它，就能达到理想的效果；反之，就会受到处罚。例如印度博帕尔化学公司甲基异氰酸盐储存罐泄漏，导致大量毒气外泄事故；苏联切尔诺贝利核电站4号反应堆爆炸，导致大量放射性物质严重污染大气事故；我国哈尔滨亚麻厂粉尘爆炸事故；我国山西三交河煤矿特大瓦斯煤尘爆炸事故，都造成了巨大的人身伤亡和经济损失，污染了环境，破坏了生态平衡，扰乱了社会生产的正常秩序。

(三) 劳动保护是实现社会主义生产目的的重要措施。

社会主义的生产目的是满足人民日益增长的物质和文化生活的需要，让人民能安居乐业，过上幸福美满的生活。生产过程则是达到这一目的的一种手段。如果在生产过程中劳动者的安全和健康得不到保障，将直接影响这一目的的实现。这不仅给国家造成经济损失，而且会给劳动者及其家庭带来极大的不幸。这就直接违反了社会主义的生产目的。当前，在人民生活普遍提高和实行优生少生政策的情况下，人们对职业的选择会越来越高。所以，加强劳动保护工作有利于人们安居乐业，家庭幸福美满，社会安定团结，从而加速社会主义的建设步伐。

二、劳动保护工作的指导方针

劳动保护工作的指导方针是"安全第一,预防为主"。安全生产是一切经济部门和生产企业的头等大事。"安全第一,预防为主"不是权宜之计,而是客观规律的必然要求,是安全生产管理的一项长期指导原则。

(一)"安全第一"主要包括以下内容。

1. 确立保护人的安全和健康是第一位的原则,尽最大努力避免人员伤亡和职业病的发生。

2. 劳动者在各自的工作岗位上,都把贯彻安全生产法规,充分满足安全卫生需要摆在第一位,绝不做有损于安全生产的事情。

3. 当生产任务同安全发生矛盾时,贯彻"生产服从安全"的原则,排除不安全因素后再进行生产。

4. 在衡量企业工作时,把安全生产工作作为一个重要内容来考核。安全生产不好的企业,不能成为先进企业,也不能升级。安全指标有"否决权"。

5. 进行新建、扩建、改建工程时,确保安全性设施的投入,实行同时设计、同时施工、同时投产,尽可能地实现本质安全。

(二)"预防为主"主要包括以下内容。

1. 对事故的预防。事故虽然有意外性、偶然性和突发性,但它又有一定规律。任何一种事故都可以通过有效的安全措施去防止。例如采用先进的设备和技术,确保安全生产;始终抓紧安全教育,提高劳动者操作的可靠性和安全意识;运用先进的技术手段和现代安全管理方法,预测和预防危险因素的产生。

2. 对职业危害的预防。职业危害造成的后果并不亚于伤亡事故。从统计上看,一些行业职业病发病和死亡人数大大多于因工伤亡人数,只是由于职业危害是经过较长时间才能显现出来,因而常被人们忽视而已。有些行业的生产作业场所粉尘和毒物浓度高,职业病发生率高,劳动生产率低,这些已成为企业发展的障碍。

3. 预防职业危害已经发展成为专门学科。总的要求是劳动卫生工作要把防止、控制有毒有害因素对劳动者的危害作为重要工作,同时搞好职业病治疗,排除不安全因素后再进行生产。

4. 在衡量企业工作时,把安全生产工作作为一个重要内容来考核。安全生产不好的企业,不能成为先进企业,也不能升级。安全指标有"否决权"。

5. 进行新建、扩建、改建工程时,确保安全性设施的投入,实行同时设计、同时施工、同时投产,尽可能地实现本质安全。

第十二章

劳动法规

> 完善促进创业带动就业的保障制度，支持和规范发展新就业形态。健全劳动法律法规，完善劳动关系协商协调机制，完善劳动者权益保障制度，加强灵活就业和新就业形态劳动者权益保障。
>
> ——2022年10月16日，习近平在中国共产党第二十次全国代表大会上的报告
>
> 切实实现好、维护好、发展好劳动者合法权益。""要健全党政主导的维权服务机制，完善政府、工会、企业共同参与的协商协调机制，健全劳动法律法规体系，为维护工人阶级和广大劳动群众合法权益提供法律和制度保障。
>
> ——2020年11月24日，习近平在全国劳动模范和先进工作者表彰大会上的讲话
>
> 要切实维护广大劳动群众合法权益，帮助广大劳动群众排忧解难，积极构建和谐劳动关系。
>
> ——2016年4月26日，习近平在知识分子、劳动模范、青年代表座谈会上的讲话

每个公民的劳动权利和劳动所得不被侵犯，是社会主义社会对于劳动者的根本保障。我国为保护劳动者的合法权益，调整劳动关系，建立和维护适应社会主义市场经济的劳动制度，促进经济发展和社会进步，已经建立起有系统、有组织，并为社会所公认的劳动行为规范体系，即我国的劳动法体系。我国的劳动法体系包括促进就业法律制度、劳动合同和集体合同制度、劳动标准制度、职业培训制度、社会保险和福利制度、劳动争议处理制度、劳动法的监督检查制度，如《中华人民共和国劳动法》(以下简称《劳动法》)、《中华人民共和国劳动合同法》(以下简称《劳动合同法》)、《中华人民共和国劳动争议调解仲裁法》(以下简称《劳动争议调解仲裁法》)、《工伤保险条例》《中华人民共和国劳动合同法实施条例》(以下简称《劳动合同法实施条例》)，以及各部门、各地区为保障劳动者权益制定的地方性法规等，在维护劳动者权益、积极促进就业、建立和谐劳动关系、保障公民基本生活、维护社会稳定、促进经济发展、理顺分配关系和保持社会公平等方面具有极为重要的意义。

大学生作为创新型、技术型、知识型高素质劳动大军之后备军，是"两个一百年"奋斗目标的主力军，民族振兴的承担者，不仅应拥有胜任工作的基本劳动知识与技能，也必

须拥有健全的劳动权益意识。所以学习劳动法律法规，掌握必要的劳动法知识，激发大学生对于劳动权益保障的重视，提升大学生知法、懂法、守法的整体水平，让大学生消除面对劳动争议时的茫然和恐惧，有利于提高大学生在职场上自我保护的能力，使其在职场上具有更大的主动性和竞争力。

【学习目标】
1. 了解我国的劳动法规体系、适用范围、劳动法律关系。
2. 培养与提升劳动法治观念，健全劳动权益意识。
3. 激发大学生对于劳动权益保障的重视。
4. 提高大学生在职场上的自我保护能力，构建和谐劳动关系，促进可持续发展。

第一节 劳动法的适用范围

劳动法的适用范围是指《劳动法》效力所及的对象和领域，即调整哪些社会关系，在什么时间、哪些空间，对什么人发生效力的问题。劳动法的适用范围可以分为适用对象与不适用对象两个方面。

《劳动法》规定："本法适用中华人民共和国境内的企业、个体经济组织和与之形成劳动关系的劳动者。""国家机关、事业单位、社会团体和与之建立劳动合同关系的劳动者，依照本法执行。"也就是说，《劳动法》明确规定，一切企业和个体经济组织，无论是国家机关、事业单位还是社会团体，只要和劳动者建立了劳动合同关系，用人单位和劳动者就必须遵守劳动法。可见，劳动法并未将大学生排除在适用范围之外。随着市场经济的发展，劳动关系呈现多样化，劳动法的调整范围也随着劳动关系客观发展的需要而发生变化。

一、企业、个体经济组织、民办非企业单位等组织

企业是以营利为目的的经济性组织，包括法人企业和非法人企业，是用人单位的主要组成部分。个体经济组织一般指雇工7人以下的个体工商户。民办非企业单位是指企业事业单位、社会团体和其他社会力量，以及公民个人利用非国有资产举办的，从事非营利性社会服务活动的组织，如民办学校、民办医院、民办图书馆、民办博物馆、民办科技馆等。除列举的企业、个体经济组织、民办非企业单位三类组织外，其他组织与劳动者建立劳动关系，也适用劳动法。这三类组织以外的组织如会计师事务所、律师事务所等，它们的组织形式比较复杂，有的采取合伙制，有的采取合作制，不属于此处列举的任何一种组织形式，但它们招用助手、工勤人员等，也要签订劳动合同。

二、国家机关、事业单位和社会团体

根据规定，国家机关、事业单位、社会团体和与其建立劳动合同关系的劳动者，订立、履行、变更、解除或者终止劳动合同，依照劳动法执行。

(一) 国家机关

这里的国家机关包括国家权力机关、国家行政机关、司法机关、国家军事机关、政协等，其录用公务员和聘任制公务员，适用公务员法，不适用劳动法，国家机关招用工勤人员，需要签订劳动合同，就要适用劳动合同法。

(二) 事业单位

事业单位适用劳动法，可以分为三种情况：第一种是具有管理公共事务职能的组织，如证券监督管理委员会、保险监督管理委员会、银行业监督管理委员会等，其录用工作人员是参照公务员法进行管理，不适用劳动法。第二种是实行企业化管理的事业单位，这类事业单位与职工签订的是劳动合同，适用劳动法。第三种是事业单位如医院、学校、科研机构等，有的劳动者与单位签订的是劳动合同，签订劳动合同的，就要按照劳动法的规定执行；有的劳动者与单位签订的是聘用合同，签订聘用合同的，就要按照劳动法的规定，即法律、行政法规和国务院规定另有规定的，就按照法律、行政法规和国务院的规定执行；法律、行政法规和国务院没有特别规定的，也要按照劳动法执行。

(三) 社会团体

按照《社会团体登记管理条例》的规定，社会团体是指中国公民自愿组成，为实现会员共同意愿，按照其章程开展活动的非营利性社会组织。社会团体的情况也比较复杂：有的社会团体如党派团体，除工勤人员外，其工作人员是公务员，按照公务员法管理；有的社会团体如工会、共青团、妇联、工商联等人民团体和群众团体，文学艺术联合会、足球协会等文化艺术体育团体，法学会、医学会等学术研究团体，各种行业协会等社会团体，虽然公务员法对其没有明确规定参照，但实践中对列入国家编制序列的社会团体，除工勤人员外，其工作人员是比照公务员法进行管理的。除此以外的多数社会团体，如果用人单位与劳动者订立的是劳动合同，就按照劳动法进行调整。

三、非全日制用工和劳务派遣工

除规范、正常的劳动合同用工外，劳动合同法还对劳务派遣、非全日制用工做了规定，尽可能地扩大劳动法的调整范围。考虑到劳动合同法是规范用人单位与劳动者之间订立劳动合同的法律规范，对一些不规范的用工，劳动法不好调整。所以对家庭雇工、兼职人员、返聘的离退休人员等未做规定。

第二节 劳动法律关系

劳动法律关系是劳动关系在法律上的体现，是指劳动法律规范在调整劳动关系过程中形成的法律上的劳动权利和劳动义务关系，是劳动关系被劳动法律规范调整的结果。

劳动法律关系的当事人一方固定为劳动力所有者和支出者，称为劳动者；另一方固定为生产资料占有者和劳动力使用者，称为用人单位(雇主)。其中，劳动者在劳动过程中及其前后都是劳动力所有者，并且在劳动过程中还是劳动力支出者；用人单位以占有生产资料作为其成为劳动力使用者的必要条件。

一、劳动法律关系的种类

(1) 全民所有制单位的劳动法律关系，包括全民所有制企业、事业单位、国家机关、社会团体等单位的劳动法律关系。

(2) 集体所有制单位的劳动法律关系，包括城镇集体所有制企业单位的劳动法律关系、乡村集体所有制企业单位的劳动法律关系。

(3) 个体经营单位的劳动法律关系，包括城乡个体工商户、个人合伙单位的劳动法律关系。个体劳动者与帮工和学徒建立了劳动法律关系，双方当事人的合法权益应当受到法律的保护。

(4) 私营企业的劳动法律关系，包括城乡私营独资企业、私营合伙企业、私营有限责任公司等单位的劳动法律关系。

(5) 股份制企业的劳动法律关系，即股份有限公司(包括中外股份有限公司)的劳动法律关系。

(6) 外商投资企业的劳动法律关系，包括外商独资企业和中外合资经营企业的劳动法律关系。

二、劳动法律关系的要素

劳动法律关系的要素是指构成各种法律关系不可缺少的组成部分。任何一种劳动法律关系都是由劳动法律关系主体、劳动法律关系客体和劳动法律关系内容这三个基本要素构成的，如果缺少其中任何一个要素，就不能形成劳动法律关系。

(一) 劳动法律关系主体

劳动法律关系主体是指在实现社会劳动的过程中依照劳动法律规范享有权利并承担义务的当事人。劳动法律关系主体是劳动法律关系的参加者，具有特定性。劳动法律关系主体享有权利并承担义务，是权利的行使者和义务的承担者。

1. 劳动者

劳动者作为法律关系主体必须具有劳动权利能力和劳动行为能力。劳动权利能力是指公民能够享有劳动权利并承担劳动义务的法律资格。劳动行为能力是指公民能够以自己的行为行使劳动权利并承担劳动义务的法律资格。劳动权利能力和劳动行为能力具有统一性。

(1) 公民的劳动权利能力和劳动行为能力在存续时间上是一致的。劳动权利、义务的实现有赖于劳动者用自身的劳动力通过劳动行为去实现，由于劳动力和劳动者须臾不可分离的自然属性，劳动行为具有人身属性，在该公民不具有劳动能力时，他人无法使用该公民的劳动力去实现劳动权利和劳动义务。

(2) 权利义务一致原则要求劳动权利能力和劳动行为能力的统一。法律一方面禁止用人单位使用无劳动能力的公民，限制其用人权利，而另一方面赋予无劳动行为能力的公民以劳动权利能力，若无劳动行为能力公民据此主张劳动权利，将造成法律体系内部的逻辑混乱和司法实践上的不可操作性。

(3) 劳动者的主体资格中不存在完全劳动行为能力和限制劳动行为能力区别。我国劳动法律法规对劳动者劳动权利能力的规定多为授权性的，而对劳动者的劳动行为能力从保护劳动者的利益出发，做了具体排除性的规定。不具有劳动行为能力的公民大体有四类：①未满16周岁的未成年人；②完全丧失劳动能力的残疾人；③精神病患者；④行为自由被剥夺者或受到特定限制者。我们只需要对公民的劳动行为能力做出认定，即可实现对公民劳动者主体资格的确定。

2. 用人单位

用人单位主体资格是法律规定的用人单位应当具备的条件。用人单位主体资格同样由用人权利能力和用人行为能力两个方面构成。用人权利能力是指法律规定的用人单位能够享有用人权利和承担用人义务的资格。用人行为能力是法律规定的用人主体能够以自己的行为行使用人权利和承担用人义务的资格。依照劳动法律法规的规定，用人单位的用人权利能力范围包括以下几个方面：①用工权利义务的规定；②劳动管理权利义务的规定；③分配劳动报酬权利义务的规定；④劳动安全卫生保障权利义务的规定。

用人单位为实现劳动过程，必然要使用劳动者的劳动力，为保障劳动者的人身利益，法律规定用人单位应当为劳动者提供必要的劳动条件并保障劳动者利益的实现。因此成为用人单位必须具备一定的条件，才有能力实现其用人权利和用人义务。具备用人单位主体资格的条件包括：①独立支配的生产资料，包括生产工具和设备、生产材料和劳动对象、一定的自有资金；②健全的劳动组织，包括劳动组织机构和内部劳动规则；③相应的技术条件，包括生产技术和生产工艺等。是否具备这些条件是认定一个组织体能否参加劳动法律关系的标准。用人单位主体资格的确认应当属于劳动行政管理机关的职权。

(二) 劳动法律关系客体

劳动法律关系客体是劳动权利和劳动义务指向的对象，也就是劳动力。马克思说："我们把劳动力或劳动能力，理解为人的身体即活的人体中存在的，每当人生产某种使用价值时运用的体力和智力的总和。"

1. 劳动行为

劳动行为即劳动者为完成用工单位安排的劳动任务而支出劳动力的活动，是劳动法律关系的基本客体。

2. 劳动待遇和劳动条件

劳动待遇和劳动条件即劳动者因支出劳动力而有权获得的、用工单位因使用劳动力而有义务提供的各种待遇和条件，是劳动法律关系的辅助客体。其中，劳动待遇是对劳动者支出劳动力的物质补偿,劳动条件是劳动者完成劳动任务和保护安全健康所必需的物质技术条件。它们从属和受制于劳动行为,主要承载或体现劳动者的利益。

3. 劳动法律关系客体的种类

劳动法律关系的客体是劳动力。劳动法律关系的各项权利、义务都是紧紧围绕劳动力展开的,大体可分为劳动力的让渡关系、劳动力的使用关系、劳动力的保护关系,这些关系在客体上有区别。

(1) 劳动力的让渡关系。在劳动者择业权和用人单位招工权、辞退权的关系中,劳动者和劳动力使用者旨在建立劳动力让渡关系,随着劳动合同的普遍推行,劳动力的让渡条件和形式将由合同约定,作为客体的劳动力是一种潜在形态的劳动力,亦即劳动能力。

(2) 劳动力的使用关系。在劳动者的劳动报酬权和企业用人权、分配权关系中,权利义务共同指向的对象是使用中的劳动力。潜在的劳动能力是一种非对象化的东西,无法精确计量,难以直接成为劳动报酬权的客体。在社会化大生产条件下的集体劳动过程中,劳动者个人的行为往往融于整体劳动中,通过执行劳动纪律使劳动者的行为符合企业的整体要求。劳动者有偿地让渡劳动力支配权,具体化为劳动者按用人单位的要求进行劳动,用人单位按劳动量进行分配这样一种劳动力的使用关系,以运动形式的劳动力为客体。

(3) 劳动力的保护关系。劳动力与它的物质载体——劳动者的身体密不可分。在休息权和劳动安全卫生权关系中,是以劳动力的物质载体为保护对象的。我国的工时制度、休假制度、劳动安全卫生制度是为保障劳动者在生产过程中得到安全和健康而建立起来的法律制度,其目的是使劳动者的人身受到保护,从而保护劳动力。

需要说明的是,劳动力的让渡关系、劳动力的使用关系、劳动力的保护关系只是劳动法律关系的不同侧面,绝不能将其理解为几类不同的关系。

以潜在的劳动力为依据,还可将劳动力进一步分类。从体力方面,常分为有劳动能力、部分丧失劳动能力和完全丧失劳动能力。从智力方面,往往根据教育程度、任职资格等进行分类:根据教育程度分类,可分为小学、中学、大学、学士、硕士、博士等;根据任职资格分类,可分为初级职称、中级职称、高级职称等。以使用的劳动力为依据,也可将劳动分为脑力劳动、体力劳动,复杂劳动、简单劳动,本职劳动、兼职劳动等。以劳动力的物质载体为依据,可分为男、女,老、中、青,成年、未成年等。

三、劳动法律关系的产生、变更和消灭

劳动法律关系的产生是指劳动者同用人单位依据劳动法律规范和劳动合同约定,明确相互间的权利义务,形成劳动法律关系。它是劳动法律关系主体双方意思表示一致的合法行为。不符合劳动法律规范的行为,不会产生劳动法律关系。

劳动法律关系的变更是指劳动者同用人单位依据劳动法律规范,变更其原来确定的权利、义务内容。引起变更劳动法律关系的劳动法律事实,一般是劳动法律关系主体双方意思表示一致的合法行为,但在某种情况下,劳动法律关系主体一方的违法行为也可以引起劳动法律关系的变更。此外,发生不以行为人的意志为转移的事件,也会引起法律关系的变更。

劳动法律关系的消灭是指劳动者同用人单位依据劳动法律规范，终止其相互间的劳动权利义务关系。消灭劳动法律关系的劳动法律事实包括行为人的合法行为和违法行为及事件。

四、附随劳动法律关系

附随劳动法律关系是指劳动法调整与劳动关系密切联系的其他社会关系时所形成的权利义务关系。附随劳动法律关系主要有以下几种。

（一）劳动行政法律关系

劳动行政法律关系是指劳动行政主管部门在实现劳动管理的过程中与劳动法律关系的一方当事人或双方当事人之间形成的权利义务关系。劳动行政法律关系具体表现如下：①劳动力资源开发与配置的管理法律关系；②劳动工资、劳动保护、社会保险等方面的管理关系；③劳动争议仲裁法律关系；④劳动监察法律关系。

（二）劳动服务法律关系

劳动服务法律关系是指劳动服务机构在为劳动者和用人单位确立劳动关系，实现劳动过程及各自利益提供服务活动的过程中，与劳动者或用人单位之间形成的权利义务关系。劳动服务法律关系主要包括失业登记、职业介绍、职业培训、社会保险等服务活动。

（三）工会活动方面的法律关系

工会活动方面的法律关系是指工会在实现其职能的过程中与劳动者和用人单位所发生的权利义务关系。工会活动方面的法律关系具有以下特征：①集管理因素与服务因素于一体的法律关系；②不以营利为目的，而且不许以营利为目的的法律关系。

第三节　劳动法规简介

我国已经制定出一系列保护劳动者的法律法规，逐步形成一个劳动法律体系，包括劳动者的基本权利和义务、促进就业、劳动合同和集体合同、工作时间和休息休假、工资、劳动安全卫生、女职工和未成年工特殊保护、职业培训、社会保险和福利、劳动争议、监督检查、法律责任等内容。劳动和社会保障现行的法律法规主要包括《劳动法》《劳动合同法》《劳动争议调解仲裁法》《中华人民共和国妇女权益保护法(2018年修订)》《中华人民共和国就业促进法》《中华人民共和国社会保险法(2018年修订)》《劳动合同法实施条例》《国务院关于职工工作时间的规定(1995年修正)》《职工带薪年休假条例》《工伤保险条例》《失业保险条例》《保障农民工工资支付条例》等。本节对部分劳动法规进行简要介绍。

一、《宪法》

国家最高法律《宪法》中有保护公民劳动权利的明确论述。

第四十二条 中华人民共和国公民有劳动的权利和义务。国家通过各种途径，创造劳动就业条件，加强劳动保护，改善劳动条件，并在发展生产的基础上，提高劳动报酬和福利待遇。劳动是一切有劳动能力的公民的光荣职责。国有企业和城乡集体经济组织的劳动者都应当以国家主人翁的态度对待自己的劳动。国家提倡社会主义劳动竞赛，奖励劳动模范和先进工作者。国家提倡公民从事义务劳动。国家对就业前的公民进行必要的劳动就业训练。

第四十三条 中华人民共和国劳动者有休息的权利。国家发展劳动者休息和休养的设施，规定职工的工作时间和休假制度。

第四十四条 国家依照法律规定实行企业事业组织的职工和国家机关工作人员的退休制度。退休人员的生活受到国家和社会的保障。

第四十五条 中华人民共和国公民在年老、疾病或者丧失劳动能力的情况下，有从国家和社会获得物质帮助的权利。国家发展为公民享受这些权利所需要的社会保险、社会救济和医疗卫生事业。

二、《劳动法》

《劳动法》是为了保护劳动者的合法权益，调整劳动关系，建立和维护适应社会主义市场经济的劳动制度，促进经济发展和社会进步，根据宪法所制定。《劳动法》于 1994 年 7 月 5 日第八届全国人民代表大会常务委员会第八次会议通过，1995 年 1 月 1 日施行，根据 2009 年 8 月 27 日第十一届全国人民代表大会常务委员会第十次会议《关于修改部分法律的决定》第一次修正，根据 2018 年 12 月 29 日第十三届全国人民代表大会常务委员会第七次会议《关于修改〈中华人民共和国劳动法〉等七部法律的决定》第二次修正。

《劳动法》对促进就业、劳动合同和集体合同、工作时间和休息休假、工资福利、劳动安全卫生、女职工和未成年工特殊保护、职业培训、劳动争议与法律责任等问题做了明确的规定。《劳动法》成为其他劳动法律法规的遵循，是对劳动关系的全面阐述。

三、《劳动合同法》

《劳动合同法》是为了完善劳动合同制度，明确劳动合同双方当事人的权利和义务，保护劳动者的合法权益,构建和发展和谐稳定的劳动关系而制定的法律条文。《劳动合同法》于 2008 年 1 月 1 日施行，全国人民代表大会常务委员会于 2012 年对该法案进行修改，并于 2013 年 7 月 1 日起施行。

专门规范劳动合同的制度称为劳动合同制度。劳动合同制度是整个劳动法体系中的核心制度。劳动合同与每个劳动者息息相关，是每个劳动者走上工作岗位与用人单位发生劳动关系时都必须签署的协议。劳动合同制度的内容是劳动者与用人单位经过平等协商后达成的关于责任、权利和义务的条款。劳动合同一般包括当事人名称(姓名)和地址、合同期限、试用期、职务、工作时间、劳动报酬、劳动纪律、政治待遇、教育与培训、劳动合同变更、劳动合同解除、劳动合同终止、违约责任、其他事项(如住房问题、特殊困难)、争议处理等内容。通过对劳动合同制度的学习，可以懂得签订劳动合同时应注意哪些问题，劳动者依法享有哪些权利、承担什么义务、劳动合同变动的风险与后果等问题。

四、《劳动争议调解仲裁法》

《劳动争议调解仲裁法》由第十届全国人民代表大会常务委员会第三十一次会议于 2007 年 12 月 29 日通过，自 2008 年 5 月 1 日起施行。

第一条　为了公正及时解决劳动争议，保护当事人合法权益，促进劳动关系和谐稳定，制定本法。

第二条　中华人民共和国境内的用人单位与劳动者发生的下列劳动争议，适用本法：

(一) 因确认劳动关系发生的争议；
(二) 因订立、履行、变更、解除和终止劳动合同发生的争议；
(三) 因除名、辞退和辞职、离职发生的争议；
(四) 因工作时间、休息休假、社会保险、福利、培训以及劳动保护发生的争议；
(五) 因劳动报酬、工伤医疗费、经济补偿或者赔偿金等发生的争议；
(六) 法律、法规规定的其他劳动争议。

劳动争议处理制度是指在劳动争议处理过程中，由争议处理机构各自的地位和相互关系形成的有机整体。目前，我国劳动争议处理采取"一调一裁二审"制，即劳动争议发生后首先由当事人申请调解，调解不成或当事人不愿调解的应当先向劳动争议仲裁委员会申请劳动争议仲裁，只有当一方或双方当事人不服劳动争议仲裁裁决，才可向人民法院起诉。仲裁是劳动争议的前置程序，诉讼是劳动争议的最终程序。根据劳动法规定，发生劳动争议后，劳资双方应在 60 日内提请劳动争议仲裁，劳动争议仲裁委员会一般应在 60 日内做出裁决；当事人不服裁决的，可在收到裁决书的 15 日内向法院提起诉讼；法院应在 6 个月内审结，特殊情况下可延长 6 个月；当事人不服法院一审判决的，可在 15 日内提起上诉，二审法院应在立案之日起 3 个月内审结，特殊情况下可延长。劳动者在劳动过程中要注意保留证明劳动关系存在或劳动者权利成立的相关证据，以备不时之需。

五、《劳动合同法实施条例》

《劳动合同法实施条例》经国务院第 25 次常务会议通过，2008 年 9 月 3 日公布施行。《劳动合同法实施条例》是根据《劳动合同法》的规定，规范实施过程行为的具体法条，使其更加细化，更加明确。

六、《职工带薪年休假条例》和《企业职工带薪年休假实施办法》

为了维护职工休息休假权利，调动职工工作积极性，根据劳动法和公务员法，制定《职工带薪年休假条例》。机关、团体、企业、事业单位、民办非企业单位、有雇工的个体工商户等单位的职工连续工作1年以上的，享受带薪年休假。单位应当保证职工享受年休假。职工在年休假期间享受与正常工作期间相同的工资收入。

《职工带薪年休假条例》和《企业职工带薪年休假实施办法》规定了带薪年休假的具体计算方式及未休带薪年休假的具体工资发放标准。据此，劳动者可以依法维护自己的权益。

七、《民法典》与劳动权益保护

2020年5月28日，十三届全国人大三次会议表决通过了《中华人民共和国民法典》（以下简称《民法典》），自2021年1月1日起施行。《民法典》共7编1260条，各编依次为总则、物权、合同、人格权、婚姻家庭、继承、侵权责任，以及附则。通篇贯穿以人民为中心的发展思想，着眼满足人民对美好生活的需要，对公民的人身权、财产权、人格权等做出明确、翔实的规定，并规定侵权责任，明确权利受到削弱、减损、侵害时的请求权和救济权等。

《民法典》对于劳动权益保护有以下规定。

（一）对于劳动者的人格权保护

《民法典》第九百九十条 人格权是民事主体享有的生命权、身体权、健康权、姓名权、名称权、肖像权、名誉权、荣誉权、隐私权等权利。除前款规定的人格权外，自然人享有基于人身自由、人格尊严产生的其他人格权益。

（二）建设项目优先受偿

《民法典》第八百零七条 发包人未按照约定支付价款的，承包人可以催告发包人在合理期限内支付价款。发包人逾期不支付的，除根据建设工程的性质不宜折价、拍卖外，承包人可以与发包人协议将该工程折价，也可以请求人民法院将该工程依法拍卖。建设工程的价款就该工程折价或者拍卖的价款优先受偿。

（三）提供劳务过程中造成他人损害，雇主应承担责任

《民法典》第一千一百九十二条 个人之间形成劳务关系，提供劳务一方因劳务造成他人损害的，由接受劳务一方承担侵权责任。接受劳务一方承担侵权责任后，可以向有故意或者重大过失的提供劳务一方追偿。提供劳务一方因劳务受到损害的，根据双方各自的过错承担相应的责任。

提供劳务期间，因第三人的行为造成提供劳务一方损害的，提供劳务一方有权请求第三人承担侵权责任，也有权请求接受劳务一方给予补偿。接受劳务一方补偿后，可以向第三人追偿。

(四) 被派遣员工因工侵权，用工单位承担责任

《民法典》第一千一百九十一条 用人单位的工作人员因执行工作任务造成他人损害的，由用人单位承担侵权责任。用人单位承担侵权责任后，可以向有故意或者重大过失的工作人员追偿。

劳务派遣期间，被派遣的工作人员因执行工作任务造成他人损害的，由接受劳务派遣的用工单位承担侵权责任；劳务派遣单位有过错的，承担相应的责任。

(五) 用人单位有防止和制止"性骚扰"义务

《民法典》第一千零一十条 违背他人意愿，以言语、文字、图像、肢体行为等方式对他人实施性骚扰的，受害人有权依法请求行为人承担民事责任。

机关、企业、学校等单位应当采取合理的预防、受理投诉、调查处置等措施，防止和制止利用职权、从属关系等实施性骚扰。

八、《就业促进法》

《中华人民共和国就业促进法》(以下简称《就业促进法》)全国人民代表大会常务委员会第二十九次会议于2007年8月30日通过，自2008年1月1日起施行。为了促进就业，促进经济发展与扩大就业相协调，促进社会和谐稳定，制定《就业促进法》。《就业促进法》规定：国家把扩大就业放在经济社会发展的突出位置，实施积极的就业政策，坚持劳动者自主择业、市场调节就业、政府促进就业的方针，多渠道扩大就业；劳动者依法享有平等就业和自主择业的权利；劳动者就业，不因民族、种族、性别、宗教信仰等不同而受歧视；国家倡导劳动者树立正确的择业观念，提高就业能力和创业能力，鼓励劳动者自主创业、自谋职业；各级人民政府和有关部门应当简化程序，提高效率，为劳动者自主创业、自谋职业提供便利；等等。

九、《普通高等学校毕业生就业工作暂行规定》

《普通高等学校毕业生就业工作暂行规定》是为做好普通高等学校(含研究生培养单位)毕业生(含毕业研究生)就业工作，更好地为经济建设和社会发展服务，维护毕业生和用人单位的合法权益，根据国家的有关法律和政策制定，由教育部于1997年3月24日印发并实施。

十、劳动标准制度

劳动标准是指国家劳动法规定的用人单位必须保障劳动者享有的最低劳动权利和劳动待遇。劳动标准制度包括工资制度、工作时间制度、劳动安全卫生制度、休息休假制度、女职工和未成年工特殊保护制度。劳动法所规定的劳动标准为最低劳动标准，一般属于强行性法律规范，不容当事人变更。完善和落实法定劳动标准是推动我国劳动关系调整的现实需要，是发展和谐劳动关系的必然要求，这不仅有利于维护劳动者的合法权益，从长期

来看也符合用人单位的利益。在劳动标准制度中，要重点了解工时制度和工资制度，因为吸纳绝大多数大学毕业生就业的私有企业存在加班加点、变相或隐性克扣工资的问题。

十一、社会保险制度

社会保险制度是由国家通过立法建立社会保险基金，对参加劳动关系的劳动者在丧失劳动能力或失业时给予必要的物质帮助的社会保障制度。社会保险制度是社会保障制度的核心内容，它以劳动权利为基础，实行权利义务相结合，并由雇主与劳动者缴费形成各项社会保险基金，以解除劳动者在养老、医疗、工伤、事业等方面的后顾之忧为目标，是促进劳资关系和谐、维护劳动者福利的根本制度。社会保险制度不仅事关全体劳动者的切身利益，而且对国家与社会能否持续、健康、文明发展产生重大深刻的影响。依据我国劳动法，我国劳动者在退休、患病、负伤、因公伤残或患职业病、失业、生育五种情形下分别可享受养老保险、医疗保险、工伤保险、失业保险、生育保险待遇。通过社会保险制度的学习，纠正劳动者在求职与就业过程中过分关注工资多少而忽视社会保险待遇的误区，充分认识到社会保险的重要性，为将来的生活筑起一道"防洪堤"。

第四节 劳动法规对大学生就业的保护

大学生要熟悉和掌握国家有关法律、法规，强化自己的合法劳动和维权意识，一旦在求职应聘、签订就业协议和劳动合同的过程中发现有权益受到侵害的现象时，能够积极运用法律武器，争取和维护自己的合法权益。大学生应着重了解《劳动法》中关于劳动者应享有的各项权利：平等就业和选择职业的权利、取得劳动报酬的权利、休息休假的权利、获得劳动安全卫生保护的权利、接受职业技能培训的权利、享受社会保险和福利的权利、提请劳动争议处理的权利以及法律规定的其他权利，还应当明确："劳动者应当完成劳动任务，提高职业技能，执行劳动安全卫生规程，遵守劳动纪律和职业道德。""用人单位应当依法建立和完善规章制度，保障劳动者享有劳动权利和履行劳动义务。"

一、劳动法规规定的大学生就业基本权利

大学生作为一个特殊群体，在就业过程中除享有普通劳动者所享有的劳动报酬权、休息休假权、劳动保护权等一般权利外，还享有许多其他的权利，具体如下。

（一）就业信息知情权

就业信息知情权是指大学毕业生拥有及时、全面地获取应该公开的各种就业信息的权利。该权利包括三个方面的含义：信息公开，即任何团体、组织和个人都不得隐瞒、截留用人信息，要全部向毕业生公布；信息及时，即应当将就业信息及时向毕业生公布，否则就业信息就会过时，失去了利用价值；信息全面，即向毕业生公布的就业信息应当是全面

完整的，部分的、残缺不全的信息，将影响毕业生对用人单位的全面了解和准确判断，从而影响自己对职业的选择。

毕业生有全面、真实获取用人单位信息的权利。在双向选择的过程中，毕业生有权向用人单位了解具体的使用意图、工作环境、薪酬待遇、发展前景等情况，从而做出符合自身条件的选择；用人单位有义务向毕业生和学校如实介绍本单位的情况，并提供相应的资料。

（二）接受就业指导权

就业指导对毕业生来说意义重大，它会直接影响毕业生的职业生涯规划、就业意识、就业方向及求职择业的技巧。接受来自国家、社会和学校的及时、有效的就业指导与服务，是大学毕业生的一项重要权利。学校在毕业生就业指导工作中占据重要位置。《中华人民共和国高等教育法》第五十九条规定，"高等学校应当为毕业生、结业生提供就业指导和服务"。为做好毕业生就业指导工作，学校应当设立专门机构、开设专门课程、安排专门人员对毕业生进行全方位的就业指导与服务，向毕业生宣传国家关于毕业生就业的方针、政策，帮助毕业生做好职业规划，对毕业生进行择业技巧的指导，引导毕业生准确定位，合理择业。除了学校，毕业生还可以从社会上合法的就业指导机构处获得帮助。

（三）被推荐权

向用人单位推荐毕业生是学校就业工作的一项重要职责，学校的推荐对用人单位选择毕业生起着重要作用。毕业生享有被学校及时、公正、如实推荐到用人单位的权利。学校推荐毕业生时应做到：如实推荐，对毕业生的在校表现不夸大、不贬低，实事求是；择优推荐，在公开、公正的基础上择优推荐毕业生，使人尽其才，并激发广大学生的学习工作积极性；公正推荐，根据个人的表现及能力，公平、公开、公正地推荐每一位毕业生，使大家都能够享受到被推荐的权利。

（四）平等就业权

平等就业权渊源于我国宪法，是劳动权和平等权共同派生的一个权利，平等就业权综合了生存权和发展权的基本人权特征，是一项具有社会性的重要权利。大学生作为中国公民，享有宪法规定的基本权利。

毕业生在就业过程中享有平等的就业权利，有平等的机会去竞争工作岗位，反对就业中的各种歧视行为，这是一项基本的劳动权和人权。毕业生应当平等地接受学校推荐，平等地参加用人单位的公开招聘，同时还应该要求用人单位在录用毕业生时能够做到公平、公正及一视同仁。目前，社会上确实存在种种就业歧视，包括性别歧视、地域歧视、学历歧视、经验歧视、身体条件歧视等，毕业生在遭遇这些歧视时，应该勇敢地拿起法律武器维护自己的权利。

（五）就业选择自主权

《劳动法》第三条规定："劳动者享有选择职业的权利。"毕业生就业只要符合国家有关就业方针、政策，就可以自主选择用人单位，按照自己的兴趣、爱好和能力去选择自己将要从事的职业，任何单位或个人不得干涉，更不可将个人意志强加于毕业生。毕业生在国家就业方针、政策指导下"双向选择，自主择业"，即毕业生可按照自己的意愿就业，有权决定自己是否就业，何时就业，何地就业，从事何种职业，学校、其他单位和个人均不能进行干涉。任何强加给毕业生的就业行为都是侵犯毕业生就业自主权的行为。

（六）违约求偿权

用人单位、毕业生、学校的三方协议一经签订后，任何一方不得擅自毁约和违约，如果用人单位无故解除协议，或不按照协议内容履行，毕业生有权要求用人单位承担违约责任，包括支付违约金。在现实就业过程中，毕业生出于谋求更好的就业机会等原因，向用人单位主动提出解除协议的情况较多，毕业生大多也都承担了自己的违约责任。但用人单位一方出于单位改制、经营情况不良等原因，也有主动向毕业生提出解除协议的情况，甚至个别单位在招聘时提供了虚假信息，在毕业生到单位就业后不能履行对毕业生的承诺，对于这些情况毕业生有权向用人单位提出赔偿要求。

（七）户口档案保存权

毕业生自毕业之日起两年择业期内如果没有联系到合适的工作单位，没有和用人单位签订就业协议，也没有因回生源地自主择业、出国等情况而办理人事代理手续，有权将档案和户口保存在学校，学校应当对毕业生的学籍档案和户口关系进行妥善保管，不能向毕业生收取费用。择业期满后，学校就不再承担此义务。

二、大学生就业中如何维权

大学生就业竞争日趋激烈，就业压力日渐加大，一些招聘单位、中介机构或个人，利用大学生社会经验不足、自我保护意识差、求职心切等弱点，以提供就业机会为诱饵，采用违背道德、违反法律等手段，与大学生达成权利与义务不对等的就业意向或协议，使大学生受骗上当，合法权益受到侵害。因此，广大毕业生在求职过程中应当学会识别和规避各种就业陷阱，增强自我保护意识，明晰劳动法规中的相关规定，了解和掌握维权求助的途径，维护自己的权益。

（一）识别和规避就业陷阱

1. 费用陷阱

一些用人单位在招聘中向毕业生收取各种名目繁多的费用，如风险抵押金、报名费、培训费、考试费、资料费、登记费、服装费等，不但加重了毕业生的负担，有些根本就是骗取钱财。有些毕业生不想错过机会，尝试着先把费用交了，但结果却是受骗上当了。我国《劳动力市场管理规定》第十条规定，禁止用人单位招用人员时有下列行为：向求职者收取招聘费用；向被录用人员收取保证金或抵押金；扣押被录用人员的身份证等证件；以招用人员为名牟取不正当利益或进行其他违法活动。

2. 高薪陷阱

求职中,毕业生往往容易被优厚的待遇、高额的工资所吸引,等到正式开始工作时才发现,用人单位以各种各样的理由和借口不予兑现招聘时所做出的承诺,或用人单位对薪水中的不确定收入部分给予虚假或模糊的承诺,最终不能兑现。针对这种情况,毕业生一定要在求职时对用人单位做深入了解,重在预防,不要盲目签约。

3. 试用期陷阱

试用期陷阱主要有以下几种形式。

(1) 试用期间只试用不录用。毕业生辛辛苦苦熬到试用期满时,用人单位随意找个理由就把毕业生辞退了。

(2) 试用期不签订劳动合同,试用合格后才签劳动合同。法律规定,劳动合同可以约定试用期,试用期应当包含在劳动合同期限内。因此,毕业生在被用人单位录用后就应该订立劳动合同,双方在法律、法规允许的范围内约定试用期。

(3) 随意延长试用期。《劳动合同法》对试用期限有明确规定,有些单位却拒不执行。

(4) 故意混淆试用期与实习期、见习期的概念,以达到侵犯毕业生合法权益的目的。实习期是在校大学生到单位进行实践活动的时间,属于教学过程的一部分。见习期是对应届毕业生进行业务适应及考核的一种制度,不是劳动合同制度下的概念,而是人事制度下的做法。

(5) 榨取廉价劳动力,支付低工资甚至不支付工资。

(6) 单独签订试用期合同。试用期结束时,用人单位将毕业生辞退,同时又以劳动合同没有生效为由,逃避责任。

4. 合同陷阱

现实生活中,有些用人单位在与毕业生签订劳动合同时采用欺诈、胁迫等手段设置陷阱,严重侵害了毕业生的合法权益。合同陷阱一般有以下几种形式。

(1) 口头合同。用人单位与毕业生就责、权、利达成口头约定,不签订书面正式文本。

(2) 单方合同。用人单位在劳动合同里只约定毕业生的义务和用人单位的权利,而对毕业生的权利和用人单位的义务却很少甚至是根本不提。

(3) 生死合同。一些高危行业的用人单位会要求毕业生接受合同中的"生死协议",即一旦发生意外,企业不承担任何责任。

(4) 真假两份合同。假合同内容按照劳动部门的要求签订,以应付有关部门的检查,真合同往往是从用人单位利益出发的违法合同。

(5) 格式合同。用人单位采用的是根据劳动部门制定的合同示范文本打印的聘用合同,从表面上看不出有什么问题,但具体文字却表述不清,甚至可以有多种解释。

除以上陷阱外,还有遭遇黑中介、被用人单位当作廉价劳动力、无故克扣工资及不缴纳社会保险费(养老保险、医疗保险、失业保险、工伤保险、生育保险),被骗取劳动成果,陷入传销骗局,被网络虚假招聘信息蒙蔽等诸多陷阱,毕业生在求职路上一定要提高警惕,擦亮眼睛,绕过陷阱,最终实现顺利就业。

（二）毕业生学会自我保护

毕业生就业权益保护的一个重要方面就是毕业生自我保护，主要体现在以下几个方面。

1. 增强自我保护的意识

（1）端正求职心态，防止急躁情绪。激烈的就业竞争往往会使毕业生产生盲目、焦急和浮躁等不良心态，这就给一些不法单位和机构以可乘之机。因此，毕业生要调整情绪，保持平稳心态，在求职前做好心理准备，防止因轻信而上当受骗。

（2）对用人单位进行全面、深入的了解，未雨绸缪。毕业生对用人单位有择业知情权，签约前，毕业生应通过多种途径多方了解用人单位的各方面情况，最好能够实地考察一下，以做到心中有数。

（3）慎签就业协议和劳动合同，仔细阅读协议和合同的各项条款，明确双方的权利和义务，不留漏洞，以免日后产生纠纷。

2. 增强法律意识

毕业生要用法律手段维护自己的权益，就必须学习并掌握与就业有关的法律法规，增强法律意识，当自己的权益遭受侵害时，能够积极运用法律的武器，争取自己的合法权益。尤其是在签订就业协议、订立劳动合同和试用期这些用人单位容易钻空子的环节上，切记要按法律程序进行。

3. 树立契约意识

毕业生与用人单位签订的就业协议是确立双方当事人之间劳动关系的一种契约，具有法律效力。毕业生在签约时要具备契约意识，不仅要通过协议保护自己的合法权益，还必须严格遵守就业协议，积极履行协议内容，未经对方同意不得擅自毁约、违约，否则就要承担法律责任。

4. 增强维权意识

毕业生不但要明确自己在就业过程中享有的权利，还要具有强烈的维权意识，当权益受到侵犯时，要敢于拿起法律武器据理力争，而不是选择忍气吞声，不了了之。只有这样，才能真正使自己处在与用人单位平等的地位，自己的合法权益才能得到切实的保障。

5. 增强证据意识

（1）具有收集证据的意识，要求对方出示或者提供相关资料。

（2）具有保存证据的意识，以便将来在仲裁或诉讼时支持自己的观点。

（3）具有运用证据的意识，毕业生要有用证据证明案件事实的意识。

（三）维权求助的途径

毕业生在自己的权益受到侵犯时，不要惊慌失措，更不要冲动蛮干，要懂得通过合法途径保护自己的权益。

1. 依靠学校

在求职过程中遇到问题、权益遭受侵犯时，应首先到学校的毕业生就业主管部门寻求帮助，学校有责任和义务维护学生的利益，学校对学生的保护最为直接。学校可以制定各项措施来规范用人单位的招聘行为，还有权抵制用人单位在招聘活动中的不公正甚至违法的行为。就业协议需要三方同意才能生效，对不符合规定的就业协议，学校有权不同意。对于可以协商解决的问题，由学校与用人单位进行沟通，这将有助于问题的顺利解决。

2. 依靠国家行政机关

当权益受到侵犯时，毕业生可向各级行政主管部门举报、投诉。相关部门主要包括毕业生就业主管部门、劳动局所属的劳动监察部门、物价局所属的物价监察部门、技术监督局所属的技术监督部门、工商行政管理局等。这些部门会依法对侵犯毕业生合法权益的行为进行抵制和处理。

3. 借助新闻媒体

毕业生可以借助报纸、电视、网络等新闻媒体的力量，对自己的权益遭受侵害的情况进行披露、报道，引起社会的关注和相关部门的重视，充分发挥新闻媒体的舆论监督作用，从而促进问题的快速、有效解决。

4. 寻求法律援助

法律援助是指由政府设立的法律援助机构组织法律援助人员，为经济困难或特殊案件的人员给予减免收费提供法律服务的一项法律保障制度。法律援助是一项扶助贫弱、保障社会弱势群体合法权益的社会公益事业，毕业生遇到就业问题时也可以到当地的法律援助中心寻求法律帮助，主要形式有刑事辩护和刑事代理，民事、行政诉讼代理，非诉讼法律事务代理，公证证明，法律咨询、代拟法律文书，其他形式的法律服务等。

5. 依靠司法机关

我国的《民法典》《民事诉讼法》《劳动法》《行政诉讼法》《刑事诉讼法》《治安管理处罚条例》等法律、法规明确规定，被害人有权对侵犯其人身、财产权利的犯罪事实或犯罪嫌疑人，向公安机关、人民检察院或人民法院报案或提起诉讼。毕业生可在切身利益受到侵犯时，依靠司法机关保护自己的合法权益。

 思考与实践

一、问题思考
1. 如何理解我国劳动法的调整对象。
2. 联系实际谈谈你所了解的劳动法规对大学生就业的保护。

二、实践训练
1. 查找劳动法规相关案例，分析案例对自己的启示。
2. 根据所学知识设计一份劳动法宣传单。

拓展学习

一、视频学习

12-1. 996 劳动保护　　12-2. 不当劳动行为　　12-3. 大学生志愿服务 陪"折翼"天使欢乐度暑假　　12-4. 法律保障：农民工的"护薪人"

12-5. 恪守职业道德　　12-6. 劳动合同的监督检查　　12-7. 劳动合同的终止　　12-8. 美好假期大学生公益行走进太阳村困境儿童校园

12-9. 人民日报评有偿删差评　　12-10. 致敬高温下的劳动者

二、拓展阅读

【拓展阅读 12-1】

导读：2021 年 7 月 16 日，人力资源和社会保障部、国家发展改革委、交通运输部、应急部、国家市场监督管理总局、国家医保局、最高人民法院、全国总工会 8 部门印发的《关于维护新就业形态劳动者劳动保障权益的指导意见》从健全公平就业、劳动报酬、休息、劳动安全、社会保险制度，强化职业伤害保障，完善劳动者诉求表达机制等多方面，补齐了劳动者权益保障的制度短板，还将所有新就业形态劳动者纳入劳动保障基本公共服务范围。文件明确，企业应当对不完全符合确立劳动关系情形、但企业对劳动者进行劳动管理的新就业形态劳动者权益保障承担相应责任。对采取外包等其他合作用工方式，劳动者权益受到损害的，平台企业依法承担相应责任。

关于维护新就业形态劳动者劳动保障权益的指导意见
人社部发〔2021〕56 号

各省、自治区、直辖市人民政府、高级人民法院、总工会，新疆生产建设兵团，新疆维吾尔自治区高级人民法院生产建设兵团分院，新疆生产建设兵团总工会：

近年来，平台经济迅速发展，创造了大量就业机会，依托互联网平台就业的网约配送员、网约车驾驶员、货车司机、互联网营销师等新就业形态劳动者数量大幅增加，维护劳动者劳动保障权益面临新情况新问题。为深入贯彻落实党中央、国务院决策部署，支持和规范发展新就业形态，切实维护新就业形态劳动者劳动保障权益，促进平台经济规范健康持续发展，经国务院同意，现提出以下意见：

一、规范用工，明确劳动者权益保障责任

(一) 指导和督促企业依法合规用工，积极履行用工责任，稳定劳动者队伍。主动关心关爱劳动者，努力改善劳动条件，拓展职业发展空间，逐步提高劳动者权益保障水平。培育健康向上的企业文化，推动劳动者共享企业发展成果。

(二) 符合确立劳动关系情形的，企业应当依法与劳动者订立劳动合同。不完全符合确立劳动关系情形但企业对劳动者进行劳动管理(以下简称不完全符合确立劳动关系情形)的，指导企业与劳动者订立书面协议，合理确定企业与劳动者的权利义务。个人依托平台自主开展经营活动、从事自由职业等，按照民事法律调整双方的权利义务。

(三) 平台企业采取劳务派遣等合作用工方式组织劳动者完成平台工作的，应选择具备合法经营资质的企业，并对其保障劳动者权益情况进行监督。平台企业采用劳务派遣方式用工的，依法履行劳务派遣用工单位责任。对采取外包等其他合作用工方式，劳动者权益受到损害的，平台企业依法承担相应责任。

二、健全制度，补齐劳动者权益保障短板

(四) 落实公平就业制度，消除就业歧视。企业招用劳动者不得违法设置性别、民族、年龄等歧视性条件，不得以缴纳保证金、押金或者其他名义向劳动者收取财物，不得违法限制劳动者在多平台就业。

(五) 健全最低工资和支付保障制度，推动将不完全符合确立劳动关系情形的新就业形态劳动者纳入制度保障范围。督促企业向提供正常劳动的劳动者支付不低于当地最低工资标准的劳动报酬，按时足额支付，不得克扣或者无故拖欠。引导企业建立劳动报酬合理增长机制，逐步提高劳动报酬水平。

(六) 完善休息制度，推动行业明确劳动定员定额标准，科学确定劳动者工作量和劳动强度。督促企业按规定合理确定休息办法，在法定节假日支付高于正常工作时间劳动报酬的合理报酬。

(七) 健全并落实劳动安全卫生责任制，严格执行国家劳动安全卫生保护标准。企业要牢固树立安全"红线"意识，不得制定损害劳动者安全健康的考核指标。要严格遵守安全生产相关法律法规，落实全员安全生产责任制，建立健全安全生产规章制度和操作规程，配备必要的劳动安全卫生设施和劳动防护用品，及时对劳动工具的安全和合规状态进行检查，加强安全生产和职业卫生教育培训，重视劳动者身心健康，及时开展心理疏导。强化恶劣天气等特殊情形下的劳动保护，最大限度减少安全生产事故和职业病危害。

(八) 完善基本养老保险、医疗保险相关政策，各地要放开灵活就业人员在就业地参加基本养老、基本医疗保险的户籍限制，个别超大型城市难以一步实现的，要结合本地实际，积极创造条件逐步放开。组织未参加职工基本养老、职工基本医疗保险的灵活就业人员，按规定参加城乡居民基本养老、城乡居民基本医疗保险，做到应保尽保。督促企业依法参加社会保险。企业要引导和支持不完全符合确立劳动关系情形的新就业形态劳动者根据自身情况参加相应的社会保险。

（九）强化职业伤害保障，以出行、外卖、即时配送、同城货运等行业的平台企业为重点，组织开展平台灵活就业人员职业伤害保障试点，平台企业应当按规定参加。采取政府主导、信息化引领和社会力量承办相结合的方式，建立健全职业伤害保障管理服务规范和运行机制。鼓励平台企业通过购买人身意外、雇主责任等商业保险，提升平台灵活就业人员保障水平。

（十）督促企业制定修订平台进入退出、订单分配、计件单价、抽成比例、报酬构成及支付、工作时间、奖惩等直接涉及劳动者权益的制度规则和平台算法，充分听取工会或劳动者代表的意见建议，将结果公示并告知劳动者。工会或劳动者代表提出协商要求的，企业应当积极响应，并提供必要的信息和资料。指导企业建立健全劳动者申诉机制，保障劳动者的申诉得到及时回应和客观公正处理。

三、提升效能，优化劳动者权益保障服务

（十一）创新方式方法，积极为各类新就业形态劳动者提供个性化职业介绍、职业指导、创业培训等服务，及时发布职业薪酬和行业人工成本信息等，为企业和劳动者提供便捷化的劳动保障、税收、市场监管等政策咨询服务，便利劳动者求职就业和企业招工用工。

（十二）优化社会保险经办，探索适合新就业形态的社会保险经办服务模式，在参保缴费、权益查询、待遇领取和结算等方面提供更加便捷的服务，做好社会保险关系转移接续工作，提高社会保险经办服务水平，更好保障参保人员公平享受各项社会保险待遇。

（十三）建立适合新就业形态劳动者的职业技能培训模式，保障其平等享有培训的权利。对各类新就业形态劳动者在就业地参加职业技能培训的，优化职业技能培训补贴申领、发放流程，加大培训补贴资金直补企业工作力度，符合条件的按规定给予职业技能培训补贴。健全职业技能等级制度，支持符合条件的企业按规定开展职业技能等级认定。完善职称评审政策，畅通新就业形态劳动者职称申报评价渠道。

（十四）加快城市综合服务网点建设，推动在新就业形态劳动者集中居住区、商业区设置临时休息场所，解决停车、充电、饮水、如厕等难题，为新就业形态劳动者提供工作生活便利。

（十五）保障符合条件的新就业形态劳动者子女在常住地平等接受义务教育的权利。推动公共文体设施向劳动者免费或低收费开放，丰富公共文化产品和服务供给。

四、齐抓共管，完善劳动者权益保障工作机制

（十六）保障新就业形态劳动者权益是稳定就业、改善民生、加强社会治理的重要内容。各地区要加强组织领导，强化责任落实，切实做好新就业形态劳动者权益保障各项工作。人力资源社会保障部、国家发展改革委、交通运输部、应急部、市场监管总局、国家医保局、最高人民法院、全国总工会等部门和单位要认真履行职责，强化工作协同，将保障劳动者权益纳入数字经济协同治理体系，建立平台企业用工情况报告制度，健全劳动者权益保障联合激励惩戒机制，完善相关政策措施和司法解释。

（十七）各级工会组织要加强组织和工作有效覆盖，拓宽维权和服务范围，积极吸纳新就业形态劳动者加入工会。加强对劳动者的思想政治引领，引导劳动者理性合法维权。监

督企业履行用工责任,维护好劳动者权益。积极与行业协会、头部企业或企业代表组织开展协商,签订行业集体合同或协议,推动制定行业劳动标准。

(十八)各级法院和劳动争议调解仲裁机构要加强劳动争议办案指导,畅通裁审衔接,根据用工事实认定企业和劳动者的关系,依法依规处理新就业形态劳动者劳动保障权益案件。各类调解组织、法律援助机构及其他专业化社会组织要依法为新就业形态劳动者提供更加便捷、优质高效的纠纷调解、法律咨询、法律援助等服务。

(十九)各级人力资源社会保障行政部门要加大劳动保障监察力度,督促企业落实新就业形态劳动者权益保障责任,加强治理拖欠劳动报酬、违法超时加班等突出问题,依法维护劳动者权益。各级交通运输、应急、市场监管等职能部门和行业主管部门要规范企业经营行为,加大监管力度,及时约谈、警示、查处侵害劳动者权益的企业。

各地区各有关部门要认真落实本意见要求,出台具体实施办法,加强政策宣传,积极引导社会舆论,增强新就业形态劳动者职业荣誉感,努力营造良好环境,确保各项劳动保障权益落到实处。

【拓展阅读 12-2】

《民法典》中用人单位如何维护劳动者人格权

导读:根据《民法典》第 990 条、第 991 条规定,人格权是民事主体享有的生命权、身体权、健康权、肖像权、名誉权、隐私权等权利,任何组织或者个人不得侵害。在劳动关系中,劳动者要接受企业的管理,但其人格权应当得到尊重和保护。

案例1. 非法搜查员工私人物品,侵害员工身体权

张女士是某食品公司招聘的员工。该公司规定,凡生产线上的员工,下班时必须通过保安搜查且确定没有私自夹带公司产品的情况下才能出厂。张女士下班时,保安要对其挎包进行检查,但被她拒绝。随后,公司以其不配合工作、严重违反公司规定为由,通知她被解聘。

说法:《民法典》第 1003 条规定:"自然人享有身体权。自然人的身体完整和行动自由受法律保护。任何组织或者个人不得侵害他人的身体权。'"

《民法典》第 1011 条规定:"以非法拘禁等方式剥夺、限制他人的行动自由,或者非法搜查他人身体的,受害人有权依法请求行为人承担民事责任。"

另外,《中华人民共和国刑事诉讼法》规定,只有侦查机关才有权对他人的身体、物品进行搜查,且必须出示搜查证。

上述规定表明,员工的挎包和其内的物品属于私人物品,属于身体权范畴,只有国家权力机关才能检查,其他任何单位未经法律授权都无权检查,所以某公司规定无效。相应地,该公司因此解聘张女士的行为也是违法的。

案例2. 未经本人同意员工肖像不得使用

为展示企业形象、推广企业产品,王某所在公司想制作一部宣传片。前些日子,公司安排她和另外一些形象好、声音甜美的同事参加了视频节目的拍摄。此后,王某又担心公司把自己肖像传播出去,进而影响她的形象。那么,公司如何操作才不会损毁员工的形象呢?

说法：《民法典》第 1019 条规定："任何组织或者个人不得以丑化、污损，或者利用信息技术手段伪造等方式侵害他人的肖像权。未经肖像权人同意，不得制作、使用、公开肖像权人的肖像，但是法律另有规定的除外。未经肖像权人同意，肖像作品权利人不得以发表、复制、发行、出租、展览等方式使用或者公开肖像权人的肖像。"

《民法典》第 1023 条第 2 款规定："对自然人声音的保护，参照适用肖像权保护的有关规定。"

因此，企业在做有关形象、产品的宣传时，如果要使用员工的肖像和声音等，不论是否出于营利目的，不论给不给使用费，都应事先与员工协商并征得其授权同意。否则，企业就有可能承担侵权责任。

案例 3. 离职证明夹杂负面评价，若有不实则构成名誉侵权

因对公司给予的工资待遇不满，刘某主动提出了辞职。于是，公司在给刘某出具的离职证明中写道："……工作表现平平，缺乏应有的诚信和职业道德。"

刘某认为，公司的评价不符合实际，该不实评价损害了他的名誉，并将给他今后的求职就业造成不良影响。那么，公司对刘某做出的这种负面评价合法吗？

说法：《民法典》第 1024 条规定："民事主体享有名誉权。任何组织或者个人不得以侮辱、诽谤等方式侵害他人的名誉权。名誉是对民事主体的品德、声望、才能、信用等的社会评价。"

《民法典》第 1025 条规定："行为人为公共利益实施新闻报道、舆论监督等行为，影响他人名誉的，不承担民事责任，但是有下列情形之一的除外：(一)捏造、歪曲事实；(二)对他人提供的严重失实内容未尽到合理核实义务；(三)使用侮辱性言辞等贬损他人名誉。"

企业向员工出具离职证明是其法定义务，按照相关法律规定，该证明只要写明员工的劳动合同期限、解除或终止劳动合同的日期等内容即可，无须涉及员工的离职原因、工作能力、道德品行等。

本案中，公司的评价如果不实，那是对刘某名誉的贬损。刘某可以举报，由劳动监察机构责令公司改正。同时，刘某也可以直接起诉，请求法院判令公司停止侵害、消除影响、赔礼道歉。

案例 4. 在管理中获得员工私密，擅自泄露属侵害隐私权

何某在医院就诊时被诊断患有某疾病，医生建议其休息两周。何某在向公司请假时，公司要求其提供病历。

何某认为，其病历涉及个人隐私拒绝提供，公司则不同意其休假。那么，企业在日常病假管理中有权要求员工提供病历吗？会侵犯个人隐私吗？

说法：《民法典》第 1032 条规定："自然人享有隐私权。任何组织或者个人不得以刺探、侵扰、泄露、公开等方式侵害他人的隐私权。隐私是自然人的私人生活安宁和不愿为他人知晓的私密空间、私密活动、私密信息。"

《民法典》第 1033 条规定："除法律另有规定或者权利人明确同意外，任何组织或者个人不得实施下列行为：(一)以电话、短信、即时通讯工具、电子邮件、传单等方式侵扰他人的私人生活安宁；(二)进入、拍摄、窥视他人的住宅、宾馆房间等私密空间；(三)拍摄、窥视、窃听、公开他人的私密活动；(四)拍摄、窥视他人身体的私密部位；(五)处理他人的私密信息；(六)以其他方式侵害他人的隐私权。"

由此来看，《民法典》明确界定了隐私的范围，包括私密空间、私密活动、私密信息。其中，私密信息是指个人生理信息、身体隐私、财产隐私、家庭隐私、通信秘密、谈话隐私、个人经历隐私及其他有关个人生活的隐私等。

员工的病历属于个人隐私，但其请病假时会涉及医疗期计算、病假工资计发等事项，用人单位有权知晓其病情。因此，员工需要让渡一部分个人隐私，而用人单位获得该病历后仅能用于管理目的，不得泄露、公开员工的病历，否则就侵犯了员工的隐私权。

案例 5. 采集员工个人信息，使用目的必须正当

赵某所在单位的考勤一直实行指纹打卡。为防止考勤作弊现象，单位决定实行人脸识别考勤管理系统。但是，收到单位要求员工提供个人人脸照片通知后，赵某担心单位会泄露个人信息。那么，单位是否有权要求员工提供个人信息呢？

说法：《民法典》第 111 条规定："自然人的个人信息受法律保护。任何组织或者个人需要获取他人个人信息的，应当依法取得并确保信息安全，不得非法收集、使用、加工、传输他人个人信息，不得非法买卖、提供或者公开他人个人信息。"

《民法典》第 1035 条规定，收集、存储、使用、加工、传输、提供、公开个人信息，应当征得该自然人或者其监护人同意。

上述规定表明，用人单位收集员工个人信息必须依法进行。具体来说，应当做到三点：一是因签约需要，可以根据《劳动合同法》第 8 条规定，收集员工的姓名、性别、身份证号码等信息。但不得收集生活经历、婚育状况等私密信息。二是因管理需要，可以采集员工的指纹、面部特征等生物识别信息，但不得采集那些与企业管理无关的声纹、耳廓等生物识别信息。三是要履行信息安全保障义务，确保员工个人信息用于正当目的，且仅限于本单位工作之用。

参考文献

[1] 刘向兵，等. 新时代高校劳动教育论纲[M]. 北京：社会科学文献出版社，2019.

[2] 梁甜甜，梁玉莲. 劳动法新论[M]. 北京：北京理工大学出版社，2016.

[3] 杨伯峻. 论语译注[M]. 北京：中华书局，2006.

[4] 孙海通. 庄子[M]. 北京：中华书局，2007.

[5] 吴毓江. 墨子校注[M]. 北京：中华书局，2006.

[6] 马克斯·韦伯. 儒教与道教[M]. 南京：江苏人民出版社，1993.

[7] 逄锦聚. 马克思劳动价值论的继承与发展[M]. 北京：经济科学出版社，2005.

[8] 陈先达. 走向历史的深处：马克思历史观研究[M]. 北京：中国人民大学出版社，2016.

[9] 姚容启. 中国劳模史(1932—1979)[M]. 北京：中国工人出版社，2020.

[10] 习近平谈治国理政：第一卷[M]. 北京：外文出版社，2018.

[11] 马克思恩格斯选集：第2卷[M]. 北京：人民出版社，1995.

[12] 陶志勇. 新时代劳动观理论探析[J]. 工会理论研究，2020(4).

[13] 谢东俊，庄穆. "劳动创造美好生活"的理论意涵及其中国行动[J]. 福州大学学报(哲学社会科学版)，2020(4).

[14] 刘新新，闫程程. 新时代人的全面发展与美好生活的内在联系[J]. 现代交际，2020(18).

[15] 陆文强. 创造性劳动：人类社会发展的根本力量[J]. 求是杂志，2006(11).

[16] 赵文静. 论"异化"在马克思主义哲学中的地位[J]. 今日湖北(下旬刊)，2014(5).

[17] 周继良，吴肖. 寻根问路：中国共产党对高校劳动教育的百年探索与经验启示[J]. 重庆高教研究，2012，9(4).

[18] 李晓庆.《诗经》与中华民族传统文化心态[J]. 辽宁师专学报(社会科学版)，2004(02).

[19] 钟芳. 古文中的劳动之美[J]. 新湘评论，2017(10).

[20] 李俊霞. 劳动关系的道德基础与中国传统道德文化[J]. 山西财经大学学报，2003，25(02).

[21] 孟皎. 人工智能时代班墨工匠精神的传承及其教育实践[J]. 齐齐哈尔大学学报(哲学社会科学版)，2021(01).

[22] 孔令柱，张志华.《墨子》劳动思想对高职大学生劳动教育的启示[J]. 济南职业学院学报，2020(06).

[23] 秦玮苡，马云天. 耕读文化传承：意义、困境与策略——基于学习文化发展的研究[J]. 教育观察，2020，9(44).

[24] 任广峻. 弘扬优秀儒家传统文化 构建和谐劳动关系[J]. 天津市工会管理干部学院学报，2019，36(04).

[25] 曹甜甜，秦桂芬. 依托家风家训践行社会主义核心价值观[J]. 决策与信息(上旬刊)，2016(11).

[26] 胥高婕.《朱子家训》对当代家庭教育的启示[J]. 科教文汇(中旬刊)，2018(08).

[27] 戴月舟.《朱子家训》对大学生素质教育的积极意义[J]. 南京医科大学学报(社会科学版)，2009，9(03).

[28] 刘胜梅. 新时代文明实践中传统家风家训传承研究[J]. 泰山学院学报，2020，(04).

[29] 朱莉涛. 以传统家训家风文化滋养社会主义核心价值观[J]. 重庆社会科学，2020(09).

[30] 李戈瑞. 长城是中华民族复兴的文化符号[J]. 思想理论教育，2019(11).

[31] 王玉玊. 长城文化论纲[J]. 艺术学研究，2021(01).

[32] 刘素杰. 长城文化遗产与新时代思想政治教育[J]. 党史博采，2020(08).

[33] 冯清华，卢颖. 长城文化中的民族精神传承[J]. 人民论坛，2017(25).

[34] 郭丽萍. 筑成我们新的长城——关于长城民族符号形成史的研究[J]. 太原师范学院学报(社会科学版)，2020，19(03).

[35] 刘素杰. 长城精神的新时代价值蕴含及其实践途径[J]. 长城研究，2020(02).

[36] 黄杰. 建设大运河文化带的历史价值、时代意义与可借鉴的国际经验[J].档案建设，2019(02).

[37] 段柄仁. 流淌在大运河里的历史文化基因[J]. 前线，2020(12).

[38] 周文. 改革开放40年伟大成就的历史意义——中国和世界的双重视角[J]. 浙江工业大学学报(社会科学版)，2019，18(03).

[39] 卫兴华. 新中国70年的成就与正反两方面的经验[J]. 政治经济学评论，2020，11(01).

[40] 刘军奎. 红旗渠精神的基本内涵及实践体现[J]. 长治学院学报，2021，38(03).

[41] 翟传增. 习近平三谈红旗渠精神对党的建设的意义[J]. 安阳师范学院学报，2021(01).

[42] 马丽萍. 航天精神助推社会主义核心价值体系日常化建设[J]. 文教资料，2021(15).

[43] 郭秋萍. 新时代劳动价值观的四个维度[J]. 山东工会论坛，2020，26(03).

[44] 廖钰. 新时代大学生劳动观塑造的主要内容——意义追寻与现实路径[J]. 长春教育学院学报，2020(04).

[45] 温晓年. 新时代高校劳动教育体系的构建[J]. 天津职业大学学报，2020，29(05).

[46] 梅寒. 新时代大学生劳动价值观教育研究[J]. 长春教育学院学报，2020(03).

[47] 王涛. 新时代大学生劳动教育价值体认的形成机制研究[J]. 合肥工业大学学报(社会科学版)，2020，34(05).

[48] 陈宏建. 新时代大学生劳动情怀的涵育[J]. 高校辅导员学刊，2020，12(06).

[49] 胡君进，檀传宝.马克思主义的劳动价值观与劳动教育观——经典文献的研析[J]. 教育研究，2018(05).

[50] 郭忠华. 马克思的历史观与"创造历史"[J]. 马克思主义研究，2009(12).

[51] 韩莉莉，马万利.新时代马克思劳动观的内涵与价值[J]. 人民论坛，2020(05).

[52] 姚力. 20世纪80年代全国劳模表彰及其时代价值[J]. 当代中国史研究, 2020(05).

[53] 马其南. 新时代劳动精神的理论传承——深刻内涵及时代价值[J]. 思想教育研究, 2020(11).

[54] 赵浚, 田鹏颖. 新时代劳动精神的科学内涵与培育路径[J]. 思想理论教育, 2019(11).

[55] 程德慧. 新时代大学生劳动精神培育的时代诉求及实践转化[J]. 河南农业, 2019(05下).

[56] 上官苗苗. 新时代劳动精神探析[J]. 广西社会科学, 2020(07).

[57] 张竹筠. "工匠精神"的时代意蕴与培育路径[J]. 南方职业教育学刊, 2020, 10(06).

[58] 彭新武. "制造强国"呼唤"工匠精神"[J]. 思想理论教育, 2019(11).

[59] 徐彦秋. 高等教育视域下新时代工匠精神培育研究[J]. 江苏高教, 2020(12).

[60] 高远. 工匠精神培育研究现状及展望[J]. 扬州大学学报(高教研究版), 2020, 24(06).

[61] 李吉东. 墨鲁之辩——中国特色工匠精神的历史考论[J]. 枣庄学院学报(社会科学版), 2021, 38(01).

[62] 邵月娥. 关于劳模精神、劳动精神、工匠精神的时代内涵与内在逻辑的理论探析与实践探索[J]. 天津市工会管理干部学院学报, 2020, 37(01).

[63] 乔东. 劳模精神、劳动精神和工匠精神探析[J]. 中国劳动关系学院学报, 2019, 33(05).

[64] 李一博. 内涵·逻辑·价值: 习近平新时代劳动观探析[J]. 实事求是, 2021(1).

[65] 时勘, 李秉哲, 周海明, 等. 心理摆脱——高效工作的奥秘[J]. 心理与健康, 2021(8).

[66] 周海明, 陆欣欣, 时勘. 时间压力与心理摆脱的曲线关系: 特质性工作投入的调节作用[J]. 山东科技大学学报(社会科学版), 2020, 22(6):92-99.

[67] 周海明, 陆欣欣, 时勘, 等. 青年教师工作负荷对心理疏离的影响机制——有调节的中介效应[J]. 中国特殊教育, 2017(03).

[68] 李爱梅, 夏萤, 高结怡, 等. 下班后能否从工作中解脱?——员工心理脱离的影响因素、作用机制与研究展望[J]. 外国经济与管理, 2015, 432(2): 59-68.

[69] 丁闽江. 劳动教育: 高效心理育人的实践途径[J]. 集美大学学报, 2021, 22(3): 31-35.

[70] 郑莉. 劳动教育对青少年积极心理品质培育的价值及影响[J]. 经济师, 2021(1).

[71] 刘青霞, 施庆晖. 劳动教育对心理健康教育的促进作用[J]. 劳动经济, 2021(24).

[72] 姚菡. 心理健康教育视角下高职院校劳动教育评价体系研究[J]. 湖南邮电职业技术学院学报, 2021, 20(2): 57-59.

[73] Sonnentag S. The recovery paradox: portraying the complex interplay between job stressors, lack of recovery, and poor well-being[J]. Research in Organizational Behavior, 2018.

[74] Bosch C. Sonnentag S. Pinck A S. What makes for a good break? a diary study on recovery experiences during lunch break[J]. Journal of Occupational and Organizational Psychology, 2018, 91(1).

[75] 胡锦涛. 在 2010 年全国劳动模范和先进工作者表彰大会上的讲话[N]. 人民日报，2010-4-28(2).

[76] 陶蕾韬. 大学生劳动教育的价值意蕴[N]. 光明日报，2020-5-18(6).

[77] 国家教育部. 完善中华优秀传统文化教育指导纲要. 教社科〔2014〕3 号.

[78] 孙杰. 大运河精神的时代价值[N]. 北京日报，2019-5-27.

[79] 蔡亚楠. 新时代大学生劳动教育研究[D]. 保定：河北大学，2020.

[80] 季思含. 习近平劳动观研究[D]. 大连：东北财经大学，2019.

[81] 巩倩倩. 习近平劳动观研究[D]. 济南：山东大学，2019.

[82] 陈玮琦. 马克思"人的自由全面发展"思想及其在中国的最新实践[D]. 重庆：西南政法大学，2017.

[83] 张梦迪. 马克思劳动思想与中国传统农耕文化的比较融通与发展[D]. 武汉：中南民族大学，2018.

[84] 汤素娥. 习近平新时代劳动观研究[D]. 长沙：湖南大学，2019.

[85] 周颖. 习近平劳动观研究[D]. 合肥：安徽大学，2020.

[86] 左小凤. 新时代劳动的价值与实现研究[D]. 广州，华南理工大学，2020.

[87] 王海亮. 当代中国劳模精神研究[D]. 哈尔滨：哈尔滨理工大学，2019.

[88] 聂欣. 传统手工业企业"百年巧匠"工匠精神培育研究[D]. 石家庄：河北经贸大学，2020.

[89] 共产党员网，https://www.12371.cn.

[90] 学习强国，https://www.xuexi.cn.

[91] 人民网，http://www.people.cn.

[92] 中国政府网，http://www.gov.cn.

[93] 徐强.《孟子》[M]. 济南：山东画报出版社，2013.

[94] 方勇.《墨子》[M]. 北京：中华书局，2011.

[95] 吴广平等.《诗经》[M]. 长沙：岳麓书社，2019.

[96] 李定凯.《闻一多学术文钞·诗经研究》[M]. 成都：巴蜀书社，2002.

后　　记

　　历经冬春夏秋四季一岁，忘却自然，寝不安席，食不甘味，潜心其中，至此深秋叶红，终于搁笔，然意犹未尽。

　　教育劳动者编写劳动教育，劳动精神时时激励前行，从最初的责任升华为使命。穷浩繁文献，披沙拣金；以严苛眼光，精挑细拣；反反复复，提炼提纯；一笔一键，倾心连缀。以工匠精神，只为烹饪最富营养、尽可能色香味俱佳的精神大餐。

　　感劳动文化源远流长，勤劳平凡的劳动人民创造辉煌历史，美好未来更需劳动者踔厉奋发。劳动者方懂得劳动之可贵，劳动者才体会劳动的辛苦与幸福，劳动者才更尊重劳动者。劳动创造了人类，劳动也不断塑造着每一位劳动者。致敬劳模！致敬工匠！致敬平凡的劳动者！致敬每一位劳动者！

　　本书付梓，有赖同仁通力合作、好友真诚帮助，感谢焦珂、杜甜宇、李智敏、宋巧寒、臧元征、车梦娜、刘欣、秦梦琪、易欣茹、李娜、李猛、王小艺、王龙飞、纪聪聪、曹硕、季雪丽、于璇宇、田佳琲、江子照、张静媛等同学以自己的劳动，为其增色。